グローバル・ヒバクシャ

ロバート・A・ジェイコブズ［著］

竹本真希子・川口悠子・梅原季哉・佐藤温子［訳］

名古屋大学出版会

NUCLEAR BODIES

THE GLOBAL HIBAKUSHA

ディランとマックスへ

NUCLEAR BODIES : The Global Hibakusha
by Robert A. Jacobs

Originally published by Yale University Press

Japanese translation published by arrangement with Yale Representation Limited
through The English Agency（Japan）Ltd.

グローバル・ヒバクシャ——目　次

第Ⅳ部　未　来

凡　例

一、本書は、Robert A. Jacobs, *Nuclear Bodies : The Global Hibakusha* (New Haven and London : Yale University Press, 2022) の日本語訳である。ただし、原著者と相談のうえで原文を修正して訳出した場合がある。

一、原文の強調には傍点を付した。

一、引用文中の［　］は引用者（=原著者）による補足を示す。

一、〔　〕は訳者による補足や訳注を示す。

一、一部の訳語については「訳者あとがき」を参照。

日本語版に寄せて――メイド・イン・ジャパン

本書は、広島に根ざしつつ、外の世界に目を向けたものである。一九四五年に私の母国である米国が広島を核兵器で直接攻撃したことによって、世界の人々が核兵器について知り、放射線が生物にもたらすリスクを理解するようになった。広島は、そしてもちろん長崎も、「ヒバクシャ」という言葉が生まれた場所である。「グローバル・ヒバクシャ」という考え方も、広島と長崎に由来する。

一九八〇年代から、日本被団協（日本原水爆被害者団体協議会、二〇二四年ノーベル平和賞受賞）や原水禁（原水爆禁止日本国民会議）、原水協（原水爆禁止日本協議会）の年次大会には、世界各地の放射線汚染地域の経験を語る講演者が招かれるようになった。一九八九年には、核戦争防止国際医師会議（一九八五年ノーベル平和賞受賞）が第九回世界大会を広島で開催した。この会議では、チェルノブイリ〔現・ウクライナ、チョルノービリ〕、マーシャル諸島共和国、カザフスタン、英国被曝退役軍人協会からの参加者を含め、多くのグローバル・ヒバクシャが一堂に会して講演を行った。

この世界大会の開催と同時に、広島の地元紙『中国新聞』は「世界のヒバクシャ」と題する連載を開始し、一九九〇年五月までに一三四本の記事を掲載した。この連載は同年、日本新聞協会賞を受賞している。『中国新聞』の記者が一五カ国を取材して書いた記事は、一九九一年に書籍化（中国新聞「ヒバクシャ」取材班『世界のヒバクシャ』講談社、一九九一年）され、翌九二年にはその英訳（The Chugoku Newspaper, *Exposure: Victims of Radiation Speak Out*, Kodansha USA Inc., 1992）が出版された。この歴史的な連載と書籍は、世界各地のさまざまな形の放射線被曝による被害者を、「世界のヒバクシャ」（本書では「グローバル・ヒバクシャ」と呼ぶ）という一つの集団として初めて捉えたものである。

『中国新聞』の記事では、ウラン採掘や核兵器・核燃料製造の被害者、核保有国による核実験の風下地域の人々、原子炉や産業用放射線源を含む原子力事故の被害者など、幅広い範囲のグローバル・ヒバクシャが取り上げられている。ここでグローバル・ヒバクシャが広く定義され、世界各国でさまざまな状況で被曝した人々を包括的に捉えたことが、今日見られるような深い学問的・政治的取り組みの基礎を築いた。中国新聞社常務取締役編集担当（当時）の尾形幸雄は、一九九一年の『世界のヒバクシャ』の「はじめに」で、「際限のない核実験、核兵器製造、ウラン採掘、原子力発電所事故などによる被害が続発し、「ヒバクシャ」は増え続けた」と述べている（一頁）。

『中国新聞』がこの先駆的な連載を掲載して以来、世界中の研究者がグローバル・ヒバクシャの具体的な歴史とコミュニティに焦点を当てるようになり、それまで隠されていた冷戦と核の歴史における重要な領域が詳細に語られ始めた。当初は、多くの研究者が特定の国の事例に限定して研究していた。米国では一九八〇年代に、核実験に参加した四〇万人以上の軍人「被曝兵士《アトミック・ソルジャー》」についての本が出版された。続いて、ネバダ核実験場の風下に住んでいた「風下住民《ダウンウィンダーズ》」に関する研究が始まった。英国とオーストラリアでは、英国がオーストラリアで行った核実験と、核実験が英国軍兵士と実験場近くのアボリジナル〔オーストラリア先住民〕のコミュニティに与えた影響についての歴史が明らかになった。一九八六年にチェルノブイリ原発事故によって広範な放射能汚染が起こると、爆発、火災、除染で被曝した人々や、放射性降下物《フォールアウト》が降り注いだために避難を余儀なくされた地域（一〇〇以上の村に及ぶ）の人々に関する研究が行われるようになった。仏領ポリネシアでは、フランスの核実験が進行する中、一九八五年にニュージーランドでグリーンピースのレインボー・ウォーリア号に対するフランスによる国家テロが発生し、これにより南太平洋やそれ以前にアルジェリアで行われたフランスの核実験に関する論文が相次いで書かれた。冷戦終結後には、カザフスタンにある旧ソ連の核実験場に関する論文が発表されるようになった。

『中国新聞』の記者の取材に基づく画期的な連載と書籍が発表されてから一〇年余りが経つと、研究者たちはこれらの分散していた歴史を集めて、世界中の放射線被曝をより包括的に捉えるようになった。その最初の一冊が、二〇〇七年に出版されたバーバラ・ローズ・ジョンストン編『半減期と半真実——冷戦の放射線の遺産と向き合う』(Barbara Rose Johnston (ed.), *Half-Lives & Half-Truths : Confronting the Radioactive Legacies of the Cold War*, Santa Fe (New Mexico) : School for Advanced Research Press, 2007) であり、一五名の研究者が寄稿している。

皆さんが手にとってくださっているこの本は、広島市立大学広島平和研究所で書かれたものである。いくつもの研究成果を集約してできた本書は、核被害のグローバルな歴史をグローバルなアプローチから多面的に研究するものであり、汚染された場所だけでなく、放射線による被害を評価する政治のあり方や核実験場選定の植民地主義的性質、そして長寿命の放射性廃棄物という困難な課題についても考察している。

二〇一〇年、私は研究仲間である西オーストラリア州・マードック大学のミック・ブロデリック博士とともに研究プロジェクトを開始した。我々の「グローバル・ヒバクシャ・プロジェクト」は、主に広島市立大学と科学研究費補助金による助成を得て行われた。また、マードック大学とオーストラリア人文カウンシル(現在はクリエイティブ・オーストラリアに改称)からも助成を受けた。

我々は当初、核実験場のコミュニティで実地調査を行い、疫学面以外の問題に焦点を当てようと考えていた。当時、風下住民のコミュニティに関する研究はわずかしかなく、それもガンやその他の放射線による疾患に着目したものだった。我々は、何十回、何百回もの核実験により生じた放射性降下物による被曝が、個人、家族、地域社会に与える社会的・感情的影響を調査したいと考えていた。こうした被曝は、地域社会にどのような変化をもたらしたのか、家族のあり方はどう変化したのか、被曝は自己意識や幸福《ウェルビーイング》にどのような影響を与えたのか、についてである。

プロジェクトの第二の焦点は、この歴史をグローバルに検証することにあった。ある国の核実験による被害者を個別に考えると、それは小さな共同体で起きたことのように思えるかもしれない。しかし、核実験で生じた放射性降下物による被曝の犠牲者を世界規模で考えると、何百万人もの人々の話になり、災害の規模の大きさが見えてくる。結局のところ、ある家族を被曝させた国のイデオロギーが何であろうと関係なく、どの家族も同じような経験をしているのである。彼らはみな核実験の被害者であり、特定の国家による核実験の被害者にとどまらないのだ。

このような調査を実施するために、私とミックは世界二〇カ国以上でフィールドワークを行い、グローバル・ヒバクシャから数多くのオーラル・ヒストリーを集めた。我々はまた、彼らのコミュニティを結びつける手助けをしようと努め、さまざまなコミュニティの若者たちとともにワークショップを開催し、彼らが先住民の言語や家族や友人とのネットワークを通じて自らオーラル・ヒストリーを収集できるよう、トレーニングを行った。我々が収集したオーラル・ヒストリーの一部は、本書に収録されている。

本書を執筆するに至るもう一つの重要な節目となったのは、福島の原発事故の際に私が広島に住んでいたことである。いくつもの核実験場コミュニティや原発事故コミュニティでのフィールドワークに携わってきた私にとって、福島原発事故が起きたときに日本で暮らしていたことは、過去の過ちの多くがリアルタイムで繰り返されるのを目の当たりにするようなものだった。メルトダウンを経験したのは、主に福島原発の三つの原子炉の融けた核燃料の近くにいた作業員たちだったが、二〇一一年三月に複数回の爆発によってできた雲が放射性降下物を堆積させた地域には、何十万人もの人々が住んでいたのだった。そして「放射性降下物の降下地域では外部被曝のレベルが低いため、これらの粒子を心配する必要はない」という言説を、再び耳にすることになった。その前の数年間、まさにそのような場所で私は何カ月も過ごしていた。そこでは放射性降下物が降り注いだときにも、人々は「外部放射線のレベルは低く、たいしたことはない」と告げられ、にもかかわらず体内に取り込んだ粒子のせいで発病してしまっていたのだ。こうした病気は放射線による汚染とは無関係だという言い逃れが常に繰り返されてきた。

このような展開を見ていると、私が家族とともに暮らす日本で、放射線によるリスクについて誤ったコミュニケーションのメカニズムが生じているのがよくわかる。これは私にとっては、多くのグローバル・ヒバクシャがいかに我々の医療システムの中で不可視化されてきたか――および、その一端が一九四五年の核攻撃後に原爆傷害調査委員会（ＡＢＣＣ）が実施した健康モデルの政治的な悪用を通じてなされたという自分の理解――を具体化する機会となった。次に核災害が起こったときにも、同じようなことが繰り返されることは疑いようがない。本書は、このような歴史と被曝の負の遺産をより可視化するために、そして将来同じような状況に置かれる人々にとって有益なものとするために書かれたのである。

私はまた、日本が原発五四基および研究用原子炉がもたらす負の遺産に徐々に取り組み始めるのを見てきた。主に使用済み核燃料という形で大量の高レベル放射性廃棄物が存在し、将来世代の人々にとって深刻な課題となっている。放射性廃棄物を扱う最終章で述べるように、この廃棄物を貯蔵するための世界的に認められたモデルは、深地層処分場を建設することである。フィンランドでは政府と原子力産業が、オンカロ最終処分場の地質は十億年以上安定すると自負している。日本にはこれと同じような場所はない。周知のように、日本は地質学的断層の網の目の上にある島国で、どこかで火山が常に噴火活動を続けている。だが、放射性廃棄物は国内に埋められることになっているため、日本の国民はこのプロセスに積極的に参加する必要がある。放射性廃棄物が残されることになる未来の世代に対して、私たちは良き先祖となるよう努力しなければならないのだ。

本書の日本語版が出版され、日本でより多くの読者に読んでもらえることを大変うれしく思う。日本は本書の芽が育ち、書かれた場所である。この種の学術的調査が日本で支援を受け、今、誰もが本書を読めるようになった。最後に、本書の出版を実現するのに重要な役割を果たしてくれた方々について触れたい。まず、翻訳プロジェクトのイニシアチブを執ってくれた竹本真希子先生に深く感謝したい。また、川口悠子先生、梅原季哉先生、佐藤温子先生には、専門用語を多数含む文章の翻訳にご尽力いただいた。名古屋大学出版会の三原大地氏には翻訳プロジェクト全体をまとめていただいた。また、長年にわたりこのプロジェクトについて何度も議論を交わし、揺るぎない支援で私を鼓舞し続けてくれた広島市立大学広島平和研究所の同僚にも深く感謝したい。そして二〇年近くにわたって私を受け入れ、グローバル・ヒバクシャ問題に関する研究に協力してくれた広島のさまざまなコミュニティにも感謝する。広島の市民にとって、この仕事が少しでも有益なものであることを願っている。この地で核問題に取り組む中で、多くの研究者や活動家、グローバル・ヒバクシャと出会い、対話することができた。広島は核問題に関する研究の中心地なのだという長年の思いを今、私はあらためてかみしめている。

二〇二四年一一月

ロバート・A・ジェイコブズ

はじめに

一九四五年の広島と長崎への核攻撃以来、世界中の何百万人もの人々が放射線の害を受けてきた。彼らの身体もその一部を構成する生態系には、核兵器の実験や原発の事故、また双方の技術で使われる原料の製造過程を通じて生み出される放射性降下物《フォールアウト》の微粒子が沈着している。こうした被曝は、死や疾病をもたらし、住み慣れた家や共同体からの避難を強制し、あるいは放射線で汚染された土地に住み続けることを強い、食物を汚染し、終わりのない不安と精神的苦痛を与えている。このような「グローバル・ヒバクシャ」が経験してきたことは、多くの場合、植民地や旧植民地、または僻地で起きているか、政治的発言力の弱い人々に対して起きているため、たいていは見えにくいものとなっている。

一九四五年以降、核兵器が戦争で使用される可能性が高いという確信に基づき、米国は核爆発による放射線被曝の医学的影響を調査するために大規模な研究を行ってきた。こうした研究は、広島と長崎で人体をむしばんだ大規模な外部放射線（主にガンマ線）の放出に注目したものであり、体内に取り込まれたときに害となる放射性粒子を無視していた。電磁波の性格をもつ放射線が爆心地近くにとどまり、崩壊するまで一分もかからないのに対して、放射性粒子は遠く風下に届き、粒子それぞれがもつ化学的性質に応じて、数時間から数百万年、危険な状態であり続ける。

第三次世界大戦は起きなかったが、核兵器の「実験」による爆発は二千回以上も起きてきた。核実験が行われている間、外部放射線は実験場内にとどまる。だが、放射性粒子を大量に含むキノコ雲は風下へと流れ、そこで粒子は「降下」し、生物の健康に影響を与えることになるのである。長期にわたり残存する降下物内の粒子は生態系の中に組み込まれ、健康への脅威を引き起こし続けることになる。プルトニウムは二〇万年以上、ウランの粒子は百万年以上にわたって危険なままである。粒子が大量に降下したチェルノブイリや福島の近隣の地域は、今なおセシウム137によって苦しめられている。セシウム137は三〇〇年以上も危険な状態であり続け、水や植物、動物を通して容易に運ばれ、何十年も後になって風下地域で生産された食物の中に現れることもある。現在、何百万人もの人々がこのような惨事が起きた場所に住んでいる。また共同体全体が荒廃し、その多くが放棄されてしまっているのだ。

このようなグローバル・ヒバクシャが不可視化されているのは、科学と政治の双方がなせるわざである。広島と長崎の被爆者に関する研究は外部被曝のリスクのモデルを作ったが、それよりもはるかに一般的になった内部被曝を無視している。グローバル・ヒバクシャの被曝は我々が知る健康モデルと合致しないため、彼らが放射線のリスクに苦しみ続けていると見なすことができないのである。政治的にみれば、核兵器保有国はフォールアウト――戦争で敵を病気にし殺害するために使用することを意図したもの――のような兵器の効果が、「実験」の際にも人々を苦しめ、現実の戦争の一部を成していると認めたくはないのだ。これは徐々に明らかになった情報ではない。もともと放射性降下物による健康への影響に気づいていたからこそ、社会のエリートが暮らすところから遠く離れた場所に実験場を作らせたのである。グローバル・ヒバクシャの被曝は我々が知る健康モデルと合致しないため、彼らが放射線のリスクに苦しみ続けていると見なすことができないのである。政治的にみれば、核兵器保有国はフォールアウト――戦争で敵を病気にし殺害するために使用することを意図したもの――のような兵器の効果が、「実験」の際にも人々を苦しめ、現実の戦争の一部を成していると認めたくはないのだ。これは徐々に明らかになった情報ではない。もともと放射性降下物による健康への影響に気づいていたからこそ、社会のエリートが暮らすところから遠く離れた場所に実験場を作らせたのである。

また、実験場をエスニック・マイノリティが住む場所の風上に建設した国もある。米国、英国、フランスのような国々は、大規模な水爆実験を、植民地か、旧植民地でのちに信託領になった小さな太平洋島嶼で行った。風下の共同体へのリスクを認識していたからこそ、こうした地域が実験場に選ばれたのだ。そして実際にそこに住んでいる人々に対しては、ほとんど注意を払わなかった。

他方で、原発の事故は、政治参加と情報へのアクセスが一定程度可能な先進国の共同体で起こったものだった。

8

そこでは、放射線に対する住民の認識は、彼らが補償を求める権利を有していたこともあり、より積極的に管理された。こうした人々に対して、広島と長崎の被爆者に関する研究は、例えばチェルノブイリや福島で起きたような爆発の風下地域の放射線の値が健康に影響を及ぼすには低すぎることを示唆するために持ち出された。だが、原発事故による爆発も同様に、放射性の雲を大気中に生み出し、風下に粒子をまき散らすのである。原子力を擁護する人々の多くは、風下住民の健康問題を否定し、汚染された地域に住む人々が放射線に対する非合理的な恐怖心にとらわれ、「放射線恐怖症」に陥っていると主張する。もし原子力事故が自分の家の風上で起き、放射性の雲が放射性核種をあたりにまき散らしたならば、不安を感じるのは合理的な反応である。だが、情報と助けを必要とする共同体の人々は、彼らに押しつけられた災害に反応したとしてしばしば非難されるのである。

放射性粒子によって生じるリスクと生態系への影響は、当初からよく知られていた。マンハッタン計画の幹部だった科学者たちは、核兵器製造に成功するはるか前から、第二次世界大戦でドイツに対して放射性粒子を攻撃用兵器として使うことを検討していた――放射性核種をエアロゾル化し、敵兵に致死量を吸入させる方法を議論していたのである。一九四六年にマーシャル諸島で戦後初の米国による核実験が行われたのち、科学者たちはビキニ環礁の海中、土壌、そして生物相での放射性降下物粒子の挙動に関する大規模な研究を行い、いかにしてより効果的な形で兵器化して敵国民を殺害し、精神的な恐怖を与えることができるか、戦略を練った。冷戦期を通して、各地の軍事計画立案者たちは、敵の集団を大量殺戮するためにフォールアウトの放射線を兵器化した攻撃を計画していた。その際、同じフォールアウトの雲が、実験場の風下住民に健康上のリスクを引き起こすことはないと主張しながら、同時にこうした議論を行っていたのである。フォールアウトの放射線の兵器としての使用は計算された戦略であるかのように装う一方で、実験や製造、事故など、核兵器による直接攻撃以外の被曝は、「取るに足らない」「健康に問題があるレベルではない」としてきた。だが実際のところ、放射性降下物の影響は、被曝させる側の意図に応じて変わるものではない。

冷戦は、ある意味では一部の共同体に対して行われた限定的な核戦争であった。我々は、敵対勢力同士の攻撃を想定した上で核戦争がこれまで起きなかったと考えているが、冷戦期に二千発以上の核兵器を爆発させたことは重大な影響を与えた。グローバル・ヒバクシャの共同体への影響——早期の死亡、病気、強制移住、食料資源と生態系の汚染——は、限定核戦争の一部なのだ。これらの事態に見舞われた共同体を政治的意識の中から除外してきたからこそ、我々は何が起きたのかを認識しないのであり、それこそがこうした共同体が対象に選ばれた理由なのである。

冷戦期の核兵器が今なお人類の文明を脅かしているのと同様に、人類への放射線の影響も、二〇世紀が幕を閉じた今も存在し続けている。核兵器と原発により放出される放射性核種の多くは、世界中のあらゆるところに堆積し、我々の寿命をはるかに超えて、生態系の中を移動し続けている。今後、幾世代にもわたって、こうした粒子や何百万トンもの放射性廃棄物を地球環境から取り除くことはできない。我々はその時間軸の最前線にいるのだ。多くの廃棄物の放射能は高レベルに分類され、その危険性は十万年以上も続く。グローバル・ノースと呼ばれる北半球の国々が中心ではあるが、南極を除くすべての大陸に存在する。このうち最も危険な使用済み核燃料は、リスクを封じ込めるために、地下五〇〇メートルにある複数の貯蔵施設に埋められる予定である。地下深くの貯蔵施設は、フィンランドやスウェーデンをはじめとする各国で建設中であり、さらに他の国々でも計画されている。人類や他の生物の数千、数万世代がそのリスクを背負うのである。我々は、彼らの世界に自分たちが残す廃棄物が存在すること自体がメッセージであるという事実に気づかぬまま、いかなる取扱説明書を廃棄物の傍らに残しておくべきかという課題に——その取扱説明書が未来の人々を守ることになると想定して——取り組んでいる。

何十万トンもの高レベル放射性廃棄物が、いまここにある。我々はこの問題を未来と切り離すことはできない。すでに未来の問題なのだ。だが、こうした廃棄物の管理の仕方を向上させることも悪化させることもできる。どのような方法を選ぶのであれ、自分たちの出した廃棄物に責任をもつことは、高レベル放射性廃棄物の保管に必要な施設に何世紀にもわたって資金を拠出し続け、製造・実験施設や事故があった施設を修復し続けることを意味する。数世紀かけて、多くの国家の無数の政権に対して、施設の改善や貯蔵施設の予算要求をし続けなければならない。我々はすでに、何世紀にもわたり有害であり続ける何十万トンもの放射性物質を作り出すという重大な過ちを犯してしまっている。そのため、我々の社会は責任ある管理を行う義務を負う。我々がすべき最も重要なことは、放射性廃棄物をこれ以上作らないことである——つまり、核兵器を廃絶し、原発を廃止しなければならない。

プルトニウム生産のための原子炉開発や、それに続く核兵器の発明は、すぐに成果を生む道と思われたが、我々は数千年も続く長い旅に踏み出すことになった。そして我々の子孫はそこから逃れることができない。彼らの道を決めてしまったのは我々だ。自分たちがこれまでに成してきたことと、何をすべきかについて我々は今、もっと意識しなければならない。自らが歩んできた道を振り返ろうとしなければ、これからどこへ向かうのかは見通せないだろう。我々の犯した蛮行は、未来のための管理責任を我々にすでに突きつけているのではないのか。あるいはこの蛮行がむしろ拡大して、何世紀にもわたる暴力になっていくのか。本書は、我々が葬り去ってきた歴史の側面に光を当て、いかにして我々の行動がすでに未来を形作ってしまったのか、そして我々にどのような選択肢が残されているのかを探ろうとするものである。

序章　放射線にさらされ、不可視化されるもの

ブラボー実験

一九五四年三月一日、米国はマーシャル諸島のビキニ環礁で、同国史上最大の核実験を成功させた。初の運搬可能な水素爆弾であった。このブラボー実験は驚くべき技術革新であり、米軍の軍事力と戦略に革命をもたらすことになる(1)。その二年前に水爆が実現可能であると実証して以来、ニューメキシコ州にあるロスアラモスとカリフォルニア州にあるローレンス・リヴァモアの兵器研究所は、航空機で敵の領土上空に運搬できる小型水爆の設計に取り組んできた。ブラボー実験の結果は彼らの野望をはるかに超えるもので、その爆発力は設計者の想定よりも二倍大きく、日本への核攻撃で使われた兵器より千倍も大きかった。

米国原子力委員会（ＡＥＣ）の主任歴史家リチャード・ヒューレットとその共著者ジャック・ホルは、「点火の瞬間にブラボーの大成功を確信した」と述べている。ブラボー実験は、一九五四年三月から五月にかけてマーシャル諸島で行われた、キャッスル作戦と呼ばれる六回の水爆実験の一部である。ヒューレットとホルは、この作戦が終

了した時点で次のように書いている。「未来はまったく違って見えた。米国の科学者たちは核兵器の新領域への鍵を突然手に入れたかのようだった。いくつかの際立った例外を除いて、キャッスル作戦に取り入れられた新たな設計原理はすべて機能したようで、最も楽観的な設計者の期待さえ上回ることも多くあった。〔中略〕ＡＥＣ、米国、そして世界はまさしく戦争技術の新しい現実に向き合うことになったのである」[2]。

一九五四年の春にマーシャル諸島で行われたブラボーやその他の水爆実験は、冷戦に二つの重大なインパクトを与えると考えられていた。一つ目は、この兵器がソ連に与える破壊の規模である。「水爆の破壊力はあまりにも巨大で、人知を超えている」[3]。だが、米軍の司令官が実験後に指摘したように、放射性降下物の規模は核兵器の巨大な爆発力以上のものだった。「現在では、キャッスル作戦の大爆発で生じた放射性降下物が五千平方マイル以上の地域を、非防護の人が死に至る水準の放射性物質で覆ったことが知られている。この結果は、戦略面と戦術面の双方で高出力核兵器を使用する方法について、新たな知見をもたらすものとなった」[4]。軍部はすぐさま、これらの強力な兵器と高い致死性をもつ放射性降下物を迅速に利用する計画を立案し始めた。「一九五四年五月、アイゼンハワーは統合参謀本部（ＪＣＳ）の高度研究グループから、ソ連の水爆の能力が「現実の脅威」になる前に、米国が「近い将来、ソ連との戦争を意図的に引き起こす」ことを検討するよう提案した論文について説明を受けた」[5]。アイゼンハワーはこうした提案を退けたが、米軍の戦略家たちはすぐさまこの新兵器の効果を核戦争計画に取り入れたのであった。

アイゼンハワーは、二つ目のインパクトこそ、この新兵器の真価を発揮させると考えていた。つまり、その抑止力である。アイゼンハワーは冷戦に関する国家安全保障政策を、一九五三年の文書（NSC162/2）で公式に定めた。「ソ連と米国の双方が十分な数の原子兵器を保有し、かつ十分な運搬手段をもつ段階に達したとき、それぞれが他方に致命的な損害を与える能力をもつ可能性は高いが、同時に原爆による大規模な報復を防ぐことはできないだろう。これにより両者は膠着状態に陥る可能性があり、両陣営とも全面戦争の開始には消極的になる」[6]。アイゼンハワーは、キャッスル作戦で開発・実験された兵器が「大量報復」の脅しを具現化するものとなり、核戦争を効果的に防止することになると信じていた。これは、冷戦時代に想定されていた、強固かつ柔軟な核兵器保有の論理である。つまり、ほぼ瞬時に壊滅的な被害を与えうる兵器が戦争を抑止し、平和を維持するというものである。

一九五四年に製作されたキャッスル作戦に関する極秘の記録映画は、ブラボー実験の風下五千平方マイルに広がった放射性の雲について説明する際に、この雲がロンゲラップ、アイリングナエ、ウトリックの環礁に「大規模な放射性降下物《フォールアウト》」をもたらし、そこに住む「原住民」は「爆発から二日目の朝に避難した」と伝えている。(7) ロンゲラップやアイリングナエ環礁に住む人々を避難させた米海軍艦フィリップのジョージ・アルバン中佐は、核実験を実施した第七統合任務部隊長クラークソン少将に対して、のちに次のように報告した。「マーシャル諸島民は素晴らしい船客で、非常に協力的で、決してわがままを言うことなく、模範的に行動した。このような物静かな人々の避難を支援する機会を与えられたことは、乗組員にとって大きな喜びであった(8)」。

ロンゲラップ、アイリングナエ、ウトリックの環礁からは計二五三名が避難した。(9) プロジェクト四・一に参加した三名の放射線生物学者が、これら被曝した人々の検査を行った。プロジェクト

図序 -1　1954 年 3 月 3 日の到着後すぐにウトリックの住民の外部放射線を計測する放射線調査団の W・J・ラーソン一等中尉（米空軍）と R・P・カイザー少尉（米海軍）

出所）Thomas Kunkle and Byron Ristvet, *Castle Bravo : Fifty Years of Legend and Lore : A Guide to Off-Site Radiation Exposures*（Kirtland, NM : Defense Threat Reduction Agency, 2013）: 123.

四・一とは、キャッスル作戦の期間、放射性降下物を浴びた人々の健康への影響を調査するものであった。学者たちによる当初の報告書には、「放射線を浴びてから数時間以内に、ロンゲラップの人々の約三分の二が吐き気をもよおし、十分の一は嘔吐や下痢症状を呈した」と書かれている。こうした症状は、避難の前からすでに始まっており、程度が低いとはいえ遠くの環礁に住む人々にも見られ、一二日後には「皮膚の病変と頭部の脱毛」が続いた。[10] のちの計算では、ロンゲラップ（ビキニからおよそ一五二キロ）の人々の平均被曝量は、広島への核攻撃の際に爆心地から二・四キロにいた人々が浴びた放射線量と同等であったと推定されている。[11]

プロジェクト四・一の研究者たちは、その後も数十年間、放射性降下物により被曝したマーシャル諸島民の調査を続けた。この研究チームと米国国立ガン研究所によるその後の調査によると、放射性降下物を原因とするガンがさらに一七〇件（統計的に予想された以上の数）マーシャル諸島民の間に発生し、そのほとんどが甲状腺ガンだった。[12] また、ブラボー実験の放射性降下物は数多くの漁船を汚染し、その中にはビキニ環礁から一〇〇キロ風下を航海中だった日本のマグロ漁船「第五福竜丸」が含まれる。被曝から二週間後に第五福竜丸が日本に戻ると、乗組員全員が急性放射線症状のために入院した。[13] 乗組員の一人、久保山愛吉は、六カ月後に被曝による合併症のた

図序 -2 米軍艦船レンショーへの避難を待つウトリックの住民（1954 年 3 月 3 日）

出所）Thomas Kunkle and Byron Ristvet, *Castle Bravo : Fifty Years of Legend and Lore : A Guide to Off-Site Radiation Exposures*（Kirtland, NM : Defense Threat Reduction Agency, 2013）: 124.

め死亡した[14]。汚染された環礁は居住不可能と見なされたが、その後の数年間にごく一部が米国政府によって除染され、避難していたマーシャル諸島民の一部が一九五七年に帰還した。しかし帰還した人々は、放射能に汚染された環礁でさらに被曝したり、その土地の魚や植物を摂取したりすることで、より多くの病気を抱えることとなった。ブラボー実験はマーシャルの社会全体を混乱に陥れてトラウマとなったため、現在では三月一日はマーシャル諸島共和国の「追悼の日」とされ、国民の休日となっている[15]。水爆が致死性のある五千平方マイルの放射性降下物の雲を生み、その降下物が人々の居住地域を巻き込んだなら、それはもはや「実験」ではない。ブラボー実験は、被曝させられた人々にとっては、恐怖や危害にさらされる現実の経験だったのだ。

グローバル・ヒバクシャ

冷戦下では二千回以上の核実験が行われた。一九四六〜九一年の間に、平均して年間四五回以上の実験が行われている。統計上は最も多く実験が行われた一九六二年には、二日に一度、核爆発が起こったことになる[16]。ブラボー実験はこの中のある一日に爆発した、一発の核兵器にすぎない。我々は冷戦時代を核兵器が使われなかった時代だと考えているが、実際には核兵器は爆発し続けていた。広島と長崎への核攻撃から一年も経たないうちに核実験が始められ、南米と南極大陸を除くすべての大陸で行われてきた。長崎以降、人間に対して直接使われることはなかったとはいえ、核実験は世界各地に甚大な影響を及ぼしてきた。米国は太平洋の国々や信託領で核実験を行い、ネバダ――核実験が最も多く行われた場所――では九二八回も行った。ソ連はカザフスタン東部で実験を開始し、その後ヨーロッパの北極圏で、またその他、数多くの場所で実験を繰り返した。英国はオーストラリア、キリバス、およびネバダで、フランスはアルジェリアと仏領ポリネシアで実験を行った。中国の実験は、中国北西部のロプノールで行われた。インド、パキスタン、そして北朝鮮は、地下核実験を自国の国境内で行った。イスラエルは核兵器を保有しているが、これまで実験は行っていない(17)。

核実験の約四分の一が大気圏内で行われ、放射性降下物を全世界に拡散させた。水爆実験によって生み出されたキノコ雲は、対流圏の上層から成層圏へと粒子を運んだ。成層圏では粒子が地球の周りをまわり、ときには何年も経ってから地表に落ちてきた。その後、フォールアウトの放射線は地球のいたるところで見つかることになる。その存在は、科学者が大気や海洋といった地球規模のシステムにおける流体力学を観測するためのトレーサー〔追跡子〕として用いられてきた。フォールアウトの放射線が地球上どこにでも存在するということは、ある製品が一九四五年以前の製造か否かを判断できることを意味する。なぜなら、核実験の出現以降に作られたものには、人為的起源の（人間が作った）放射線の痕跡が存在するからである。二〇一一年の研究によれば、長崎の爆心地から三キロ離れた場所の土壌には、一九四五年に長崎に対して使われたプルトニウム型核兵器から出た放射性粒子よりも、世界各地での核実験に由来する粒子のほうが多く見られるという(18)。

核兵器は爆発の際、爆風、熱線、放射線を引き起こす。核兵器保有国は、爆風や熱線の影響を実験場内に抑えることには大きな成果をあげた。一方で放射線は波動としても粒子としても存在し、核兵器が爆発すると、核反応からガンマ線と中性子線のバーストが生じて、外側に広がっていく。広島と長崎では、これらの放射線が爆心地からおよそ三キロの範囲にまで害を及ぼした。水爆の場合、この範囲はさらに大きくなる。このような放射線は、X線と同じようなものと考えられる。つまり、それらは存在したのちに一瞬で消え去る。バーストとその危険は一分も続かないが、その間に人体を含むほとんどの物質を貫通する。爆発から十分離れた場所にいる人は、このバーストの影響を受けない。他方でブラボー実験の例で見たように、キノコ雲に取り込まれて風下に運ばれ、それから「降下」して地表に沈着する放射性粒子も存在する。それは何百キロ、あるいは何千キロも離れた風下まで届くこともある(19)。こうした粒子は、アルファ放射体やベータ放射体に（その化学的性質に応じて）分類され、大量に濃縮されると、危険なレベルの放射線を放出する可能性があり、呼吸や嚥下、外傷を通して人体に取り込まれた場合、とくに危険なものとなる。このような場合には、単一の核種だけで致命的な病気を引き起こすこともある。放射性粒子はすべてが同じではなく、異なる化学元素や、これらの化学元素の同位体である。その違いが、粒子の放射性の程度や放射性の残存期間を決定する。数時間から数日のあいだ危険な粒子もあれば、数百年も危険なままの粒子もあり、さらには百万年以上も危険なものもある。どの放射性核種をどれくらい体に取り込んだかによって、病気を発症したり、早期に死亡したりするリスクの程度が異なる。放射性核種が核実験場から遠く風下に沈着した場合、人々に健康被害を与え続けることになる。それは時には人間の寿命より長く続くため、今後の世代にとっても危険なものとなる。

核実験場は人里離れた場所にあると考えられているが、フォールアウトの放射線は実験場の境界をはるかに越えて広がり、風下に住む何百万人もの人々に害を与えた。放射性降下物によるリスクは、史上初の核実験、つまりニューメキシコ州で一九四五年七月一六日（広島への攻撃の三週間前）に行われたトリニティ実験の前から知られていた。マンハッタン計画の担当者たちは、放射性降下物を追跡し、必要に応じて放射線量の高い地域の住民を避難させるため、多くの場所に配置されていた[20]。トリニティ実験による降下物は、のちに約二千キロ離れたイリノイ州とインディアナ州の境界で見つかった[21]。二〇一八年に出されたロスアラモス国立研究所の内部報告書には、こう書かれている。「トリニティの放射性のちりが米国中西部の穀物畑を汚染したため、その対応として実験の場所をマーシャル諸島に移した。マーシャルの海には何もないように見えたため、放射性降下物をすべて飲み込んでくれるだろうと考えられた。この計画が有効だったのは、水爆実験の放射性降下物を隠すには世界は狭すぎることが、ブラボー実験で明らかになるまでの間だった[22]」。ほとんどすべての大気圏内核実験において、放射性降下物が実験の行われた軍事施設の外に広がった。水爆実験はしばしば「五千平方マイル」もの、致死量に至る放射性物質のゾーンを作り出し、あるいはそれよりも広いこともあった。今日、冷戦期の核実験で生じたかなりの量の放射性降下物が、地球およびそこに住む生物の体内に取り込まれて残存している。

また、何百万人もの人々が原子力発電所の事故により被曝した。そのうち最も規模の大きなものは、一九八六年のチェルノブイリと二〇一一年の福島の事故であり、暴走した原発の爆発がキノコ雲のように放射性核種を風下に運び、住居や学校、街、そして食糧生産地域へ放射性降下物を沈着させた。放射性核種を「非放射性」にすることはできない。できるのは別の場所へ移動させることだけであり、そのため北日本の広大な地域が「除染された」町から運ばれた放射能汚染土壌を入れたプラスチック製のフレコンバッグで埋め尽くされた。[23] 爆発した原子炉の風下の土壌に含まれる何種類もの放射性粒子の中に、セシウム137がある。これは三〇〇年以上にわたって有害で、プラスチックの袋より劣化が遅い。セシウム137は一度放出されると生態系の中を容易に移動し、土から植物へ、植物から動物へ、そしてまた土に戻り、地下水や地上水を介して拡散していく。このような生態系にある街や学校の除染は一時的な対処にすぎない。風や雨がより多くの粒子を森や山から運んで、「除染された」場所に戻してしまうこともあるからである。小さな区域を大きな生態系から切り離すことはできないのだ。チェルノブイリや福島の名は事故の規模の大きさゆえに知られているが、マンハッタン計画で一九四四年に最初に核技術が発明されて以来、小規模の原子炉事故は常に起きている。[24]

原子力技術に関わる生産現場でも、多くの人々が被曝している。一九世紀後半以降、世界中のウラン鉱山で、採掘作業員たちがウラン原石から出たラドンガスによる肺の疾患で苦しんできた。そして彼らの家族も、作業後に家に持ち込まれたウランの粉末で害を受けている。原発燃料と兵器の双方に使うウランを生成するために、世界中の何百もの場所がさまざまな放射性粒子や毒性のある化学物質で汚染された。[25] そもそも原子炉建設の目的であるプルトニウムの製造は、世界各地で最も深刻な放射線汚染のいくつかを生み出してきた。

こうした場所に住む人々はみな、グローバル・ヒバクシャである。ヒバクシャ＝被爆者とは、日本語で広島と長崎への核攻撃で被害を受けた人々を意味する言葉であり、文字通りには「爆発を被った者」を意味する。近年では、

「グローバル・ヒバクシャ」は、一九四五年以降に核技術による放射線の影響を受けたすべての人々を意味する言葉として使われている。我々は放射線事故の影響を受けた人々を、個別の歴史的事件としての物語に落とし込んでしまいがちだが、実際に経験した人の多くは、ほかの事故を経験した人々との結びつきを理解している。チェルノブイリの汚染除去作業を指揮したナタリア・マンズロヴァは、福島の原発事故の最初の爆発から一週間後のインタビューでこう述べている。「彼らの人生は、二つに分けられてしまいます。フクシマの前と後です」。彼女は新たに生まれるヒバクシャについてよくわかっていた。「彼らは自分や子どもたちの健康について心配することになるでしょう。おそらく政府は、放射線量はそれほど多くなく、彼らに害を与えるほどではなかったと言うでしょう。そして、彼らが失ったものすべてを政府が補償することは十中八九ないでしょう。彼らが失ったものは計り知れません」[26]。上述した人々に加えて、グローバル・ヒバクシャの別のコホート〔共通の特徴をもち、追跡調査の対象となる集団〕には、大気圏内核実験に従事した結果として放射線を浴びた軍人たちがいる。核兵器の二大生産国であり、最も多く核実験を行った米国とソ連は、それぞれ数十万人もの自国の軍人を核兵器と放射線にさらした。両国とも、一度に四万人以上もの兵士を参加させて実験を実施した[27]。大気圏内核実験を行ったほかの三つの核兵器保有国も、自国の軍隊や実験場の作業員を被曝させた。

放射性粒子の多くは、生態系を移動しながら、何世紀、何千年にもわたって有害なままであり続けるため、将来的にはさらに多くの人々が放射性粒子に遭遇し、それを体内に取り込むことになるだろう。半減期が人間の寿命を超える一つの粒子が、複数の人間の中を通過するかもしれない。さまざまな放射性核種を含む放射性廃棄物は、我々の文明よりはるかに後まで存続するだろう。それゆえ、グローバル・ヒバクシャの数は、現在の集計や想像をはるかに超えることになるだろう。これこそが、冷戦が残した負の遺産なのである。

放射線被曝とそれに続く健康への影響と関わる科学的・医学的概念は、グローバル・ヒバクシャを科学、政治、歴史の上で不可視化し続けるために利用されてきた。放射線が人間の健康に与える影響に関するモデルは、一九四〇年代後半から五〇年代初頭に始まった広島と長崎の被爆者に関する研究によって構築されてきた。占領期に米国によって広島と長崎に設立された原爆傷害調査委員会（ＡＢＣＣ）と、その後継機関として日米が共同運営する放射線影響研究所（ＲＥＲＦ）は、一九四五年の二回の核攻撃による被爆者の疾病負荷や早期死亡率と、放射線被曝との関連性について大規模な調査を行ってきた。これが一九五〇年に始まった寿命調査（ＬＳＳ）である。(28) 放射線被曝健康に関する分野では、寿命調査は放射線被曝と健康への影響を関連づけるもので、「ゴールドスタンダード」（至適基準）データベースと呼ばれることもある。数十年間も続いてきた確固たる研究方法であり、何十万人もの広島と長崎の被爆者が参加してきた。

寿命調査は画期的な研究だが、その設計と利用には問題もある。一つ目の問題点は、各被験者の線量推定である。健康状態と過去の放射線被曝の相関関係を調べる研究では、両方の詳細が正確でなければならない。健康状態に関するデータを取得するのは容易である。参加者の健康状態と死亡率を継続的に調査することで、明確なデータが得られる。広島と長崎における個々人の被曝線量を決定することのほうは、より問題含みである。被曝は核攻撃の最中に起きたが、線量は何年も後になってから推定せざるを得なかった。各参加者は、自身の被曝線量を算出するために、「線量の再現」を行う。放射線量を再現するにあたって重要な要素は、爆心地からの距離と遮蔽物——遮るもののない屋外にいたのか、屋内、あるいは地下にいたのか——である。爆発によるガンマ線が拡散する際、その外部放射線のレベルは数式にあてはめて確定できる。そのため、被爆した場所や遮蔽物の程度さえ確実にわかれば、正確な外部放射線量を推定することは可能である。それゆえ被爆者個々人について、被爆した場所と遮蔽物を判定するために面接調査が行われた。だが、統計的なデータベースを面談と記憶に基づいて構築したため、不正確な変数が加わることになった。放射線を浴びた場所や遮蔽物による放射線の減衰についてより綿密に聞き取りし、詳細に再現することによって、被曝線量は何度も推定し直されてきた。[29] このような不正確さがあっても、寿命調査が、一回の大きなガンマ線放出による人間の被曝と、起こりうる疾病の進行や死亡率との関連性について高精度の統計モデルを提供していることは、広く認められている。

マンハッタン計画に参加した米国の科学者たちは、体内に取り込まれた放射性核種が有害で、死に至らせる可能性があることをよく理解していたにもかかわらず、研究当初から、参加者の体内に沈着した粒子による内部被曝のデータは含めないと決めていた。[30] この選択には、いくつかの理由があった。何よりもまず、参加者は、高レベルの外部被曝を受ける爆心地近くにいたため、健康への内部被曝の影響は外部被曝の影響よりも小さいと推定されたからである。さらに、一九六四年に高性能のホールボディカウンターが製造されるまで、大人数の体内微粒子を調査することは不可能であり、測定器を使っても、何十万人もの被験者の調査にはかなりの時間がかかると考えられたからである。このような測定器がなければ、集団の中で誰が粒子を体内に取り込んだか見分けることはできない。外部被曝に関しては、同じ場所にいた人は全員、同じ量の放射線を浴びることになる。内部被曝の場合は、二〇人のグループが放射線放出事象の発生時に同じ場所にいたとしても、異なる結果となることがある。体内への取り込みは、(ガンマ線の対称的な拡散とは反対に) 粒子のランダムな拡散や、吸い込んだのか、飲み込んだのか、また個人の健康状態や代謝に左右される。これらを科学的に扱うことはそもそも不可能であるため、外部被曝の影響のほうが優先された。内部被曝の事例を除外することは理に適っていた。それが寿命調査によって質の高い成果を出せる唯一の方法だったからだ。とはいえ、このような内部被曝の排除が、冷戦時代に被曝した人々に深刻な影響を及ぼすことになる。

核実験場の風下に放射性核種が降り注いだり、ウラン鉱山の作業員が作業着を家のハンガーに掛けたことで家中に放射性核種がまき散らされたり、プルトニウム製造施設から大量の放射性ヨウ素が放出されたりした場合、ランダムな拡散が起こる。すなわち、粒子を体内に取り込む者もいれば、取り込まない者もいる。誰が取り込むかは予測できず、誰が取り込んだかを知ることも、ほぼ不可能である。ホールボディカウンターのような機器は分析の助けとなるが、測定器の製造開始からの数十年間に体系的に検査されてきたのは、ごくわずかな選ばれた人々だけだった。ブラボー実験の雲が第五福竜丸やロンゲラップに放射性物質を降らせたとき、粒子を体内に取り込んだ者も取り込まなかった者もいた（蓄積された粒子による一定の外部被曝は全員が経験している）。プルームが放射性核種を沈着させたが、雲の下に暮らす人々への影響は一様ではなかった。これらの粒子が生態系に沈着した後、その影響から逃れられる者もいれば、すぐに影響を受ける（そして体内に取り込む）者もいるし、放射性核種を意識せずにキノコを食べてしまい、何年も後になって影響を受ける者もいる。放射線核種によっては、人体に間接的に入り込むものもある。典型例としては、汚染された牧草や飼料を食べた家畜由来の乳製品を摂取することで放射性ヨウ素が体内に取り込まれる。牛乳のどこに放射性粒子があるのか、誰がその牛乳を飲むのか、そうした粒子がどこに移動し、どこに危険が潜んでいて、誰が危険にさらされているのか――確かなことは一つもない。これは、外部放射線によって被曝する場合とは正反対のリスクモデルである。外部放射線の場合は確実性があり、特定の時間に特定の場所にいたかどうかですべてが判定できる。したがって、放射性降下物による汚染地域に住む人々が主として経験するのは、不確実性である。リスクがあるのか、被曝したのかどうか、子どもを守れるのか。多少なりとも確実なことが言えるのは発病してからのことで、その場合も通常は、直接的な因果関係があると断定はできない。

米国政府がＡＢＣＣの設立を認可したときには、将来起こる世界戦争で核兵器が使用されるのは常識のように思われていた。冷戦期は核戦争の恐怖が蔓延していたが、冷戦後の今日、我々は核戦争が起こらなかったことを知っている。冷戦の主役たちが核兵器を直接使用することはなく、核爆発によるガンマ線の大規模なバーストによって集団で被爆することもなかった。だが、何百万人もの人々が放射性降下物によって被曝した——このことは実際に起こったのである。しかも、放射性核種を体内に取り込んだことによる健康被害や死亡率を判断する医学的モデルは存在しない。あるのは寿命調査だけである。そのため、冷戦期およびそれ以降も政府や医療・保険機関は、さまざまな環境下で放射性核種に被曝した人々の疾病リスクを評価するために、寿命調査を持ち出してきたのだ。

寿命調査でわかっているのは、高レベルの放射線への外部被曝は健康への影響を引き起こす可能性があり、それ以下のレベルではその確実性が低くなる（これには多くの議論がある）ということである。[31] そのため、放射性降下物が沈着し、放射性廃棄物が排水溝や海に投棄されたり、ウラン鉱滓を含んだ水が鉱山付近の小川から流れたりするような地域では、住民が危険にさらされているかを判断するために、外部放射線のレベルを測定する。核実験や原発の爆発から生じた雲の下で降下物が堆積した直後は、一カ所に集まった粒子の放射線量が、懸念すべき高い水準で計測されることはある。しかし数日後に風雨によって粒子が散らばると、計測される外部放射線量は徐々に減少していく。数週間、数カ月を経ると、粒子は生態系に深く取り込まれ、計測できるレベルもきわめて低くなる。そこで、被災地の人々の健康に対する不安や悩みに対処するために、寿命調査の算出法を用いることになる。外部放射線のレベルは、将来の健康被害が予見されるほど高いのか。こうした問いは、設問の立て方も、あてはめる解法も間違っている。そもそも寿命調査は、外部放射線の大規模なバーストにより引き起こされるリスクと健康への影響について情報を提供するためのデータベースとして開発されたものである。急速に分散する粒子が大量に沈着した場合の結果や、内部被曝の健康への影響については、ほとんど何も明らかにしていない。だが、それしか持ち合わせていないから使っているというだけである。

研究者が寿命調査を用いる場合、必ずと言ってよいほど、放射性降下物を浴びた人々の被曝レベルは、疾病リスクが上昇するほどは高くないという結果になる。彼らの外部放射線の被曝量が概して低いのは事実であるが、危険が潜むのはその点ではない。放射性粒子はなおも生態系にとどまり、彼らの自宅や子どもが通う学校、庭や農地、そして森のまわりにある。外部放射線の測定値が推定できるのに対して――校庭のある部分の放射線レベルは、同じ校庭の別の部分の放射線レベルと一見するとほぼ同じだと考えられるだろう――粒子はランダムに拡散するため、ある場所の測定値が低いと言っても、わずか数メートル先の測定値についてはほとんどわからない。風と雨が粒子を風下や下流に洗い流してしまう傾向がある。通常、道路脇の側溝には、道路の中央よりも多くの粒子が集まり、畑から流れ出る小川には、畑の上空よりも多くの粒子が含まれている。ある空間について作成される内部被曝のリスクモデルは、その空間と測定時間に特化したものでなければならない。午後に雨が降れば、リスクが再度広がる可能性がある。汚染された生態系の中で粒子を体内に取り込む可能性も、人によって異なる。粒子には質量があるため、通常は空中にとどまるよりも地面に沈着する。子どもは大人よりも地面に近く、頻繁に地べたに座り、しかも地面に落ちているものを口に入れる傾向がある。そのため、同じ状況下でも、子どもは大人より粒子を体内に取り込みやすい。とはいえ、一人の子どもが取り込んだとしても、一緒に遊んでいた別の子どもは取り込まないこともある。放射線を浴びた人のうち、誰が放射線の影響を受けるのか。どのように進行するかわからない不確実性そのものが、とくに親の精神を衰弱させかねないのだ。

寿命調査が活用されるのは、人々の権利と健康が十分に尊重され、彼らの不安に積極的に対処できるような場所においてのみである。核実験場のある地域の多く、とくに植民地や旧植民地においては、何の評価も情報も提供されなかった。核実験場の配置を見渡すだけでも、その立地における構造的な核植民地主義が見えてくる。核保有国のうち二カ国は自国の国境内では一度も核実験を行っておらず、他の数カ国は核実験、とくに水爆実験を、国内ではなく、旧植民地や政治的管理下にあるオセアニアの信託領で行っている。自国の国境内で核実験を行う際も、旧ソ連がカザフスタンで、米国がネバダで、そして中国が新疆ウイグル自治区で実施したように、政治力をほぼもたない少数民族の居住地の近辺で行われている。核実験場が権力の中枢や民族的・人種的・社会的エリートが集中する場所の近くに置かれることはありえない。首都や経済の中心地にプルトニウム製造施設が建設されることはなかった。抵抗する力がない者が、放射線を浴びる者として選別されたのである。市民が主体性と権利をもつ先進国では、のちに住民が疾病負担を抱えることになっても、寿命調査を引き合いに出すことで片付けられた。そして植民地やキリバスのような旧植民地では、被曝した人々をなだめる必要性すら誰も感じなかった。

冷戦下の核戦争

冷戦の歴史は、実際には起きなかった戦争の歴史として定着している。軍拡競争や政治的緊張、そして一触即発の相互確証破壊（MAD）にもかかわらず、核戦争を防ぐことができた。ジョン・ルイス・ギャディスは、これを「長い平和」と呼んでいる。[32] 最近の研究者たちは、冷戦の二元論的対立に巻き込まれた形の地域紛争や反植民地闘争に焦点を当て、超大国間の対立を部分的に代弁する形で行われた果てしない軍事紛争について詳しく論じている。冷戦史において、核実験に言及されることはほとんどない。だが、冷戦期に核戦争は起きなかったと言う場合、実際にはそれは、自分の身には起きなかったと言っているのであり、特権的な見方である。大気圏内核実験の実験場の近くに住む人々にとっては、実際に起こったことなのだ。マーシャル諸島やカザフスタン東部、キリバス、そして仏領ポリネシアに住む人々の生活の中では、核戦争は抑止されなかった。「五千平方マイル」の死のゾーンに暮らす人々にとって、これは想像上の戦争ではなかった——限定核戦争だったのである。

これまで冷戦が実際には限定核戦争だったと受け止められてこなかった理由は複数ある。戦争は、敵に対する兵器の直接使用として定義されるが、冷戦期の核戦略家たちはこの定義を拡大した。核攻撃は、高出力兵器から放出される大量の放射性降下物によって、目標地点から遠く離れた住民を殺傷し病気にするよう計画されたものである。この種の兵器の実験は、戦争で使われた際に戦場の風下住民に与えるのとまったく同じ影響を、実験場の風下住民にも与える。人に危害を与えることをとくに意図した核兵器の影響により、多くの人々が被曝し、苦しんできたのである。

これを限定核戦争だと見なせずにいたもう一つの理由は、被害を受けた人々が、攻撃の結果を攻撃者に知らしめるほどの政治力をもっていなかったためである。その攻撃は敵集団ではなく、自国の管理下にある住民に対してなされた。責任を最小限のものにするために、攻撃は植民地や旧植民地、あるいは辺境の住民に集中して行われた。つまり「核のサバルタン」である[33]。

つまり「核のサバルタン」である[34]。米国はネバダで核実験を行ったが、そこは主としてモルモン教徒、ネイティブ・アメリカン、そしてヒスパニックの農業労働者の居住地の風上である。米国はそこで水爆実験を行うことはなかった。水爆実験はすべて、非米国市民が多く住む太平洋の領域で行われた。英国初の原爆が爆発したのはアボリジナルの古来の土地であったが、オーストラリア政府はここで水爆実験を行うことを許可しなかったため、英国はキリバスで水爆実験を行った。ソ連があらゆる種類の核実験を行ったのはカザフスタンであったが、公式見解によれば、カザフスタンには「遊牧民」[35]しか住んでいないことになっていた。東西陣営のどちらも、不服を申し立てることができない自国の管理下の人々を傷つけた。核実験の八四・八七%が米国とソ連によって行われ、互いに強さと残忍さを示し合う手段となった。米ソは、直接的な衝突の危険を冒すことなく、自国の兵器、運搬システム、攻撃意図の残忍性を誇示し、消耗品と見なした人々だけに危害を加えながら、B・H・リデル＝ハートが言うところの「間接戦争」を行ったのである[36]。

これは不公平な歴史である。ブラボー実験後に米艦船に乗って避難した「物静かな人々」のように、汚染を理由に自宅から強制的に移動させられた例もある。このような場合、各家庭はそれぞれの財産や持ち物を放棄させられ、仮設住宅に住まわされ、避難民として新しい共同体に定住させられ、あるいは杜撰な方法での除染の後に元の自宅に戻されることになる。原子核工学の科学者である小出裕章によれば、「汚染地に残れば身体が傷つき、避難すれば心が潰れる」[37]。病気、死、強制移動、財産の喪失、放射能で汚染された住居に住まなければならない状況のまま放置されること——核実験の歴史は、限定核戦争の歴史なのである。

子孫を死に至らしめる

核兵器の暴力は距離の枠を超えて行使される。先に説明したような限定核戦争では、核兵器が実際に爆発した場所から遠く離れた土地にまで暴力が及んだ。フォールアウトの雲は、何百、何千、あるいは何万キロも離れたところに放射性核種を運び、堆積させる。核による別の惨事は、はるかな時を超えて、計り知れないほど後世の子孫にまで暴力を振るう恐れがある。問題は核技術による膨大な量の高レベル放射性廃棄物、とくにプルトニウムの製造と発電によって生じる何十万トンもの使用済み核燃料棒の処分である。この廃棄物には、地球上で最も有害な物質が含まれるため、後の世代の人々は、人間社会が農耕を始めてから現在に至るまでの期間よりも十倍長い時間にわたって、放射線のリスクを伴うこの廃棄物と向き合うことになる。

これはいずれ起きるかもしれないことではなく、すでに起きたことだ。今は使用済み核燃料プールや乾式キャスクの中で出番を待つグローバルな負の遺産なのである。この廃棄物が生み出されている間も、処分する方法がないことはわかっていた——それも数十カ国において。さらに多くの廃棄物が日々作り出されている。我々が取れる最善の策は、これを地下深く埋めることである。この地球上に、完全に隔離できる場所があるかのように思い込み、地下五〇〇メートルに地層処分場を建設し、使用済み核燃料をキャニスタと呼ばれる容器に封じ込めて穴に収め、全部土で覆おうとしている。一度ならず何十回も、世界中の何十もの場所で——しかもそれを完璧にできると繰り返し何度も、自分たちに言い聞かせている。我々は人間のあらゆる営みに伴う不完全性の痕跡から目を背け、まさにその不完全性ゆえにこうした状況に陥っていることに耳をふさいでいるのだ。

使用済み核燃料は、核兵器用のプルトニウムや電力を作り出すために原子炉で「燃焼」したウラン燃料棒からなる。原子炉はプルトニウムを製造するために発明され、公共送電網に電力を供給するようになった(最初にソ連で実現)のは、三カ国で一〇年以上稼働した後のことである。[38] いったん燃料が使われて「使用済み」になると、これは廃棄物になる。使用済み核燃料棒には、ウランやプルトニウムなど放射性物質の放射性同位体が大量に含まれる。これらは十万年以上、高レベルの放射能を保ち続け、最初の数千年間は余熱を発生させる。燃料棒は通常、原子炉で約三年間使用された後、人類の歴史よりも長いあいだ封じ込められなければならない。現在のところ、地球上に三〇万〜四〇万トンの使用済み核燃料棒があり、これに加えてほかの形態の高レベル放射性廃棄物も大量に存在する。[39]

この廃棄物と共存することになる何千もの世代の誰一人として、その恩恵を受けることはない。ただ負担を強いられるだけである。しかし我々は、後の世代の人間が我々の言うことを聞き、我々が保管場所に残す取扱説明書に従えば彼らは安全だ、と自分たちを納得させている。処分について何の方策もないまま廃棄物を生み出し、それによって得られるわずかな恩恵を享受し、後の世代の人々をこの状況に追いやったのは、我々自身にほかならない。彼らが我々の言うことを聞きさえすれば、我々は彼らを守ることができると自分たちに言い聞かせている。我々は、後世の人々が理性的に行動しない場合に備えて、彼らが廃棄物を掘り出さないよう脅し、我々の指示を伝える宗教や神話を創出しなければならないとすら考えている。災害回避のための詳細な情報を受け取れるような施設へ彼らを誘導するための記念碑を立てるというのが、我々の計画なのだ。つまり我々は……理性的でないのは彼らのほうかもしれないと考えている。

この廃棄物を埋めるのに最も適した場所を地球上で一カ所だけ探しているわけではない。その廃棄物の一部を排出した特定の国の数十カ所を探しているのである。核兵器を製造したり、発電のために原子力を使用したりした国はすべて、自国で出した廃棄物を埋めなければならない。廃棄物を生み出して埋めた国家に忠誠を誓うことも、こうした国家のことなども知る由もない何千もの世代を守るため、何千年ものあいだ続く課題に取り組んでいるにもかかわらず、我々は国民国家という政治的単位の中で、この廃棄物を処分しなければならないと信じ込んでいる。なぜなら……我々は、社会的、政治的に構築された自分たちの世界の要求に応えてしまっているからだ。それが我々なのである。我々は、自分たちの構成体から外れて行動することは考えられない。しかし、事は完璧に上手くいくだろうと考えている――未来の人々が我々の取扱説明書に注意を払う限りは。

この廃棄物を可能な限り最も効率的にかつ責任ある方法で処理することは、おそらく人類がこれまでに向き合ってきた中で最大の課題かもしれない。この課題を解決できなければ、何千世代もの人間や他の生物を極度の危険にさらすことになる。放射性廃棄物を生み出したことは、地球の長い歴史上で生物が引き起こした出来事の中でも生態学的に最も重大なものである。絶滅の原因となるような小惑星の衝突とは異なり、放射性廃棄物によるリスクは継続的なものであり、ある世代に影響を与えた特定の災害をもはるかに超える。それは文字通り時間的な暴力であり、地球上に将来発生する生命体を攻撃するものである。

国家史を越えて

核実験や放射線による被曝、チェルノブイリやフクシマ、そしてその他の核災害による負の遺産の歴史を研究した書物は数多く存在する。だが、戦争と政治を語る際によく行われるように、これらの歴史は特定の国の負の遺産に焦点を当てることが多く、例えば米国や英国の核実験の歴史や、ソ連や日本の原発事故の歴史として書かれてきた。しかし、放射線による事故の性質や、その影響が及ぶ範囲、そして残された放射性核種が地質学的時間《ディープタイム》をかけて浸透していくこと、これらすべてがグローバルな歴史を紡いでいる。カザフスタンにおけるソ連の核実験の犠牲者だけを見ると、その数は悲劇的だが理解できる程度の数として扱うことができてしまう。また、英国の核実験によって影響を受けた人々について語る際には、扱われる場所はオーストラリアの砂漠の狭い地域といくつかの島に限られる。だが、これらを脱国家化し、グローバルな歴史として研究したとき、「長い平和」の陰に隠れている限定核戦争が見えてくる。ナショナルな歴史の中ではこのことは見過ごされてきたが、グローバルな歴史としては深刻なものである。抑止論や地政学に関するエリートたちの言説ではなく、放射性降下物によって被曝した人々の経験に焦点を当てることで、冷戦下における核兵器の実態を理解することができ、実際に人々が肌身に感じた歴史を把握できるのだ。

冷戦期のプルトニウム生産とチェルノブイリ原発事故の人体への影響を研究しているケイト・ブラウンは、次のように述べている。「身体を歴史的テクストとして読み、痛みに苦しむ身体を無視することなく、歴史的に不可視化されてきた、汚染された環境に生きる人々の身体性を再構築していく――そのような学術研究の新たな領域があるはずだ」[40]。この新たな領域は、政治的イデオロギーやナショナルな歴史に惑わされたり、埋没させられたりしてはならない。人間の身体は人類という単一の種に属するものであり、その歴史は、地球を政治の舞台とする、種としての歴史である。グローバルな歴史として捉えたとき、放射線の影響の全貌が明らかになる――放射線の害はもはや一過性のものではなく、体系的なものとなる。我々は各国の責任を問い続け、その行動を詳細に把握しなければならない。放射性降下物の粒子が世界中に行き渡ったのと同様に、私たちも視線を世界中に行き渡らせる必要がある。

第Ⅰ部

科学

第1章　爆心地

核兵器の作用

核爆発の作用が語られるとき、主に爆風、熱線、放射線の三つが挙げられる。[1] いずれも空間を越えて移動するエネルギーの形態である。

爆風は、爆発が建物などのモノに及ぼす力あるいは圧力を指す。一九四五年の原爆投下後に広島と長崎で撮影された写真を見ると、画像の中で最も強い印象を与えるのがこの作用の結果、すなわち以前は街中にあった建物の不在である。この二都市の爆心地近くでは、鉄筋コンクリートの建物のみが、被害を受けたものの爆風に耐えた。核爆発の規模は、厳密にはこのエネルギー、すなわち爆風の力の大きさで表され、同等の爆風がTNT火薬の爆発によって生じたときに放出されるエネルギーを基準に表される。広島型の核分裂爆弾は概してTNT火薬千トン（キロトン、kt）台で、水素爆弾（核融合爆弾）はTNT火薬百万トン（メガトン、Mt）台である。

熱線は、核爆発の火球が生む驚異的な高温を指す。この火球の温度は摂氏数百万度に達する。[2] 人間を含む生物相

(生物学上の生命体)などほとんどの種類の物質は、爆心地の近くでは瞬時に融解した。爆心地から遠ざかっても、この高温は可燃性の物質を燃え上がらせた。建物の多くが木造だった広島と長崎では、炎は爆心地から三キロメートル以内の建物のほとんどを飲み込んで、市内いたるところに広がって終日燃え続けた。核兵器の熱が一気に放たれるのに続いて生じた火災によって、爆風が残したがれきの大半は灰となり、建物が建ち並んでいた市街地や、人々が暮らし、働き、学んでいた場所に、焼け焦げた傷痕が残った。

三つ目の作用である放射線(以下、この言葉は電離放射線を指して用いる)はより複雑で、その理解もより難しい。人間は日常生活で経験する力や熱についてはは本能的・身体的に理解している。だが我々の五感は放射線を感知するようにはできていない。さらに理解を複雑にするのは、放射線が我々にさまざまな影響を与えることである。本書の目的に照らして、放射線についてまず理解すべきなのは、身体の外にある線源からの、主として波状の放射線による被曝と、体内に取り込まれた粒子からの放射線には、重大な相違が存在することである。核兵器が使用されるとき、人間はこの双方から影響を受ける。

核兵器は爆発すると、大量のガンマ線と中性子線を爆発的に放出する。広島では、五〇〇メートルの距離において三五グレイのガンマ線と六・〇四グレイの中性子線を、長崎では、五〇〇メートルの距離において七八・五グレイのガンマ線と三・三二グレイの中性子線を放出したと見積もられている[3](この章を理解するために、こうした科学的詳細を理解する必要はない)。ガンマ線は(粒子に対し)波状で、その点でX線と同様に機能すると理解できる。すなわち、人体を含むほとんどの物質をエネルギーが透過するのである。ガンマ線の透過率は、それが通り抜ける物質によって低下する。鉛や土のように遮蔽物となる物質を通り抜ける場合、線量は減衰するが、木材や人体のような物質ではわずかしか低下しない。したがって、一気に放出されたガンマ線は核爆発の近くにいる人間の身体全体を透過し、全身の細胞や器官に影響を与える。広島と長崎では、爆発から一・五キロメートル以内の人々は全身に大量のガンマ線を浴びた。線量は爆心地から遠ざかるにつれて減少し、三キロ地点では一キロ地点に比べて著しく低下する。

物理学者のジェフリー・ワイスの説明によれば、「強度は、距離の逆数の二乗に従って滑らかに低下する。三キロメートルとは人体への影響についてのおおよその閾値であって、線量が急激に変化するわけではない」[4]。

原爆の爆発から数時間、数日、あるいは数カ月のうちに人々が経験した放射線障害の多くは、この大量のガンマ線による外部被曝の結果である。ただし初期の放射線障害の中には、放射線を体内に取り込んだり、爆心地に入ったり、グラウンドシャイン〔地表に沈着した放射性物質からの外部被曝〕で被曝したことによると考えられるものもある[5]。こうしたガンマ線への曝露は体内の器官や細胞にダメージを与えるだけでなく、ＤＮＡも損傷させる。完全なメルトダウンに陥った福島第一原子力発電所の原子炉を格納している建屋に作業員がまだ立ち入ることができないのは、建屋の内部や下部に存在する融解した核燃料が放出する、大量のガンマ線に被曝するリスクがあるからである〔融解した燃料が融合したものを燃料デブリという〕。ガンマ線の線量レベルは、建屋に足を踏み入れてから数分で人間を死に至らしめるほど高い。広島と長崎では、この当初の爆発的な放出は約一分間と短かった。しかし、これによって被曝した生物はすべて、線量が減衰した後も長く続くダメージを受けた[6]。大量の放射線を浴びて影響を受けた細胞と器官はしばしば致命的な損傷を負い、総体としての生命体も、その後数日あるいは数週間にわたって着実に進行する健康状態の悪化や臓器不全を経験した。

内部被曝は、より一般的には「放射性降下物《フォールアウト》」によるものと理解されている。核爆発の火球は物質を巻き込みながら高く上昇していく。全米研究評議会生命科学委員会のモーガン委員長は一九八〇年に、「放射性降下物について言うと、爆発のキノコ雲効果によって地表から巻き上げられた埃に、多くの放射化された物質が含まれていた」と述べた[7]。爆発はこれらの粒子の多くを電離〔イオン化〕し、放射能を持たせた。放射線障害の医学管理に関するハンドブックは以下のように説明している。「電離放射線とは、本質的には電磁〔波〕もしくは粒子〔線〕であり、標的原子の電子殻の軌道上から電子を放出させるのに十分なエネルギーを持つ放射線のことである〔アルファ線やベータ線、中性子線、Ｘ線、ガンマ線など〕。この放出によって荷電粒子やイオンが発生する。〔中略〕ＤＮＡのような生物学的に重要な分子が電離すると、アポトーシスや細胞分裂異常により細胞死が引き起こされる。より高い線量の電離放射線は、活発に分裂する細胞や未分化の細胞（例として、骨髄中の幹細胞や前駆細胞、消化器系、あるいは皮膚）を損傷する」(8)。降下物には、爆発の際に分裂しなかったプルトニウム239やウラン235など、核兵器そのものからの物質も含まれる。米国の保健福祉省、疾病予防管理センター、国立ガン研究所が二〇〇五年に行った調査によると、「すべての核兵器は、ウラン235（^{235}U）とウラン238（^{238}U）、プルトニウム239（^{239}Pu）の何らかの組み合わせを核分裂のエネルギー源としている。最も近代的で効率のよい爆弾でも、核分裂物質のうち一定量は分裂しない。典型的な核兵器はプルトニウムとウランの双方を核分裂エネルギー源として用いるため、核爆発は毎回大量のウランを散乱させ、ほとんどの場合はプルトニウムも散乱させることになる」(9)。こうしてばらまかれた粒子はさらに放射線の危険性を高め、また被害を受けた土地で呼吸し、水を飲み、生活する人々の体内に取り込まれる可能性がある。

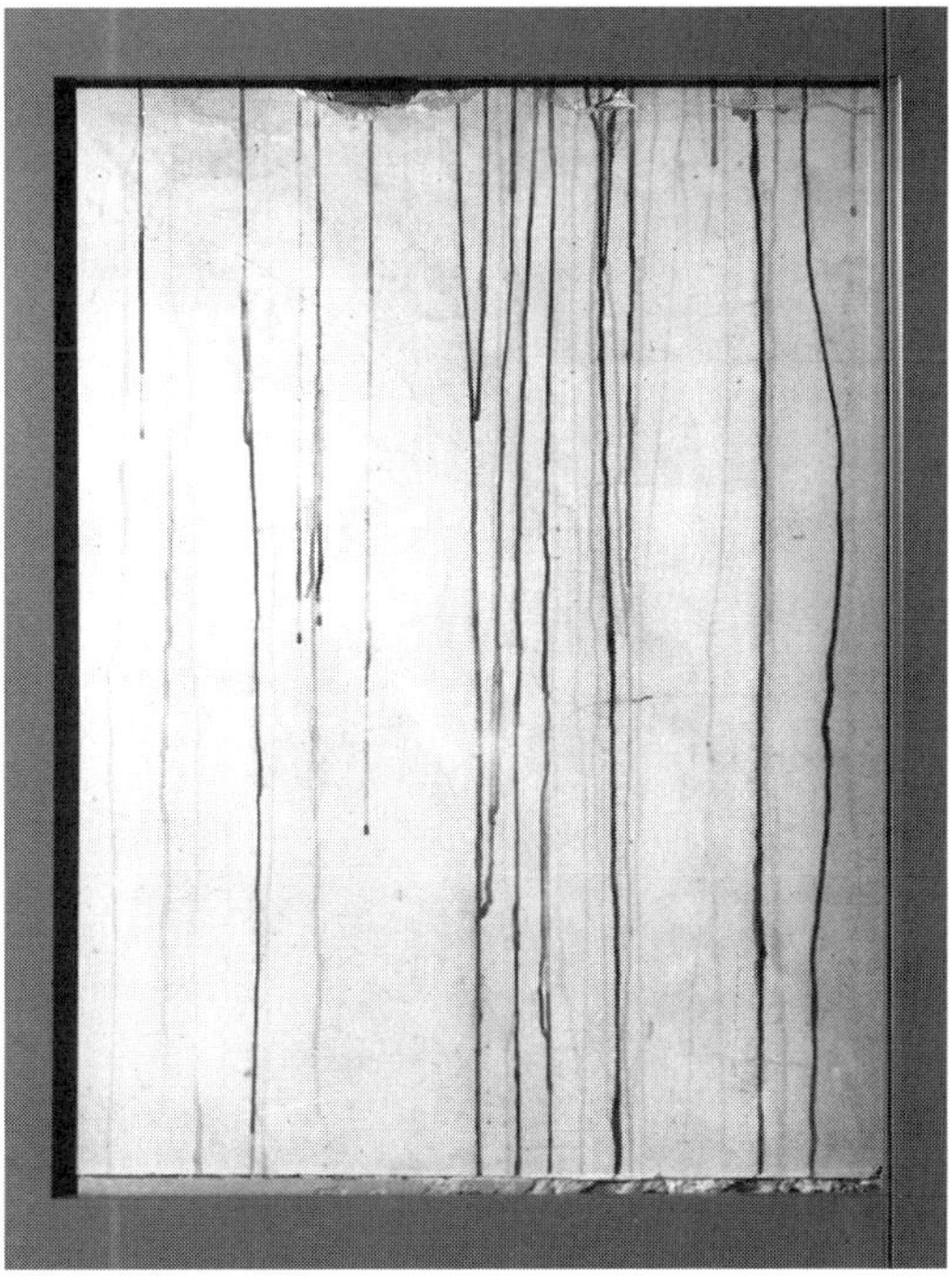

図 1-1　損傷を受けた家屋の漆喰塗りの白壁に残る，放射性降下物を含む黒い雨の跡（広島，爆心地から約 3,700 メートル。八島秋次郎寄贈，広島平和記念資料館所蔵）

　キノコ雲の温度が下がると、これらの粒子や、その他たくさんの放射性粒子および非放射性の元素が放射化した粒子は、雲から落ちて《フォールアウト》、地表に落下する。ローレンス・リヴァモア国立研究所の保健物理学者であるブルック・バ

図 1-2　広島で倒壊した学校から逃げる際に降った黒い雨のしみが残る，久保田豊子（当時 16 歳）の体操着（松宮〔旧姓久保田〕豊子寄贈，広島平和記念資料館所蔵）

ドマイアは次のように説明する。「核爆発は放射性降下物を生み出すが、それは爆発によるちりや破片が放射性の核分裂生成物と混ざって、爆発による雲に巻き上げられることで生成される。爆発の熱によって雲は急速に上昇して、出力一〇キロトンの爆発の場合は五マイルの高さまで到達し、理想的な条件のもとではキノコ形の雲となる。雲の温度が下がるにつれて、高濃度の放射性物質が地上に落下する」[10]。雨が降ると、雨滴が放射性粒子の周りに凝集するため、放射性降下物はより大量に落下する。[11]広島と長崎では市街の大半を占める木造建築が燃え上がったため、火災に含まれる物質からの大量の粒子が、立ち上る煙によってキノコ雲に充満した。広島への攻撃後に雨が降ったとき、火災由来の粒子の密度が高かったために雨が黒っぽくなり、「黒い雨」と呼ばれた。[12]

　これらの粒子の一つ一つは、各々の化学的特性によってベータ放射体だったりアルファ放射体だったりするが、基本的には呼吸や飲食によって、また外傷から、体内に吸収される。吸収された粒子は体内を通過して排泄されることもあるが、体内に一定時間とどまることもある。人体がその粒子を有益な化学物質と判定して保持するためだ。例えば、人体は通常、ヨウ素を甲状腺に集める。もし人がヨウ素の放射性同位体、すなわち放射能をもつヨウ素であるヨウ素131を体内に取り込むと——ヨウ素のほかの同位体の場合も同様だが——、人体はこれを甲状腺に集める（これが原子力災害時にヨウ素剤を摂取する理由である。甲状腺を通常のヨウ素で満たしておくことでヨウ素131を排出させるのだ)。ほかの放射性粒子も体内で利用されうる。粒子が体内にとどまると、放射性崩壊の過程で周囲の細胞を被曝させる。吸収された放射性物質の周囲の細胞はその照射を受け続け、これらの細胞の損傷によって疾病が発生する場合もある。[13] その結果、ガンなどの病気になることもあるが、このような場合は、大量のガンマ線に外部被曝した場合よりも症状はゆっくり進行する。このように、いずれの場合でも被曝は有害だが、その経過と期間は異なる。

広島と長崎における疾病と死亡率

一九四五年八月六日、米国による核攻撃でおよそ六万八千人が即死し、七万六千人が負傷した(放射性粒子を体内に取り込んだ人々の数はわからず、ここに含まれない)。[14] 三日後、長崎では米国の核攻撃によって約三万八千人が死亡し、二万一千人が負傷した。[15] 広島への原爆投下の結果、投下から一年で、およそ一一万四千人が死亡した。[16] 長崎では一九四五年末までに七万三八八四人が亡くなっていた。[17] どちらの都市でも、被害を受けた人々の中には、火傷や負傷など目に見える傷を負った人々と、放射線による障害がまだ症状として表れていない、もしくは診断されていない人々がいた。原爆投下後の数カ月から一年の間に亡くなった人々の多くは、重い火傷を負ったり高線量の外部被曝をしたりした人々だった。犠牲者は爆発が及ぼす作用のすべてから被害を受けたのである。

第二次世界大戦の末期になり、広島と長崎に核攻撃が行われた頃には、数万人やそれ以上という数の死者が出るのは普通のことになってしまった。一九四五年三月九日から一〇日の夜にかけて、米国は日本に対する最初の(大規模な)焼夷弾攻撃を東京で実施し、この爆撃で九万人から一〇万人を殺害した。[18] 米国は最終的には日本の六五都市を焼夷弾爆撃し、一九四五年の夏には、一晩の攻撃で多くの非戦闘員の死者が出るのはありふれたことになっていた。[19] しかし、広島への核攻撃という八月六日のニュースは、さまざまな点で衝撃的だった。衝撃的な点の一つ目は、破壊が一機の航空機から投下された一発の爆弾によって一瞬で行われたことである。二つ目は、原子核には莫大なエネルギーが含まれており、人類はそのエネルギーを兵器として放出させる方法を見つけたという理解が生まれたことである。三つ目の、そして最も抽象的な点は、放射線を兵器として使用することである。これは一般の人々には理解しにくく、原爆投下に続く日々、世界中の新聞や雑誌、ラジオ番組には放射線入門があふれた。[20]

米国は、放射線による害は、爆発直後のガンマ線の放出によるものだけではないという説を打ち消そうとやっきになっていた。一九四五年九月の『シカゴ・トリビューン』紙の記事は「原爆の効果を調査している米国調査団の団長であるT・F・ファレル准将は本日、広島の原爆の破壊力は科学者の予想以上だったが、爆撃地点に投下以降に足を踏み入れた人が一人でも放射能によって亡くなったという証拠はないと述べた」と保証した。「准将によると、「有意に高い放射能は爆撃地点であれどこであれ観測されなかった」。すなわち、今や被災地域には安全に居住できる。准将はまた、広島での死傷者の大多数は、おそらく爆風と飛来物、そして火災によるものだとも付け加えた」。[21] もちろんこの声明は正確ではなかった。有意に高いレベルの放射線は爆心地でもほかの場所でも観測されたし、攻撃の数週間後〔二週間後〕までに市街に足を踏み入れた人々は、放射線がもたらす危険性のもとで耐えてきたことが認定されて、日本で〔入市〕被爆者という法的地位を得ることになった。[22]

科学者は一九二〇年代以来、放射線への曝露が遺伝子異常の原因になることを知っていたが、広島と長崎の人々はゆっくりと広がっていく疾病のことは知らなかったし、この一瞬の破壊が何十年にもわたって跡を残すことになるなどと予期できたはずもなかった。この疾病の苦しみが徐々に明らかになってくると、原爆投下や放射線への曝露による死や病への恐怖が、核兵器とそれが地域社会に与える影響についての世界中の人々の感じ方を特徴づけることになった。広島への核攻撃から九年後、一二歳の佐々木禎子は首と耳の後ろにしこりを感じ、発熱して、まもなく白血病の診断を受けることになる。禎子は核攻撃の時には二歳で、そのときは負傷しなかったため、このように隠れた予期しえない病は、放射線を浴びたものの健康に見えた人々が抱く深い恐怖を代表するものとなった[23]。核兵器と、大量の死者や緩やかに進行するガンは、核のイメージの中でしだいに結びつけられていった。

好機

この兵器の威力と生き残った人々への影響を調査するため、原爆投下から数日のうちに、日本軍の軍医が広島と長崎に入った。歴史学者のスーザン・リンディーによれば、「陸軍軍医学校と東京第一陸軍病院の軍医が原爆投下の二日後、八月八日に広島に到着した[24]」。九月に米国の占領が正式に始まった直後には、米国の複数のチームが核攻撃の医学面での影響を調査し始め、まもなく「合同調査団」に統合された。調査担当者は、自ら調査や生存者への聞き取りを進めるだけでなく、日本側の原子爆弾災害調査研究特別委員会がすでに行っていた調査の結果を入手しようとした。この試みのほとんどは中途半端に終わった。計画性に乏しかったし、日米間の協力がリンディーが言うところの「植民地科学」的な展開を見せたことや通訳の問題から、調査の効果も上がらなかった[25]。

合同調査委員会は一九四六年に報告書を提出し、「広島と長崎において、血液学的な、または遺伝子面・生殖面での影響や、ガンが出現する可能性についての研究を「米国による常設の管理委員会」が監督する」ことを勧告した[26]。この勧告に続いてさらに強い指示が出された。「この間、米国科学アカデミーおよび全米研究評議会は、核兵器が人類に与える生物学的および医学的な影響について、全米研究評議会に長期的かつ継続的な研究を命じる大統領令を受け取った[27]」。その指令によれば、「予備調査は、核分裂による放射線にさらされた一万四千人の日本人を対象とする。放射線の医学的・生物学的影響の研究は米国にとって喫緊の重要性をもつが、このグループおよび今後把握されるであろう人々は、その際に類のない機会を提供する。このような研究がどれほどの期間継続されるべきかはまだわからない。しかし、本研究は陸海軍の問題にとどまらず、戦時のみならず平時の農工業で今後予想される課題も含めて、人類全体に関わるものである」[28]。原爆傷害調査委員会（ＡＢＣＣ）は一九四六年一一月の大統領令によって正式に設立され、「一九四七年には最初の代表が廃墟となった二都市に入り、医学および統計データを広範囲にわたって収集・評価するための仕組みを築いていった」[29]。

核攻撃が戦意や政治にどのような影響を与えるかという側面とは別に、広島と長崎の医療の実情は科学者に類例のない研究の機会をもたらした。放射能の発見から五〇年弱の間に多くの人々が放射線に被曝していたが、何十万人もがさまざまな線量のガンマ線に被曝したことは、そのコホートの健康状態がどのように経過するかを追跡調査し、放射線被曝とその後の症状の現れ方、寿命、死亡率との相関を示す確固たるデータベースを構築する可能性をもたらした。

第二次世界大戦直後、人類社会の未来は核兵器の発達およびその行く末と堅く結びついているように見えた。一世代で二度の世界大戦を経験し、その二度目では「総力戦」が戦略として実施され、原子爆弾も使用されたため、これらの兵器が将来の戦争で再び用いられるのは避けがたいように思われたのである[30]。マンハッタン計画でロスアラモスのＸ部門（爆薬部門）の責任者だった化学者のジョージ・キスチャコフスキは、一九四五年七月一六日にニューメキシコ州で行われ、世界で初めて核兵器を爆発させたトリニティ実験に対してこう反応した。「世界の終わりに——世界の最後の千分の一秒に——最後の人類は、我々がたった今見たものを見るだろう」[31]。電離放射線が人類に与える影響の緻密な分析は、未来に備えて必須であるように思われ、広島と長崎で被曝した生存者のコホートが存在することで、調査の機会と、そうしたデータを集める機会が得られた。リンディーは、ＡＢＣＣのロバート・ホームズ元所長が公然と述べた言葉を引いている。広島と長崎の被爆者はまさにこの点において「生きている中で最も重要な人々」だった、と[32]。

ABCCと寿命調査

一八九六年にアンリ・ベクレルが放射線を発見し、続いて一八九八年にマリー・スクロドフスカ＝キュリーと夫のピエール・キュリーがラジウムを発見した直後から、科学者は放射線被曝が健康に害を及ぼすという認識を獲得していった。「ピエール・キュリーらのラジウム研究者は、この物質をポケットに入れて持ち歩くと、皮膚に火傷をすることを知った」[33]。一九二〇年代後半、アメリカ人は、いわゆるラジウム・ガールズが患う病気を知って恐怖した。これらの女性は、時計の針や数字を暗闇で光らせるためにラジウムを含む塗料を使う仕事をしたことで、放射線に由来するさまざまな病気にかかったのである。最終的に彼女たちは法廷で勝利を得て、米国において、労働者が職業関連の健康被害について賠償を請求する権利を確立した[34]。同じ頃、生物学者は放射線への曝露が遺伝子変異を起こすことを知った。放射線突然変異生成は、ショウジョウバエを研究していた、コロンビア大学のトーマス・モーガン研究室所属の大学院生ハーマン・マラーが発見した[35]。マラーは広島と長崎への核攻撃後最初のノーベル医学生理学賞を受賞することになるが（一九四六年）、それは一つには、この新兵器が生命に及ぼす遺伝的な危険を強調するためだった[36]。

ABCCは被曝が広島と長崎の人々に与えた影響をいくつかの方法で研究しようとした。一九四八年三月には妊娠中の女性と被爆者の子どもの研究を始めた。同年後半には両都市で小児科検診も始まった。一九五〇年には白血病の体系的な研究が、五一年には胎内被爆した子どもの研究が始まった[37]。一九五五年の全米研究評議会議長の指示により、ミシガン大学の疫学者トーマス・フランシスのもとに委員会が組織され、ABCCに派遣されて、これまでの研究の進捗状況と研究機構について評価した。フランシス委員会はいくつかの勧告を出したが、その一つは、数十年にわたり健康状態を追跡することができる一定の人口集団について長期的な調査をすべきというものだった[38]。

これにより、それまで行われていた研究が寿命調査という公式な調査となり、ＡＢＣＣとその後継機関である放射線影響研究所（ＲＥＲＦ）による研究の中で最も重要で影響力の強いものとなった[39]。寿命調査の報告書第一報によると、「原爆傷害調査委員会（ＡＢＣＣ）は原子爆弾被爆者について広範囲の研究を実施している。中でも寿命調査という被爆者の死亡についての研究は、ＡＢＣＣの研究のうち最も重要なものの一つである。この調査では統計学的方法を広く応用して放射線量と死亡率の関係を系統的に研究することになっている[40]」。ただしこの報告書は、「寿命調査の発足にあたって、まず弱点として知っておかなければならないことは、被爆者各自が受けた放射線量がまだ正確にわかっていないということである」とも注意を促している[41]。

研究者たちは一九五〇年の国勢調査およびＡＢＣＣによる付帯調査をもとに、一九四五年八月の原爆投下時に広島および長崎に居住していると申告し、かつ一九五〇年時点で存命である二八万四千人を特定した。一九五〇年一〇月時点ではそのうち九万八千人が広島に、九万七千人が長崎に住んでいた[42]。当初の計画は、「寿命調査サンプルは約一〇万人からなる」というものだった[43]。「正確にわかっていない」点については、調査参加者の被曝量を推定する研究が計画された。「線量測定計画は空中線量推計と普通の遮蔽材料の線量減弱に関する調査、および爆心地の近くにいて相当量の放射線を受けた人々の被爆時の位置と遮蔽状況の調査からなっている。この線量測定計画を進めると、相当量の線量を受けたと考えられ、且つ広島、長崎の両市またはその近郊に引き続き居住している被爆者が受けた線量を数量的に推計できるようになる[44]」。寿命調査が当初対象にしていた約一〇万人というサンプルは、一九六七年、そして一九七九年に拡大され、約一二万人となった[45]。

寿命調査は、環境内で被曝した大規模な人口集団の死亡率を追うために作られたデータベースとして非常に信頼性が高く、しばしば、放射線被曝後の健康状況や死亡率についてのデータの「ゴールドスタンダード」だとされている。二〇一七年に『核医学雑誌』に掲載された論文は、「寿命調査の被爆者コホートは、人体への放射線の影響を推定するための最も重要なデータセット――ゴールドスタンダード――だ」と主張している[46]。寿命調査は現在も継続しており、主に日米の何千人もの研究者、技術者、調査参加者による労力の成果である。

寿命調査の内在的問題

寿命調査のデータベースは、被曝線量の再現に大きく依拠して設計されている。放射線量と後年の健康転帰を相関させる研究をするには、どちらのデータも正確でなくてはならない。線量は主に、個々の調査対象者について、〔被爆時の〕位置と、線量を減弱させる遮蔽物の存在を計算に入れて再現される。一九六〇年代初期にＡＢＣＣにいたアメリカ人研究者のジョン・フェアは、「二発の原爆のいずれについても、放出された放射線の量には不明な点があるが、距離は放射線被曝を測定する際の代替手段として用いられてきた」と説明している。[47] 最初の推定が一九六五年にまとめられた後、[48] 寿命調査対象者個々の線量は一九八六年、そして二〇〇二年にさらに厳密に推定された。[49]

寿命調査には、研究がどのように設計されてきたかと、何が除外されているかの双方について、多数の問題がある。本書にとっては、研究設計に関わる問題は、除外されている事柄に比べると重要性が低い。欠陥があるとはいえ、寿命調査には今でも歴史的および科学的な価値がある。しかしながら、いかなる科学的探求とも同じように、この調査もまた人間によって設計され、人間が行う知的探求全体に共通する長所と短所を映し出している。[50]

構造上の問題は主に、〔各調査対象者が浴びたとされる〕線量をどのように決定するかという点にある。すでに詳しく述べたとおり、線量を決定する方法は主に二つの要素に依拠している。一つはすべての被爆者に共通するもので、もう一つは個々人に特有のものである。二発の原爆が放出した放射線の性質から、爆発地点からの任意の距離におけるガンマ線および中性子線の量がわかる。外部放射線のレベルは、爆心地から遠ざかるにつれて減少し、その度合いは数量化できる。個々人の位置や遮蔽の詳細は、この放射線場《フィールド》のモデル上に位置づけられる。これらのデータから明らかになった線量が、寿命調査の参加者各々に割り当てられる。[51] これらは一つ一つが主観的な性質を帯びるため、最終的な線量推計の正確性を——データを無効にするほど大幅にではないにせよ——少々削ぐものである。

寿命調査に参加している被爆者個々の爆心地からの距離と遮蔽の詳細を知る基本的な方法は、面接調査である。参加者は、爆発の瞬間に正確に地図上のどこにいたか、そして遮蔽の面ではどのような状況にいたか（屋内か、屋外か、階上か、階下か）を質問される。すなわち人々はまず、人生で最もトラウマ的な瞬間について、しばしば何年も経ってから、正確に思い出すことを求められるのである。多くの人々にとって、それは心理的にきわめて混乱していた瞬間だった。自分は死ぬのだと思ったり、愛する人や見知らぬ人の死を目にした人々がたくさんいたのである。目に見える何もかもがなぜ一瞬で地獄の光景へと変わってしまったのかを理解していた人はほとんどいなかった。その地獄で自分が取った選択や行動を恥じた人や、自分が被爆者だということを隠したがっていた人も多かった。記憶と証言は統計データの出所として本質的に問題をはらんでいる。

リンディーが述べたように、こうした初期の試みでは、面接調査の際の通訳の質もしばしば問題だったし、多くの面接で質問はわずか二、三問のみだった。面接官が証言を疑い、面接対象者に見て取った症状に基づいて推定線量を変えることもあった。寿命調査報告書第一報の筆者らは、次のように書いている。「現在は爆心地からの距離、大まかの遮蔽分類および急性放射線症の記録［中略］に頼るほかはない。症状は非常に有益だが、放射線に対して各人の症状を現わす態度の相違を考慮する必要があるので、症状を利用する場合には慎重を期さなければならない。症状はただ放射線を大量に受けたと考えられる群を選び出すため用いるだけである。普通線量をはかる尺度には遮蔽を考慮に入れた距離を用いている」。[52]

広島と長崎で使用された二発の兵器は、いずれも核分裂によるエネルギー放出を用いたものだったが、設計はまったく異なり、使用した核分裂物質も異なっていた。広島のものはウラン235を原料とした「砲身《ガンバレル》」型で、長崎のものはプルトニウム239を原料とした「爆縮《インプロージョン》」型だった。科学者らは、放射線の爆発的放出の一般的な性質は理解していたが、放射線の正確な量には確信がなく、そのため遮蔽の効果についても同様だった。寿命調査報告書は「放射線の潜在的エネルギーについては、どちらの爆弾もその当時測定を行うことができなかったため、類似の核兵器から空中線量を推定するより他はない」との注意書きを付した[53]。オークリッジ国立研究所保健物理学部長のジョン・A・オクシアの説明によると、「長崎型の爆弾では、〔コアを〕とりまく材料に大量の高性能爆薬が含まれており、その水素と窒素が中性子の大半を減速させ、吸収した。このため爆発は高エネルギーのガンマ線の強力な線源を生んだ。広島型の爆弾では、鉄が中性子を減速させたが、多くの中性子を捕まえることはなかった。しかしガンマ線はかなりの量を吸収した[54]」。広島で用いられたような、砲身型でウラン235を核分裂材料として使用した爆弾は、その後製造されることも使用されることもなかったため、モデルとして比較可能な核爆発がなかった点は指摘しておく必要がある。また、大気中に散乱した粒子および土壌そのものの拡散効果は不確実であり、そしてなにより重要なこととして、建物や家具による構造的な遮蔽効果にも不確実な点がある。

図 1-3　ネバダ核実験場にあるイチバン計画の「日本家屋」（1957 年）

出所）John A. Auxier, *Ichiban : Radiation Dosimetry for the Survivor of the Bombings of Hiroshima and Nagasaki*（Springfield, VA : National Technical Information Service, 1977）: 32.

　被爆者の間に予期せぬ健康問題が発生したため、爆発の線量をより正確に測定することが必

図 1-4　ネバダ国家安全保障施設にて，イチバン計画の家屋の最後の一棟と，背後のブレン・タワー（2012 年）。タワーはこの写真の撮影から 4 カ月後に解体された（筆者撮影）。

要なのは明白だった。一九五六年、米国原子力委員会（ＡＥＣ）はオークリッジ国立研究所にこの問題について調査を続けるよう指示し、研究所はオクシアのもと、イチバン計画（「イチバン」は「一番」の意）を開始した。「広島と長崎の生存者のほとんどは、木造家屋内で被爆した。当時、日本の住宅建築は高度に規格化され、一律だったので、決定的な線量研究が実現可能となった。それゆえ、典型的な日本の住宅の遮蔽要素は、イチバン計画のもう一つの産物だった」と、一九八六年の線量推定方式に関する報告書の導入部にある「歴史的概論」の著者らは説明している。「ネバダ実験場に日本式の家屋数軒を建設し、一九六二《ママ》年の部分的核実験禁止条約に先立って行われた大気中核実験の際に、放射線遮蔽を測定するために使用した。一九六二年以降は、ネバダ実験場にある高さ五〇〇メートルの塔の頂上に、中性子やガンマ線の他の線源を設置して、家屋による遮蔽の測定が行われた。線源には、遮蔽のない小型原子炉も含まれていた」(55)。こうした日本式の家屋は移動用の台の上に建設され、〔実験のたびに〕さまざまな距離に配置し直された。家屋の内部には放射線測定装置がずらりと並べられ、ＡＢＣＣでの線量推計に使用する遮蔽効果のデータを収集するために、ブレン・タワーの頂上の非遮蔽の原子炉から発生する中性子線やガンマ線を数年にわたって浴び続けた。ネバダ実験場で、核攻撃そのものが不気味な形で再演されたのだと言えよう。

調査参加者の位置を判断する際に主観的な要素があり、建物と大気双方の遮蔽効果についても不確実な部分が残ったため、線量推定には再調整が必要となった。だが、この主観性も不確実性も、寿命調査の正確性を大きく損ねるものとはみられていない。寿命調査から漏れていたのは、より憂慮すべき問題である。それは寿命調査のデータベースとしての価値に疑問を呈するものではなかったにせよ、寿命調査を政治的に利用することについてはたしかに疑いを挟むものだった。

寿命調査の外在的問題

寿命調査で明らかになったデータは放射線の外部被曝については大きな意味があったが、内部被曝についてはほとんど意味がなかった。この調査ののち、冷戦下の数十年にわたり、原爆の爆発によるガンマ線大量放出で被曝した人々よりもはるかに多くの人々が、放射性降下物にさらされることになった。内部被曝は、寿命調査で検討された外部被曝よりもはるかに一般的になったのである。寿命調査は、さまざまな線量の外部放射線に被曝することが、どのように疾病や死亡という結果につながるかの見取り図を我々に与えてくれるが、内部放射線の健康への影響はまったく明らかにしていない。にもかかわらず、人々が放射線に被曝したとき、我々は主に寿命調査を利用してリスクを評価してきた。放射性降下物で被曝した人々の健康リスクに関して、寿命調査のデータがこうして不正確に提示されたことで、これらの人々は構造的に不可視化されてきたのである。

〔原爆投下の〕当時も内部被曝が深刻なリスクを生むことは理解されていた。[56] 放射性物質を第二次世界大戦で使用する兵器として用いるという当初の構想以来、体内に取り込まれた放射性核種を、敵の兵士や市民を病気にしたり殺害したりする手段とする可能性は、核物質を爆発物として使用することと並行して検討されていた。マンハッタン計画の科学者は、ナチスが連合軍の兵士に対して（とりわけ連合軍のヨーロッパ侵攻の際に）放射性物質を使うかもしれないと想像し、その恐怖から、米国がドイツに対して同様のことができるかを検討した。[57] 一九四三年一〇月のS-1特別委員会（米国政府の科学研究開発局ウラン委員会の後身）に設置された小委員会の会議では、マンハッタン計画を統括するトップクラスの科学者の何人かが、放射性粒子を兵器として用いる方法を検討した。方法の一つは、大量の放射性核種を担体となる化学物質に振りかけて散布し、兵士を高線量のガンマ線に被曝させることだった。この方法では、致死レベルあるいは有害な線量に達する前に、風が放射性物質を拡散させる懸念があるとして、委員会は放射性粒子を強制的に体内に取り込ませる方法を検討した。「放射性物質のやや異なる使用方法は、ある種の放射性物質は、きわめて少量であっても、動物の肺に吸収されると数週間後に致命的な影響を与えるという事実に基づいている。そうした状況下で最終的に死に至らしめるために必要な量はごくわずかである」。この報告書の「放射性ガス戦争」と題されたセクションは、どのようにしてこうした微粒子を吸い込ませるかを詳細に記述している。「このことは、そうした物質が一リットルあたり千分の二マイクログラムという低い濃度で、細かなちりや煙として空気中にとどまった場合、そのような空気を一時間にわたって呼吸すると十分に致死濃度に達することを意味する。物質は肺に蓄積され、最終的には放射線障害によって死亡するだろう。そのようにして被曝した場合、汚染された人物の治療を成功させる方法は見つかっていない」[58]。こうした放射線の摂取経路や健康への深刻な影響はマンハッタン計画の初期にすでに知られていた。だがそれは、被爆者に対する影響を判定する際には無関係だとされてきた――広島と長崎の被爆者は何日も何週間も、エアロゾル化して沈着した放射性核種を含む空気の中にいたことが明らかであるにもかかわらず。[59]

体内に取り込まれた放射性物質のデータを除外する決定は、寿命調査の初期に下されていた。一九六一年の寿命調査テクニカル・レポート05-61には次のように説明されている。「放射性降下物と二次放射線については、議論の余地もあるが、著者はこれらを二義的の《ママ》放射線源と見なしたい。初期入市者（原爆投下直後に市に入ってきたもの）と非被爆者の死亡率とを比較すると統計的に有意の差を認めることができなかった。したがって本報告では、一次放射線量だけを基礎として被曝の程度を現わすように分類した」[60]。体内に取り込まれた放射性粒子の健康への影響を除外するというこの初期の決定は、冷戦期にも冷戦後にも、放射線被曝がどのように理解され正当化されるかを左右した。この文章では、広島と長崎の被爆者において、体内に入った放射線の健康影響は大量の外部被曝に比べると重要性に乏しく、健康に対する不利益は、寿命調査のデータに加えるという困難な作業をするほどではないと矮小化された。明らかに、広島と長崎で高線量の外部放射線にさらされた被爆者の数は甚大な医療危機を引き起こしていた。そして攻撃の際に市内にいた人々と、すぐ後に（家族や親戚を探したり、片付けを手伝ったりするために）両市を訪れた「初期入市者」のどちらについても、内部放射線の健康問題はより見えにくく、緊急ではなかった[61]。

　こうした事情、そしてこの判断の内的な論理が、その後の研究のもとになり、またＡＢＣＣの研究者や彼らに続くより広い分野の研究者らが前提とするようになった放射線パラダイムも形作った。広島と長崎の被爆者の遺伝学的研究について、ＡＢＣＣとその後継機関であるＲＥＲＦの上席研究者だったジェイムズ・Ｖ・ニールとウィリアム・Ｊ・シャールが一九九一年に著した次の評価は、この論理に即している。

> 広島と長崎における残留放射線の量を推計するには、多くの困難があった。両都市での爆心地周辺での残留放射線の分布は非対称的で、正確なパターンは、局所的で細かな気象状況次第だった。［中略］日本の報告には、投下当時に市内にいなかった救助班員らが後になって放射線障害を発症したという例がたびたびある。［中略］我々は当座のところ、残留放射線についてはより控えめな見方をとり続けるつもりである。概して、原爆の影響を受けた人々は、被害地域からできるだけ早く離れようとした。したがって、この研究の目的のためには、

〔直接〕被爆した人々や原爆投下直後に入市した人々はある程度の残留放射線を受けたかもしれないが、原爆投下の瞬間に市内にいた人々が吸収した量と比較すると、その量は平均して少なく、無視してよいと考えられてきた。(62)

一九五〇年代および六〇年代に取られた当初の選択には、当時幅広く見られた懸念が織り込まれていた。つまり、将来的に核戦争は起こりうるし、最も意義のある医学的研究とは、そのような破局的戦争で生じるガンマ線を大量に浴びた人々の健康に関するものだろうという懸念である。(63)その研究は戦場で核爆発を体験した兵士の健康状態を指揮官が評価する際に役立つだろうし、敵軍に対して核兵器を使用するための戦略に、また核攻撃に際して安全を確保するための建造物やシェルターを設計する際にも有効だと考えられていた。

しかし、実際の冷戦の展開は異なっていた。最初の核攻撃以降の七〇年を超える年月において、核爆発の被害を受けた人々の健康を最も損なうことになったのは、体内の放射性粒子だった。大気圏内核実験の時代（一九四五〜六三年）に危険な量の放射線に被曝した人々の多くは主に、実験による放射性物質の雲から沈着して、体内に取り込まれた放射性粒子によって被曝した。これらの人々は核兵器の直接攻撃は経験せず、したがってそれに伴うガンマ線と中性子線の爆発的な放出も（熱線や爆風も）経験していない。しかし、とりわけ水爆の大気圏内実験が行われるようになった一九五二年以降、彼らはしばしば大量の放射性降下物に被曝し、その量は広島と長崎の人々の場合を上回った。このような地域の人々の健康影響は、決まって無視された。寿命調査に基づくと、医学的に懸念されるレベルを下回ると判断されたためである。

同様に、マヤーク（ソヴィエト連邦、一九五七年）やウィンズケール（英国、一九五七年）、チェルノブイリ（一九八六年）、福島（二〇一一年）などの核物質製造施設や原発の近隣に暮らし、事故後に健康に影響を受けた人々のほとんども、そうした事故の火災や爆発の結果、放射性粒子が大量にばらまかれた地域に暮らしていたことで被害を受けた。彼らは、これらの粒子を体内に取り込み、汚染粒子が多く存在する生態系内に暮らしたことで現れる疾病と闘うことになる。彼らの健康問題も、寿命調査が説明する放射線由来の疾病のデータとは異なるため、被曝とは無関係で些細なものだとされることになった。岡山県にある就実大学薬学部の須藤鎮世は二〇一六年の論文「福島へのメッセージ——唯一恐れるべきは恐れそのもの」で、まさにこのような議論をしている。彼の議論は寿命調査を用いて、福島の住民には何も危険はなく、彼らが抱えている問題は不正確な理解が原因だと読者に立証しようとするものである。須藤は締めくくりに「人々が現在、あるいは将来避難区域に戻ったときに受ける線量は低いため、身体に影響を及ぼすことはない。最も深刻な公衆衛生上の問題は、放射線に対する過度の恐れによる、精神衛生への悪影響である」と助言する。(64) 福島の住民の不安を退けるとき、須藤は、住民の幸福を脅かす放射線は、彼らが戻っていくだろう避難区域における外部放射線量のみに由来すると断定している。だが実際には、彼が議論の対象としている人々にとっての主な危険は、居住地周辺の森林を広く汚染している放射線核種を体内に取り込むことによるものである。福島の住民にとってリスクとなるのは、帰還することで被曝する線量ではなく（ただし、そうした低線量の外部被曝も危険だという根拠もある。原子力施設労働者国際共同研究を参照のこと）(65)、帰還先の生態系全体に放射性核種が拡散していることであり、住民やその子どもたちがそうした粒子を体内に取り込みうる危険性である。これらはきわめて現実的な脅威であるにもかかわらず、寿命調査のデータはその危険性を示していない。放射線とともに生きることへの不安を「精神衛生」として病理化する言説については、第3章であらためて論じてみたい。

むすびに

ＡＢＣＣの科学者たちが、体内に取り込まれた放射線を寿命調査から除外したことについて、一九四五年の原爆投下以前にその影響がすでによく知られていたことをとくに取り上げて、悪意によるものだと考える者もいる。私は、真実はより平凡なものだと論じたい。広島と長崎において、外部放射線の影響はより差し迫っていた。また、内部被曝を定量化することは、科学的には明らかに困難だったことも重要である。一方、外部被曝の線量は明快に測定できる。爆発の高度と、放射線が届く区域にいた人々の距離と遮蔽を計算するのである。対照的に、大きな集団内の誰が個々の核種を体内に取り込んだかを測定するのは不可能だっただろう。そのリスクは確率論的なものである。二人の人間が同じ家に住み、ともに食事をし、同じ道を歩いていても、たまたま一人だけが粒子を取り込むこともあるということだ。疾病が明らかになるまでは、二人のどちらが取り込んだかを判定することは困難であり、明らかになった後も同様である。ある人がベータ放射体やアルファ放射体を取り込んでいるかどうかを判定する装置の一つにホールボディカウンターがあるが、この装置は寿命調査が始まったときにはまだ発明されておらず、オークリッジ国立研究所で製造が始まった一九六四年時点でも、一台につき約六〇トンもの重量があり、一般的には手に入らなかった（ホールボディカウンターについては次章でより詳しく論じる）[66]。一九七九年のスリーマイル島での原発事故で、部分的なメルトダウンが発生した後、被曝した人口集団から選ばれた人々の全身の被曝状況を計測《ホールボディカウント》することが決まったが、七六九人の測定には七四日間を要した[67]。

振り返ると、当時の技術ではこの研究課題に手をつけるのは現実的に不可能で、研究がなされなかったことは理解できる。近年では研究者は、パラフィンを用いて保存されていた長崎の被爆者の遺体から、体内に取り込まれた放射線を確認することができるようになった。二〇一八年のある研究は、「原爆投下から五カ月以内に死亡した長崎の原爆犠牲者の遺体の、作成から七〇年が経過したパラフィン包埋標本にオートラジオグラフ法を用いた」。その研究者らは「長崎の原爆犠牲者の身体に、さまざまな経路によるものと思われるプルトニウムが沈着していた」と結論づけている[68]。

体内に取り込まれた放射線核種が健康に及ぼす影響を研究しないという判断がなされたことは理解できる。とはいえ、放射線被曝による健康リスクについて寿命調査からわかることを説明する際に、それが考慮されないのであれば問題である。寿命調査は、放射線被曝の健康影響を説明するゴールドスタンダードとして国際的に援用されているが、あくまで放射線外部被曝の健康影響を示すゴールドスタンダードとして提示されるべきものである。体内に取り込まれた放射性核種が健康に与える影響は寿命調査の枠組みの外部にあるため、寿命調査はそのリスクを退ける目的で使われるべきではない。しかし、まさしくそれこそがこれまで行われてきたことであり、広島と長崎以来、放射線に被曝し、現実に深刻な健康被害に苦しんできた人々のほとんどが不可視化された状態を制度化するという結果をもたらしたのである。

第2章　残存する粒子

向骨性核種

一九五六年、ＡＥＣの委員であるウィラード・リビーは『サイエンス』誌に「放射性降下物と放射性ストロンチウム」[1]と題する論文を発表し、自然界への放射性降下物に関する部外秘の情報を公開した。彼は用語の定義から始めている。「核兵器が爆発した後に大気圏から降下《フォールアウト》する放射能を放射性降下物という。例えば通常の原子爆弾の場合、ＴＮＴ火薬二万トン相当の爆発力に対して、二ポンドの放射性物質が生成される。この二ポンドには、寿命が一瞬のものから数年にわたるものまで、約九〇種類の放射性核種が含まれている」。彼の論文はとくに、放射性ストロンチウム（ストロンチウム90）が人間に与える危険性に焦点を当てていた。放射性ストロンチウムはカルシウムと化学的性質が似ているため、体内に取り込まれると、人体はそれをカルシウムと同じように扱い、歯や骨に移動させる。リビーはこれを「向骨性」（骨親和性とも言う）と表現した。彼は放射性ストロンチウムがどのように生態系に入り込むかを、次のように説明する。「放射性ストロンチウムは主に雨粒に含まれて落下するが、この点では朝靄や霧の影響もとくに大きく、地表への接触や直接降下も同様である。放射性ストロンチウムは葉や土壌に降下する。植物の葉の上に落ちたものは、現代の肥料の葉面散布の仕組みと同様に、植物に直接吸収される可能性が高い[2]」。

リビーは放射性物質がそうした爆発のキノコ雲から落下する力学的過程を、「地表で爆発した爆弾は〔中略〕その放射能のかなりの部分を、比較的近距離で降下させる」と説明する。しかし一九五六年までには、米国とソ連はどちらも異常に大きな核兵器を競うように爆発させていた。リビーが基準として用いた「通常の原子爆弾」の千倍もの爆発力をもつ水素爆弾である。熱核兵器〔水爆〕の大気圏内爆発は放射性のちりをはるか高くまで放ち、対流圏を越えて成層圏まで巻き上げられた粒子は地球を取り巻き、何年もかけて落下する。「大気の最上層にとどまる時間が長いため、放射性物質は気流によって攪拌され、世界中に分散する。このため、降下物が最終的に対流圏に落下して雨や雪で洗い落とされるときには、地表全体に比較的均一の割合で降下することがわかる[3]」。

このように、核実験からの降下物の粒子が地球全体に沈着していることで、すべての生物は核実験に関わる存在となる。核爆発の最も直接的で致命的な影響――爆風、熱線、および放射線の爆発的放出――はおおよそ核実験場内に封じ込められる。だが封じ込めを逃れた、雲状になった放射性降下物からの放射性核種を体内に取り込むリスクは地球を周回する。そして雨や霧、細かなちり、食料を介して、我々全員にたどり着くのである。現在までに計五二〇回もの大気圏内核実験が行われ、放射性核種を地球にばらまくことになった。その結果、「寿命が長い核分裂生成物（セシウム137やストロンチウム90など）の世界規模での沈着の大部分は、成層圏からの降下物による[4]」。加えて、原発事故での爆発や核物質製造施設からの数十年にわたる廃棄物の漏出によって、より大量の放射性核種が散らばることになった。全世界が核技術の影響を受け続けているのだ。

核実験場での疾病と死亡

核実験において爆弾が炸裂した際、その爆風や熱線によって亡くなる人はいたが、そうした被害を受けるほどの近距離にいたのは、たいていは軍人と実験場関係者のみだった。核実験場は人間が定住する地域からは離れたところにあった。しかし兵器が巨大化するにつれて、その影響も実験場からより遠く、居住地の近くまで及ぶようになった。ポリゴン――カザフスタンのセメイ（旧称セミパラチンスク）近くにある、旧ソ連の核実験場――での実験の、爆心から一〇〇キロメートル以内に暮らす住民について、日本の研究者が二〇〇二年に行った研究によると、「回答者六〇六名のうち五四六名（九〇％）が核爆発の閃光を目撃し」、七〇％が爆風を、一八％が近隣で実施された実験の熱を感じたという。[5]

ソ連の核兵器を設計したアンドレイ・サハロフは、一九五五年一一月二二日にこの地で行われた水爆実験における死者や負傷者の様子を以下のように描写している。「衝撃波の力によって、近くの、一個小隊の兵士が隠れていた壕が崩れ、若い初年兵がひとり死んだ」。計算上は衝撃波が届かないはずだった近隣の村では、「住民は命令にしたがい粗末な防空壕に避難していたが、閃光が見えたのでもう安全だと思い外へ出た。だが壕に残って積み木遊びをしていた二歳の少女が、衝撃波で崩れた壕の下敷きになって死んだ」。別の村では病院の天井が崩れ、「六人が重傷を負」った。[6] のちに、積み木遊びをしていた少女以外にも死者がいたことが明らかになっている。カーネギー国際平和財団核政策プログラムの研究員であるトグザン・カッセノワによると、「マーレ・アクジャーレの村では、三歳の女の子が崩れた天井の下敷きになって亡くなった。保安部隊の兵士六人も亡くなった。彼らは爆心から三六キロ離れた塹壕で待機していた。土砂が全員を地中に埋めた。ほかの地域住民も骨折など複数の負傷をした」。[7] 飛んできたガラスの破片で負傷した四二名を含め、これらの死者や負傷者はすべて爆風によるものだった。[8]

核実験直後の外部被曝での急性放射線症による死亡や負傷の事例もあった[9]。ポリゴンで一九四九年に実施されたソ連初の核実験では、ドロンという小さな村の住民が一六〇レムの被曝をし、加えて、実験当時に屋外で働いていた数人の村人が皮膚に放射線熱傷を負った[10]。四年後、ソ連は最初の水爆実験をポリゴンで行い〔前段落で述べた一九五五年の実験〕、周辺地域の数千人〔および数万頭にのぼる家畜〕が実験前に避難した。しかし、意図的に残された人々もいた。「カラウルの住民は村落に放射性の雲がやってきた二、三時間後に急いで避難させられた。しかしカラウルの住民一六二〇人のうち成人一九一人は住民の財産を守るために残された」[11]。〔カイナルという村で〕残された一人だったヌルジャン・ムハノフ〔仮名〕は、のちに聞き取り調査にこう答えている〔次の引用は調査実施者がムハノフの発言をまとめたもの〕。

爆発があった日、残された四〇人の男性全員を軍人が村から二、三キロ離れた景色のよい場所に連れて行った。彼らは食料と酒を渡すと、一日のんびり過ごすように言った。彼らは立ち去る前にムハノフと仕事仲間に無線機を渡し、演習についての今後の指示は無線で知らせると言った。ムハノフと友人はその知らせを待ったが、知らせが届く前に巨大な爆発があり、続いてキノコ雲が立ち上った。ほかの男たちは、とても悪いことが起きたのではないかとおおいに心配し、ムハノフが彼らに何も情報を提供しなかったと言って怒った。ムハノフと友人はいっさい無線連絡がなかったと主張した。二、三時間後、全身を白い防護服で包んだ軍人が、彼らの様子を見に戻ってきた。男たちはまだ怒っていた。彼らは危険にさらされていると感じ、どうしてまったく指示がなかったのか知りたがった。兵士たちは、回線をつなげるはずの無線技士が酔ってちゃんと仕事ができなかったのだと返事した。今では、ムハノフは意図的にモルモットとして使われたと感じている。彼は、兵士が自分やほかの男たちの血液や尿のサンプルを定期的に採取していった様子を覚えている[12]。

一方、避難した人々は、戻ってくると「おかしなものを目にした。ニワトリがたくさん死に、奇形のヒヨコもいた。

犬や猫は毛が抜けて、かさぶただらけのものもいた。戻ってきてから数日の間に犬や猫が目の前で死んでいった様子を語った人々もいた」[13]。何キロも離れた村の人々は、耳を聾する爆音が聞こえ、炎とすさまじい衝撃波が続いて屋外のものはぐちゃぐちゃになり、窓が割れ、家が倒れたと報告した。七四歳の、名前を明かさなかった女性は約六・五キロ離れた駐屯地に避難していたが、爆発の後で耳から出血したと語った[14]。

一方、フランス人の電気技術者のジャン＝クロード・エルヴューはアルジェリアと仏領ポリネシアの核実験場で働いていた。二〇二〇年の聞き取り調査に対し、「仏領ポリネシアで高線量の放射線が観測された村を訪れた」ときのことを語った。「村の教師は子どもたちの具合が悪く、嘔吐するのだと言った。母親たちはなぜ子どもの髪が抜けるのか聞いてきた」[15]。体調不良は母親たちを悩ませたが、症状が何を意味し、何の前兆かはっきりしないことは、いっそう不安をかき立てた。

大気圏内核実験を行ったすべての核保有国は、軍要員に実験への参加を強いた。爆心地近くに配備された兵士からは、閉じたまぶたを通して自分の骨が見えたという報告が頻繁に寄せられている。英空軍兵のジョン・ホールは太平洋のクリスマス島に駐留していた際に、一九五八年の核実験に参加した。ホールと同僚兵士は「キノコ雲に背を向けて、顔を手で覆うように指示されていた。そうしていると、手が「X線写真のように照らし出されて」、骨が透けて見えたと彼はのちに言った」[16]。デレク・アレンという別の英軍兵士は一九六二年に核実験に参加したときのことを、「とても明るかったので、X線〔源〕を手にしているかのように、手全体の骨が見えた」と回想した[17]。より大規模な水爆実験の近くにいた者は、こうした出来事をいっそう強烈に経験した。米海軍水上機母艦カーティスに乗り組んでいた米海兵隊員のロバート・マッケンジーは、ブラボー実験の爆発を回想して次のように述べている。「我々のうちゴーグルをかけていたのは二人だけだった。中尉と私だけだ。ほかは誰もかけていなかった。ゴーグルは真っ黒だった。溶接工がかける保護メガネみたいにね。本当に黒かった。ともかく、我々は甲板に座って、爆発の方向に背を向けた。頭を両膝の間に入れて、頭の後ろで手を組んだ。〔中略〕突然明るくなった。ものすごく明るくなったんだ。それからもっと、どんどん明るくなった。私は例の溶接工みたいな保護メガネをかけていたけど、腕をこうやって前にもってきたら〔やってみせる〕、自分の骨が見えた。〔中略〕顔を上げたやつらもいたんだが、前に立っていたやつが透けて、その向こうのやつが見えたそうだ」[18]。こうした報告は、核爆発によるガンマ線と中性子線の存在を示しており、また、兵士らが自分の骨格を見た時に身体全体で経験していた高線量の放射線を、感覚を通じて明らかにしたものでもある。

残留する放射線の害

核実験が後に残す影響として、残留放射線の害以上に大きなものはない。ケイト・ブラウンが述べたように、「人間の身体――浸透が容易で、再生と変容を続ける――は、川や地下水、土壌、植物、そして動物と同じように、人間が生み出した廃棄物の集積場もしくはゴミ捨て場となる」[19]。風下に暮らす何百万人もの人々が、核実験が生み出した、放射性物質を大量に含む雲からの放射線にさらされてきた。また、大気のさまざまな層に放出された膨大な量の放射性粒子は地球全体に運ばれた。「近年の推計では、米国だけでも七三〇〇万立方メートル以上の土壌や堆積物が、エネルギー省の核兵器関連業務に由来するアクチノイド〔原子番号89のアクチニウムから原子番号103のローレンシウムまでの放射性元素の総称〕や核分裂生成物に汚染されており、旧ソ連などの国々が生成したさらに大量のプルトニウムが、土壌や堆積物を汚染している」[20]。

広島への核攻撃に先立つこと三週間、一九四五年七月一六日にニューメキシコ州で行われたトリニティ実験の準備と実施過程では、すでに放射性降下物が想定されていた。オーストラリア人物理学者のマーク・オリファントが、友人で生化学者のヘドリー・マーストンに宛てた手紙によると、マンハッタン計画に従事していた際、「一九四三年に、我々のうちバークレーにいたメンバー（シーボーグとマクミラン）が、軍事的に意味がある大規模な核分裂反応に伴う核分裂収率〔生成物全体に特定の核種が占める比率〕について、初めて妥当な水準で推定することに成功した。それだけの規模の連鎖反応を得ることができた場合に核分裂生成物が甚大な危険をもたらすことは明白だったので、報告書は最高機密に分類された」[21]。一九四五年五月七日に行われたトリニティ実験の「リハーサル」実験では、放射性核種をTNT火薬一〇〇トンの中に入れて爆発させ、放射性降下物を模擬的に作り出して、風下にいる放射線測定チームがその濃度を測定できるようにした[22]。ロスアラモス国立研究所生物医学部門の副部門長ライト・H・ランハムは、一九六九年の学会でトリニティ実験を次のように振り返っている。「スタフォード・ウォーレン〔マンハッタン計画の医学部門のトップ〕は、放射性降下物が落下する可能性がある地域をカバーするように避難チームと測定チームを配置した。誰も避難させずに済んだが、もう少しで避難が必要になるところだった。避難基準は根拠のないまま恣意的に定められた、生涯被曝線量に換算して五〇レムという非常に大きな数字だった。ある一家はこの基準値に近づいたため、この家族を避難させるべきかどうか、かなりの議論があった。我々は避難させなかった。〔中略〕家畜はトリニティ実験の放射性降下物で火傷を負ったし、ビキニでも放射性降下物を経験して、そのときは艦船に降下物があった。核兵器の実験で降下物がないだろうと考える人がいるなど、想像もできない[23]」。

ランハムが言及した「ビキニ」とは、一九四六年のクロスロード作戦におけるベイカー実験である。これは水中爆発で、雲状になって拡散したであろう放射性核種を、実験場所であるビキニ環礁の礁湖の水中にとどめる効果があった。クロスロード作戦は、広島と長崎への原爆投下から一年も経たないうちに行われた戦後初の原爆実験であり、約四万二千人の将兵が参加していた[24]。クロスロード作戦の狙いは、艦船に対する核兵器の効果を測定することだった。米国の陸軍と海軍は日本を敗北させた功績がどちらに帰するのかをめぐって（部分的には戦略爆撃調査を介して）揉めていた。日本の諸都市を二発の原爆投下を含む空爆で破壊した陸軍〔これらの爆撃任務は陸軍航空隊が担った〕だろうか、それとも日本海軍を壊滅させ、食料や燃料が日本に届かないようにした海軍だろうか[25]。両軍ともに核兵器が将来の戦争で（それゆえ現在進行形の軍事費の配分でも）重要な位置を占めることを理解しており、クロスロード作戦の実験は、軍艦が核攻撃に耐えられるかどうかを確認するために計画された。一連の実験はビキニ環礁で実施された。これは一つには、環礁が核兵器を設置し実験するのに適した場所だったためである。環礁は海底火山の周辺に発達したサンゴの残骸からなり、火山が沈降した結果、サンゴ礁は中央の礁湖を取り巻く環状の島を残した。環礁の外は外洋で波が高いが、それに比べると礁湖は波が静かで、この特性のおかげで、太平洋各地の環礁はポリネシア人やメラネシア人の居住に適した場所でもあった。[26] クロスロード作戦では、米国は自国や日本、ドイツの軍艦九〇隻以上（終戦後の余剰分）を礁湖上に展開し、五四〇四匹の動物や資材が船上で爆風を受けるように配置された。一四九隻の支援艦と乗組員は実験に備えて礁湖から外洋に出た。[27] 最初のエイブル実験では、爆弾は、日本に対して使用された二発と同様に、飛行機から投下された。米国海軍の水兵だったヌエル・パスカルは、エイブル実験の後、「放射能を帯びた海で泳ぎ、放射能を帯びた水を飲み、放射能を帯びた砂の上を裸足で歩き、放射能を帯びた船で眠った」と回想する。[28]

二発目のベイカー実験では、爆弾はビキニ環礁の礁湖の水面下二七メートルで爆発した。[29] 標的となった艦艇（潜水艦を含む）のうち約四〇隻は爆弾から一マイル以内に、それ以外の艦艇はやや遠くに並んでいた。ラドセーフ（放射線防護）部隊の隊員は、水中爆発が放射性物質に関する問題を発生させるかもしれないと予想していたが、実験は予定通り進められた。「ベイカー実験の爆発直後に、〔爆発で生じた〕巨大な水柱が崩れ、凄まじい量の放射性物質が再びビキニ礁湖内に落下した。エイブル実験と異なり、ベイカー実験の核分裂生成物は大気中に拡散しなかった。爆弾周辺の海水は放射性物質のほとんどを捉え、標的艦に浴びせた。爆弾の核分裂生成物の約半分は、礁湖の海水中や、大量のしぶきが礁湖に注いだ後に空気中に残った霧の中に残った」。[30] 何時間か経って、支援艦と数万人の将兵が再び礁湖に入った。「礁湖の汚染された海水の放射能はすぐに支援艦に広がった。〔中略〕核分裂生成物が船体の喫水線下の部分や凝縮器、蒸発器、海水パイプの内部に蓄積したため、実験の計画者が懸念していたまさにその通りに、標的艦以外の艦船もすべて汚染された。〔中略〕何千頁にものぼる詳細な計画書を作成していたにもかかわらず、米国海軍は何万人もの兵士と二〇〇隻以上の艦船を、適切な港湾施設から二千マイル以上も離れたところで、みごとに放射能汚染にさらしたのだった」[31]。『クロスロード作戦公式報告書』によると、将兵が放射線を浴びた艦船にとどまっていたならば、命にかかわる事態になっていたという――「これらの汚染された艦船は放射能を帯びたかまどと化しており、乗船していた生物すべてを、目に見えず痛みもないが死を招く放射線で焼き尽くしていたことだろう[32]」。

クロスロード作戦で三発目として計画されていたチャーリー実験はベイカー実験の直後に中止された。中止にはいくつか理由があるとされたが、「海軍が口にしなかったのは、ベイカー実験の放射性降下物が、礁湖内部や岸辺に打ち上げられた残骸、そして環礁の海水や魚に、あまりに高レベルの放射能を残したため、チャーリー実験をビキニで実施するのは不可能だったということだ[33]」。米国政府は、実験は「五〇万トンの放射性の泥土を環礁の礁湖に残した」と推算した[34]。また、この大規模な放射線汚染のため、米国はビキニを実験場とすることができなくなり、代わりに二つ目のエニウェトク環礁を開発し、一九四六年から一九五四年のブラボー実験〔再びビキニで実施された〕までの核実験に使用した。

米軍はクロスロード作戦では兵士を十分に防護する方策を取らなかった一方、彼らが被曝するという危機的な状況が生じたことは、公式戦略に速やかに取り入れられた。統合作戦本部が一九四七年に発表した実験についての報告書では、「爆弾が水中爆発した際、致死的な残留放射能は爆発による物理的な損害よりも高い重要性をもつ。爆発による水柱から落下して、ベース・サージ〔核爆発や火山の噴火の際に、地表または水面に水平に広がる噴煙〕となって広がったり、カリフラワー状の雲から「雨」となって落下したりした大量の水は、高い放射性レベルの核分裂生成物だけでなく、分裂しなかった物質も運ぶ[35]」。ＡＢＣＣのアメリカ人科学者は、広島と長崎の生存者にとって、体内に取り込まれた放射線は重要な健康問題ではないとして考慮しないことにしたが、米軍は同じ時期に、それをど

図 2-1 ネバダ州で風下へと流れていく，放射性物質を含むキノコ雲。プラムボブ作戦のボルツマン実験（出力 12 キロトン）による（1957 年 5 月 28 日，デイヴ・シセロ撮影）。

出所) "Cloud from A-bomb Test," *New York Journal American*, 31 May 1957. Held in Harry Ransom Center, University of Texas, Box B028, Folder: "Atomic Bomb—Tests—Yucca Flat, Nev., 17 Mar 1953 [3 folders]," Record Number: NYJA 000294.

のように敵集団に対する兵器として利用するか戦略を練っていたのである。[36]

すべての核保有国において、軍要員は大気圏内核実験に参加し、また実験を観察した。そして大気圏内核実験が行われた時期を通じて、核実験の残留放射線から大きな影響を受けた、類例のないコホートを形成した。米国は十分な記録を残していないが、政府は米国の核実験に参加した兵士は二二万人にのぼるとしている。[37]その多くはマーシャル諸島の太平洋実験場で実験を観察したが、ネバダ実験場で本物の核兵器を使用した演習に実際に参加した者もいた。単一の演習として最大のものは、一九五七年七月五日、プラムボブ作戦のフード実験（出力七四キロトン）

65——第 2 章　残存する粒子

の際に、二〇二五人の兵士を動員して実施された海兵隊旅団演習だった[38]。

ソ連でも多くの兵士が高濃度の放射性降下物に被曝した。ソ連は一九五四年九月一四日に南ウラルでトツコエ核実験（出力四〇キロトン）を行った。これはドイツのフルダ峡谷（テューリンゲン州とヘッセン州の境界付近の東西ドイツ国境）での北大西洋条約機構（ＮＡＴＯ）諸国との衝突を想定した演習の一部でもあり、峡谷の地形とよく似ていると見られた場所で実施された。ＮＡＴＯ軍に対して核兵器を使うことを考えて、演習は以下のように設計された。「核兵器が爆発した直後の地域でも軍隊が展開し、戦争を遂行できるかを把握するために、最高司令部はモスクワから一千キロメートル近く離れた場所を選び、一九五四年九月一四日の九時三三分に実験を実施した。選定された地域はクイビシェフ（現在のサマラ）とオレンブルクの間に位置するトツコエという村に近く、ソ連軍の兵士四万五千人以上と「何千人もの民間人」が、地上三五〇メートルの爆発から三キロのところに位置する仮設シェルターに分散配置された[39]」。ある退役兵がのちに語ったところでは、「防護服を身につけていない者もいた——というより大多数だった。しかもガスマスクを使うことは不可能だった[40]」。

図 2-2　ネバダ州で風下へと漂う，ティーポット作戦のアップルII実験（出力 29 キロトン）によるキノコ雲（1955 年 5 月 5 日）

出所）Terrence N. Fehner and F. G. Gosling, *Battlefield of the Cold War : The Nevada Test Site*, vol. 1（Washington DC : U.S. Department of Energy, 2006）: 140.

地上三五〇メートルで爆発させるということは、火球が地面に触れる高さであることを意味し、その結果、放射性降下物は著しく増加した。核兵器は午前九時三三分に爆発したが、「戦術的防御地域に進入し、火災を抜けて前進していた「東」の部隊は、正午頃に爆心地近くに入った。周囲は実験前とは一変していた。樹木はすっかり倒れ、ついさきほどまでそびえていた樫の巨木が一部分残ったのみで、草は「櫛で梳いたように」同じ方向に倒れ、洪水の後のようだった。演習中、加えて二回の模擬核爆発があり、心理的には核攻撃だと受けとめられた」[41]。

ソ連軍元大佐のイゴール・クリボイが一九九一年に書いたところでは、「実験場の外で村がいくつか焼けたが、そこの人々は家財道具一式とともに、早目にほかの入植地に避難していた。村の放射線は自然レベルで危険はなかった。実験の後、村は実験場からかなり離れたところに——政府の予算で——完全に再建された。私は再建された村をこの目で見た」[42]。しかし、村人のニコライ・レオノフは次のように振り返る。「私たちが戻ったとき、村はまだ燃えていました。軍の装備品も燃えていました。消防車が消火して、ブルドーザーがせっせと動いていました。ですが、彼らは私たちに、もう何を食べてもよいと言いました。私たちは菜園でキュウリやトマト、メロンを作っていて、戻ったときにはこうした野菜がみんな実っていました。トマトなどが、みんな赤くなっていたのです。彼らは「さあ、なんでも食べたまえ。危ないことはない」と言いました。もちろん私たちも子どもたちも食べました」[43]。トツコエ実験は兵士が参加した史上最大級の核実験だった。後日、ロシアの研究者が放射線に被曝した兵士の健康影響を分析し、「トツコエ核実験の結果、四万五千人の兵士と、およそ二〇カ所の村の約六万人の民間人が、爆発による直接放射線もしくは降下物からの遅発放射線に被曝した」と結論づけた[44]。

主要な実験場の風下地域の住民は、核実験由来の降下物が彼らの土地を横切っていった際にもたらした放射線によって、多大な影響を受けた。ポリゴンの風下で被曝した住民は推計約一六〇万人にのぼる[45]。二〇一五年に『ランセット』誌に掲載された論文は、「米国政府のネバダ実験場での核実験によって、米国の人々全体が被曝した。ただしほとんどの被曝はかなり低い線量の電離放射線によるものである」と主張した。しかしながら、「米国のネバダ実験場からの電離放射線への被曝についてのリスクモデリング研究は、実験当時に生まれていた米国内の人々に、甲状腺ガンが四万九千［中略］件多く生じるだろうと示唆している。降下物がなかった場合に想定される甲状腺ガンの症例四〇万件を、一二％上回る数である」[46]。実験場近くで生活していた人々にとって、健康への影響はさらに顕著だった。一九五四年のブラボー実験による降下物の雲は、実験の数時間後に日本のマグロ漁船「第五福竜丸」の乗組員を被曝させたが、これについてラルフ・ラップは、降下物は陸上では海上でのように素早く拡散しないことから、「もし日本の漁師たちが小さな船ではなく乾いた陸の上にいたら、最初の日に致死量の数倍の放射線を受けていたことだろう」と警鐘を鳴らした[47]。

生態系に組み込まれる放射性核種

核爆発による放射性物質の雲から大量の放射性粒子が生態系に沈着したり、粒子が核物質製造施設から漏れ出したりするとき、その粒子は、粒子の性質（それぞれの半減期と質量）と、粒子が沈着した生態系の動態とが形作るプロセスをたどり始める。「汚染物質の生態系への拡散は、総体としてみれば、程度の差こそあれ移動性をもつ非生物性もしくは生物性の担体、例えば多量の大気や水、粒子状物質、あるいは生物相といったものによる運搬の結果である」[48]。このモデルはベイカー実験の直後にAECのもと、ワシントン州の国立応用漁業研究所で、実験の放射線が海洋生物相にいかなる結果をもたらすかを調べていた研究者たちによって作られた。「いま我々に必要なのは時間だけである。ビキニのあらゆる種類の生物について、放射能の強さと影響を追跡する時間のみだ」と重々しく告げたのは、AECの一九四九年の映画『ビキニ――放射線生物学の実験室』だった。

穏やかなビキニが戻った。しかし環礁の静かな海の下では、まだ研究と測定を必要とすることが起きている。礁湖はベイカー実験の日に放出されたエネルギー、すなわち放射性エネルギーの名残を留めている。我々生物学者にとって、一九四六年はビキニの物語の始まりにすぎない。我々にとってはるかに重要な物語は、クロスロード作戦以来、年を追って明らかになりつつある。それはこうした放射能の痕跡がさまざまな生物に目に見える影響を与えるかどうかという長期的な課題であり、この完全に手つかずの環境で、放射性物質がどのように残留し、循環するかという課題である。幸い、我々は放射能のパターンと経路を研究することができる。それらの一部は、長年にわたって広く分布するからだ。[49]

このような長寿命の放射性トレーサーが我々の生態系内に存在することで、現在に至るまで科学的な調査が可能になっている。こうした粒子は生態系の中を運搬され、風や雨、生き物といった「非生物性もしくは生物性の担体」によって移動し、放射能がバックグラウンド放射線〔宇宙線や地球上に存在する放射性物質など、種々の自然発生放射線〕と同じレベルに減衰するまでずっと、追跡することができる。

放射性粒子は降下物の雲から土壌に沈着し、植物に吸い上げられ、その植物を食べた鳥や動物の体内に取り込まれ、排泄によって、あるいは死体が土に還ることで再び土壌に沈着し、別の植物によってまた吸い上げられ、その植物が腐敗すると土壌に戻り、雨や地下水によって貯水池に運ばれ、魚の体内に取り込まれ、その魚を鳥が食べると鳥に取り込まれ、遠くに運ばれ、そして鳥が排泄したり死んで分解されたりすると、再び土壌に沈着する。粒子は化学物質と同じように生態系を循環し、放射性である限りはずっと（一般的に、その粒子の半減期の十倍に相当する期間だと考えられている）生物に危険をもたらす。その期間が短く、数日や数週間、あるいはさらに短い期間で崩壊する粒子もあるが、それを取り込んだ生物の寿命をはるかに超える時間を必要とする粒子もある。半減期が三〇・二年であるセシウム137は、おおよそ半減期の十倍に相当する三〇〇年以上にわたって危険をもたらす。二万四千年以上の半減期をもつプルトニウム239と、七億年を超える半減期のウラン235はいずれも、ほとんどの種が誕生してからの時間よりもはるかに長い間、生態系内を循環し続ける。セシウム137はチェルノブイリ原発と福島原発の風下地域に広く拡散し、安全な居住環境の確保をめぐり、今も続く、非対称的で、正体をつかむことができない問題を生み出した。この問題は汚染が発生したときにそこに暮らしていた人々の孫世代の寿命よりも長く続いていく。

　放射性核種は核爆発によって上空高くまで運ばれる。小規模の核爆発は、粒子を対流圏〔地表から一二キロ〕まで運びうるが、ほとんどの粒子は数時間のうちに雲から「降下《フォールアウト》」する。一方、巨大な水爆の爆発によるキノコ雲は対流圏よりさらに高い成層圏まで放射性降下物を運ぶことがあり、運ばれた粒子は何年も地球を周回して、リビーが一九五六年に指摘したような地球規模での拡散を生み出す。実験場の近くであれ離れたところであれ、粒子が降下すると水蒸気を凝結して雨粒を作り、大量の降水の際にはかなりの量が落下する。[50]「上層から対流圏に入った後、核分裂生成物は乱流混合によって雨雲が発生する層〔対流圏の中層や下層〕に運ばれる。この層より下では粒子は降水によって急速に沈着する[51]」。ノバヤゼムリャにあるソ連の実験場での核実験の負の遺産をめぐって、二〇〇四年に国際原子力機関（ＩＡＥＡ）の科学者が行った研究では、「地域ごとの放射能レベルの違いはノバヤゼムリャからの距離ではなく、大気降下物〔大気中に浮遊しているちりなどが地表に落下してくるもの〕の量による」ことがわかった。[52] 大気降下物は水によって生物圏の我々の暮らす層に運ばれ、その動的なシステム内部での移動サイクルを始める。多くは人間やほかの生き物を通過する。「土壌の深刻な放射能汚染は、核兵器の爆発や原子炉の事故に由来する降下物が沈着した結果として生じている可能性がある。降下物が土壌や植物に沈着することで、動物や人間の食物連鎖に放射性同位体が入り込む[53]」。

　植物への取り込みは直接的な経路を取りうる。「植物が大気中の核分裂生成物によって汚染される際に重要な経路が二つある。(a)放射性物質が土壌に入り、土壌養分と同様に根から植物に入り込む間接的汚染、および(b)〔葉などに直接沈着して〕土壌を通過しない直接的汚染である」。食物連鎖の上位に行くにつれて、生体濃縮として知られる過程によって、汚染された食物源に含まれるこれらの物質は動物の体内で濃縮される。「植物内部または表面の放射性核種は、植物性食品の摂取によって直接的に、もしくは動物性食品を摂取することで間接的に、人体に到達する。草食動物は植物性物質から汚染を効率よく収集し、畜産物内部に濃縮させる[54]」。食物連鎖の上位にいる動物が別の動物を食べると、より多量の放射性核種を摂取することになって健康リスクはいっそう高まり、最終的に死体が食べられたり腐敗したりしたときの危険性も高まる。

セシウム137は、いったん森林に沈着すると長期的な問題となる。「森林の土壌は有機物に富み、農地の土壌とは対照的に、一般的に粘土含有量が少ない。このため農産物に比べると、ベリーやキノコなどほとんどの森林生産物にはより多くの放射性セシウムが移行する。放射性セシウムは有機物層に蓄積し、植物に沈着しやすいという点も変わらないため、このような移行は何年も続く[55]」。チェルノブイリ原発災害によるセシウム汚染を研究する土壌学者は、こうした移行が「除染」をさらに困難にしていることを発見した。「放射線生物学の文脈では、セシウムの放射性同位体はカリウムと化学的性質が近いため、チェルノブイリ原発の事故によって生物圏に放出された放射性核種のうち、最も危険なものに数えられる。セシウムは生物的サイクルの一部をなし、森林の生物相と人間が長期的に被曝する原因となる。セシウムは根系を経由するなどして植物細胞の内部に入る能力をもつため、森林生産物を除染できる可能性は限られている[56]」。

ランド研究所の二〇一六年の研究は、福島原発の事故による汚染地域を例にとって、この点をさらに詳細に説明している。

福島では、環境的な特徴によって除染の試みがいっそう難しくなった。我々がもつ情報が示唆するところでは、土壌中の自然粘土がセシウムを捕捉する特性をもつため、山林環境はほとんどの都市環境に比べてより多くの放射性物質を保持している。セシウムは福島の土壌中の粘土に強く固定されているため、生態系や水循環を通じてゆっくりとにじみ出しはするものの、除染の手法でこれを取り出すことは難しい。森林環境のダイナミズムにより、放射性物質は土壌から樹冠へと、またさらに季節が進んで葉が落ちると森林の地面や小川へと、あちこちに動く。雨も放射性物質が高所から低所へと移動する原因であり、かつ日本において豊富な地下水が、放射線が再び分散する一因となる。[57]

この固有の環境では、嵐や強風、地下水の移動、植物のライフサイクルによってセシウムが街周辺の山林からさらに移動してくると、街や学校が「除染」されていても、住民が再びこれらの場所で放射性核種を発見することがある。二〇一九年に『ソイル』誌に発表されたある研究は、除染が試みられた特定の地点においては放射線レベルが低下したものの、「森林を源とする放射性セシウムの持続的な影響を調査するには引き続き研究が必要である。加えて、除染後の農地で営農を再開することは、除染された土壌の肥沃度および残留放射性セシウムが植物に移行する可能性と関連して、新たな問題を提起する」と指摘している。[58]

高出力の核実験による放射性降下物の雲が、こうした放射性核種を成層圏に運ぶことは、粒子が大気圏内を下降するにつれて、しばしば放射性核種が元々の爆発地点から遠く離れ、地球上に広く拡散する結果となることを意味する。こうして、実験場からの距離や、実験場が立地する国が核保有国であるかに依らず、核実験からの放射能汚染の問題は遍在する。一九九三年に原子放射線の影響に関する国連科学委員会（UNSCEAR）が国連総会に提出した報告書は、こうした粒子が大気上層から緩慢に拡散しても放射線の危険がほとんど軽減しない理由を説明している。「成層圏に巻き上げられた粒子の滞留時間は一年から数年といった単位であるため、これよりも寿命の長い放射性核種のほとんどは、はっきりわかるような崩壊なしに沈着する」。[59]

米国、ソ連、英国が一九六三年に大気圏内核実験を禁止した一方、フランスと中国は一九八〇年まで大気圏内での実験を継続した。成層圏まで運ばれた粒子のほとんどは、現在までには地表に戻ってきている。ヒュー・リヴィングストンとパヴォル・ポヴィネッツは「二〇世紀半ばの大気圏内核実験による降下物は、おおむね大気圏から地表に移動した。この惑星の表面の約七〇％が海洋なので、こうした人工的核種の混合物のほとんどは海に落下した」と指摘する。「こうした人工放射性核種の混合物が海に落下した後の挙動は、その物理学的および化学的特性によって定まり、その核種がどのような運命をたどるかは、海洋の物理学的および生物地球化学的な過程によって定まった」[60]。これらの粒子の多くは重く、最終的には海底に沈んだ。「放射性核種の中には、保存的に振る舞い、水に溶けて海中にとどまるものもあれば、溶解せず、あるいは何らかの粒子に付着して、いずれ海底堆積物に移動するものもある」[61]。しかし、海底堆積物として沈着しても、放射性核種が確実に地域の生物相に対するリスクでなくなるわけではない。二〇〇七年に研究者らは、「アイリッシュ海から放射性物質が再浮遊して大気中に入り」、最終的にはウェールズ北部の人々の食物連鎖に入ったことを記録した[62]。

放射性核種はゆっくりと崩壊しながら、当初沈着した場所から移動して、核種の存在を感じることができず、無防備な生命体に対するリスクを常に変動させつつ、環境内を循環し続ける。「海洋中の放射性核種は、移流〔海水などによって物質や物理量が運ばれる過程〕と混合の双方によって、一定程度再分散してきた。西ヨーロッパにおける核燃料再処理によって汚染された海水と世界中の放射性降下物はこうして北極海に拡散し、チェルノブイリ原発事故によるバルト海の汚染は、北大西洋と北極海に達した」[63]。中国の科学者は二〇一九年に、地球上の海で最も深い、太平洋のマリアナ海溝の底に住むカイコウオオソコエビ〔エビのような小さな生物〕から、核実験由来の放射性炭素（セシウム14）を検出した[64]。

放射性核種が自然の壊変速度より早く放射能を失うことはない。そのため、いったん生態系の中に沈着すると、ある場所からほかの場所へと動かすことしかできない。カナダ人の物理学者ゴードン・エドワーズが述べたように、「『除染する』という言葉を聞いたら、『分散する』だと考えるべき」なのだ[65]。二〇一五年九月時点で、福島県庁と日本の環境省は、多くの町や家、学校から取り除いた除染土を詰めたフレコンバッグ（一立方メートル）は九一〇万個以上あり、一一万四七〇〇カ所で保管されていると計算していた。福島の「除染」を、これら一一万四七〇〇カ所の放射性廃棄物保管場所が新たに設置されたこと抜きに語ることは不可能である。(66)

短期的・長期的な疾病

高線量の外部放射線への曝露は、急速に病気や死亡を引き起こすことがあり、数日や数時間以内に起きることもある。低線量の外部放射線への被曝も病気や死亡の原因になりうるが、この場合、被曝に由来する病気は通常、よりゆっくりと進行する。寿命調査は被曝と後の病状との関係を追跡し分析する上でそれなりの成果を出してはいるが、最近の原子力施設労働者国際共同研究などは、長期間の低線量被曝によるリスク（福島の避難地域にある自宅に帰るよう勧められている人々が直面するのはこれである）にさらに踏み込んだ研究をしている。ＡＢＣＣとその後継機関であるＲＥＲＦは七〇年以上にわたり情報を集めてきたが、そこからは、広島と長崎の核攻撃の生存者に固形ガンや白血病、ガン由来ではない若年死亡率の上昇が見られることが明らかになった。(67)

体内に取り込まれたアルファ放射体とベータ放射体が大きな人口集団の健康に与えた影響について、寿命調査に匹敵する研究は存在しないし、寿命調査のように被曝と健康転帰の関係が予測できるデータベースも存在しない。(68)核爆発から近距離にいた人が浴びた外部放射線の線量を、距離と遮蔽をもとに推定することはできるが、放射性核種が環境に分散したときに、誰がそれを取り込んだのか、どれほどの核種を取り込んだのかを測定するのは難しい。さらに、その影響は確率論的なものである。「放射線の影響は、放出された放射線の物理的な性質だけでなく、被曝した人の生理学や生化学にもよる。さらに放射性核種の体内での沈着や運搬、代謝、排出、再利用を制御する、核種の物理的・化学的特徴次第でもある」。健康への影響は「ガンの誘発、遺伝病、奇形発生（発生学的異常の誘発）を含み、非常に深刻なものになりうる。ガン誘発に際しての標的として最も重要な組織は、呼吸器、骨、肝臓、細網内皮系〔免疫や食作用など、身体の防衛的な働きをする組織〕である。人間のデータとアルファ線の線量計測のみでは、現在のところ、放射線感受性のある組織や細胞の発ガン係数を直接的に計算するには不十分である」[69]。

体内に放射性核種を取り込んだ人物が負う健康リスクは核種によって異なるし、その人の身体のそれまでの健康状態や取り込まれた粒子特有の放射能と化学的毒性、沈着した粒子の数、そしてその他の多数の理由にもよる。こうした粒子の多くは経口で体内に取り込まれるため、外部被曝による病気とは異なり、それが引き起こした健康問題を明確に放射線被曝に帰することは難しいだろう。放射性核種を吸い込んだことによる肺ガンを、喫煙や大気汚染によるものと区別することは不可能だ。また、多量の外部被曝の場合と異なり、体内に取り込まれた粒子による症状が現れるには、時間がかかる。このように明確な因果関係を欠いているため、粒子の毒性が十分に立証されていても、体内に粒子を取り込んだことで健康になにかしらの影響があるという訴えは退けられることになる。そして核を正当化する人々は、チェルノブイリ原発の放射線による死者は五〇人に満たなかったなどということすら主張するほど大胆になったのだった[70]。

世界各地の放射性トレーサー

米国政府はトリニティ実験以前から核実験による放射線降下物の問題に気づいていたが、大気中に巻き上がり、放射性降下物の雲によって沈着する放射性核種は、核爆発の地点から「至近距離」にとどまると想定していた。トリニティ実験による放射性降下物が、実験場から何千キロも離れた地点でイーストマン・コダック社のX線フィルムを曇らせていたことで、この想定が誤っていることがわかった。X線フィルムはインディアナ州ヴィンセンスにあるコダック社所有の工場で製造されたボール紙製の箱に詰めて輸送されていたのだが、それがトリニティ実験の放射性降下物で汚染されていたのだった。これによって、放射性降下物が大陸全体に拡散していたことがわかった。[71]核実験が増加するにつれて、降下物は核実験の現場からより遠くで見つかるようになり、地球の全人類の大部分を危険にさらすかもしれない閾値についての懸念が表明されるようになった。医師でクロスロード作戦中に放射線の監視担当だったデイヴィッド・ブラッドリーは、一九四八年に、自身の体験をまとめた『隠るべき所なし』と題する本を出版した。[72] この本はベイカー実験後の放射線事故について、事故から「隠るべき所なし」なのだと読者に警鐘を鳴らした。ブラッドリーの本は、放射線がビキニ礁湖にあったすべての船舶に入り込み、そこで仕事をしていたすべての人を脅かしたさまを描き出していた。しかし、一連の実験での内部被曝についての米国政府の研究は、「クロスロード作戦では体内に取り込まれた放射線による被曝は測定されなかった」と述べている。この研究は、国防総省核兵器局について次のように説明している。「〔核兵器局は〕吸い込んだ放射性物質による被曝を評価したが、アルファ放射線、ベータ放射線、ガンマ放射線について一定の比率を用いたため、アルファ放射線を五倍から十倍の幅で過小評価していた可能性がある。しかも核兵器局は経口摂取や外傷から取り込んだ放射線への曝露について評価していない。核兵器局は、標的艦上での食事を禁ずることで経口摂取を効果的に避けられると誤って考えており、外傷についてはどのように計算すればよいか知らなかった」[73]。数万人の兵士が、急速に汚染されていく船上での外部被曝の恐れから避難させられたが、ヌエル・パスカルらの証言は、体内に取り込まれた粒子からの防御については、事前の注意がほとんどなかったことを示している。

　放射性核種が、核爆発があった地点から遠くまで到達するという認識は、クロスロード作戦以降の年月で広まっていくことになる。ソ連が一九四九年後半に核兵器を保有してからは、米ソ双方による核実験が増加した。この時期、放射線の疫学的影響は動物と人間を対象にした実験によって明確になりつつあったが、放射線への曝露が遺伝子に与えるダメージについては、放射線による突然変異についてのマラーの研究によって、より多くのことが科学的に理解されていた。(74) 核実験の回数が増えるにつれて、実験によって環境中に沈着しつつあった放射性降下物についての当初の懸念は、人類という種全体に及ぼす遺伝的なリスクに集中していった。

ガブリエル計画はランド研究所がＡＥＣとの契約のもと、一九四九年に行った研究である。「戦争で使用された核兵器からのちりが落下した際に生じる放射線被害を評価することを目的とし」たもので、背景にはこの、放射性降下物が及ぼしうる長期的な遺伝的代償への懸念もあった。(75) 放射性降下物の沈着が増加しつつあることと、核実験の回数が急速に増加していることへの不安から、科学者は「空気や水、土壌の放射線汚染によって作物や動物、人類に長期的な影響を及ぼすことなしに爆発させうる原子爆弾は何発かを測定」しようとした。「ＡＥＣは放射性降下物を収集し、測定するための世界的なネットワークを作り出した」。(76) 米ソ双方が水爆を開発し、実験したことで、放射性降下物の濃度は原爆によるものを大幅に超えて高まり、その降下物は大気圏のより高層へと運ばれ、さらに大量の放射性降下物が実験場から遠く離れた地球上の各地に沈着することになった。歴史家で、ＡＥＣの公式記録を執筆したリチャード・ヒューレットと共著者のジャック・ホルは、焦点が放射性ストロンチウムに転じたことを次のように説明する。

ガブリエル計画では、当初、放射性物質の雲に粒子として含まれ、まき散らされるプルトニウムの潜在的な毒性が最大の懸念だった。しかし一九五〇年以降、科学者はストロンチウム90の潜在的な影響のほうを懸念するようになった。ストロンチウム90は動植物への化学的作用においてカルシウムとよく似た挙動を示すため、骨に蓄積される傾向があり、半減期が二八年ということもあって骨のガンの原因となりうる。のちにガブリエル計画は、ストロンチウム90を、放射線障害を生んだ核爆発の数を測定するための決定的な因子とした。しかし、一九五三年のアップショット・ノットホール作戦までは、核戦争だけでなく核実験からの放射性降下物によっても、ストロンチウムが北半球の各地に分散しうることは明らかではなかった[77]。

サンシャイン計画として知られることになる大規模な研究プロジェクトにつながったのが、この発見だった。ガブリエル計画の報告書が説明するように、「一九五三年夏、ランド研究所はガブリエル作戦の総括として、限られた数のコンサルタントのみが参加する短期の会議を開催した。会議は、当時の研究を補完するために、これまでの核爆発に由来するストロンチウム90の分布を世界規模で分析することを勧告した。この分析がサンシャイン計画と名付けられた」。新たな計画では、さまざまな物質を収集することになっていた。「分析サンプルには、土壌、アルファルファ、動物、乳製品、人骨、雨やその他の水が含まれていた。これらの物質には、二〇カ国以上の外国の各国で集められたものもあった。サンプルの多くは農務省を通じて得たり、実験に参加する研究所が直接手に入れたりしたが、さまざまな関係筋からのものもあった[78]」。冷戦が終結すると、こうしたサンプルの入手方法は厳しい批判を浴びることになる。秘密裏に、あるいは近親者の同意を得ることなしに、（赤ん坊のものを含む）遺体から遺灰や遺骨、歯を入手した事例があったためである[79]。

一九五〇年代にサンシャイン計画に参加した科学者は、熱狂的に実施された大気圏内核実験によって、人体に放射線の痕跡が蓄積されてきたらしいことに気づいた。ランド研究所が一九五三年にまとめた〔サンシャイン計画についての〕最初の報告書には、「一〇年に満たない期間に数キログラムのセシウム90が世界に放出されたことで、おそらく、世界中の生体物質や不活性物質のサンプルから検出されるに十分な量の汚染物質がまき散らされた」とある[80]。冷戦を通じて、米国政府は市民に対して、これらの核実験による放射線が実験場の外で危険をもたらすことはないと保証し続けてきた。しかし『ネイチャー』誌は一九五八年八月にデンマーク人の生化学者ハーマン・M・カルカーによる短い論文を掲載した。わずか一頁少々ではあったが、この論文の斬新な主張はある巨大研究プロジェクトのきっかけとなり、それはセントルイスの子どもたちの口内から採取した証拠によって、公共の安全をめぐる公式見解を覆す結果となった。科学者らは、一九四五年以降の地上核実験による放射線が人々に対して深刻な健康リスクとなることを危惧していたが、人体がどれだけの放射線を吸収しているかを知る者はいなかった」[81]。一九五八年、広域セントルイス核情報市民委員会は、その後広く見られるようになっていった市民主導の科学の草分けとなる、独自の調査を開始した。自然に抜けた乳歯を地域住民や歯科医から集めて、ストロンチウム90の濃度を分析したのである。この「乳歯調査」の最初の結果は、一九六一年の『サイエンス』誌に掲載され、歯に高濃度の放射性核種が含まれていることが示された[82]。この調査に続いて、赤ん坊と成人の双方を対象とした類似の大規模な調査が、英国などの国々で行われることとなった[83]。

クロスロード作戦が大量の放射性核種をビキニ環礁の礁湖に放出して以降、科学者はあることを理解し始め、サンシャイン計画で調査しようとしていた。それは、放射性核種が核実験で大気圏内に放出されたのちに、生物相を含む地球の生態系全体の中を移動する過程は、実のところ追跡できるということだった。「サンシャイン計画は、ストロンチウム90が核爆発の火球から大気を経て土壌に入り、食物連鎖をたどり、最終的に人体の代謝を介して骨へと移動する過程での、物理的および生物学的な挙動を分析した」のである[84]。

この動的なシステムについての手がかりは、早くもクロスロード作戦のベイカー実験後に得られていた。クロスロード作戦の二発の実験を管轄した第一統合任務部隊の放射線生物学部門の部員は、水中で実施されたベイカー実験の後で、ビキニ環礁の礁湖の放射線の数値が予想外の変動を見せることに気づき始めた。ワシントン大学応用水産学研究所のニール・ハインズは、「礁湖の放射線レベルは夜に上昇し、日中に低下することがわかった。これはのちに、光に反応した礁湖のプランクトンが垂直に移動するためだとわかった」と記した[85]。礁湖の魚を調べ始めると、「放射能は放射性の海水と接触した魚の表皮ではなく、消化管で濃縮する」ことがわかった[86]。魚が放射性核種を取り込むのは、放射性の海水に浸ったためではなく、食物の摂取という自然の生体力学的な作用によるものだというこの根本的な理解によって、科学者らは、いったん生態系内に放出された粒子は落下した地点にとどまるのでは

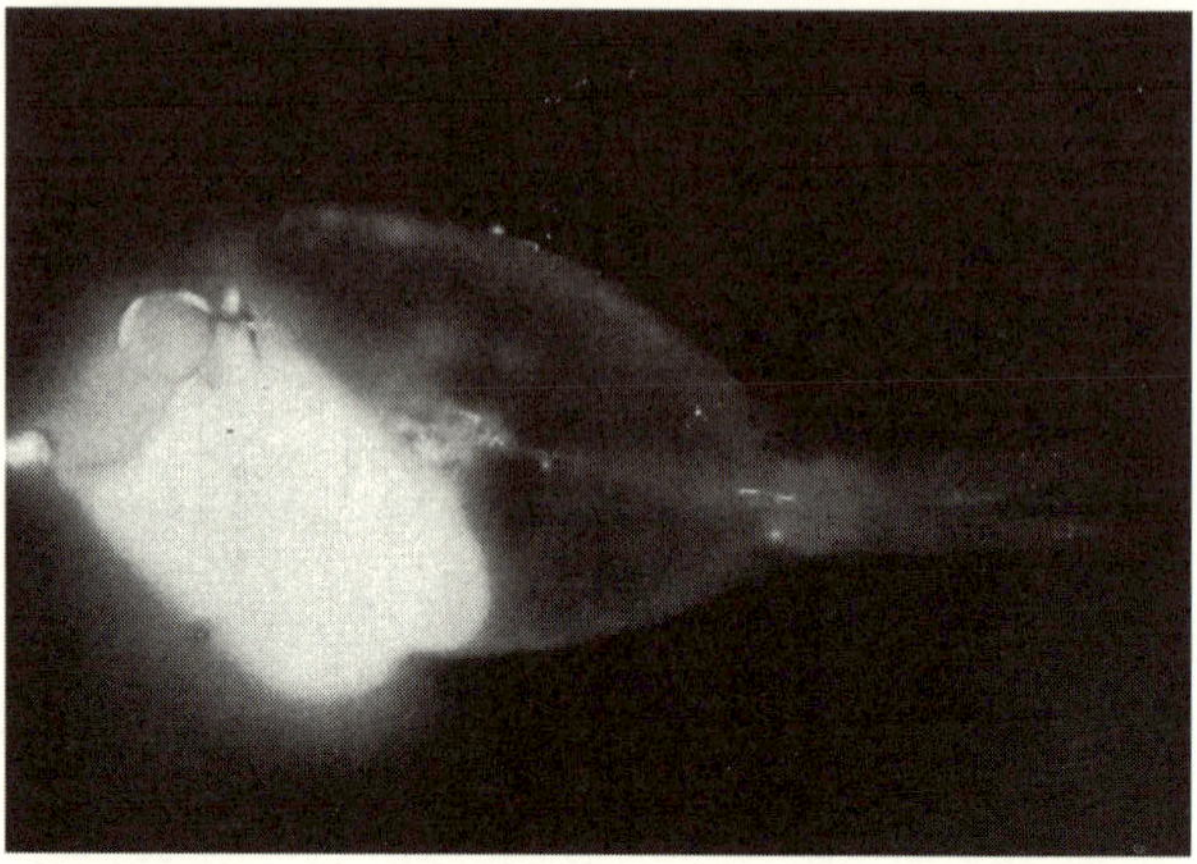

図 2-3　クロスロード作戦（1946 年）のベイカー実験後にビキニ礁湖で捕獲されたチョウザメのオートラジオグラフ。科学者らはビキニ環礁の汚染水中の魚の表皮に放射線があると予想していたが，魚が受けた放射線の大部分は餌とともに体内に取り込んだものであることがわかって驚いた。

出所）The Office of the Historian Joint Task Force One, *Operation Crossroads : The Official Pictorial Record*（New York : William H. Wise, 1946）: 216.

なく、ほかの化学物質と同様に、生態系内を移動する旅を始めるのだという示唆を得た。この根本的な洞察は、とりわけ空気中および海洋中の流体力学を研究するにあたり、そのメカニズムの理解に重大な変化をもたらすことになる。ハインズが指摘したように、「［人間によって環境中に］放射能がもたらされたことで、環境中の放射性核種の動きと濃縮を追跡する広範な研究が可能になった。こうした研究により、生物学的複雑性およびメカニズムをめぐる新たな知識が明らかになる[87]」。

実際、大量の放射性核種がこうして生態系内に入ったことで、大気システムおよび海洋システムの動きをめぐる重要な点を新たに理解できるようになった[88]。大量の放射性核種が大気中や水中に入ったことは、医師が体内の器官の働きを診断する際に我々が放射性トレーサーを摂取するのと同様に、大気システムと海洋システムの背景にある構造や仕組みを可視化する放射性トレーサーが研究者の手に入ったことを意味した。「核実験による放射能を帯びたちりが大気圏内に存在することで、大気の運動やトレーサー物質の移動を研究する貴重な機会が得られた。［中略］地表で、あるいは航空機や気球を用いて行われる、放射性降下物およびそれ以外の物質測定の世界的ネットワークがあり、これが地域レベルおよび全地球レベルで、放射性物質以外による大気汚染の監視の前例となった[89]」。海に目を向けると、海洋学者たちは次のように考えていた。「放射性核種は今やすべての海洋で見られる。それは潜在的な健康リスクであるため、多くの国々で懸念されている。しかし、化学元素のタグとしての放射性核種は、海洋の生物学的・化学的・物理学的な作用を研究する際には有益な道具である」[90]。

当時の核実験のほとんどは大気圏内実験で、想定される核戦争では、核爆発はたいてい水中ではなく大気圏内で起きるものだったため、AECの科学者の関心を最も集めたのは大気圏内での放射性核種の動きだった。ガブリエル計画とサンシャイン計画は、大気圏内の核爆発による放射性核種の移動と沈着に対する懸念に刺激を受けたのである。物理化学者として教育を受けたウィラード・リビーは、対流圏に達した放射性物質は地表に再度落下することなく、そこにとどまって事実上の「貯留層」を形成するだろうと主張した。科学史家のE・ジェリー・ジェシーは、大気科学研究者のグループがこの意見にどのように反論したかを描いている。「米国気象局〔現・米国国立気象局〕の科学者であるレスター・マクタ率いるこのグループは、大気循環に関する新たな理論と、（皮肉なことに）放射性降下物をトレーサーとして利用して成層圏内の空気の動きを調べた研究による、実証性の高いデータを反論の軸とした」。ジェシーの説明によると、「この新たな情報を説明するためにマクタが発展させたモデルは、放射能を帯びたちりは成層圏に入った後、リビーのモデルが想定するよりもずっと速く、より不均一に落下することを示した。〔中略〕垂直的越境移動というマクタのモデルは、AEC内外の科学者の多くに支持されるようになっていき、このモデルは一九六三年の地上核実験停止に向けて科学的根拠を形成する際におおいに貢献した」[91]。大気圏内核実験の時代に、放射性核種が生態系に大量に沈着して以降、このように「放射性降下物をトレーサーとして」用いる方法は、地球の大気や海洋、土壌、生物相における環境メカニズムを研究する多くの分野に大変革をもたらしたのである。

スイスの科学者らは以下のように主張した。「人間が生み出した放射性核種は一九五〇年代、六〇年代、七〇年代の核実験やSNAP-9A衛星事故〔一九六四年四月、米国がインド洋上で人工衛星の打ち上げに失敗し、原子力電池用に搭載されていたプルトニウム238が大気中に拡散した」、チェルノブイリ（一九八六年）や福島（二〇一一年）のような原発事故によって大気中に持ち込まれた。放射能を帯びたちりは周囲のエアロゾル粒子に急速に付着し、それが大気中を移動する際のメカニズムを決定した」[92]。日本の科学者らは、「海洋の表層に人工的な放射性核種が存在するのは、大気圏内核実験や原発事故による、地球規模での放射性物質の降下が原因である。こうした放射性核種の海洋中の分布は、海洋内の物質の移動を理解する目的で調査されてきた」と、海洋メカニズムの調査にあたっての有用性を述べている[93]。同様に、河川の化学的・地質学的動態の研究では、「核兵器の大気圏内実験で発生した放射性核種であるセシウム137は、堆積物が河川系統をどのように移動するか調査する際、地形学者にとって有用なトレーサーとなる」[94]。IAEAの科学者は次のようなことを発見した。「土壌浸食の速度はセシウム137によって推定することができる。セシウム137は半世紀以上前の核実験によって大気中に放出された、人為的に生成されたセシウムの放射性核種である。セシウム137を用いて土壌浸食を測定する手法によって、セシウム137が放出された時期（一九五〇年代半ば）から標本抽出までの期間の、土壌再分布速度の平均値が効率的に得られる」[95]。大気圏内核実験と原発事故によって大量の人工的放射性核種が生態系に持ち込まれたことは、全地球規模で生物相の健康と安寧に大きな被害をもたらした反面、科学の多くの分野においては、以前は難しかった、地球規模の動的メカニズムの、システム全体を見渡す研究に革命をもたらした。放射性降下物の放射線は、地球全体の生態系の土台にある仕組みを、人間の探求に応じて目に見えるようにしたのである。

一九八六年のチェルノブイリ原発の大事故は、放射線による被害と、放射性核種が生態系のさまざまな層を通ってどのように動くかを科学者が把握した成果の双方を示す格好の例である。チェルノブイリ原発事故は二五年後の福島原発事故と同様、大量の放射性核種を生態系に沈着させたが、放射線による危険が緩慢に移動するさま——当初の粒子の沈着から始まって、現在も続く、多数の化学的・生物学的な経路からの摂取に至る——について知見をもたらしたのはセシウム137だった。チェコにある放射線医学・毒物学・市民防護研究所の研究者らは、「有機物層の上部と細菌、微小動物相、微生物相、植物相の間の循環的な移動によって、森林の生態系はセシウム137を長期にわたって維持することがある」と説明している[96]。したがって、まず放射性物質が入り込み、化学的・生物学的な作用が続き、それによって放射性物質が移動し、生態系とその中で生きる生物を汚染した。このプロセスも汚染も、現在まで続いている。

ロシアの保健物理学者は二〇〇七年に次のように説明した。「森林の生態系では、事故後、放射性核種の移動には二つの段階が確認された。第一段階（二～四年）では樹木群（地上部分）の汚染は主に大気中の放射性エアロゾルが原因となった。第二段階では、樹木群に存在する放射性核種は、植物が放射性核種を根から取り込んだ結果だった」。また、「チェルノブイリからの放射性核種は、植物と動物の個体群が被曝し、放射線被害を受ける原因だった。また、環境中に放出されて生物学的循環の栄養連鎖の一部となった放射性核種は、環境資源（土壌、水、農産物、森林）の汚染源となり、それを消費したり接触したりすることで人間も被曝することとなった」[97]。

それ以来、科学者は放射性物質が生態系全体の中を移動したり、食物連鎖の上方へと移動したりするのを追跡している。フィンランドの科学者らは「チェルノブイリ原発事故は、放出後に雲状になった放射性物質やその他の有害物質が、一定の気象条件のもとであれば長距離を高速で移動することを示した」と述べた。「当初、放出物はポーランドとバルト諸国、フィンランド、スウェーデン、ノルウェーの上空を北西に移動した。一九八六年四月二七日〔事故の翌日〕には、放出物は東欧から中欧、ドイツ南部、イタリア、ユーゴスラヴィアに広がった。一九八六年四月二九日から五月一六日にかけてのフィンランドの放射線量マッピングは、同国南部から中部にかけての地表に沈着が見られるが、分布が不規則であることを示している」[98]。英国では「高線量の放射性物質を浴びたのは、主に西部の丘陵地帯だった。栄養分に乏しい酸性の高有機質土壌がこの地域の特徴で、土地の主な用途はヒツジの放牧である。その結果、ヒツジの細胞には、生体重で一キログラムあたり一千ベクレル以上の放射性セシウムが存在した」[99]。

当初発生したこのような沈着は、セシウム137が地域の生物圏をくまなく巡る旅の始まりにすぎなかった。最終的にセシウムは食物連鎖を上方にたどっていく[100]。これによってスカンディナヴィアではトナカイの放牧と消費に壊滅的な影響があった。中欧では、セシウムは野生のイノシシに生体濃縮することとなった。チェコの科学者は、国内で解体された野生のイノシシの体内にあるセシウム137がどこから来たのかを突き止めようとした。「研究の目的は、自然生態系におけるイノシシの餌に含まれるセシウム137の由来を突き止めることである。野生のイノシシの筋肉および胃の内容物の分析に重点が置かれる」。そうして明らかになったのは、これらの「放射能イノシシ」が近い将来に減る前兆ではなかった。「おそらく、地中のキノコがイノシシの食物連鎖における主な放射性セシウムの出所である。チェルノブイリ後の放射性セシウムに汚染されたツチダンゴ〔キノコの一種〕が発生する場所では、今後二〇年間で、イノシシの筋肉中でセシウム137の比放射能〔放射性同位元素を含有する物質の単位質量当たりの放射能の強さを表す〕が顕著に減少することは期待できない[101]」。その理由として重要な点の一つは、「森で収穫した食用キノコは〔中略〕セシウム137を蓄積することで知られている」ことだった[102]。「放射能イノシシ」はドイツやスウェーデンでも同様に多数見つかっている。

放射線生態学者は、チェルノブイリ原発事故による汚染に由来するセシウム137が測定された、ヨーロッパの野生のイノシシと、福島原発事故で汚染された日本のイノシシとを比較した。その結果、日本のほうがヨーロッパに比べて汚染されたイノシシの数が少なく、汚染の度合いも低いことを発見した。ただし、「土壌で観察されるセシウム137が一定の速度で減少していくことに鑑みると、イノシシの放射性セシウム濃度は持続性が高いと見られる。これは、セシウム汚染保持力が非常に高い食物源や、その他のまだ十分に理解されていない放射生態学的な異常があることを示している[103]」。

チェルノブイリ事故がソ連国外で初めて検知されたのは、スウェーデンのフォッシュマルク原子力発電所においてであった。放射線モニターが、入構する従業員の靴から放射性物質を検知したのだが、事故後すぐに、トナカイ肉の消費者の健康や地域のトナカイ産業にリスクがあることが明確になった[104]。「一九八六年の夏、チェルノブイリ事故の結果がノルウェー中部・南部のトナカイ飼養に劇的な影響をもたらしたことが明らかになり、この地域のトナカイ肉の取引は一九八六年秋に禁止された。合計五四五トンのトナカイ肉が廃棄処分になり、最も汚染がひどい地域でのトナカイ飼養は数十年にわたって影響を受けることがわかった[105]」。研究者は、トナカイに放射性核種が入った経路は、主要な食料源である地衣類からだと判断した。「一九五〇年代から六〇年代初頭に行われた大気圏内核実験ののちに、スカンディナヴィアと北米で、地衣類―トナカイ―人間という（亜）寒帯地域の食物連鎖に焦点を当てた放射生態学的研究がいくつか始まった。地衣類は堆積した放射性核種を効率的に集め、冬季にはトナカイの主要な飼料となる。この食物連鎖によって放射性核種が濃縮されることで、トナカイの肉や内臓を多く摂取する先住民族のサーミやイヌイットの体内には、とりわけ大量の放射性物質が蓄積することとなった[106]」。

ノルウェーやスウェーデン、フィンランドには、食肉用トナカイの許容放射線量に関して、人体の被曝を減らすための厳密なガイドラインが今でも存在する。これは、さまざまな局地的気候や生態系の状況によって放射線レベルが毎年変動するためである。「トナカイ肉で検出されるセシウム137の量は、地域によって大きく異なることがわかった。チェルノブイリ事故による放射線汚染は全国均一ではなかったため、トナカイの個体群によってセシウム137の濃度は異なった。また、キノコの量が局地的に異なるため、同じ地域でも年によって大きく変動する可能性がある。キノコは緑葉植物に比べて多くの放射性セシウムを吸収するため、トナカイの線量は、キノコが多い年のほうが高くなりうる[107]」。トナカイやイノシシでの放射能の生体濃縮は、ヨーロッパでは数十年にわたって問題であり続けるだろう。

グローバル生態系に遍在する人為的起源の放射性降下物

ここまでは局所的な生態系内部での放射性核種の具体的な移動をたどってきたが、大型核兵器、とりわけ水爆の大気圏内実験によって、降下物の放射性核種が対流圏に大量に流入した結果、これらの粒子の多くは地球全体に分布することになった。こうした粒子が大気圏上層から地表に落下するには数年、場合によっては数十年もかかるためである。放射性核種が地球の生態系全体にあまねく存在することがわかる一例は、皮肉にも、ホールボディカウンターに用いられる鋼鉄に課された、厳しい時間条件である。すでに述べたように、ホールボディカウンターは人体に取り込まれた個々の放射性核種を検出するのに用いられる。一九五〇年に最初にホールボディカウンターを開発したのはレオニダス・D・マリネリで、その目的は、一九二〇年代から三〇年代にかけてラジウムを取り込んだ人々の状況を調べることだった[108]。より総合的なカウンターは、一九六四年にテネシー州のオークリッジ国立研究所で開発された。「人体が発する低線量の放射線を測定する、きわめて精密な医学研究装置の一つとして、厚さ五インチの壁で囲まれた、六〇トンある鋼鉄の「箱」がオークリッジに届いた。〔中略〕この鋼鉄の小部屋は、一九四五年以前に生産された鋼鉄で作られていた。その年よりも後に製造された鋼鉄は、わずかに放射性降下物を含み、低バックグラウンド〔対象とする放射線源以外の要因で計数される値が低い〕というカウンターの特性を損なうためである。鋼鉄製の箱を覆うコンクリートも、放射線量の少ない成分で作られている」[109]。遮蔽としては「戦艦の装甲に用いた鋼鉄で、厚さ六インチから八インチのもの」が望ましいが、理想を言えば求められる鋼鉄の製造年は一九四五年でも遅すぎた。「第二次世界大戦以前の装甲の余剰分が遮蔽の材料として望ましいとされるようになった。旧式の戦艦の分厚い鋼板が、戦後には安価に入手できるようになったのである。〔中略〕極力、古い戦艦の装甲が用いられる」[110]。初期のカウンターの多く、そして一部のガイガーカウンターに使用される鋼鉄は、スコットランド沖合のスカパ・

フロー〔オークニー諸島にある入り江〕で一九一九年に沈められた、第一次世界大戦期のドイツの軍艦から回収された[111]。
降下物からの放射線が生態系にあまねく存在することは、この数十年間、多くの分野の贋造調査専門家の役に立っている。「サンクトペテルブルクの〔国立ロシア〕美術館の元学芸員で、ブコフスキス〔スウェーデンの競売会社〕のオークションハウスでロシア・アヴァンギャルド作品のコンサルタントを務めたエレナ・バスネルは、一九四五年以前に制作されたと称する絵画の贋作を鑑定する際に、これらの放射性同位体を利用することを考えた。彼女の案は、放射性同位体（セシウム１３７とストロンチウム90）は世界中の土壌と水に入り込んだであろう、したがって絵の具の溶剤に用いる天然の植物油を介して、一九四五年以降のすべての絵画に含まれているだろうというものだった」。バスネルの直感は正しかった。「サンクトペテルブルクにあるロシア科学アカデミーに所属する地球化学者のアンドレイ・クルサノフらは、質量分析法を用いて、一九五〇年代の絵画にはこれら二種類の同位体がわずかに見つかる一方、二〇世紀前半の絵画には見つからなかったことを示し、バスネルの仮説を立証した[112]」。

この技術は、高級ワインの偽造を発見するのにも有効だった。ワインボトルの化学的組成を検査する方法は偽造ワインを発見するためにすでに用いられていたが、新しい偽造ワインを古いボトルに注ぐ手法はやはり問題だった。ボルドー大学所属の物理学者フィリップ・ユベールは、一九四五年以前のものだとして売られているワインが実際にはより最近に生産されたのかどうかを、用いられている瓶の新旧にかかわらず、しかも栓を抜かずに判定する方法を編み出した。「この方法では、ガンマ線検出器を用いてワインに含まれる放射性粒子の濃度を測る。この場合はセシウム１３７で、これは第二次世界大戦後に原爆実験が始まって以来大気中に存在するようになったものだ。「この技術の主な利点は測定のために開栓する必要がないことです」とユベール教授は述べた。「瓶を検出器の近くか上に置くだけでよいのです」。フィリップ・ユベールはぶどう園から提供されたワインを用いて、二〇世紀後半を通じた、ワインに含まれるセシウム１３７の記録を作成した。彼曰く、「ワインの中には核時代の物語があるのです[113]」。二〇二〇年にはスコッチ・ウイスキーの正確な年代を知るために、放射性降下物由来の炭素14の分析が用いられている。[114]

放射性降下物が世界中に拡散していることを利用して、ウミガメの年齢を測ることもできる。「核爆弾の放射性炭素を利用した年代測定は海洋生物の年齢確認に幅広く用いられている。放射性炭素（炭素14）が環境に残す痕跡は二〇世紀中葉に水爆実験が急増した後、突然変化した。〔中略〕近年、ハワイで核実験由来の炭素14を魚の耳石の年代測定に利用しており、これはこの方法をウミガメに応用するにあたって重要な前例である」[115]。大気圏内核実験からの放射性降下物によって、魚類の中で最大のジンベエザメの脊椎骨にできる輪紋が、二年ごとではなく毎年増えていくこともわかった。[116]

超ウラン元素〔原子番号92のウランよりも重い元素〕が世界中に遍在することは、人新世の定義の根本にある。ユニヴァーシティ・カレッジ・ロンドンのサイモン・ルイスとマーク・マスリンは、人間がもたらした他の変化の基準となる「ゴールデン・スパイク」〔地質学において時代区分の基準となる地層を示す標識〕としてどの「シグナル」を用いるか検討する中で、人為的起源の放射性核種の有用性にふれている。「このシグナルは湖や海の堆積物、氷河の氷、樹木の年輪、洞窟の鍾乳石やその他の記録から見つかり、通常はきわめて明確である」[117]。我々は核技術開発が生んだ放射性核種を世界中に、そして環境全体に、効率よく拡散してしまった。それは我々の歴史におけるこのわずかな時間を、今後数千年にわたって記録にとどめるのである。

むすびに

放射線がチェルノブイリ立入禁止区域内の小型哺乳類に与えた影響を調べるために一二年間の現地調査をした結果、生物学者のロナルド・チェサーとロバート・ベイカーは、調査前の想定が誤っていたことを知った。その一つとして二人が注意を呼びかけるのは、あるシステムの放射線レベルを測定することで、そのシステム内に生息する個々の生き物の被曝状況が確実にわかるという誤解だ。チェサーとベイカーは次のようなことを理解した。すなわち、「チェルノブイリ原発事故による放射性降下物は原発の周囲に均一に堆積したのではない。北方プルームと西方プルームとして知られる明確な「逸脱」が煙の流れに灰を乗せて、田園地帯に広がり、原発からわずか三キロしか離れていないプリピャチ市街地を通った。このため、比較的影響を受けていない地域によって区切られたモザイク状の放射能汚染地域が形成された。このような不均質性は、動物個体群への影響を評価することを困難にする。なぜなら、「きれいな」地域の動物が汚染地域に移動してくる可能性があるからだ」[118]。このように、ある環境で測定された放射線レベルに基づいて、そこに生息する個体の線量値を推定することはリスクをはらむ。「我々がチェルノブイリに入った頃、動物を対象とした研究のほとんどでは、同じ場所に生息する個体は類似の線量率（単位時間あたりの放射線量）で被曝し、線量率は線源（この場合は破損した原子炉）からの距離に比例すると仮定していた。だが、これらの仮定はどちらも正しくないと判明した。同じ生息地に住むネズミでも、土壌や植生から受ける外部被曝量や、摂取したものからの内部被曝量は大きく異なる。我々の分析から、個体数の平均線量や原子炉からの距離に依存するのではなく、個体ごとの内部および外部被曝線量を調べる必要があることが明らかになった」[119]。

チェサーとベイカーが発見したのは、「赤い森」などの立入禁止区域内の外部線量についてどれだけのデータがあったとしても、そこに生息する生き物が負うリスクは判定しえないということだった。事態は不確定性に満ちており、それは「この個体にはどれだけの健康リスクがあるのか」という個別性によってしか払拭できない。この理解に基づくと、調査対象の動物は、核実験場や核物質製造施設、原子力事故現場の風下地域の住民を対象にした研究や議論のほとんどにおける住民の扱いよりもはるかに、個体としての独自性をもつ存在として扱われる。リスクが非対称に分布することや自身がどれだけの被曝をしたかがわからないこと――すなわち将来的な危険性がそもそも確率論的であること――は、これらの人々に深刻な動揺をもたらす。ネバダ実験場からの放射性降下物の雲が動いていったルート上や、ハンフォードのような核物質製造施設からの放射性汚染水の下流に暮らす人々について、トリシャ・プリチキンはこう書いている。「風下住民にとって、人生は予測できない事態に左右される。ガンが再発しないだろうか？　それ以外の病気は？」[120]。寿命調査が引き合いに出される背後でこうした不安が取り合わされることはなく、そのためこれらの人々は医師や研究者、政府、そして我々が知る冷戦の歴史から不可視化されているのだ。

第Ⅱ部

人々

第3章　共同体の崩壊

粒子に囲まれた子育て

二〇一五年四月のある晴れた日、福島市（福島第一原子力発電所から六〇キロ北西）でのことだ。原発のメルトダウンから四年後、住民たちは四回の爆発がこの地域にもたらした放射性降下物との共存に慣れてきていた(1)。法的な許容レベルを超えて汚染された土壌を取り除いてフレコンバッグに入れ、地域の畑や道路脇に積み上げるのは日常茶飯事となっていた。多くの人々は、家庭や学校、商店など、ごく狭い範囲内でなら、日常を取り戻すことができるという希望をもっていた。当時五歳のハル（仮名）は、保育園にあるフェンスで囲まれた小さな園庭で友だちと遊んでいたときにつまずいて転び、膝をすりむいて出血した。軽い怪我だったので、保育士は傷口を消毒し、包帯を巻いた。ハルの母親のノゾミ（仮名）にとって、これは不安な日々の始まりを意味する出来事であった。ハルが転んだときにできた傷で「放射性物質の凝集体《ホットパーティクル》」を体に取り込んでしまったのではないかという不安が、彼女を悩ませた(2)。翌日、ノゾミと何人かの母親たちは、ハルと同じ背丈くらいの手作りの小さな人形を持って、保育園の園庭に向かった。そしてこの実験用の子どもの人形に両面テープを貼り付け、ハルが転んだ場所に立たせて転がし、ガイガーカウンターを取り出して、テープの外側、とくに人形の「膝」の部分を計測した。周辺よりも高い値は、とくに計測されなかった。彼女たちはそれから人形を立たせてもう一度倒し、テープをガイガーカウンターで計測した。彼女たちはこの儀式を、どうやらハルの傷口には「ホットパーティクル」は入らなかったようだとノゾミが安心するまで、何度も繰り返した(3)。

ノゾミはこのエピソードを忘れてしまうだろうし、ハルは子ども時代のこの話を後で聞くことはないだろう。こうしたことは、放射性降下物が広範に拡散したのに、どのように広がったかがわからない地域での生活に伴う、多くのストレスの一部となる。ハルは福島の事故に関連した身体的な病気にかかることはないかもしれないが、精神的には恐怖や不安、そしてトラウマを抱えた環境の中で幼少期を過ごすことになる。ハルの母親はハルを守るために最善を尽くすだろうが、危険な放射性核種がもたらすリスクの場所や規模が明確でないため、その警戒心は、何が起こるかわからないという不安と徐々に結びつくことになるだろう。自分の家や通り、公園、そして学校にはあちこちに移動する危険な粒子が散乱し、それが服や靴に付着し、呼吸や傷口から体内に入り込む。そのような世界での生活は、人々を敵対的な環境の中に押し込める。そこでは、保護、安らぎ、安全といったものはほとんど感じられない。

チェルノブイリからの放射性雲によって北欧の人々が受けた精神的苦痛に関する二〇〇二年の研究の中で、アールンフィン・トゥネセン、バルティル・モールバルグ、ラーシュ・ヴァイセト（大学と軍の双方の研究所で働く精神科医と心理学者）は、こうした確率論的な放射性リスクの動態を次のように表現している。「一人一人が質問に対する明確な答えを早急に欲しがる。「この状況は、家族や私にとって危険なものなのだろうか。私は何をすればよいのか」。だが、個人レベルに与えられる十分な答えなど存在しない。あるとすれば、一般的なものだけである。被曝の程度を特定できるかなりの数の人々にとってさえ、長期にわたる影響は不確かなのだから」。さらに彼らはこう説明する。

有毒物質による災害は、人災の中でも特殊な部類のものであり、核被害は多くの人々が有毒物質にさらされるという特徴をもつ。チェルノブイリのような核被害は明確な境界線を欠く点で、ほかの人災とは異なる。それは単発の出来事というよりは、何年にもわたって起こり続ける一連の出来事を引き起こし、多くの人々に慢性的なストレスを与える状況を作り出す。こうした有毒物質による災害はまた、改善の度合いを判断できるような明確な基準点を欠くこともある。〔中略〕電離放射線の基本的な特徴は、健康への影響が不明確だということである。急性放射線障害のような確定的影響をもたらす高線量は、個別の事象に起因する可能性がある。しかし、遠距離からの放射性降下物に由来する主たる影響、すなわち確率的影響については、影響が発生した後でも、個々の被害者を特定することは不可能である。健康への影響が確率的であることで誘発される不安の特徴は、予測不可能な性質、長い潜伏期間、そして問題全体の科学的不確実性である。[4]

放射線被曝は、外部被曝であれ内部被曝であれ、さまざまな潜在的結果を伴う。被曝がのちに疾病としてどう現れてくるかは多様かつ不確実である。時間が経過すると、さまざまな病気を発症する可能性があるが、被曝とその結果の関係は直線的ではない。何年、何十年も病気とは無縁だったが、実はそれこそが死への道で、じっくりと潜伏していた病気が突然襲ってくる場合もある。健康に生きられる期間が完全に保証されることはない。疾患がすぐそこに潜んでいるかもしれない。放射性の時限爆弾が時を刻んでいるのである。[5] 放射性核種を取り込んだ者のほとんどは、自分が取り込んでしまったことに気づかない。フォールアウトにより人間の寿命よりも長く危険な「ホットパーティクル」が沈着した場所に暮らすということは、人々が日々の生活を営むかぎり、リスクを抱えるということである。放射能に汚染された地域では、近隣住民の間に放射性疾患が起こると、リスクと運命論に対する意識が高まる。このような目に見えないリスクの中で生活し、子どもを育てることへの不安は、結局は病気にならずに済む人たちさえも蝕んでしまうものである。

スカンディナヴィア半島に降り注いだチェルノブイリのフォールアウトは、ノルウェーやスウェーデン、フィンランド、そしてロシアの先住民であるサーミの共同体に壊滅的な影響を与え続けている(6)。この地域のトナカイの主食である地衣類は、養分のほとんどを大気から直接取り込むため、チェルノブイリのフォールアウトから降り積もった放射性物質を濃縮してしまう。その結果、この地域の経済の柱であり、サーミの食生活の中心であるトナカイの群れが深刻に汚染されることになる(7)。放射線で汚染された物質がトナカイの体の中に凝縮され、しかもトナカイに代わるタンパク源がないため、この地域の人々は放射線の人体への影響を最小限に抑える戦略を取らざるを得なかった。つまり、「ある家庭では、冷凍庫を三つに分けて食品を保存していた。子どもたちのために購入した比較的汚染されていないトナカイの肉、中年層のための汚染が中程度の肉、そして最も汚染された肉は老人のものである(8)」。

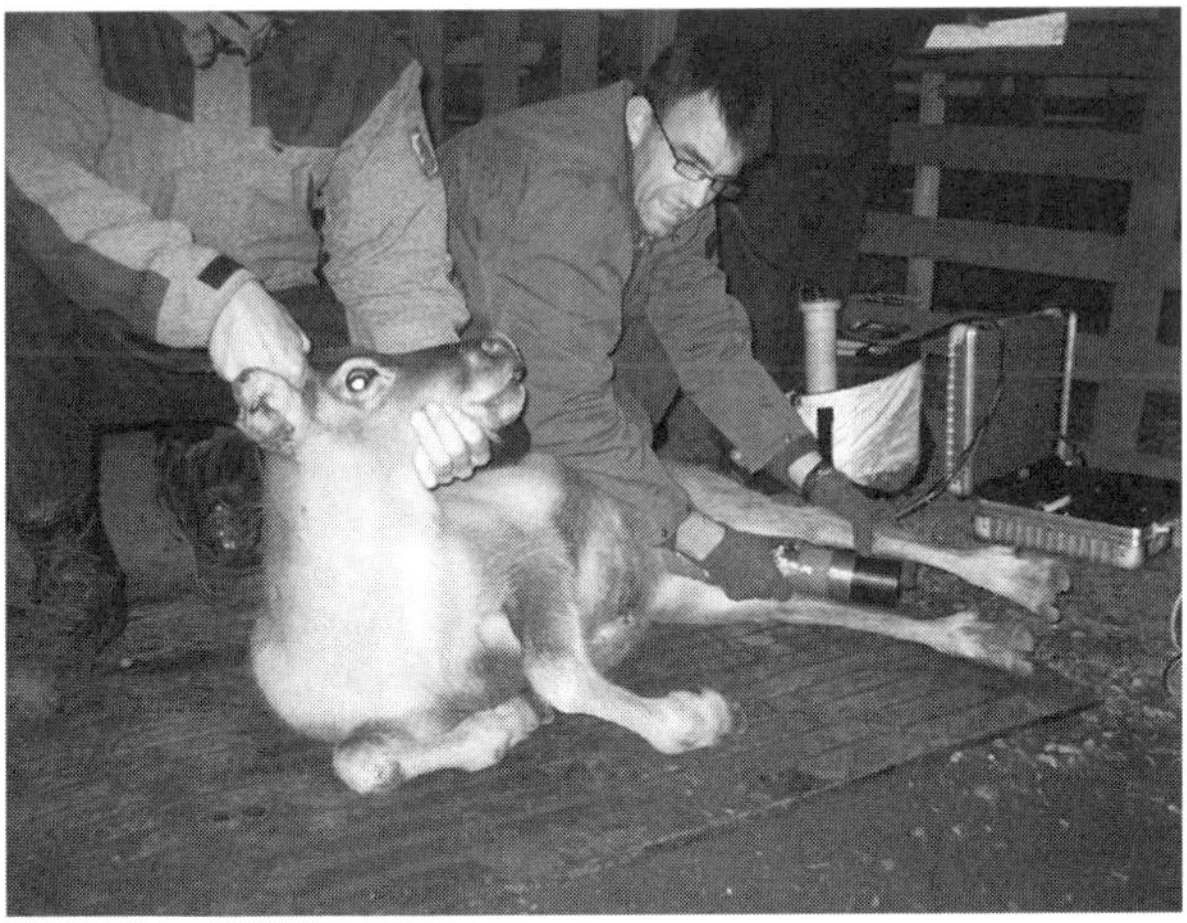

図 3-1　ノルウェー放射線防護局の上級研究員であるラヴランス・スクーテルーは，2014 年にトナカイやヒツジから高濃度の放射線を測定して驚愕した（写真：DPA）

トナカイの被曝が与えた影響は、食生活の変化にとどまらない。「このような汚染は、サーミの人々の健康や経済的な幸福だけでなく、彼らの政治的な影響力や、人間とトナカイの物質的・象徴的な関係で結ばれたサーミの文化的アイデンティティにも深刻な脅威となる」。スウェーデンの南サーミのトナカイ所有者であるヤード・パーションは、人類学者シャロン・スティーブンズのインタビューに答えて、この地域の共同体はただ単にトナカイの肉を消費しているだけではないと説明している。「男たちはトナカイの世話をし、トナカイのことを理解しています。トナカイを屠殺するときは、敬意をもって行います。女たちは肉の扱いを心得ていて、最後の一片まで、血や頭や足でさえスープに入れて使い切ります。私たちはトナカイの腱から糸を作る方法を知っていますし、どうやって革や毛皮から服や靴を作ればよいかも知っています。私たちの手仕事によって、食卓には食べ物が並び、背中には衣類がかけられるのです[9]」。コミュニティに食料を提供する動物と人間の密接な関係性は何千年もかけて進化し続け、今日のサーミの行動や感性の形成に役立ってきた。この地の人々は、先祖から教えられた慣習によって支えられ、子孫にそれを受け継いでいくことがわかるだろう。

時が経つにつれ、この地域の共同体は、汚染が家族のあり方にもたらした、より抽象的な影響に対峙しなければならなくなった。「ノルウェーのスノーサに住む二人の子どもの母親であるブリット＝インガル・グスタフソン＝ブリンは、最初のころの困惑や不安をこう振り返っている。「何が起きたのかについてまったく知ることができないまま、ベッドに横たわっていたのを覚えています。私たちのトナカイのことや、トナカイがいなくなったら誰が困るだろうかと考え始めました——私の夫や子どもたちだけでなく、トナカイに関する仕事に携わっている年老いた両親やその他の親戚のことも考えました。それから、工芸品を作るサーミやトナカイの管理をする行政の人たち、サーミの学校の先生たちやサーミ文化センターの人たちです。私が知っている人たちの網はどんどん広がって、絡まっていき、私の心は、どんどん重くなっていくのです[10]」。

人類学者のロバート・ペインによれば、「「チェルノブイリ」の不可視性は、ノルウェーのスノーサのサーミを悩ませている。「[トナカイの餌となる]苔さえそのまま残っていたら……」」とある主婦は述べ、放射線リスクを感覚的に判断する手がかりを得たいと願っていたという[11]。加えて、個々人の生理的な反応の違いも——二人の人物がまったく同じ線量を被曝したとしても、一人は病気になり、もう一人はならない場合がある——、被曝した人々にとって不確実性を増幅させる。疾病が出るより前から、いや、まったく発病しないとしても、こうした構造が放射線への被曝を疫学的に定義づける。チェルノブイリの影響に関してスヴェトラーナ・アレクシエーヴィチが行ったインタビューで、「なにかが起きた。でも私たちはそのことを考える方法も、よく似たできごとも、体験も持たない。私たちの視力も聴力もそれについていけない、私たちの語彙ですら役に立たない」と述べた者もいる。[12] スティーブンズは、サーミの人々に対して行ったインタビューで、彼らが「しばしば私に対して、チェルノブイリ後の激しい混乱――世界が目に見える現実と見えない危険に分かれたような感覚――について語った」とする。[13] ある母親は次のように話している。「多くの人たちは公的な保証を信じたかったのです。それ以外のものがあまりにもひどかったので。私はチェルノブイリのすぐ後に妊娠したのですが、当時、自分の周りにいつも壁を作ろうとしていたことを覚えています。フォールアウトについては何も読みたくなかったし、ほかの人たちとこの話をしたくもありませんでした。なぜなら、話をしてしまえば、私が抱いていた恐れが具体的なものになってしまうからです。恐れを一般化できているうちは、まだ脇に追いやることができました」[14]。彼女はこのリスクをコントロールしようとし、無理ならばせめて不安を制御しようとしていたのである。

トゥネセン、モールバルグ、ヴァイセトは、放射線の災害には「はっきりとした境界がない」と警告している。別々の事象というよりは、何年にもわたって次々と起こり続ける連続した事象を引き起こすことによって、多くの人々に対して慢性的なストレス状況を作り出す[15]。致死量のガンマ線を浴びたり粒子を体に取り込んだりしても、人間は放射線の存在を物理的に認識することはできない[16]。このような感知不可能な状態は、放射線だけに特有のものではない。現代社会には、害が感知できないような毒素が多くあり、産業・技術社会全般に向き合う際に、不確実性の感覚と主体性の欠如という感覚を高めている。社会学者のカイ・エリクソンによると、放射線を浴びるとは「単なる損傷というよりも、汚染を引き起こすものである。何かを壊すというよりも、汚染し、汚《よご》し、汚《けが》すものである。表面を傷つけるというよりは、間接的に人体組織に浸透していくものである」[17]。フォールアウトの放射線によって汚染された地域に住む人々にとっては、災害は長引くことになる。雲が横切った後に残るリスクの雨粒の中を避けながら歩んでいくような、一生続く可能性のある闘いの始まりである。毎日の生活が、粒子の地雷原を走り続ける障害物競走のように感じられる。粒子は場所を変えながら家族につきまとい、食べ物の中に潜む。地域社会が背負う疾病の負担はいつか表に出てくることになるが、実際の疾病の出現に関係なく、放射線由来のガンを潜伏させる恐怖が、日々、我々を苦しめるのである。こうした心理的な負荷は、生活の質を低下させ、悪化させる。自分の庭や畑で採れたものを食べてよいか半信半疑になったり、子どもが歩いて学校に行くことを心配したり、自然が敵対的で、しかも死をもたらすかもしれないと認識したりすること――これらすべては人生を憂鬱なものにしてしまう。不安を解消しようと必死になって、誰もが自分の子どもと同じ大きさの人形を作ることになるかもしれないのだ。

分断される家族

クラウディア・ペーターソンはユタ州南部で生まれ育ち、のちにネバダ核実験場に近い、核実験のフォールアウトによる被害がとくに深刻な地域で家庭をもった。「長年にわたって〔中略〕彼女は自分のまわりで核のフォールアウトがだんだんと周囲の友人や家族を殺していくのを見てきた」[18]。二〇〇一年、彼女は地元紙『デザレット・ニュース』の記者に対して次のように述べている。「私はなんとか持ちこたえている状態でした。病気の子どもを抱え、父は亡くなったばかりで、祖父母も亡くなり、しかも六人の子持ちの姉も今にも死にそうだったのです。私はなんとか落ち着いていようとしましたが、でも内心ではただひたすら叫んでいました」[19]。当時六歳だった娘のベサニーがガンでこの世を去ったあと、ペーターソンはユタ州の小さな町セントジョージの人々の自分に対する見方が、同情から軽蔑に変わったと感じた。「私はずっと、町の人たちは私に対して優しく、私を受け入れてくれていると思っていました。なぜなら、私が子どもを失って気が狂ったようになっていたからです。町のみんながベサニーの病気のことを知っていたし、町長は彼女にプレゼントをくれました。みんなが知っていたんです。新聞にはベサニーの大きな記事が載り、彼女が治療をやめて、体調がよくなり、自転車に乗っていて、髪もまた伸びてきたと伝えました。そしてそのあと、彼女の具合は悪くなり、亡くなりました。〔中略〕それはつまり、オッケー、いつになったら彼女は立ち直るんだい？　しばらくは大目に見てあげるけど、彼女は立ち直らなきゃいけないよね、といった感じでした。ええ、でもこれは立ち直れるようなことではありません。愛する人ができたのに、家族を失うのです。立ち直ることなんてできません」[20]。

核実験場の風下地域の人々は、大気圏内核実験が行われている間（一九四五〜八〇年）、放射性降下物による放射能汚染に苦しみ続けた。ダイアン・ニールソンは、一九五〇年代にネバダ核実験場からの放射性降下物が、セントジョージ郊外の丘陵地にある幼少期を過ごした家のあたりに降り注いだことを覚えている[21]。「爆発したあと、小麦粉のように細かい、灰白色の降下物が降ってきました。私たちはそれを雪だと思って遊びました。暖かい気候で、雪が降らなかったのです。私たちは外に出て、その雪の上に名前を書きました。分厚く降り積もっていたので、名前を書いて読むことができたのです。すると指が火傷でひりひりしたので、手を洗わなければなりませんでした」[22]。こうした例では、数時間前に行われた核実験によるフォールアウトの規模や密度、即時性ゆえに、目に見える放射性降下物が生じ、場合によっては体への危害（ベータ放射体による皮膚の火傷）が、直接の痛みとして経験されたのであった。このようなことは、実験場に近い地域にのみ当てはまる。

科学者はカザフスタンのセミパラチンスク核実験場（通称「ポリゴン」）での大気圏内核実験の際に風下に降った放射性降下物によって被曝した人の数を、およそ一〇〇万人と見積もった[23]。「セミパラチンスク核実験場で実施された大気圏内核実験の核爆弾の総出力量は、TNT換算で六・五八メガトンと報告されており、これはソ連の大気圏内核実験の総出力量（推定値）の約三分の二に相当する」[24]。ポリゴン近郊のいくつかの村では、核分裂兵器と核融合兵器の両方から放出された雲は、波状的な放射性核種の畜積を何度ももたらしたが、住人たちは数世代にわたってこの放射能汚染に対処するために、この場に放置されたのであった。こうした村はシベリアの西端に位置しており、その土壌と気候は大規模な農業生産には向かない。ほとんどの家庭が野菜や果物、穀物を育てるための小さな菜園をもち、肉と乳を得るために馬を飼っている。

住民たちは村落や学校を除染するよう訴えているが、この汚染の責任を取るべき政治的主体、つまりソヴィエト連邦は、もはや存在しない。そのため、汚染や地域住民に与えた健康被害、あるいは後始末を引き受けるべきだと考える行政機関もない。ポリゴン付近の村に住む人々は、数百年、あるいは数万年ものあいだ続くリスクを背負わされていると感じている。政府によって押しつけられたのに、当の政府はすでに消滅しているのだ。このことは政府の政治的・経済的・社会的断絶を示している。数千年にもわたって影響を及ぼすような行動をとるにもかかわらず、目先の短期的な安全保障上の脅威ばかりに目を奪われているのである。こうした場合、人々は個人、家族、共同体の単位で負の遺産に取り組まなければならない。

ウラン採掘は核燃料サイクルの中で最初に廃棄物を生み出す工程である[25]。ナバホ族〔米国南西部の先住民〕は、保留地内にかつてのウラン鉱山が二〇〇以上あり、現在進行形の汚染という形で、採掘の負の遺産に直面させられている。この汚染は、今生きている部族の人々が亡き後も長く残るものである。ニューメキシコ大学の研究者によって二〇一九年に行われた研究では、次のことが明らかになった。「ナバホの女性の約四分の一と一部の乳幼児の［中略］体内組織に高濃度の放射線金属が検出された。ナバホの保留地で冷戦時代の兵器生産のための採掘が終了してから数十年後のことである」。この研究は、毒性のある残存物の中で生まれた人間は、すでに数十年も粒子と共存してきた人々と同じくらい被害を受ける可能性が高いことを示している。「彼らのうちの二六％が、米国の人口の上位五％にみられる過度のレベルのウランで体内を汚染されていた。そして新生児たちは、同じくらい高濃度のウランを体内に持ち、生後一年の間は被曝し続けることになる[26]」。とくにウラン粒子は、何百万年ものあいだ危険なままで残存することになる。こうした生態系に生まれた無数の世代の赤ん坊が、我々の採鉱の負の遺産に対処していかなければならないのである。

いくつかの核実験場の風下では、汚染後に人々が強制的に自らの土地から立ち退かされている。多くの貧しい共同体では、相続できるはずの富を失うことによって、従属と貧困が永遠に続くことになった。こうした土地の家族がそうした喪失以外に失った物質以外のものを数え上げるのは難しい。世代を重ねることで、人間の行動には深い有機的な文脈が与えられる。だが、若い世代が祖父母と食事をしたり料理をしたりすることがなくなると、料理のレシピは失われてしまった。家族を形作ってきた数々の出来事――そうした物語が失われてしまったのだ。家族が大人数で生活すれば、視野が広がり、家庭内の対人関係での役割が増し、そして感情を動かすような材料が増えていく。多くの社会では、何世代もが同居する家庭が伝統的で一般的である。このような生活方式には、日々の目に見える利点がある。年老いた祖父母たちや親戚は世話をしてもらえて、寝たきりになったとしても生活をより高い質で楽しむことができるだろう。人付き合いがあることで、病気にかかっても、自分でできることが段々と減ってきても、死の間際でも、彼らを愛する人たちが助けてくれるだろう。両親が働きに出たり、家族全員を支えるために家事にかかりきりになったりするあいだ、祖父母たちが代わりに子どもの面倒を見てくれる。家族全員が日々の生活の中での親密さや交流から何かを得て、生活の質の深みを増すことができる。それは世代ごとに暮らしていては得られない。加えて、食料や金銭といった一家の資源を、家族をよりよく支えるために有効に活用できる。一つの世帯を維持すればよいため、食料は大量に調理でき、困っている家族を助けることもできる。自分をよく知り、愛してくれる人たちと一緒に暮らすことで、生活の質は向上し、個々人の身の安全は増し、家族全体の幸福に貢献することもできる。

強制的であれ、自らの意思によるものであれ、放射能汚染によって家を追われてしまった場合、生活を支える基盤の一部は再建できるが、できないものもある。曾祖父母が植えた木の果実を食べられなくなった子どもたちが何

を失うことになるのかは知りえない。自分の親や祖父母、あるいはもっと上の世代が建てた家に住めなくなったこ
とで子どもたちが失うものは、新しい家に住むことでは単純に代えられないのである。共同体は土地や文化、そし
て先祖との関係性の網のようなものによって支えられている。二〇一七年、アリゾナ州のハバスパイ族の「ハバス
パイ族祈りの集い」で、クリスタ・マナカジャはキャニオン鉱山でのウラン採掘が伝統的な部族の土地にまで拡大
されることに反対を表明した。「私は今、ハバスパイ族の代表として、みなさんの前に立っています。私の故郷と
グランド・キャニオンの水を守るために。私の後ろにあるレッド・ビュートは私たちの最初の家であり、最初の土
地、つまり私たちが最初に住んだ場所でした。ここには多くの先祖たちが眠っています。私たちは彼らを守るため
にここにいるのです」。ニューメキシコ州のギャラップから来たナバホ族の元ウラン採掘工であるトニー・フッド
は、放射能汚染のために地域の人々が自らの家を放棄しなければならないと考えたときの喪失感について語った。
「私たちのへその緒がここに埋まっています。子どもたちのへその緒もここにあります。故郷へ導く帰着装置のよ
うなものです」。先祖の墓は、特定の場所に共同体の人々を結びつける精神的なルーツのような機能をもちうる。
先祖の生活が、今の自分が住む世界を作り出した、そういう場所である。ここから離れたり、ここを放棄したりす
ることは、先祖を軽んじる行いと感じられるだろう。

　核実験によって強制的に家を追われた最初の人々は、ビキニ環礁の住民たちである。戦後、一九四六年七月に行
われた核実験に備えて、米国は実験場としてビキニ環礁を選んだ。国連の与えた権限のもと米国はマーシャル諸島
を信託統治領にしていたが、この決断を下したのは、それからまだ一年も経たないころだった。ビキニの人々は核
実験の前に追い出されていたため、実験による放射線に被曝しなかったという点では幸運だったが、放射能汚染に
よって家も故郷も失ってしまった。クロスロード作戦の核実験を宣伝するために製作され、一九四六年に米国の映
画館で上映された短編ニュース映画は、ビキニの人々が本当に快く家を離れたと観客に伝えた。「島の人々は放浪
の集団で、アメリカ人が生活に少し変化を与えてくれたと喜んでいます」。ビキニの人々は、米軍のカメラの前で、

選択肢も与えられず言いなりのまま、米軍が自分たちの環礁で行う「新兵器」の実験に同意する様子を再現し、核実験のために自分たちの家を喜んで差し出すという儀式を演じさせられた。その後、カメラに映らないところで、彼らは「共同墓地を花で飾り、先祖に別れを告げる儀式を行った。〔中略〕その日の午後、ビキニの最後の島民が海軍の揚陸艇に乗り、環礁を去った。手すりに並んだ数人が別れの歌を歌い、涙を流す者もいた。ほとんどの人は黙っていた(32)」。

ビキニでの避難は、米国の核実験のためにマーシャル諸島で行われた強制避難のうちの最初のものとなった。一九四七年、米国がマーシャル諸島の二つ目の環礁、エニウェトクで核実験の準備をすると決めたとき、全住民の一四五名がウジェラン環礁に移された。「ウジェランは無人で、地理的にエニウェトク島に近いために選ばれた。南西に約一三〇マイルのところに位置し、エニウェトク島よりはるかに小さく三分の一の面積で、小さな礁湖である(33)」。エニウェトクの人々は、ビキニの人々が体験したのと同じように、自らの運命における主体性をもてなかった。「一九四七年のクリスマスの四日前に、米軍の揚陸艦がエニウェトク環礁のアオモン島の海岸に乗り上げました。島の人々はみな、身の回りの物を持って乗船するよう言い渡されました。通訳の一人が私たちにこう警告しました。「抗議したり闘ったりすることはできません。あなたたちは銛の先でのたうちまわっている魚みたいなものなのです。抵抗したければすればよいですが、逃げる方法はありません」」――当時の避難民の一人はこのように回想している。未来の見通しはぼんやりしたものだった。「ウジェラン環礁は当時は無人で、長いこと人が住んでいませんでした。あちこちに役に立たない雑木が生えていて、パンノキはありませんでした。海軍の関係者が大慌てでテントを張り、食料の缶詰をくれました。そして彼らは去っていきました。島の外の世界への連絡手段はありませんでした。私たちはいつ故郷に帰れるのか、そもそも帰ることができるのかも知らされずに、新しい生活を始めるしかないという事実を受け入れざるを得ませんでした(34)」。ビキニやロンゲラップと同じようにエニウェトクにも、今日に至るまで高線量の放射線が残存している。

それ以前は、マーシャル諸島民は環礁のわずかな土地を、共同体の住民のほとんどを養えるような方法でうまく管理していた。近隣の環礁への移動は、結婚と交易のために不可欠だった。人類学者のジャック・トビンは、伝統的な土地所有権が、資源が乏しく相互依存的な社会であるマーシャルの文化をいかにして何世紀も支えてきたかについて、全米研究評議会へ向けた報告書を書いている。「マーシャル諸島の土地所有制度は、あらゆる事態を想定して、マーシャル社会の構成員のニーズに配慮するものである。食料を得るための土地が不足して飢える人は誰もいない。マーシャルには貧民窟も養老院もない。この制度はマーシャル社会の構成員すべての人々のためにあり、事実上の社会保障となっている」[35]。ビキニ環礁やエニウェトク環礁の人々にとっては、このような伝統が致命的なまでに打撃を受けたのである。放射線に被曝する前から、避難によって共同体の団結が侵され始めていた。「ビキニの人々が一九四六年に避難してから、ロンゲラップの人々は生活のパートナーを失ってしまった」と、中原聖乃は述べている。「ビキニの人々は、ロンゲラップの人々と血縁関係や婚姻関係にあった。ロンゲラップの人々はビキニに行く必要がなくなると、すぐに航海術を失ってしまった」[36]。

一九五四年のビキニ環礁でのブラボー実験では、「環礁北部の島を五つ完全に消滅させた（計六八エーカーの土地で、核実験前の土地の四%相当）。［中略］エニウェトク環礁での核実験は、四つの島を粉々にし――総面積の約一〇%（約二〇〇エーカー）――、残りの土地の約六〇%（約一一二〇エーカー）は、少なくとも二〇二六年まで人が住めなくなった」[37]。ホリー・バーカーが指摘するように、「土地というのは、ただ住んで食料を育てるためだけの場所ではない。マーシャル諸島の土地は、生命の源のようなものである。面積がわずか七〇平方マイルしかない国では、土地は最も価値のあるものなのだ」[38]。核爆弾が爆発したビキニ環礁から北東に広がったフォールアウトは、大惨事を引き起こした。「三月一日、放射線量が下がり始めると、すぐ東側の環礁から放射線量が急上昇しているとの報告が相次いだ」[39]。ここには、人が住む環礁であるロンゲラップやアイリングナエ、ウトリックが含まれる。その日遅く、米空軍はロンゲリックに水陸両用艇を派遣し、監視所に勤務する二八人の軍人を避難させたが、海軍がロンゲラップとアイリングナエに到着したのは二日目のことで、二五三人のマーシャル諸島民を避難させるためにウトリックに到着したのは三日目だった。マーシャルの人々は何日ものあいだ、自分たちの故郷に降り注いだフォールアウトによって高線量の放射線を浴びて生活していた[40]。ロンゲラップでは、八二人が身の回りの貴重品だけを持って米軍艦船フィリップに乗り、近隣のアイリングナエ環礁に住む少数の人たちとともに、さしあたりクワジェリン環礁に逃れるように言われた。二隻目の艦船レンショーでは、ウトリックに住む一五四名が避難した。しかし、ロンゲラップとアイリングナエの住民全員が放射線障害に苦しんでいることが判明した[41]。

図 3-2　マーシャル諸島北部を漂うブラボー実験の放射性降下物による雲。爆心地から 50 海里，高度 1 万フィートの地点で爆発から 30 分後に撮影（1954 年）。

出典）Thomas Kunkle and Byron Ristvet, *Castle Bravo : Fifty Years of Legend and Lore: A Guide to Off-Site Radiation Exposures* (Kirtland, NM : Defense Threat Reduction Agency, 2013) : 74.

「汚染によりロンゲラップの人々は故郷の島から離れることを余儀なくされた後、コミュニティはメジャト、マジュロ、イバイの島々やそのほかの場所に分散することになった。望んでもいない再定住によって、数百人が小さな借家に住み、極端に密集した不衛生で貧しいコミュニティを形成することになった」と、ホリー・バーカーとバーバラ・ローズ・ジョンストンは述べている。この強制移住は、共同体としての強い結びつきにも影響を与えた。「ロンゲラップのコミュニティは土地や伝統的な資源から遠ざかってしまった。このようなつながりを失うことは、食生活、健康、家計に影響を与え、ロンゲラップの人々が地元の環境に関する文化的知識──コミュニティの存続と長期にわたる幸福に不可欠な知識──を生み出したり、再生産したりする能力を著しく阻害してしまった」[42]。ロンゲラップの人々は汚染された家への放置と、そこからの強制移住との双方を経験しなければならなかった。バーカーはこれについて、「核実験のプログラムは、ロンゲラップの人々が自らの土地や資源を使えないようにしてしまった」と述べている[43]。

強制移住ののち、ロンゲラップの人々は一九五七年まで故郷の環礁に戻ることを許されなかった。彼らは広島や長崎の被爆者と同じように、冷戦期の医学研究の対象となった。一九五六年、米国原子力委員会（AEC）の生物学・医学諮問委員会の会合で、遺伝学者のH・ベントレー・グラスは、ロンゲラップの人々の帰還について、同委員会のメンバーである放射線科医チャールズ・L・ダンハムに対してこう述べた。「あなたの遺伝研究にとっては理想的な状況ではないですか。広島と長崎で得られることより、はるかに重要でしょう」[44]。被曝したロンゲラップの人々は、ブラボー実験の際に環礁にいなかったほかの二〇〇人のロンゲラップ人とともに、一九五七年六月に環礁に戻されてきた。「マーシャル諸島、とくにロンゲラップ環礁についての放射線学的研究が、過去二年半にわたって数回行われた」と、AECの一九五七年の報告書には書かれている。「最新の調査（一九五六年七月二三～二四日）では、ロンゲラップ島に残留汚染物質の存在が認められるが、外部被曝の可能性があるガンマ線も、食料に含まれるストロンチウム90も、そのレベルは健康上で許容範囲内であると示された──ただし後者については陸ガニは例外となるだろう」[45]。地元ではヤシガニと呼ばれる陸ガニは、マーシャルの人々にとって主要な食料源であり、結婚と子どもの一歳の誕生日を祝うのにとくに重要なものである。ロンゲラップの人々は、無理やり文化を変えられ、特定の食べものを控えなければならず、環礁のほとんどの部分（環礁全体は二一平方キロ）で釣りや食糧の栽培を避けるよう強いられた。「すでに指摘したように、ロンゲラップ島の放射能汚染は人間の居住にとっては安全性にまったく問題ないが、放射線の活動レベルは世界のほかの居住地よりも高いと考えられる。ロンゲラップの人々がこの島で生活することで、人類に関する最も貴重な生態学的放射線データが得られるだろう」と、プロジェクト四・一の科学者たちは評価している。「トレーサー研究に必要な同位体の量はごく少量であるため、現存のさまざまな放射性同位体を、土壌から食物連鎖を経て人体に至るまで追跡し、組織や臓器への分布や、生物学的半減期、そして排泄率まで調べることができる」[46]。実際、AECの研究者たちは、セシウム137やストロンチウム90のようにロンゲラップで人々が体内に取り込んだいくつもの危険な放射性核種のレベルが一九五七年の帰還以降に上昇しており、「現在、ロンゲラップ島に住む被曝した者と被曝していない者との間の放射線レベルにほとんど差がないため、被曝したグループの体内負荷量のほとんどは明らかに初期の放射線によるものではない」と述べている[47]。

何十年もの間、土地や水を限定的にしか使えず、また十分な医療も受けられないまま病気が増加したため、ロンゲラップの人々は彼らのために建設された新しい村から逃れようとし、最終的に環境保護団体グリーンピースの支援を得てようやく村を離れることができた。グリーンピースのレインボー・ウォーリア号が、一九八五年五月に首都があるマジュロ環礁に彼らを避難させたのだった[48]。「故郷の島を離れることは、ロンゲラップの共同体に深刻な影響を与えた。例えば、分散したことで、ロンゲラップの人々が共同体の団結を保つのが難しくなった。人々は別々の場所に住み、若い世代は親や祖父母の世代とはまったく違うライフスタイルで育っているため、共同体の結束は地元の指導者たちにとって重要な課題である」[49]。ブラボー実験の六〇周年（最初の強制移住から六八年）の晩に行われた記念行事では、現在マジュロ環礁に住んでいるビキニ環礁出身の小学生たちが、次のような歌を歌った。「島々の人たち　灰に肌を焼かれ／サンゴも　どうぶつも　土も　草木も／台無しにした爆弾／私たちの島　私たちの家　汚染され／おじいちゃんから　おばあちゃんから／昔のビキニのこと　聞くたびに／悲しみと気まずさばかり　感じるよ／私たち　いるべきところにいないんだ／誰かの島に入り込んでる」[50]。

二〇一一年三月一一日の地震に続く多重原発事故の後、一〇万人以上の人々が福島第一原発近くの自宅から強制的に退避させられることになった。「ほとんどの人たちは、行政が応急に住宅を準備する間、緊急避難所に移った。「仮設住宅」と呼ばれる約五万三千戸のプレハブ住宅が、応急仮設住宅に関する法律〔災害救助法〕に基づいて建てられた」[51]。小さな部屋が二つと台所、浴室が設置された仮設住宅一軒につき平均二人住んでいることになる。六年後の時点でも三万五千人以上の人々が仮設住宅にとどまり、そのほとんどが五〇歳以上であった[52]。多くの若い家族は子どもを連れて、汚染地域となった自宅から離れた場所にあるアパートに引っ越した。高齢の家族は別々に暮らすことが多く、ほとんどが老人ホームやその他の介護施設に入居した。何世紀にもわたって世代を超えて一緒に暮らしてきた家族が、世代ごとにばらばらに暮らすことになり、メルトダウン以前には家族がお互いに家庭内で面倒を見るという利点があったが、それもできなくなってしまった。二〇一四年に出された福島県の調査によると、「原発事故の前は家族全員が揃っていた家庭のおよそ四九％が、現在は同居していない」。この調査では、世代間の分離の主な要因として、「住宅問題、就労の必要性、子どもの教育のニーズ」が挙げられている[53]。多くの「核家族」さえも別居状態にある。子どもたちが被曝し続けることを心配し、母親と子どもは汚染地域を去り、父親が残って働いている。ワタナベ・カヨは、子どもたちを連れて福島市を離れ、原発から四五キロはある山形県の福祉施設の小さなアパートに移った。夫はそのまま残り、可能な限り家族のもとを訪れている。「子どもたちは、父親が近くにいない状況に慣れてきています。いいことではないのですが」と、ワタナベは諦め混じりに語った。「離婚したところもたくさんあります。家族が離れて暮らしていれば、そういうこともありますよね[54]」。

志賀家は、福島第一原発から北西約一六キロに位置する〔福島県浪江町〕大堀の小さな村の自宅から避難を余儀なくされた。「この村は美しい焼き物〔大堀相馬焼〕で有名です。ほとんどの家に陶芸工房があります。志賀家は一六代続く窯元です」。大堀地区は放射線量が高いままで、住民は帰宅することができていない〔二〇二三年に一部で避難指示解除〕。「ここを離れることを先祖が許してくれればと思います。家に戻れないのは、私のせいではないので。この場所は私たちにとっては盗まれたようなものです。戻りたいですし、自分の家にとても愛着がありますが、それを認めてしまうとあまりに苦しいので、考えないようにしています[55]」。こうした思いは、先祖の墓を守り、敬うという義務が果たせなくなったときに、より強くなった。「福島で亡くなった避難者の遺骨はそのままになっています。放射線のせいで埋葬することができないからです。避難者は放射線量の高い場所に家族の遺骨を埋葬したくないのです」。〔長安寺福島〕別院の住職である横山周豊（当時七六歳）は二〇一七年に『ジャパン・タイムズ』に続けて次のように語った。「南相馬に住んでいる六六歳の女性が、八月一二日のお盆休みにお姉さんのお参りのために別院にやってきました。お姉さんは避難後に亡くなりました。代々の家のお墓は浪江町の立入禁止地区にあったので、遺骨は別院で保管しています。原発事故の前に亡くなったお姉さんの夫の遺骨は、すでに家の墓に入っていました。「姉が義兄と離れ離れで、申し訳なく思う。二人の遺骨を一緒に納めてあげたい」と、妹さんはおっしゃいました[56]」。

福島の復興プロセスの一環として、少なくとも短期間は立ち入ることができ、先祖のために墓参りができるような新しい墓を作る必要がある。日本の伝統的な行事であるお盆は、「七月中旬または八月中旬に、亡くなった先祖の霊を供養する儀式を行うものである。三日の間、家族が先祖の家に戻り、先祖（この三日間に戻ってくると考えられている）に対してお供え物をし、墓地の掃除をする[57]」。二〇一九年の夏、福島第一原発の一部がある双葉町は、お盆休みの期間中、避難者が先祖の墓参りをしやすいように、新しい集合墓地を整備した。新しい墓地には二五八の区画があり、そのうち三三区画は二〇一九年のお盆期間に使用された。「実家と墓地が中間貯蔵施設の建設予定地となった林かつ子さん（七二）は〔八月〕一二日、夫、長女と訪れ、花を手向けた。元の墓の周りには廃棄物を入れたフレコンバッグが積み上げられており、移設できて安心したという[58]」。二〇一九年に福島県神社庁は、放射能汚染のために参拝できなくなっている神社に代わって新しく合祭殿を建設することを提案した[59]。

受け継がれてきた知の鎖を断ち切る

伝統的な土地から引き離されたとき、失うのは物だけではない。共同体や家族のアイデンティティは、特定の場所の歴史的・神話的起源と深く結びついている。地元ならではの風景、食べ物やその味付け、天候といった、生活とその意味そのものを形造る風土が織り成す構図もそこにある。「世界で最も降雨量の変動が激しい砂漠の一つであるオーストラリア大陸の乾燥した内陸部に住むアボリジナルの歌には、彼らの社会的・生態学的世界観が込められている」と、二〇一九年の研究が説明している。「人々は数世紀にわたって絶えず行動の自己制御を繰り返すことで、この地域のエコロジーを形成してきた。そして今日では、文化的習慣と地域の生態系とが相互に依存しあう複雑なシステムができている。歌による伝承は、この生態システムの精神的な健康にとって不可欠なものであり、生物文化的な知識を何世代にもわたって社会的・生態学的文脈の変動を経ながら受け継いでいくための手段である」[60]。英国が核実験を行った南オーストラリアの地域に住むピチャンチャチャラ族は、その地に数万年以上も住んできた。砂漠の奥地にあるこの地域は生活するには厳しい環境で、食料とする野生動物や植物は限られており、水も非常に少ないところである。しかし、彼らの共同体はこの地で生活し、繁栄してきた。その理由の一つとして、価値の高い情報が物語や歌によって世代間で受け継がれてきたことがある。

この土地に属する人々「ングラリジャ」とともに帰郷することは、多層的テクストとしての土地に足を踏み入れるようなものだ。［中略］旅路の処々での先祖の活動を物語る長い歌を諳《そら》んじえている者にとっては、先祖の足跡がくっきりと見える。訓練された目は、聖地周辺の草木の伐採、石の配置、岩や洞窟の壁に刻まれたり描かれたりした印に、人の手の微妙な痕跡があることに気づくのである。文化的景観とは、建造された寺院や記念碑によるものだけではなく、むしろ土地そのものに宗教的な意味が込められる。人間と意味づけされた場所が相互につながっていることが、歌や物語や踊りの中で称賛される。先祖が作り上げた場所や食料、水資源が土地と精神の「ジュクルパ」〔伝統的な哲学や規範〕を重んじることで再び活気づき、それによって土地が生き生きとする。〔中略〕西の砂漠の人々は身軽に暮らしており、彼らの唯一の持ち物は、季節ごとに土地を横断するときに持ち運びできるものだけだった。砂漠の環境は降水量が少なく、大雨と長期の干ばつが繰り返され、良い時と悪い時が繰り返される。人間が生き残れるかどうかは、高い機動性をもつことと、広大な土地から得られる水や食料の知識をもつことにかかっている。[61]

イギリス人、そしてオーストラリア人が、核実験に使用するためにマラリンガとオークバレーの共同体の人々から先祖代々の土地を取り上げたとき、家族や先祖、そして生態系との間にある時空を超えて広がる絆も粉々に壊されてしまった。こうした絆は再構築できるが、しかし分裂という辛い経験は、核実験による放射線の破壊力に組み込まれた暴力なのである。歌によってもたらされ古くから受け継がれてきた紐帯それ自体が攻撃された。政府は、土地を追われたアボリジナルたちが神秘的な語りや歌を通して受け継がれてきた生きた記憶の文化によって土地の風景に溶け込み、そこで繁栄しているとは思っていなかった。彼らは原始的だとして片付けられていたのだ。「核実験のプログラムの都合上、アボリジナルの人々のマラリンガ地域横断を制御することが決定された。加えて、彼らのうちの多くは、大陸横断鉄道を挟んで少し南にあるヤラタに最近設立された保護区に連れて行かれた」と、政治学者のピーター・グラボスキーは述べている。[62]

故郷から引き離されたのに加えて、アボリジナルたちは自分たちの土地がその後どう扱われるかという問題にも直面することになった。「同じように重要なのは、彼らが自分たちの土地やそこにある聖地や水場が大規模な爆発によって破壊されていると気づいたことである。このことがもたらした感情的・精神的ストレスは、これまで正しく評価されてこなかったし、おそらくこれからも評価されえないだろう」。人類学者のキングスレー・パーマーはこのような無関心が意図的なものであると指摘している。「核実験がアボリジナルたちの聖地や社会的・宗教的生活に対して与える潜在的影響は、無関係と見なされ無視された。［オーストラリアの人類学者アドルファス・P・］エルキンによれば、やがてアボリジナルたちは、伝統的な習慣や生活様式を捨て去り、それに関連するすべてのものも手放して、単一の特定可能な特徴をもつ「近代的な」男女へと進化するはずだとのことである」[63]。神聖な土地で行われる核爆発を見てきた視点からは、近代性は野蛮に見える。

マーシャルの人々が故郷の環礁から強制的に移動させられ、戻ることができなくなったとき、場所に関する知識と絆の両方が失われた。「潮の満ち引きや気候、天気、風、そして星に関する知識が、それぞれの環礁ごとに独自に積み重ねられてきた。どの星を頼りに航海をするかは、環礁ごとに異なる。そしてこうした知識はそれぞれの環礁の住人全員が共有していたわけではなく、基本的には世代から世代へ、一人の人から次の人へと伝えられてきたのである」。このような知識の喪失により、カヌーの使用と製造は減少し、それは文化や人間関係の結束の重大な分断を意味した。カヌーは輸送と食料生産のための簡便で力強い道具であり、別の環礁にいる家族のもとを訪ねたり、結婚を取りまとめたりするための主要な手段だったからである[64]。音楽研究者のジェシカ・シュワーツはマーシャルの人々の歌を分析し、土地や先祖伝来の空間とコミュニティの関係性と歴史的暴力が、多くの伝統的な歌や近代的な歌の歌詞にどのように取り込まれているかを明らかにしている。「アイルン・エオ・インAilin eo in」（これが大地だ）という歌の歌詞は、「二〇〇四〜五年頃に、ロンゲラップの人々の故郷への帰還を前に、祝歌として作詞されたものである」。シュワーツはこう説明する。「抽象化された領域がこの曲の核であり、抽象的な領域の空間的な不安定さが最後の節で再確認されている。「あなたはいまどこにいるのか。私はいまどこにいるのか。死と生の間、第一段階、第二段階、それらはまだ私たちの前にある」。「死と生の間」（イガターン・メッジ・イム・ミョール ikota-an mej im mour）というフレーズは、「イオーン、イオーン・ミアリ・カン Ioon, Ioon miadi kan」を指し、死と生の間にある人々と土地の両方を意味する。土地と人は、死と生の間にあり、関係する空間そのものである」[65]。

エニウェトクの人々は米軍の司令官に対して、自分たちの土地で核爆発のクレーターを見ることは、患者が目を覚ますと、医師が知識も同意もないままに脚を切断していたのと同じようなものだと説明した。このことについてメアリー・X・ミッチェル曰く、「「エニウェトクの文化では、人と環礁の環境――陸、礁湖、海そして空――は一体なのだ」と彼らは説明した」[66]。核実験による混乱は、太平洋社会全体に波及した。仏領ポリネシアのヒバクシャ団体「ムルロア・エ・タトゥ」の代表者であるローラン・オルダムは、伝統的な慣習やよき暮らしがいかにして失われていったかを思い出しながら、こう述べている。「核実験の問題はここでは、伝統的な医療の拒絶に拍車をかけている。とくに、この薬を飲まないと死ぬと言われたときだ。今では、私たちは資格をもった医師に頼らなければならない。もし祖母が治療師だったとしても、意味はない。たとえ彼女が治療法を知っていたとしても、それではだめなのだ。存在しないも同然だ」[67]。

数えられた人々、数えられなかった人々

研究者や政策立案者たちが放射線事象を評価する際、通常、彼らはガンや死亡者の数を数えることで人類への影響の枠組みを作ることになる。それらの数字については議論があるかもしれないが、これが我々の評価の単位となる。では、チェルノブイリでは何名が死亡したのだろうか。一般的には、一九八六年の四月後半から五月初旬にかけて、原発事故自体と消火作業中に放射線を浴びたことにより、およそ三一名が死亡したと考えられている。原子放射線の影響に関する国連科学委員会（UNSCEAR）が二〇〇八年に出した報告書では、事故当時に原発内にいた者と、事故直後に敷地内で働いていた「除染作業従事者」のうち、およそ六〇名が死亡し、そのうち二八名の原発作

業員の死が事故後の数年間に浴びた放射線に直接由来するものであると結論づけられている。また、六千件の甲状腺ガンの事例がチェルノブイリに関連づけられ、二〇〇五年までにそのうち一五名がこれらのガンにより死亡したと報告している。[68] ほかの調査は、異なる数字を示している。

二〇〇五・〇六年の評価『チェルノブイリの遺産——健康・環境・社会経済への影響』の中で世界保健機関（ＷＨＯ）は、長期的な死者数は全体で約四千人になると見積もった。ただし、この数字にはウクライナ、ロシア、ベラルーシに住む高線量の放射線に被曝した者しか含まれていない。地域を越えて低線量で被曝した者にまで推定を拡大すると、この数は九千人にまで増加する。ほかにも、さらに高い数字を挙げている研究がある。カーディス他編『国際ガンジャーナル』（二〇〇六年）に掲載された論文では、ヨーロッパ全体で合計一万六千人が死亡したと見積もっている。［中略］放射線科学者のフェアリーとサムナはさらに大きな数字を挙げており、三万〜六万人が死亡したとしている。[69]

これらの調査はそれぞれ甲状腺ガンに関して異なる数値を示しており、ほかの固形ガンや白血病を数に入れているものと入れていないものがある。いずれにせよチェルノブイリ原発事故の影響は常に、死者率とガンのデータを統計的に示すことによって表されてきた。

大きな災害による精神的被害については、公式の研究でも一定の合意がある。「チェルノブイリの事故が、放射線量とは関係のない重大な影響を及ぼしたことが知られている」と、国連科学委員会の報告書は述べている。「ここには、将来に対する不安や悩みによってもたらされる影響や、食事や喫煙習慣、アルコール摂取やその他の生活様式の要因による変化も含まれるが、これらは本質的には実際の放射線被曝とは関係がない」[70]。さらに、ＷＨＯの報告書は「一般の人々の間に見られるこうしたメンタルヘルスへの影響は、ほとんどの場合無症状であり、精神疾患の基準レベルには至らなかった。にもかかわらず、このような顕在化しない兆候は健康行動、とりわけ医療の利用と安全勧告の遵守に重大な影響をもたらした。ある程度、こうした兆候は、健康が〔チェルノブイリの〕事故によって悪影響を受けたと思い込むことや、医者から「チェルノブイリ関連の健康問題」と診断を受けたという事実によって引き起こされた[71]」。いずれの場合についても、『精神・心理・中枢神経への影響』と題したWHOの報告書では、実際に直面している疫学的リスクに対して人々が示す非合理的な反応に起因する自傷行為という特定のカテゴリーに分類されている。

このように、チェルノブイリの事故が放射性降下物に覆われた地域に住む人々に与えた感情的・心理的影響について一応言及する程度にとどめることは、放射線恐怖症に苦しむ人々を冷酷に子ども扱いする描写として定式化したと言えるだろう。放射線恐怖症をめぐる政治に関する優れた論文の中で、人類学者マグダレナ・E・スタフコフスキは次のように述べている。「放射線恐怖症は、一九八六年のウクライナにおけるチェルノブイリ原発事故後に、科学者や業界の専門家によって初めて認識され、事故の実際のリスクに釣り合わない一般市民の反応を説明する際に用いられた[72]」。放射線恐怖症――放射線に対する非合理的な恐れと定義されている――は、放射線を浴びたり、放射線事象に近づいたりした後に起こる不安感を否定し、疑うために広く用いられる言葉である。彼らの精神的苦痛は「無症状」であるとの但し書きはあったものの、それにもかかわらず、（ほとんどが臨床医でない者によって）断定的に診断された。二〇〇四年に長崎で開催された放射線教育国際シンポジウムで、物理化学者のクラウス・ベッカーは、放射線恐怖症を「治療」可能な「精神疾患」と位置づけた[73]。放射線ホルミシス効果〔注74参照〕に関して精力的な研究を行っている物理学者のイエホシュア・ソコルによると、「「汚染された」地域に住んでいる約四〇〇万人が、公式に被害者であるとされている。〔中略〕そのように認められた後で、彼らは正真正銘の被害者になったのである。放射線恐怖症――ごくわずかな放射線量にさえ非合理的恐れを抱くこと――は、きわめてトラウマ的な決断と結果につながる[74]」。リスク・コンサルタントのデイヴィッド・ロービークによれば、「放射線に対する行き過ぎた恐怖心――放射線恐怖症――は、電離放射線そのものよりも公衆衛生に有害である[75]」。しかしながら、精神科医のマイケル・エドワーズは、福島の事故後に見られた放射線恐怖症に関する論文の中で、「現実には、精神的トラウマは実際に広く認められるため、病的な反応という考えは不適切である」と述べている。[76]

核の時代を通して、放射線を恐れる人々を嘲笑する声が多い。原子力産業の推進者や技術者たちは放射線に対する不安をまったくの不合理なものだと断言している。[77] 福島県の放射線健康リスク管理アドバイザーである山下俊一は、事故発生からわずか一〇日後に、「放射線の影響は、実はニコニコ笑ってる人には来ません。クヨクヨしてる人に来ます」と、悪名高い発言をしている。[78] アヤ・ヒラタ・キムラが書いているように、家でも学校の給食でも食品の安全性を確認しようと尽力した福島の母親たちは、よくヒステリックだと言われて、「放射脳ママ」と馬鹿にされた。[79] だが、放射線は実際に危険なものであり、健康への影響は確率的なものである。生命を脅かしかねないような病気を引き起こし、しかも人間には感知できないものを恐れることが、いったいどう不合理だというのだろうか。迫りくるハリケーンや、軍事衝突の勃発、新型コロナウイルスへの感染を怖がるときなど、恐れのいくつかははっきりと定義できるかもしれないが、人々が抱く恐れの多くは、危害の可能性と、結果の予測不可能性に関するものなのである。自然災害や戦争、そしてパンデミックに対する不安は自然な反応だと見なされるのに、放射能汚染に対する恐れは病気だとされるのだ。危険で、目に見えず、非対称に分布し、長寿命であるものに対して、冷静かつ慎重で、計算された対応を期待すること自体が非合理的である。この不安に対する嘲笑は、主として寿命調査が明確にした放射線による健康リスクの受容に基づいている。これまでの章で見たように、寿命調査は放射性核種を体内へ取り込むことによる健康リスクを考慮していない。これはまさに放射線恐怖症に苦しんでいると見なされる人の多くが直面する危険である。[80]

ユニフォームド・サービス・ユニバーシティ・オブ・ザ・ヘルスサイエンス〔米国防総省の教育機関〕のロス・パステルは二〇〇二年に次のように述べている。「「放射線恐怖症」というレッテルは、旧ソ連で放射線に対する恐れを示すものとして、たいていは政治的な含意とともに、侮蔑的なニュアンスで広く使われてきた。放射線は目に見えないので、物理的な線量測定や生物学的な線量測定がない場合、被曝線量は不確実である。〔中略〕このような不確実性を考慮すると、恐怖心が過剰なのか、あるいは不合理なのかを知ることは不可能である」。そして、パステルは次のように警告している。「この心理的苦痛はもともと放射線恐怖症と呼ばれていたが、用語としては間違っている――放射線恐怖症は臨床的な恐怖症ではない。だが、そうだとしても、報告されている身体症状も苦痛も現実のものであることを忘れてはならない。身体的症状の一部または全部が心理的影響（例えば、うつ病、不安障害、身体化障害、ＰＴＳＤ）に起因するとしても、苦痛自体は現実のものであり、「気のせい」ではない[81]」。チェルノブイリの心理的影響を「無症状」と断じたＷＨＯの報告書に引用された研究でも、著者たちは被害者の苦しみを真剣に受け止めている。「このように、チェルノブイリは将来に向けたストレス要因であり、この点で他の多くのストレス要因とは異なっている。地震や火災あるいは軍事行動を経験した人々にとっては、ストレス要因は過去を回想するという形をとる。汚染された地域に住んでいる人々の生活は、これとはまったく異なるものとなる。際限なく続く「ストレスのもとでの生活」となるのだ。たとえ危険な地域を離れたとしても、それまでに受けた被害によって示される危険は、常に残ることになるのである[82]」。

「放射線恐怖症」という言葉は、当初から曖昧なものであった。モスクワ大学の科学部長アドルフ・カラッシュは、一九八六年一一月、チェルノブイリの事故からわずか七カ月後に、キーウのトロイエシュティナ地区にあるプリピャチからの避難民と会った。避難民たちが彼に言った最初の言葉は、「放射線恐怖症という酷い言葉を広めるな」だった。「チェルノブイリの大惨事の中心地にいた人々にとって、この言葉は耐え難い侮辱です。この言葉は生きるものすべてが自然に持ち合わせている自己防衛という正常な衝動、精神的苦痛や苦悩、自分の子どもや親戚、友人の運命に対する懸念、そして自分自身の肉体的苦痛や病気をめぐる不安を、精神錯乱や病的倒錯の結果として片づけるのです[83]」。

「放射線恐怖症」という言葉は、チェルノブイリ後に放射線に被曝した人々や汚染された地域に暮らす人々が直面した心配や不安を否定するために用いられた蔑称的なものであったが、こうした言葉の使い方は福島での原発事故で被曝した人々が抱いていた恐怖を否定するために、欧米のジャーナリストやアナリストたちによってすぐに復活した。二〇一三年に『ネイチャー』誌に掲載された論文は、「「放射線恐怖症」は、日本の避難民の間で重大な問題として残っている」という福島県立医科大学の精神神経科医である矢部博興の言葉を引用している。そしてこの論文は、専門家たちは福島県を汚染した放射線による医学的影響はあったとしてもごくわずかだと予測したが、なおも「不安、孤立、そして放射線の目に見えない脅威に対する恐怖が、原発事故から逃れてきた一一万人の住民の精神的健康を脅かしている」と忠告している。矢部によれば、その責任の一端はコミュニティの住民自身にある。というのも、「北国の人たちはとても閉鎖的」なため、メンタルヘルスの支援を受けようとはしないからである。[84]

『ジャパン・タイムズ』の二〇一八年の記事は、「風評被害」、つまり有害な噂が、福島の事故に関連した人々の不安の元凶として残っていると述べた。「ある専門家によれば、放射能に対する根拠のない不安は、七年後の今、とくに事故の記憶が薄れ始めているときに、よりいっそう克服が難しくなっている」。ここで引用された専門家とは、物理学者で三菱総合研究所研究部長の義澤宣明のことである。三菱総合研究所は、シンクタンクであると同時に原子力発電所製造の世界的メーカーである三菱グループのコンサルティング会社でもある。「復興への努力は進んでいるが、危険地域の外にいる多くの人々は、何年も前の情報を元にして放射線リスクを恐れる傾向にある。なぜなら、現在では、福島の復興に関する最新情報を追う人が少なくなったからだ」。[85]

福島原発事故を振り返り、我々はすでにガンの数を数えようとしている。小児甲状腺ガンの発生率が異常に高いことが、子どもたちが受けた放射線被曝の負荷を反映したものなのか、あるいは検査の増加による統計上の増加なのかについては、議論がある。[86] 我々は、今後数十年の間に報告される固形ガンや白血病の変化の情報を付け加えて、さらに議論することになる。その評価と因果関係については、激しく議論されることになるだろう。実際の数はどれだけなのか。この議論は、チェルノブイリ原発事故の真の影響について今なお繰り広げられている議論をなぞったものとなるだろう。放射性核種の大量かつ広範な拡散によって生活や共同体が破壊された何百万人もの人々が放置されたり、彼らの苦難について非難されたりしているのと同様に、三基がメルトダウンし、多くの爆発が起きた福島の事故で放射性物質の雲によって自宅を追われた数十万の人々は、ガンの件数を数える声の中で苦しんでいても世界から注目されることはほとんどない。こうした何十万人もの人々の生活は決して元通りになることはなく、彼らの共同体も復活しそうにない。避難者たちは忘れ去られるだろう。それは、まだ発症していない被災者がどのように苦しんでいるのかも、共同体の崩壊がどのように幸福度を低下させるのかもわからないという連続した事象の一環である。

日本では長いあいだ、以前は立ち入り禁止だった地域の放射線量は、現在は「許容範囲内」であり、避難者たちは帰還すべきだと言われてきた。国内避難民と強制移住の専門家である長谷川玲子は、次のように指摘する。「福島原発事故後、早くも二〇一一年四月一九日に、政府は放射性物質の公衆被曝線量の上限を年間一ミリシーベルトから二〇ミリシーベルトに引き上げた。それに伴い、福島県や被災したいくつかの市町村を含む当局は、年間の被曝線量が二〇ミリシーベルト以下の地域に帰宅して生活しても安全であると強調し始めた」[87]。長谷川が指摘するように、三・一一以前の公衆被曝線量の限度は年間一ミリシーベルトであり、一方、原子力産業で働く成人男性の被曝線量限度は年間二〇ミリシーベルトであった。事故発生から八日後には、子どもを含む公衆被曝線量限度は、原子力発電所で直接雇用されている成人に対してのみ法的に認められていた量にまで引き上げられたのである。この新たな措置は、放射性降下物の通り道にいる人々の被曝量を年間一ミリシーベルト以下に抑えることがもはや不可能となったため（したがって法的責任を取り除く必要があったため）に急遽制定されたものだったが、それが今や市民を「安全」に帰宅させるための基準となっている[88]。以前は違法であったものが、今や公的な安全基準となった。安全でなかったものが、今は安全の定義になったのである。

ロンゲラップの居住可能な土地のおよそ二五％が住民の帰還のために除染されたのと同じように、二〇一九年に

「原発のすぐ西側に位置する大熊町の約四〇％が、放射線量を大幅に低下させた除染作業ののち、恒久的な帰還が可能なほどに安全になったと宣言された」。しかしながら、「大熊町の大部分は〔中略〕放射線量が高いために立ち入りが制限されている」。そして一部は「数百万立方メートルの有毒土壌の中間貯蔵施設として使用されている[89]」。故郷に戻ることは、避難によって始まった長い回り道が終わることだと考えられる。事態は正常に戻るか、あるいは少なくとも、住む場所が限られ、町内への核廃棄物処分場の設置を伴った上での、一つの正常な形をとることになるだろう。戻らなかった者たちは公的記憶から消えていくだろう。我々の歴史的表象と政治的議論は、発病した者たちにだけ焦点を当てることになる。原発事故の後、我々は視野を狭めてしまい、目に見える犠牲者は、明確な因果関係のある病気を抱えたり死に至ったりした少数の集団に限られてしまった。我々は、ガンを発病せず、死亡もしなかった人々が被っている感情的な混乱やコミュニティの混乱を否定したり、それを病気だと見なしたりしている。被災者の集団が非常に小さくなったため、環境災害が手に負える規模のものに見えるのである。いったいチェルノブイリで何人が亡くなったというのか。

むすびに

スカンディナヴィアのサーミ族と彼らの食料源である動物との数千年にわたる関係は、一五〇〇キロ離れた火災から生じた雲が彼らのコミュニティに放射性降下物を降らせたことによって断ち切られた。本章で先に引用したサーミの女性ヤード・パーションは、コミュニティの住民とトナカイとの関係によって生まれる人間同士の絆の深さと繊細さを鮮やかに描写している。「南サーミの慣習では、トナカイを集めた後、屠殺の前にトナカイを落ち着かせます。仕分け用の柵の中に入れられ、まず走ります。フェンスの内側に輪になって走っていきます。トナカイの吐く息と汗が混ざった埃の匂いに私たちは名前をつけていて、「ドレムシー」と呼んでいます。私が知る限り最もすばらしいことは、冷たい秋の空気の中、トナカイのドレムシーの匂いを漂わせて夫が家に帰ってくることです。これが私にとっての愛というもの——その場所やトナカイたちから私たちや子どもたちへとつながる感覚であり、感情です。このようなつながりがなくなってしまったら、どうなるのでしょうか。トナカイの仕事がただ見せかけのものになってしまったら、私の子どもたちはどうやってサーミであることの意味を学べるのでしょうか[90]」。

人間や文化を、当局が命ずるままに移動可能なデータにしてしまうことは、構造的暴力である。伝統的な文化や生態系に根差しているコミュニティは、健康状態は問題にされず、国家の責任管理に従属するものとなってしまう。

精神科医のマイケル・エドワーズは次のように述べている。「心理的トラウマは、環境ストレスが高まるなかの恐怖などの苦痛を伴う背景的感情とともに、何を引き起こすかわからないものの一つとなる。心理的反応の大きさは、（数学的に）予測された放射線に関連する身体的被害の大きさとはあまり関係がないようだ[91]」。強制移住やコミュニティの喪失、そして有毒物質への曝露によって起こる感情を尊重せず、統計的な発ガンのリスクのみを考慮した臨床評価に従うべきであるかのように人々を扱うことは、人間性を奪うことである。病気ではなく被曝こそが、影響を判定するための閾値となっているのだ。

第4章　汚染の隠蔽

核災害後の人々と言説の管理

一九四五年七月の最初の核実験の前にはすでに、放射線リスクに関する公衆の認識のコントロールは核兵器の管理体制に組み込まれていた。『ニューヨーク・タイムズ』紙の科学記者であるウィリアム・ローレンスは、マンハッタン計画の軍司令官レスリー・グローヴスによって、密かにこの計画に引き入れられた。新型兵器に関する広報活動を管理し、一九四五年八月に予定されている核攻撃に関する報道の論調を方向付けるためである。「一九四五年の半ばに、グローヴスがローレンスに最初に与えた任務の一つは、史上初の原子爆弾の爆発とその結果生じた放射線を隠蔽するニュースを準備することだった」。一九四五年七月一六日のトリニティ実験のことである。「グローヴスはローレンスに対して、最も心配のないケース（物的損害や人命の損失を伴わない程度の大爆発）から最悪のケース（財産や人命の喪失を広範囲に引き起こす巨大な爆発）まで四つのケースを想定して、四種類の記者発表を書くよう指示した」。『ニューヨーク・タイムズ』紙の高名な記者を、広報のプロとしてマンハッタン計画の内部で働かせることで、グローヴスはトリニティ実験で放出された放射線についての世間の認識をコントロールできた。「ローレンスがトリニティ実験の爆心《グラウンド・ゼロ》での任務を引き受けることにより観察できたのは、トリニティから放出される放射性降下物を測定・追跡し、これに対する安全策を講じるためにグローヴスとそのスタッフが立てた綿密な計画だった——しかしこれらの観察は、新聞に掲載された彼の独占取材の記事からは明らかに省かれていた」(1)。ローレンスはトリニティ実験での体験についての記事を九月に書いたとき、核爆発を「新たな自由の誕生」と呼びつつも、実験の結果生じた放射線降下物の測定班が周辺一帯に派遣されたことや、高レベルの放射線を浴びた家族がいたこと、そしてベータ放射体によって牛が熱傷を負ったという事実については触れなかった(2)。

高名な『ニューヨーク・タイムズ』紙の科学記者とマンハッタン計画内部の広報担当という二役を得たことで、ローレンスは二〇世紀の最も重要な新事実について、数多くのスクープを発表することができた。彼はトリニティ実験に立ち会い、エノラ・ゲイの乗組員が広島への核攻撃からテニアン島に戻った後すぐにインタビューを行い、長崎に核攻撃を行った三機の飛行機のうちの一機〔観測機〕であるグレート・アーティストに搭乗した。そしてトリニティ実験の準備段階のときと同じように、ローレンスは自分の優位な立場を利用して、難解な問題についての権威ある物語を、米軍にとって望ましい形で生み出した。オーストラリアのジャーナリストであるウィルフレッド・バーチェットは、原爆投下後の広島を訪れた最初の欧米の報道記者となり、一九四五年九月五日、『ロンドン・デイリー・エクスプレス』紙に「原爆の伝染病」と題した歴史的な記事を発表した。バーチェットは核攻撃後に見られた放射線障害の特徴と規模について報じている。「多くの人々が落ちてきたレンガや鉄の破片でわずかに切り傷を負っただけだったため、すぐに回復するはずだった。だが、そうはならなかった。彼らは急性疾患を発症した。歯茎から出血が始まり、それから血を吐き、最後に死んだ。これらの現象はすべて原爆のウラン原子の爆発によって放出された放射線によるものであると、彼らは私に語った」(3)。グローヴスは放射線の健康への継続的な影響について知られることを懸念し、この記事に対抗する措置を講じた。ジャーナリストのエイミー・グッドマンとデイヴィッド・グッドマンは、グローヴスが四日後に、ごく一部の選ばれた報道関係者に対して、トリニティ実験場への取材旅行を企画した経緯について詳しく述べている。「グローヴスは記者たちを最初の核実験場に連れて行った。彼の意図は、原爆の放射線が実験場に残っていないと証明することにあった。グローヴスはローレンスに軍の方針を伝えることを任せ、ローレンスはその期待に応えた」(4)。一九四五年九月一二日、ローレンスは『ニューヨーク・タイムズ』紙の一面に「米原爆実験場、日本政府の主張を否定――ニューメキシコ州の爆撃場での実験で、放射線ではなく爆発による被害を確認」と題する記事を書いた。彼の記事は、トリニティ実験の爆心への訪問が、「八月六日の爆発から時間が経っても放射線が死をもたらし、広島に入った人々が残留放射線によって謎の病気にかかったとする日本のプロパガンダに対して、最も効果的な回答を与えた」と主張している(5)。ローレンスは核兵器に関する一連の記事により、一九四六年にジャーナリスト部門でピューリッツァー賞を獲得した。二〇〇五年には、エイミー・グッドマンとデイヴィッド・グッドマンが、ローレンスのピューリッツァー賞の取り消しを求めた。『ボルチモア・サン』紙への寄稿で、彼らはこう述べている。「ローレンス氏は原爆に関する記事でピューリッツァー賞を受賞したが、彼が政府見解を忠実にオウム返ししたことが、原爆の致命的な後遺症について半世紀にもわたって伝えられなかったことに、決定的な役割を果たしたのである。いまこそピューリッツァー賞委員会は、ヒロシマの核攻撃を擁護する者とその新聞から、授賞すべきでなかった賞を剝奪すべきだ」(6)。

米国政府は、ブラボー実験後の一九五四年三月に第五福竜丸が焼津港に帰港するまでの約一〇年間、放射性降下物に関する報道を効果的に制限した。「残留放射線」の影響を矮小化するプロパガンダが継続的に行われ、それは、原子力技術を開発するすべての国の管理戦略の一部となった。マンハッタン計画や核保有国の初期の核兵器計画で生まれた秘密主義や、放射線の健康影響――とくに環境中の長寿命放射性核種――に対する国民の認識や理解の管理は、のちに核兵器施設や原子力発電を行う世界中の企業など、原子力産業全体で受け入れられ、運用上守るべき大原則と見なされるようになった。

一九五〇年代に、ネバダ核実験場での核実験後に風下に降り注いだ放射性降下物についての国民の認識が高まるにつれて、米国政府は自国民の認識を管理するために具体的な措置を講じ始めた(7)。一九五三年五月一九日、ネバダ核実験場で行われた「ハリー実験」(核兵器施設関係者と風下住民の間で「ダーティー・ハリー」と呼ばれている)によって、ユタ州セントジョージは放射性降下物で覆われた。AECが米国民に放射性降下物の雲から避難するよう勧告したのは、この時以外にないだろう。この出来事は、風下住民の不安を大いにかきたてた(8)。AECはアップショット・ノットホール作戦(ハリー実験もその一部)の継続を躊躇したが、ドワイト・アイゼンハワー大統領は実験の継続を許可した。その九日後の五月二八日、アイゼンハワーはAECのゴードン・ディーン委員長に対して、AECは一般市民向けの報道の中で「熱核 thermonuclear」などの言葉の使用をできるだけ避けて、「核分裂 fission」と「核融合 fusion」の違いについて一般市民が理解できないままにするようにと伝えた(9)。これは国民に情報を提供して彼らを保護するためではなく、核実験を円滑に進めるためであった。米国公衆衛生局の職員であるフランク・ブトリコは、ハリー実験の日にセントジョージ地区で核実験の敷地外の放射線を監視していたが、彼はのちに裁判の場で、実験の後、ネバダ核実験場でAEC高官の次のような言葉を小耳にはさんだと証言している。「この件については、もうおとなしくしていよう。でないと、実験計画の縮小を提案されるかもしれない。国防の観点から、そういうわけにはいかないのだ(10)」。AECの歴史家リチャード・ヒューレットとジャック・ホルは、AECのルイス・ストローズ委員長の見解が「放射性降下物は健康や科学の問題ではなく、むしろ広報の問題であるという委員会の総意を反映していた」ことを描写している(11)。

実験場の風下に住む人々の多くは、農場や牧場など屋外で働いていた。「一九五三年にネバダ核実験場から北に四〇マイル、東に一六〇マイルの範囲内で越冬した約一万一七一〇頭の羊のうち、一四二〇頭の出産した雌羊と二九七〇頭の生まれたばかりの子羊が、最終的にその年、苦痛を伴う謎の死を遂げた」と、ユタ州公文書館および州記録事務所のアーキビスト、ジム・キチャスは記録している。「公衆衛生局とAECの調査団がシーダーシティで病気の子羊を観察し、初めは放射線と栄養不良が羊を苦しめた原因の最有力のものであると結論づけた」。だが、「これらの報告はAECによって直ちに機密扱いにされ、シーダーシティの羊の所有者や地元のアイアン郡の当局には提供されなかった[12]」。牧場主たちは、その春にネバダ核実験場で行われたアップショット・ノットホール作戦による放射線で失った羊の群れに関して補償を受けることはなかった。「こうした損失によって、シーダーシティの牧羊産業は壊滅的な打撃を受けた。牧場主たちはローンを組み、土地を売り払い、破産を宣言した。最終的に多くの人々が牧羊産業から撤退することになった」と、歴史家サラ・フォックスは述べている。「地元の経済だけでなく、牧羊産業とアイデンティティが固く結びついていた共同体の精神面にとっても、当時は壊滅的な打撃だった[13]」。

ネバダ核実験場のような国内の核実験場では、住民に対する積極的かつ継続的な広報管理が行われていたが、植民地や旧植民地にある実験場では、放射性降下物に対する地元の懸念はさらに包括的に隠蔽され、放置された。仏領ポリネシアでフランスの核実験が始まった当初、核実験を実施した太平洋核実験センターの職員は、ムルロア核実験場近くの環礁や島々に検査官を派遣して放射線量を測定し、地元の共同体の食品検査も行うことになるだろう、と当地の議員に伝えていた。だがこれは、「国立アンリ・ベクレル研究所が仏領ポリネシアへの専門家の派遣を禁止した[14]」ため、不可能となった。実際の調査データが存在しないので、フランスはフォールアウトの規模と数十年にわたる南太平洋の人々の被曝を隠蔽することができた。二〇一三年にフランス政府が機密解除した核実験当時の関連文書からは、危険なレベルの放射性降下物について事実を偽って人々に通告していた事例がうかがえる。例えば、一九七四年七月の核実験では、「タヒチは最大許容レベルの五〇〇倍のプルトニウムの放射線降下物にさらされた[15]」。現在も半植民地的地位にあってフランス政府のもとで運営されている地元政府は、フランスによるその虚偽説明に加担していた。仏領ポリネシアのエドゥアール・フリッチ大統領は二〇一八年、ジャーナリストに対して次のように述べている。「三〇年もの間、私たちはこの地の人たちに、この実験は問題ないと嘘をついてきました。嘘をついたのは私たちであり、そして私もその一味だったのです[16]」。この告白が公式に行われたのは、フランスの

『ル・パリジャン』紙が機密扱いだった地図を発見した四年後のことである。この地図は、当時フランスが同様の偽装工作を行っていたのとは反対に、一九六〇年にアルジェリアで行われたジェルボワーズ・ブルー〔青いトビネズミ〕核実験が、広島で使用された核兵器の四倍以上の七〇キロトンもの威力で、「放射性降下物をチャドや南ヨーロッパにまで拡散させた」ことを示すものであった[17]。

水爆実験が大規模なフォールアウトの雲を生み出し、世界各地の核実験場から遠く離れた場所にも放射性物質を降らせたため、核保有国側では放射性降下物の危険性に関する一般市民の認識を管理することがグローバルな広報戦略の課題となった。一九五四年三月一日、ブラボー実験で水爆が爆発してから数時間後、実験によるキノコ雲はビキニ環礁から北東に流れていった。およそ一〇〇キロ離れたところで、日本の漁船「第五福竜丸」の乗組員は、上空が暗くなっているのに気づいた。「まるで空高くまで霧に包まれていくようだった。その後、小雨か霧雨が降り始めた」と、物理学者でマンハッタン計画の冶金研究所の元所長補佐ラルフ・ラップは、三年後の一九五七年に書いている。「砂のような細かな灰がデッキに舞い降りてきたとき、彼らは最初戸惑った。「吹雪が始まったようだ」と彼らの一人が言った。彼らは奇妙な雨を気にすることなく、仕事を続けた。だが、それは煩わしいものになり、白っぽい砂の粒が目に入ってひりひりすると、彼らはまばたきをした[18]」。この雨には、ブラボー実験の爆発による放射性粒子の灰が含まれており、三時間もの間、砂粒のような雨や灰そのものとして乗組員の上に降り積もった。乗組員の大石又七は、「自分たちの船は爆発地点から一〇〇マイルも離れていたにもかかわらず、真っ白な「死の灰」が雪のように降り注ぎ、足跡が甲板に残った」と回想している[19]。

第五福竜丸は三月一四日に焼津に帰港し、乗組員全員が入院して急性放射線症と診断されたが、二万八千ポンドのマグロはすでに市場に出されていた[20]。日本中、続いて世界中の新聞が、被曝して病気になった乗組員の話を報じ、「放射性降下物《フォールアウト》」という言葉が世界中で知られるようになった[21]。第五福竜丸の乗組員が入院してから半年後、無線士の久保山愛吉が被曝による合併症で死亡した。このことは、水爆の爆発から一〇〇キロメートル以上離れていても、その影響によって死亡する可能性があることを示している。ブラボー実験による放射線災害について「この事件は、当時公表されていたものよりもはるかに規模が大きく、はるかに深刻なものだったということが、近年明らかになってきている」と、生化学者の落合栄一郎は二〇一四年に述べている。「九〇〇隻以上の漁船が放射性降下物に曝露し、漁獲物を処分しなければならなかった。漁師二四一名が被曝し、一九八八年五月までに七七名が死亡した。そのうち六一名はガンで死亡した」[22]。

ブラボー実験の放射性降下物による放射線災害が世界に知れ渡ると、米国政府は必死になってこの話を否定し、その後、責任を転嫁しようとした。AECのストローズ委員長は、ジェイムズ・C・ハガティ大統領報道官に、あの船は実際には漁船ではなく、「赤いスパイ組織」だったと伝えた。ストローズは、二二歳の筒井久吉船長は若すぎて船長を務めるには十分な経験がなく、彼の存在は「ロシアの諜報体制」の一部である可能性が高いと主張した。また、ストローズは放射能に汚染された魚の存在を否定し、汚染魚を世界中の海にばら撒いてパニックを引き起こそうとするソ連の巧妙な戦術かもしれないと述べた[23]。第五福竜丸はビキニ環礁周辺に設定された五〇マイルの危険地帯の外側にいたにもかかわらず、ストローズは三月三一日の記者会見で、この船は明らかに「危険地帯のかなり内側に」いたと主張した[24]。

水爆実験に対する継続的な不安に対抗するため、三年後の一九五七年六月二六日の記者会見で、アイゼンハワー大統領は、放射性降下物を九六％削減する「完全にクリーンな」水爆を四、五年以内に完成させると述べた。アイゼンハワーの説明は、そのひと月前の五月二一日にビキニ環礁で行われたレッドウィング作戦の核実験「チェロキー」を主な根拠としていた。これは最初の水爆の空中投下実験で、十分な高度で爆発させたため、火球が地表面に触れず、フォールアウトの規模を縮小することができた。アイゼンハワーは、フォールアウトに対する国民の不安から核実験中止を求める声が高まるのを抑えるという核科学者たちの約束にとりつかれた。そして報道陣に対して、米ソ双方が「クリーンな爆弾」だけを使用し、戦争が純粋に軍事的なものとなる、「民間人や罪のない傍観者を傷つけるフォールアウトが起こらない」核戦争という妄想を語った[25]。その一週間後、アイゼンハワーはこの話題をさらに広げて、水爆が「山を動かす」などの地球の地形形成にどのように利用できるかを語り、核科学者たちが核兵器による放射性降下物をすでに九〇％削減し、さらに九五％か九六％をも削減しようと努力していると繰り返した[26]。しかしまもなく、世界各国の政府は、核戦争が起こった場合にフォールアウトから身を守る方法を指示する注意書きやパンフレットを国民に向けて発行することになる。冷戦下の最初の一〇年間に米国で「防空壕」と呼ばれていたものが、次の一〇年間には「フォールアウト・シェルター」と呼ばれるようになった。

原発に関わる初期の核災害の多くは、核保有国の軍事用プルトニウム生産施設内で起こり、一般にはほとんど知られることはなかった。最初に完全に稼働した原発は、マンハッタン計画によってワシントン州ハンフォードに建設されたものだった。ハンフォードは、時には偶発的に、多くの場合は意図的に、生態系に放射性物質が放出され続けた場所である。一九四九年にハンフォードで極秘裏に行われたグリーン・ラン実験では、Tプラントの化学分離施設から意図的に放射性物質が放出され、ワシントン州とオレゴン州の大部分が相当に汚染されたが、一般市民にはまったく知られることはなかった。グリーン・ラン実験は、米国エネルギー省放射線被曝実験諮問委員会（ACHRE）の報告書が「諜報目的で行われた実験[27]」と呼ぶもので、一九四九年秋にソ連が核実験に成功したことに対抗するものであった。ソ連のプルトニウム生産規模の評価に躍起になった米国は、ソ連の核実験から三カ月余りが過ぎた一二月二日に、グリーン・ラン実験を実施した。この日は、一九四二年にシカゴ大学で初の持続的な核連鎖反応である原子炉シカゴ・パイル一号炉（CP-1）の稼働に成功してから、ちょうど七年後であった[28]。

プルトニウムは、原子炉内のウラン燃料棒の中での核連鎖反応を維持することによって生成される。燃料棒が取り出されると、プルトニウムは化学的に分離され、核分裂兵器に搭載される。第二次世界大戦後、米国はこの化学分離の手順を改善し、放射線学的に安全なものにすることに着手した。すなわち、燃料棒を八三日から一〇〇日間「冷却」し、寿命の短い放射性核種（ヨウ素131など）が減衰するようにしたのである。米軍は、ソ連が短期間の生産スケジュールを組んでおり、プルトニウムを分離する前に燃料を冷却する可能性は低いと想定していた。グリーン・ラン実験の設計とは、燃料棒を「グリーン」のまま（一〇〇日間待つことなく）処理し、処理中にプラントの風下を飛行する航空機が収集した放射性核種をモニターするというものだった。航空機が集めた放射性物質の量と生産されたプルトニウムの量を関連づけることができるため、ソ連の国境上を飛行すれば、同様に情報収集が可能となる。つまり、ソ連上空で収集された放射性物質の量から、ソ連国内でのプルトニウム生産の規模を把握することができ、その結果、ソ連がいかに迅速に核兵器を製造できるかを知りえるはずだ、と考えたのであった。

一二月二日、グリーン・ランは一五日間冷却された一トンの燃料棒を処理した。プラントからの廃液中の放射性ヨウ素を減らすために使われる排気処理装置は停止された。この実験によって大量のヨウ素131が放出され、ワシントン州とオレゴン州の大部分に沈着した。この地域の菜園の野菜から検出された放射性ヨウ素のレベルは、一日あたりの法定基準の千倍を超えていたが、地元で生産された乳製品（放射性ヨウ素が人体に取り込まれる主要な経路）は検査されることも廃棄されることもなかった[29]。二〇〇二年に出された米国エネルギー省の報告書では、この実験を「ソ連の核兵器計画を監視する目的で、放射性物質の大気放出がどのように環境中に広がるかを測定するための実験」と説明している。一方、それより前の会計検査院の調査では、「放射線を用いた戦争の実験や、人体への放射線生物学的影響の実地試験を意図したものではない」との但し書きがあった[30]。グリーン・ラン実験による広範囲にわたる汚染は、一九八〇年代初頭まで一般には隠されていた[31]。この出来事が、平時において意図的に放射線を生態系に放出したことにより悪名高いものとなったことは特筆に値する。米国はソ連と同じように核兵器の製造を急いでいたため、マンハッタン計画の期間中、ハンフォードにおけるプルトニウムの全生産を「グリーン」で処理した。グリーン・ラン実験は約七八〇〇キュリーの放射性ヨウ素131を放出したが、これは一九四四〜五一年にハンフォードからこの地域に放出された放射性ヨウ素の累積量の二・三％にすぎない。ハンフォードでプルトニウムの生産が始まった一九四四年から、米国の初期の核兵器備蓄制度が確立された一九四八年までに、四四万キュリーを超える放射性ヨウ素131がプラントから放出された[32]。

一九五七年に旧ソ連のマヤークのプルトニウム生産施設で起きたキシュテム事故〔ウラル核惨事〕では、ウラル山脈に沿った巨大な雲が放射線を放出したが、被災地に住む人々に対する公式な声明は何もなかった。この施設があったオジョルスクでは、「市の指導者たちは、放射能汚染よりも噂やパニックを恐れていた[33]」。セルヒー・プロヒーによれば、「ソ連の指導者たちは、オジョルスクの爆発に関する情報の公開を拒否し、いつも通りの生活を続けた何十万人もの市民の命を危険にさらした[34]」。

マヤークのキシュテム事故からわずか一一日後、イングランド北西部にあるウィンズケール工場のプルトニウム生産炉の一つで火災が発生した。ウィンズケール原子炉一号基内部でウランの温度が上昇する中、「火災が疑われる燃料チャンネルから燃料を排出する準備が進められていたが、プラグがアクセスホールから外されると、四つの燃料チャンネルすべてが燃えているのが見えた」と歴史家のローナ・アーノルドは書いている。「さらにプラグを取り外すと、多くの燃料が燃えているのが見えたが、熱で変形してしまっていたため、取り出すことができなかった」。ウィンズケール一号基の火災は三日間続いた。「事故の過程で大規模な放射線の大気への放出が二度起こったが、最初のものは木曜日の真夜中ごろと、その直後、ウランが燃えている時に起きた[35]」。風下の酪農家の牛乳はヨウ素131に汚染されたため、廃棄された[36]。ウィンズケールの火災は、キシュテム事故とは異なり秘匿されたというわけではなかったが、放射線の影響は軽視された。この年の後になって発表された英国政府の公式報告書では、核兵器製造を監督する英国原子力公社の理事であったウィリアム・ペニー卿を含む調査官たちが、「ウィンズケールでは、直ちに一般市民や作業員の健康への被害はなく、有害な影響が出る可能性もきわめて低い」と結論づけている[37]。しかし、当時の風向きや天候をコンピューターでより複雑に分析した結果、報告書は気象データを考慮していなかったと非難されている。「報告書が最も強調したのは、地元への影響だった。〔中略〕データの不足が、汚染は地元の田園地帯のみに限られるという楽観的な評価につながった可能性がある。その後の評価で、より広い地域が影響を受けたことが明らかになり、今日では英国およびヨーロッパのほかの地域で、統計上、放射性物質の放出に起因すると思われる死者が出たことが一般的に認められている」[38]。これら二つの災害については、第7章で詳しく述べる。

トゥネセン、モールバルグ、ヴァイセトは、次のように指摘する。「電離放射線にさらされることは「静かな災害」である。なぜなら電離放射線は見ることも、聞くことも、嗅ぐことも、味わうことも、感じることもできないからだ。個々人は他者からの情報に依存することになり、情報がストレス要因となる。そのため当局は、このようなリスクに関する情報を提供したくないという誘惑に駆られることになるだろう」[39]。発電用原子炉の事故後、放射線リスクに対する公衆の認識を管理する取り組みがより積極的に行われるようになった。いずれの場合も、事故の深刻さと公衆衛生への危険性に関する情報は最小限に抑えられ、事故の実際の規模が明らかになるのは、一般市民が防護措置を講じる機会を得てからかなり後のことである。「事実上、すべての民主国家、国際機関、そして労働団体や消費者団体は、深刻な被害をもたらす可能性のあるいかなる情報も、一般市民が知る権利があるとしている。こうした消極的権利〔自由権〕が、人々にとって必要な情報を隠蔽したり、偽って伝えたり、操作しようとする個人や集団の企てを拒み、身を守ることを意味する」と、哲学者クリスティン・シュレーダー＝フレチェットは述べている。「だが、政府や産業界、ＩＡＥＡの公式発表は、二〇一一年の日本での福島原発事故、一九八六年のウクライナでのチェルノブイリ原発事故、一九七九年の米国でのスリーマイル島原発事故のすべてに関して、事故の深刻さと影響についての情報を正確に伝えなかった」。そしてシュレーダー＝フレチェットは、「その結果、市民の知る権利を侵害し、事故に関連する死亡率や負傷率を上昇させた可能性が高い」[40]と結論づけている。我々は、制御不能な事故が起こった際に、市民の意識を是が非でもコントロールしようとする必死の努力がなされるのを繰り返し見ているのだ。

「チェルノブイリの放射線は人間の感覚では感知できないため、個々人が放射線をどのように体験したかが、情報を媒介するものとして常に重要となる」とオルガ・クチンスカヤは強調する。[41] ソ連政府は、チェルノブイリ四号機の核爆発と、それに続く火災による大気中への放射性物質の放出について否定できなくなるまで、地元政府や住民、近隣諸国に知らせなかった。原発から三キロ離れたところに位置し、ほとんどの作業員とその家族が住んでいたプリピャチの町では、噂がすぐに広まったにもかかわらず、住民に対して事故に関する通知は一切なかった。地元の警察署で帳簿係をしていたリュドミラ・ディアトロヴァと鉄道技師の夫は、チェルノブイリ原発事故の日が誕生日だった一一歳の娘のためにパーティーを開いていた。彼女は隣人の技師から、事故が起きて町が放射線に汚染されていると聞かされた。子どもたちを屋内に入れ、濡らしたタオルで窓に目張りをして、できるだけ早く町を離れるよう、彼はリュドミラと夫にアドバイスしたのだった。彼らは車を所有していたが、同じく車をもつ近所の人たちがみなすでにいなくなっていることに気づくまで、町を離れようとは思わなかった。その日遅く、家族全員が車に乗り込んで逃げた。彼らはある検問所では追い返され、別の検問所では一時拘束された。リュドミラは警察署で働いていたが、急遽検問所に配属された警官にまったく見覚えがなかった。やがて車の通行は許可され、一家は一晩中車を走らせた。〔事故翌日の四月〕二七日の早朝、彼らはガソリンスタンドに立ち寄った。リュドミラはガソリンの給油機の側に立った際、何百台ものバスが、パトカーを従えて反対方向——プリピャチ方面——に向かっていくのを見た。「私の街の人々を退避させるつもりだということがわかりました」。その瞬間、リュドミラは自分たち家族が自宅に戻ることはないと理解した。[42]

危機のニュースが漏れ始めても、ソ連当局は大事故に関する発表を最小限にとどめ、シナリオをコントロールしようと努めた。「四月二七日から五月一四日まで続いた第二段階では、ソ連の指導者たちは、とくに避難によって自国民を守るための措置を講じたが、同時に批判から身を守るために、事故のニュースをできるだけ秘密にしようとした」とランド研究所の歴史家エドワード・ガイストは述べている。風が火災による放射性物質を含んだ煙をキーウの街に直接吹きつけていたにもかかわらず、それでも中央政府は、毎年恒例のメーデーのパレードをキーウで行うと主張した。「ソ連政府が以前の核災害の際に用いて成功していたこの戦略は、見事に失敗した。西側の観測によって放射線による汚染が発見され、その報告が誇張されてソ連の国民に届いたことで公式の説明を台無しにしたためである」[43]。

歴史家ケイト・ブラウンは、二〇一九年に出版した独創的な著作『生き延びるためのマニュアル』の中で、チェルノブイリ原発事故で汚染された地域の住民に対して、一九八六年八月にウクライナ保健相が五千部のマニュアルを発行したと述べている。そのマニュアルでは、放射線による健康へのリスクはないとしながらも、多くの伝統的な食品を口にしないよう注意を促していた。このように、ソ連政府がチェルノブイリ原発事故による放射性降下物の影響を軽視し、国民に対して何も心配することはないと主張し続けていたにもかかわらず、「チェルノブイリ事故以前には、国家が問題を公に認め、原発事故後の新しい現実をどう生きるかについてのマニュアルの発行を強いられるようなことはなかった」とブラウンは指摘する[44]。

福島で最初の地震と津波が発生した後、原発施設に向けられた報道カメラやウェブカメラの前で、原子炉建屋内のメルトダウンと水素爆発が一週間にわたり連鎖的に続いた。原発がメルトダウンやその他の大惨事に見舞われている間、日本政府および原発を所有・運営する東京電力は、敷地外への放射能漏れはなく、いくつかの原子炉でわずかな割合の「燃料ペレットの溶融」（溶融した核燃料を意味する彼ら独自の不誠実な用語）が検出されただけだと、繰り返し国民に保証した。「恐怖心を煽るのを避けようとする中で、政府もまた重要な情報――隠蔽された事実が明るみになったとき、疑惑を確信させ、多くの人々の不信感を煽ることになった事実――を意図的に隠したのだ」と、ロックバウム、ライマン、ストラナハンは述べている。「例えば、三基の原子炉でメルトダウンが起きたことを政府高官が公式に認めたのは六月になってからだった――三月一一日以降、政府が把握していた情報で、融解した炉心からしか発生しえない核分裂生成物であるテルル１３２が施設外から検出されたことに基づくものであった」[45]。日本政府は不安を和らげるため国民を欺き続け、そして災害の管理が困難であることが明らかになると、災害後の数カ月間、数年間にわたって、有能さと冷静さを示すことに集中的に価値を置いた。

米国原子力規制委員会は、原子炉の「冷態停止」を「原子炉の冷却後、原子炉冷却システムが大気圧かつ華氏二〇〇度以下の温度にある状態を意味する言葉」と定義している[46]。福島第一原発で発生している災害を適切に管理しているように見せかけるため、日本政府と東京電力は、原子炉格納容器の下で燃料が溶融していた原子炉を表現する用語として、この言葉を使うことを選択した。「事故の発生から九カ月後の二〇一一年末、東京電力は溶融した三基の原子炉が「冷温停止状態」にあると発表した。しかし、数カ月たった今でも、高い放射線量により作業員たちは原発全体に立ち入ることができない。東京電力は、建屋の外でさえ、一五分以内に人を死に至らしめることが可能な放射線レベルだと述べている[47]」。

日本、とくに福島県の多くの人々が東京電力と政府の広報操作に憤慨する一方で、放射線への不安と当局への不信から来る心配のほうが、より危機の原因になりうると考える者もいた。「福島のエートス」の代表を務める安東量子は、専門家への信頼喪失が、福島原発近くの汚染された地域に住む人々が抱える多くの問題の元凶だと見ている。「事故以前には存在しなかった放射性粒子が、現在彼らの環境にあり、今後も存在し続けるだろうことは否定できない。多くの住民は、事故後に環境が変化したことを指摘しており、たとえそれが小さなものであったとしても、そのような環境で生活することでさらなる健康へのリスクと闘わなければならない」。そして次のように主張する。「さらに深刻なのは、政府の介入アプローチによって引き起こされた住民生活の混乱である。〔中略〕重大な原子力事象は、同様の結果を引き起こすことになるだろう。このような事故は、社会と環境に対する人々の信頼を損ない、政府は状況をコントロールするために制限を課さなければならなくなる。したがって、信頼の回復は復興への道における最も重要な目標の一つである[48]」。なお、安東は二〇一四年、ジャーナリストでブロガーの竹野内真理が、汚染地域への帰還や居住をエートスが奨励していると批判するツイートを行ったことに対して、竹野内を侮辱罪で刑事告訴し、放射線リスクに関する言論を法的に制限する措置をとった。「国境なき記者団」のベンジャミン・イスマイルによると、「竹野内真理に対する告訴は、原子力ロビーにつながる団体が反対意見を封じ込めようとしていることを示す新たな例だ」という。この訴えは、日本の検察によって不起訴処分となった(49)。

エートス（ETHOS）はもともと、チェルノブイリ事故を受けてヨーロッパの複数の原子力機関が組織したもので、「事故後の管理体制を確立するために参考とされるものになった」。フランス国立科学研究センターの社会学者であるスザン・トプスは、「エートスのチームの信念は、事故前の古き良き時代への郷愁は、これからはもう終わりにすべきだということだった。エートスのプロジェクトが目指したのは、何よりも、被災者のこれまでとは違う生き方や行動を可能にする希望のプロジェクトになることであった。チェルノブイリの被災者たちは、自らの運命論と闘い、未来と自分自身への信頼を取り戻し、自立するよう求められた」と述べている(50)。

図 4-1　福島市に設置されているガンマ線測定装置（2013 年，筆者撮影）

福島では、放射線の安全性に関する公式のアドバイスや、広範に一般の地域にまで測定値を当てはめる公的な放射線測定設備「モニタリング・ポスト」に基づく放射線測定値は、多くの人々からの信頼を損ねることになった。住民たちは自らガイガーカウンターを購入し、地方や地域でさまざまな「市民科学」グループを立ち上げて、地域全体や特定の住宅、農地、校庭の放射線を測定した。「住民たちはすぐに、自分たちの村の地図を最新情報を取り込んだものにするために、自ら放射線を追跡することを決めた。それにより、国の作成した地図では明らかでなかった汚染が見つかることもしばしばあった」とマキシム・ポレリが伝えている。「ある農家で、飯舘村の地形を3D化した手作りの模型を見た。模型は3Dプリンタで作られたもので、放射線レベルは市民自身がモニターしていた」[51]。ポレリによれば、「心配する母親たちは、自分の身体だけではなく、他の身体（とくに子ども）を通しても同じように放射線災害が具現化されるのを経験する」。こうして「放射線は、福島県民の日常的な思考を完全に再編成している。そこでは、不確かな未来と、被曝や被害が未知のままの過去との間で、現在が引き裂かれている」[52]。

東北地方の広大な農地では、無作為抽出検査を行い、その結果を広域に当てはめることで、放射線不検出食品の認証を行っている。これは、このような困難な仕事を管理する有効な手段だと考えられるが、個々人にとっては、自分の家族の目下の健康状態を知るのと同じくらいの効果しかない。アヤ・ヒラタ・キムラは福島のある母親について、「その後数カ月の間に、ノムラさんは放射線の影響をますます心配するようになった」と書いている。「彼女の長引く恐怖は、数カ月後、息子の尿検査で微量ではあったが放射性セシウムが検出されたことで確信に変わった。彼女は、食品全般は汚染されていないという政府の主張を一瞬でも信じた自分を責めた」[53]。

放射線生態系の存在を管理可能なリスクと見なす人々は、自然界に放射線が存在するという事実を、しばしば巧妙なゲームにおける想像上の切り札として用いる。「放射線は安全なのか」と、誰かが世界原子力協会――原子力産業の国際的な業界団体――を代弁して問いかけると、「放射線は自然なものであり、どこにでもある。宇宙からも、我々が呼吸する空気や踏みしめる大地からもやってくる。我々の体の中にすら存在する。骨の中に自然に存在する放射性元素は、平均して毎秒五千回、我々に放射線を照射する。誰かの隣で眠ると、原発の近くで暮らすよりもはるかに高い放射線量を浴びることになる。これらはいずれも無害である」[54]。このようにリスクを中和した説明は、放射線による汚染や自分の共同体に放射性廃棄物が存在することへの不安を表明する人々をヒステリックだとして排除するために、メディアで繰り返し見られるものである。よくあるもう一つのレトリックを使った管理戦略

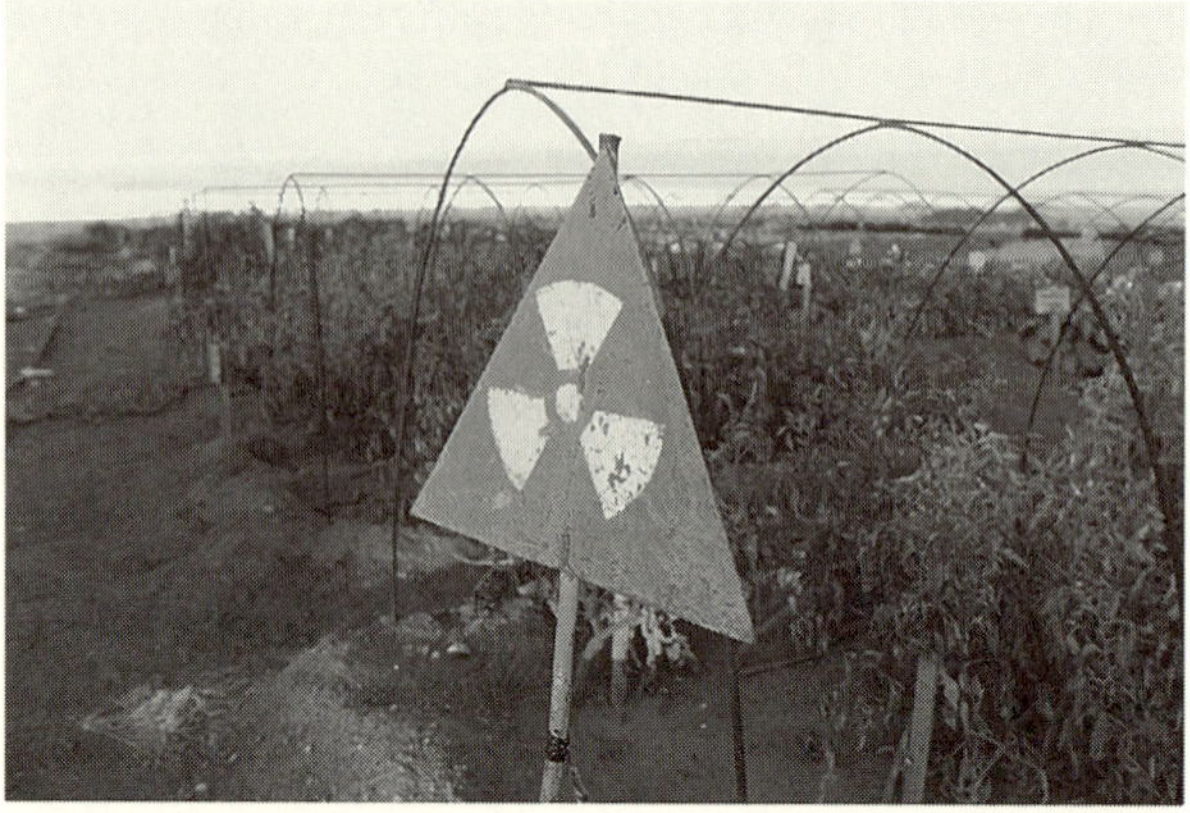

図 4-2　ポリゴンの汚染土壌の実験用農地（カザフスタン，2012 年，筆者撮影）

は、あなたが心配するものの中よりも、一本のバナナの中のほうに多くの放射線が含まれます、と説明することである。[55] このような言説は、放射線を単一の型をもつエネルギーとし、異なる種類の放射線による被曝を同一視できるようにしてしまう。福島では、「バナナに含まれるカリウムと同じように、放射線は食品中に自然に存在すると説明するパンフレットを、政府が配布した」。ポレリは、このような広報の意図的な欺瞞性を指摘する。「そのような情報は、原発から出る核分裂生成物を内部摂取することの危険性とは無関係である。バナナには天然カリウムが含まれているが、放射線中毒になるには約二千万本のバナナを食べなければならないだろう。一方、福島のような原発のメルトダウンの事象の際に放出される放射性核種は、それぞれ特有の生物学的特徴をもち、吸入したり摂取したりすると特別なリスクをもたらすことになる」。[56]

さらに単純なのは、放射線が「自然」であるならば、それを恐れるのは不合理だという考え方である。「これはもちろん馬鹿げた議論だ。何かが自然に含まれているという事実は、それが我々に害を与えないことの証明にはならないし、我々がその被曝量を増やしても安全だという証明にもならない」と、スウェーデンの哲学者スヴェン＝オーヴェ・ハーンソンは警告している。「我々は皆、病原性細菌にさらされているが、自然界に存在するにもかかわらず我々にかなりの害を及ぼす細菌もある。このような「バックグラウンド」での病原体への暴露があるからといって、我々が病原体への暴露を百倍や千倍に増やしても平気だということにはならない」。[57]

寿命調査の兵器化――放射性降下物のさらなる不可視化

二〇二〇年四月、チェルノブイリ原発立入制限区域（一般に「立入禁止区域《ゾーン・オブ・エクスクルージョン》」と呼ばれる）内の深刻な汚染地域である「赤い森」で山火事が猛威を振るい、発電所敷地をも危険にさらすほど接近した。この火災は一週間以上続き、ウクライナ、ベラルーシ、および風下の複数の国々の広大な地域に煙が広がった。多くの視聴者から好評を博したＨＢＯ〔米国のテレビ局〕のテレビシリーズ『チェルノブイリ』の放送からちょうど一年後だったこともあり、一般市民も報道関係者も、この山火事のニュースに非常に強い関心をもった。「チェルノブイリで山火事が再燃、放射能を巻き起こす」との見出しが、『ニューヨーク・タイムズ』紙に載った。[58]「山火事がチェルノブイリ原発に危険なほど接近」との見出しで、『ガーディアン』紙は非難した。[59] しかし、こうした懸念の中、ロイター通信の記事は「チェルノブイリ周辺の火災は「人間の健康へのリスクなし」とＩＡＥＡが発表」と、心配する読者を安心させた。火災によって放射線が放出されたものの、「ＩＡＥＡは「国内で測定された放射線レベルの上昇はごくわずかで、人体に危険を及ぼすものではない」と結論づけた」と伝えた。フランソワ・マーフィー記者の記事によると、「ＩＡＥＡは「放射線レベルの若干の上昇がみられた」と発表し、ウクライナ国家原子力規制検査局が「大気中の放射性物質の濃度はウクライナの放射線安全基準を下回っている」と発表したと付け加えた」。[60] このように食い違う発表が相次いだのは、二つの異なる事柄を区別せずに議論しているためである。放射性核種が火災でエアロゾル化され、風下に拡散した場合、これらの粒子を吸い込んだ人々には実際にリスクがある。一九八九年の研究では、「小規模な火災では最大二〇％、大規模な火災では最大七五％、蓄積されていた粒子が再浮遊することが判明した」。[61] 一方、測定された環境放射能のレベルが低い場合、外部被曝によるリスクは比較的低くなる可能性がある。関係者はこうした違いを伝えるのではなく、どちらか一方の枠組みに固執し、一般市民に対して警鐘を鳴らすか安心させるかのいずれかでしかない。〔だが〕どちらにも妥当性があり、どちらかが他方を否定するものではない。

図 4-3　チェルノブイリの立入禁止区域での山火事（2020 年 4 月）
出所）Volodymyr Shuvayev / repor.to.

　コロンビア大学放射線研究センターの所長を務める物理学者のデイヴィッド・ブレンナーは、福島で三つの原子炉がメルトダウンを起こした一週間後に、NPR〔米国のラジオ放送ネットワーク〕のリスナーに対して「この場合は健康リスクはありません」と語った。[62] 測定値は低いとはいえ、風下に沈着した相当量の放射性核種を検出していた。これらの粒子が沈着した、測定可能なレベルの外部ガンマ放射線の発生に十分な粒子が蓄積した地域に人々が住んでいる場合、粒子を体内に取り込んだ人々には別の健康リスクが生じる。放射線誘発甲状腺ガンは、外部被曝ではなく体内に取り込まれたヨウ素131に起因するもので、過去にも同様の放射性降下物の沈着の後に必ず発生している。より現実的で有益な評価は、放射線影響研究所（RERF）の放射線生物物理学者のエヴァン・ドゥープルによって提示された。寿命調査に基づく予測では、福島原発事故による外部放射線レベルでは健康への影響はないと説明しながらも、粒子を体内に取り込むことによるリスクは依然として存在する、と彼は警告した。「この場合は放射性同位元素は水中や大気中に漂っており、必ずしも全身の外部被曝を引き起こすわけではなく、ごく少量が体内に取り込まれることになる」とドゥープルは説明する。また、寿命調査の結果を福島のような状況に当てはめることは有益であるものの、依然として「大きな不確実性」が残っていると説明した。[63]

第1章で述べたように、ＡＢＣＣが体内に取り込まれた放射性核種を寿命調査に含めなかったのには理由があった。こうした情報の排除は、何十年にもわたって、体内に取り込まれた放射性粒子による実際の健康への影響を覆い隠す手段となったと言える。外部被曝はしばしば健康状態と直接関係づけられるが、内部被曝は健康状態を決定するものではなく、影響を及ぼすものであると考えられている。主要な原子力関連企業であるロケットダイン／アトミックス・インターナショナル（ＲＡＩ）社の従業員の内部被曝とその後のガン発生率の関係についての研究で、米国の疫学者たちが次のように警告している。「摂取または吸入後、放射性粒子はその大きさ、溶解性、化学構造に応じて、体内での分布や、臓器での滞留時間、粒子のもつ放射能の移動、溶解、吸収が異なり、そのため、器官系統によって影響が異なると予想されうる」。「そもそも被曝の評価に大きな違いがあり、また最も被曝の程度が深刻な小規模コホートには検出力が不足するため、内部被曝線量レベルや研究結果の比較には問題があり、調査結果の一般化は限定的になる可能性がある」。この研究の調査対象となったコホートは概して、平均的なアメリカ人よりも健康状態が良好で、医療へのアクセスも良好であることが判明し、先に示したような限界があるにもかかわらず、「ＲＡＩの従業員の間では、内部被曝線量の増加に伴い、血液およびリンパ系のガンによる死亡率が上昇していることが判明した。この結果は、プルトニウムに被曝した原子力関連施設労働者に関する二件の先行研究でも報告されている」[64]。体内に取り込まれた粒子と疾患の関係について、確固たる調査が行われなかった理由が一つであれ、複数であれ、それはさておき、核実験の初期から、この除外そのものが、放射性核種が多くみられる生態系での生活や、体内に取り込まれた粒子による健康への影響を否定し、曖昧なものにするための武器になってきたのである。寿命調査は科学的調査として確立されているが、内部被曝と断続的な低線量外部被曝に関して、相当量の放射性降下物が降り注いだ地域に居住し続ける人々がもつ不安を退けるために、政治利用されてきた。チェルノブイリ事故後、マグダレナ・スタフコフスキは、「原爆被爆者の研究が放射線リスクを理解するための「ゴールドスタンダード」として受け入れられたため、健康への悪影響を示す低線量被曝の科学的調査、とりわけソ連で訓練を受けた科学者による調査は、「イデオロギー的に汚染されている」と見なされた」と指摘している。[65]

核実験に参加した米軍関係者の間で上昇したとみられる死亡率に関して、米国科学アカデミーの研究は「放射線誘発ガンに対する退役軍人の懸念が、この研究の大きな推進力となった」と説明している。その著者らは「非軍人コホートに関する研究の中でも、広島と長崎における原爆被爆後の被爆者の体験に関する研究、すなわち寿命調査は、これらの被爆を取り巻く特殊な状況にもかかわらず、非常に重要である。ほとんどの放射線防護勧告は、主として寿命調査のリスク推定に基づいている」と主張している。[66] これらの退役軍人の多くが、核爆発後に電離粒子が大量に含まれた塵雲の中で演習を行い、呼吸やその他の経路を通じて粒子を体内に取り込んだ可能性が高いにもかかわらず、こうした主張がなされている。先に引用した米国科学アカデミーの研究の約二〇年前の一九八一年に米国国防総省核兵器局の依頼で実施された、ネバダ核実験場での核実験に参加した軍人と観測員の放射線被曝に関する研究では、次のように明確に述べられている。「人員が放射性降下物にさらされた主な例は、サイモン実験〔アップショット・ノットホール作戦の一環〕である。この時、志願した観測員は、爆発後約五分から一〇分の時点で、とくに爆心地から二〇〇〇〜二五〇〇ヤードの地点に放射性降下物が沈着していることを記録した」。[67]

核兵器や原発での爆発によって拡散された放射性核種と共に生きることへの不安を払拭する手段として、寿命調査はいたるところで引き合いに出されている。被爆した住民が政治的に十分影響力をもち、彼らの不安が積極的な管理に値すれば、寿命調査は必ず利用されることになる。そして寿命調査を当てはめた結果が、批判を封じるための決定的な論拠として提示される。「これほどまでに多くの資金や科学者チーム、最新設備が投入された医学研究はほかにない。これはＡＥＣの資金によるものである。疫学では、サンプル数が多ければ多いほど統計の精度が向上すると考えられているため、これらのデータを放射線リスクのゴールドスタンダードとして受け入れる傾向がある」。[68] この「ゴールドスタンダード」という呼び方は、体内に取り込まれた放射線による健康リスクを否定することに伴うあらゆる不確実性や反対意見を封じる魔除けとして利用されている。

第1章で概説したような寿命調査自体の構造的な問題に加え、放射線被曝のすべての事例へのその適用は、さらなる問題を引き起こしている。「ＡＢＣＣによる研究は、放射線被曝による病気の因果関係の可能性を判断するにあたり、米国の司法委員会にとって依然としてゴールドスタンダードであり続けている。もちろん、湿度の高い日本の沿岸部での一回の爆発と、ハンフォードが位置する乾燥した大陸性のコロンビア盆地の火山性土壌で、放射性同位体の混合物がゆっくりと漏れ出すのとでは、大きく異なる」とケイト・ブラウンは指摘する。「しかし、研究者たちは、日本と米国の状況を互換性のあるものと見なし、地形全体にわたる線量とその人体への影響を推定するモデルを作成した。水文学者、魚類学者、気象学者、土壌学者が四〇年にわたる研究で発見してきた、地域差のある放射性同位元素の拡散経路を踏まえると、これは注目に値する。ＡＢＣＣの研究結果を用いて、米国政府当局は最終的に、ハンフォード核施設は数十億ドル規模の除染が必要だと見積もった。しかし同時に、その近辺で被曝した人々への影響はほとんどないと判断した[69]」。同様に、原子力産業の貿易促進団体としての役割も果たすＩＡＥＡで働く科学者たちは、カザフスタンのポリゴン周辺の村々の残留放射線レベルを評価した結果、次のように述べた。「ある村では他の集落よりもプルトニウムの沈着レベルが高く、より包括的な土壌サンプルの採取が行われた。しかし、推定年間線量は依然として低いままである。セミパラチンスク核実験場外の住民の放射線被曝を低減するための介入は、正当化されるものではないと考えられる[70]」。この村の住民が受けた外部被曝線量は、除染の対象となるほど高いとは考えられていないが、このプルトニウム同位体は今後何十万年も放射能を保ち続ける。そして、「アルファ粒子の放出により減衰するプルトニウムによる内部被曝が健康被害として認められたものである」点は以前から認識されている[71]。

科学者の間では、寿命調査をめぐる守備ラインは、専門家のプライドの問題なのかもしれないが、役人や原子力発電業界の経営陣にとって寿命調査の有用性は、寿命調査が批判者を黙らせ、被害者を落ち着かせられることにある。このような場合、寿命調査の主な有用性は、放射性降下物の沈着に対する対応や介入の負担を取り除くことにある。寿命調査は、家屋、学校、農場、森林を汚染する放射性粒子の沈着の重大性を否定するために利用される。ゴールドスタンダードは我々に、何も間違っておらず、誰も危険にさらされておらず、したがって何もする必要はないと伝えている。それは、反対派を黙らせ、クレーマーたちを混乱させて無力化するための超兵器として振りかざされている。責任ある立場にある者は、人々を守り、土地を除染し、被害を受けた人々に補償を行う義務から解放される。唯一管理が必要なのは一般の人々の分別のなさだけだが、それは安価でかつ責任を問われることなく実行できる。寿命調査が繰り返し不完全な形で公表されてきたのには、直接的な悪意はなかったかもしれないが、それが被害をもたらさなかったわけではない。

自然と汚染空間の浄化

放射性物質によって汚染された場所はゆっくりと慎重に除染されなければならないが、とくに核兵器保有国の国境内では、汚染区域の多くが、認識の浄化、つまり「グリーンウォッシング」〔環境への配慮を前面に押し出して、放射能の問題を覆い隠すこと〕の場にもなっている。これはつまり、シロ・クルーパーが「軍用地の自然保護区化〔という偽装〕」と表現したプロセスである。[72] ファーナルド燃料原料製造センターは、一九五一年にＡＥＣによって設立され、一九八九年までプルトニウムやその他の製品の生産に使用するウランをさまざまな成分に加工していた。一九八八年、この施設での生産が停止される前年に、地元住民にとってはたいして驚くほどでもないニュースが飛び込んできた。「オハイオ州の核兵器工場を監督する政府高官たちは、何十年にもわたって何千トンもの放射性ウラン廃棄物を周囲の環境に放出し、何千人もの労働者や地域住民を被曝させていたことを認識していたと、議会委員会が本日明らかにした」。『ニューヨーク・タイムズ』紙の記者キース・ノーブルは、政府がかつて、複数の汚染経路の除染に費用を出さないと決定していた経緯を、次のように説明している。「工場からの流出水が、何トンもの廃棄物を地域の井戸水やグレートマイアミ川に運び込んだ。それは、ウラン排出物やその他の放射性物質を含む廃水を貯蔵する工場の漏出ピットから水道水に漏れ出し、工場自体も放射性粒子を大気中に放出していた」[73]。米国エネルギー省のファーナルド閉鎖プロジェクトのウェブサイトでは、説明のつかない理由で一般市民の産業汚染に対する認識の欠如を非難している。「産業革命が環境に与える影響や、その結果生じた浄化作業のコストやその規模について一般市民が認識するようになったのは、一九七〇年代～八〇年代にかけてのことである」[74]。それにもかかわらず同時に、この場所は二〇年後に完全に除染されたと市民に保証している。「ファーナルドの一〇五〇エーカーの敷地は、今や完全に元通りになった。在来種の植物や草花を植えることで敷地内の自然の特徴は復元され、敷地での復元活動により、オハイオ州最大級の人工湿地、開水域、高地森林、長大な河岸回廊、そしてトールグラスプレーリーやサバンナを含む三八五エーカーの草地が創り出された」。この自然環境は現在一般公開され、「この敷地内にある多様で独特な生息地は、総延長七マイルのトレイル・ネットワークで巡ることができる。二四五種以上の鳥類の観察が可能で、百種以上がファーナルド保護区で巣作りをしていることが記録されている」[75]。しかし、ブラウンが指摘するように、来訪者には指定の砂利道から外れないよう、またいかなる「石造物」も拾わないよう警告する案内が配布されることになる[76]。

シンシナティの都市圏の人々は、ファーナルド保護区の自然の驚異を安心して楽しむことができるのだろうか。二〇一八年には、約一万五千人がこの公園を訪れた。公園には、「高さ六五フィートの自然な形にみせた盛り土があり、約三〇〇万立方ヤードの低レベル放射性廃棄物が恒久保管されている――そのうち約八五％が土壌で、約一五％が除染作業中に掘り出された瓦礫である」[77]。ファーナルド燃料原料製造センターの修復と、旧スーパーファンド法指定地域であった場所の公共イメージの形成と管理は、放射性物質で汚染された場所の閉鎖後に、核兵器製造大国がその場所に対する認識をどのように管理したかを象徴するものである。これらの場所は浄化されただけで

図 4-4　ウェルドン・スプリング自然保護地域の廃棄物セルを登る観光客（2019 年）

出所）Sydney Clark, *Weldon Spring Site*. Digital Photograph. 2019. http://sydneyclark.art.

なく、自然界の手つかずの聖域へと変貌を遂げた。クルーパーは次のように説明している。「このような土地の転換は、軍事活動が自然を破壊しただけでなく、積極的に〝自然〟を作り出してきたことをも示している。そして自然は——イデオロギー的にも物質的にも——、数十年にわたる戦争のための国内動員から生じるリスクを封じ込める役割を果たしている」[78]。

セントルイスの西にある旧ウェルドン・スプリング兵器工場は、化学プラントとウラン鉱石処理施設を併設し、第二次世界大戦以降、冷戦のほとんどの期間にわたって操業していた。冷戦後、スーパーファンド法に基づく除染が実施され、ウェルドン・スプリング・サイトとなり、米国環境保護庁の二〇二〇年度連邦施設再利用優秀賞を受賞した[79]。この二一七エーカーの敷地の最大の呼び物は、廃棄物セルである。「この廃棄物セルは、かつてウェルドン・スプリング・ウラン供給原料工場の生産施設があった場所に建設された。四五エーカーのセルは、廃棄物の長期隔離と管理を行っている。このセルの頂上は、周囲の地形から約七五フィート上に位置している」[80]。放射性の瓦礫を含む一四八万立方ヤードの廃棄物が、高さ七五フィートの廃棄物セルの下に埋められており、訪問者はこのセルに登って、「セントチャールズ郡で一般公開されている最高地点からのパノラマ」を楽しむことができる[81]。

原子力施設と自然保護区を兼ねた場所は、世界に多く存在する。アフリカ大陸で唯一の商業用原発である南アフリカのクバーグ原発には、クバーグ自然保護区がある。「原発にイランド、スプリングボック、シマウマの群れや、豊かな野鳥の生息地があるなどとは想像もつきませんが、クバーグ自然保護区はまさしくそのような場所なのです」と、南アフリカの観光ウェブサイトが、四五年の歴史をもつ原発に隣接するこの自然保護区を宣伝している。(82) かつて中国にあったロプノール核実験場は、現在では国立ロプノール野生ラクダ自然保護区となっており、(83) ロシア北極圏のノバヤゼムリャにある旧ソ連の核実験場は、現在ではホッキョクグマの保護区であるロシア北極国立公園となっている。(84) 一九五七年のマヤークのプルトニウム生産施設でのキシュテム事故で深刻に汚染された東ウラル放射性プルーム跡の大部分が、一九七六年に国立東ウラル州放射線保護区となった。(85) 北太平洋のジョンストン環礁にあった米国の核実験場も、現在では国立の野生生物保護区になっている。中国とロシアの核実験場は一般公開されていないが、絶滅危惧種の管理や、汚染後の自然環境のモニタリングを行う場所となっている。

ロッキーフラッツは、米国における核兵器製造の重要な拠点だった。一九五四年よりロッキーフラッツでは、ハンフォードとサバンナ・リバーから運ばれたプルトニウムを「ピット」——核分裂兵器の核分裂性コアとなり、核融合兵器の二次反応を引き起こすために必要な一次爆発にも使用される——に加工していた。操業期間中、年間数千個のプルトニウムピットを生産したことで、施設の多くの部分がプルトニウムによって深刻に汚染された。(86)「ロッキーフラッツは操業期間中に数百件の火災に見舞われた。最初の大きな火災は一九五九年に発生した」と、かつてジャーナリズム研究の教授を務め、『原子力科学者会報』の編集者であるレン・アックランドは記している。(87) 最終的に閉鎖された際、ロッキーフラッツの敷地内の廃棄物には「三トン以上のプルトニウム」が含まれていた。(88) 一九八九年、内部告発と監視情報に基づき、米連邦捜査局（ＦＢＩ）が同施設を捜索した。これは、稼働中の核兵器製造施設に対して米国の法執行機関が取った行動として前例のないものだった。大陪審で広範にわたる証言が行われた後、政府はプラントの運営企業であるロックウェル・インターナショナル社と司法取引を成立させた。この司法取引により、大陪審での証言は非公開となったが、それに異議を唱えた大陪審のメンバーは、ロッキーフラッツの数十年にわたる操業中の違反行為はあまりにも重大であって隠蔽できないと判断し、その後、報道機関に報告書をリークした。[89]

米国エネルギー省はロッキーフラッツの除染に関する調査を実施した。「一九九五年初頭、米国エネルギー省はロッキーフラッツの除染には約六五年を要し、その費用は三七〇億ドルを超えると推定し、同施設の閉鎖は遠い夢物語のように思われた」[90]。奇跡的にもその一〇年後に、同省は除染計画を予定より早く完了した。二一トンの兵器級の物質と一三〇万立方メートルの廃棄物を除去し、一六〇〇万ガロン以上の汚染水を処理したのだ。[91] 二〇〇七年、この施設は米国魚類野生生物局の管轄となり、ロッキーフラッツ国立野生生物保護区へと形を変え、二〇一八年に一般利用が開始された。

デンバー都市圏の端に位置する六千エーカーを超える広さのロッキーフラッツ国立野生生物保護区には、約一八キロのハイキングトレイルがあり、大都市の片隅にある自然の楽園のような景観を見せている。だが、事は思惑通りには進まなかった。「今夏にオープンしても、デンバー都市圏の学校に通う約三〇万人の生徒たちは、ロッキーフラッツ国立野生生物保護区への学校公認の遠足に行くことができないだろう。先週、州最大の学区が、かつての核兵器製造施設への訪問を禁止する決定を下した」。そして、「デンバー公立学区は、プルトニウムに汚染された歴史があり、その多くが隠蔽されてきたロッキーフラッツへの訪問は児童にとってリスクが高すぎる、と主張するほかの六つの地元学区に賛同した」と、『デンバー・ポスト』紙の記事が二〇一八年に報じている。[92] さらに問題を複雑化させたのは、公園内の土壌を入念に調査していた市民グループが、放射性物質の値が「閉鎖基準で定められた措置可能なレベル」を大幅に上回るサンプルを多数発見したことだった。[93] ノーザンアリゾナ大学の研究者は、保護区に隣接する土地のサンプルから、呼吸によって取り込む可能性のあるプルトニウム粒子を四〇個以上発見した。[94]

地理学者のシャノン・クラムによると、「核兵器の製造は、放射線を浴びた広大な空間《オープン・スペース》という独特な地形を米国に生み出した。近年、こうした土地の多くは、国家による核政策の犠牲となった場所を環境保護の場に変える試みの中で、国立の野生生物保護区に区分変更されている」。核生産施設としての利用が停止されると、深刻に汚染された地域がこれほど多く自然保護区に「変身」させられるのはなぜだろうか。「自然は、核によって荒廃した土地を、管理可能で、美しく、科学的に生産的で、経済的に効率のよい空間へと変えながら、ポスト原子力の未来を再考し作り直すために利用される」と、クラムは主張している[95]。寿命調査は、放射性降下物にさらされた住民の体内に取り込まれた粒子のリスクを排除するために用いられるが、同様に、深刻に汚染されたかつての核生産・核実験場が自然の楽園へと異形のものに変貌させられる過程で、外部放射線のレベルが適切なものだと決めるための基準にもなっている。

森林火災と野生生物

チェルノブイリ原発の「赤い森」で発生したような森林火災についての懸念は、放射線による汚染地域周辺や風下地域に住む人々にとって、常に心配の種となっている。なぜなら「森林火災は、汚染地域における放射性核種の再浮遊を引き起こすことがある」からだ[96]。この再浮遊により、放射性核種が煙や風に乗って風下の生態系や居住地に運ばれる可能性がある[97]。「過去二八年の間に、これらの地域では枯れ木やごみが劇的に蓄積している一方で、気候変動により気温が上昇し、干ばつが起きやすくなっている」と、二〇一四年に国際的な科学者チームが立入禁止区域について記している。「これらの森林の現状は、とくに二〇一〇年の大規模な森林火災以降、山火事のリスクが高まっていることを示唆している。この火災により、チェルノブイリ事故で放出された放射性物質が再浮遊し、一千《ママ》キロメートル以上離れた場所まで運ばれた[98]」。

二〇一六年の夏、多数の大規模な山火事が、ハンフォード核施設全体に広がる恐れがあった。最も懸念されたのは、グラント郡とヤキマ郡から、核施設群が点々と広がるベントン郡に広がった「レンジ一二火災」である。この火災は、ラトルスネーク山頂にまで燃え広がり、ハンフォード核施設自体にも延焼する恐れがあった。二〇〇〇年に起こりハンフォード核施設を横断することが懸念された別の山火事の管理に関する報告書の中で、米国エネルギー省は「放射性物質を含む建物、廃棄物処理場、貯蔵エリア」の保護の重要性を論じている。加えてこの報告書では、「放射性物質の埋設地において、深く根を張る植物（例えばタンブルウィード）を抑制すること」を推奨している。なぜなら、これらの植物がより広範囲に広がって燃焼した場合、放射性物質が大量に放出され、エアロゾル化して容易に拡散し、摂取される可能性があったからだ。[99] タンブルウィードはとくに危険である。「根が二〇フィートも伸びるタンブルウィードは、廃棄物処分場に根を下ろし、ストロンチウム90を吸収し、折れて乾燥した土地に吹き飛ばされる」ためである。[100]

幸いにも、火災はハンフォード核施設の汚染が深刻な区域にまで届くことはなかった。しかし、一九五七年、七三年、八一年、八四年、九八年、二〇〇〇年、〇七年、一六年、一七年、一八年、一九年には、まさにこのような事態を引き起こす可能性のある山火事が発生している。二〇二〇年には、落雷が原因で、特別保留区内で大きな火災が発生した。[101] 地球温暖化が進む現代では、ハンフォード特別保留区周辺の土地のような乾燥地帯における山火事の脅威は年々高まっている。これまでは災害を免れてきたが、この危険性の発端となっている放射性核種の多くは、半減期が数百年、数千年、あるいは数万年に及ぶ。ハンフォードが完全に修復され、これらの放射性核種が半減期を数回経過する前に、廃棄物の一部を風に乗せて大気中でエアロゾル化するような森林火災がこの地を襲うことはないと考えるのは、妄想である。こうした惨事に対処し、回避することに成功しても、それは短期的な成果にすぎず、危険は予算措置が講じられる期間や政府の存続期間よりも長く、そして記録された歴史よりも長く続くことになる。大惨事はいずれ迫ってくるかもしれない。

似たような脅威は数多く存在している。近年、福島第一原発、ロスアラモス研究所、ネバダ核実験場、その他、放射線により汚染された数多くの場所から数キロ以内で、複数の山火事が発生している。[102] マグダレナ・スタフコフスキは、二〇一〇年にカザフスタンのポリゴンのすぐ外側にある小さな村に暮らしながら現地調査を行った際に、次のような経験をしたと語っている。

消火活動はうまくいったように思えたが——我々が自分たちだけで問題に対処しなければならなかったことを思えば——、誰もがすでに知っている悩ましい現実に、私は打ちのめされた。この火災は、二〇一〇年で最初のものであったが、依然として放射線でひどく汚染されたポリゴンを越えて燃え広がるだろう。コヤンにある私のワンルームの家の壁に掛かった地図にはっきりと示されている核実験場の境界線は、何の意味も持たなかった。火事も放射性粒子も、地図に描かれた境界線などには従わない。そしてこの地域では、とくに秋になって草原の草が茶色に枯れて乾燥する時期に火事がよく起こるため、私は心配していた。我々は羊皮で炎を叩いて消したり、焼け焦げた大地を走って井戸から汲んだ水を隣の防火線までバケツで運んだりするたびに、ポリゴンを何度も出たり入ったりしていた。しかし、フェンスも警告の標識もなかったため、誰も確実なことはわからなかった。放射性粒子が灰の層のどこかに埋もれ、再び空中に舞い上がり、我々の衣服を覆い、肺の中に取り込まれることを、私は想像した。[103]

カザフスタン東部の草原地帯では、山火事は一年を通して発生する脅威である。

放射能に汚染された場所への動物、とくに大型哺乳類の回帰または生息は、それらの場所が健全な、または自然な状態へと移行していることを示す指標として、しばしば提示される。「生い茂った草原からメンフクロウが飛び立つ。古い駅馬車の停留所のそばのポプラの木々、その間をヘラジカが軽やかに走り回る。トガリネズミが小道を横切りトウワタへと急ぐと、そこではオオカバマダラが餌をとっている」という、どこの自然保護区の宣伝パンフレットからでも引用できるような表現が安心をもたらす。「珍しい乾燥地帯の草むらのどこかに、コヨーテ、ヘラジカ、ミュールジカ、少数ではあるが絶滅危惧種のプレブル草原トビネズミも生息し、六〇〇種以上の植物も見られる。「ロッキーフラッツ国立野生生物保護区へようこそ」と、米国魚類野生生物局のデイヴィッド・ルーカスは歓迎の意を表している」[104]。

冷戦初期に米国が大気圏内核実験を行っていた時代に、ネバダ核実験場周辺で暮らすリスクをどう考えるかを人々に教えるために動物のイメージが利用されたことについて、かつて私は著書で触れたことがある。冷戦後にも動物は、放射能に汚染された土地が自然へと再生することについて、我々に神話的な教えを授け続けている[105]。ウクライナのかつてのチェルノブイリ原発関連施設周辺に設けられた、立入禁止区域の再生に関する話は、このことを最もよく表すものである。一九八六年のチェルノブイリ原発事故の大災害の後、人々は数日〜数週間も避難を余儀なくされたが、動物たちはこの場所で、過去に彼らの生息を最も制限していた種による圧力から解放されて、自然に増殖した[106]。ここ一〇年間の立入禁止区域における人類の不在のもと、動物個体数が増加していることが複数の研究で示されている。福島の原発事故直後に発表されたチェルノブイリの野生生物に関する研究（発表直前にタイトルが変更され、チェルノブイリの研究が福島の新たな不安を和らげることを暗示するものとなった）にはじまり、二〇一五年の一連の論文も含めて、生物学者たちはさまざまな動物が増加しているという観察結果を記録している。彼らは、これらの増加は放射線が危険でないとか、汚染地域での動物たちの生活が安全であることを意味するものではなく、単に放射線がその地域での生活を不可能にしていないというだけだと警告した[107]。しかし、ジャーナリストたちはすぐにこれらの仮説を真実であると宣言した。『ワシントン・ポスト』紙の健康・科学・環境担当の部長であるローラ・ヘルムスは、二〇一三年に「チェルノブイリの野生生物の生存者たち」について熱弁し、「放射性降下物地域は野生動物の保護区へと変貌した」と述べた[108]。バリー・スター博士はＫＱＥＤラジオで「放射性降下物の利点」についてで語り、リスナーを喜ばせた。また、タニア・ラベサンドラタナは『サイエンス』誌の読者に対して、「チェルノブイリの動物にとって人類は放射線よりも有害である」と警告した[109]。

第2章で取り上げたチェサーとベイカーの論のように、どの哺乳類が汚染区域で過ごしたのか、どの哺乳類が最近汚染区域に入り込み、観察対象となったのかを研究者が判断するのは難しく、また放射性核種は不均一に分布している。つまり、二四の動物が同じような被曝をした可能性は低いということである。生物学者のティモシー・ムソーは、チェルノブイリと福島の汚染区域の両方で数十年にわたってフィールドワークを行ってきたが、彼によれば、放射線の影響に関する研究論文のほとんどは、実際には生物学的研究ではない。学術データベース「ウェブ・オブ・サイエンス」で、福島原発事故から一〇年が経過した時点での福島に関する科学論文の上位五〇〇件を調査したところ、ほぼすべての論文が放射性核種の分布を調査したものであり、「生物学的影響を直接測定したものではなく、計算された線量と健康障害の関連性に関する研究」の基礎となるものだったと、彼は指摘する[110]。ある二〇二〇年の研究は、外部放射線レベルのみに基づいて安直な結論を出すことに対して警告を発している。「周囲の放射線量や土壌における濃縮度を測るといった単純な被曝測定では、野生生物の実際の被曝の複雑さをすべて把握することはできない。総線量に対して内部および外部の放射線照射経路がどれだけ影響があったかを考慮しなければならない。このバランスは、放射性核種（放出放射線の種類とエネルギー）と動物種（年齢、食餌、生息地、環境の利用）によって異なる[111]」。

動物は人間と同様、放射線を感知することができないため、動物が汚染区域にいるということは、人間のような感知できる脅威の不在を意味しており、放射線によるリスクの不在を意味するわけではない。「野生動物にとって本当に楽園なのだろうか。チェルノブイリで原発事故の影響下でたくましく生きている野生動物は、本当に内面的にも健康なのだろうか。放射線被曝を最小限に抑えるために科学者たちが滞在時間を制限されていたのに、野生動物にとってこの地域が安全だとどうして言えるのだろうか」と、政治学者のマユミ・イトウは、米国の公共放送で放映された二〇一一年のテレビドキュメンタリー『被曝したオオカミ』の内容に疑問を投げかけている。「このドキュメンタリーによると、オオカミの毛皮は放射能に汚染されており、吸い込むと人体に有害であるため、科学者たちはオオカミを扱う際にマスクを着用しなければならなかった。荒れ果てた土地に新たにやってきた動物たちは、目に見えない放射能の潜在的な危険について何も知らない。原発事故による放射性物質は土壌に浸透し、植物に吸収されてしまった。草食動物は汚染された植物を食べ、それが野生の食物連鎖によって肉食動物に食べられることになる。

野生動物の健康に長期的な放射線被曝がどのような影響を与えるのかについては、科学者たちにもまだわかっていない[12]。この番組では、オオカミの毛皮の放射線はガンマ放射線の放出レベルが低いため、近くにいる分には危険ではないが、吸い込んだり飲み込んだりすると非常に危険であると主張されていた。この主張はオオカミを安全であると説明する際、まるでモノのように扱っている。しかしオオカミはまさしく、毛皮をなめて毛づくろいをするのである。チェルノブイリ立入禁止区域における野生生物の存在を称賛する声とは対照的に、二〇一八年の研究では、ハイイロオオカミが立入禁止区域から三六九キロも離れた場所まで移動していることが判明し、「汚染されていない地域の個体群への放射線誘発遺伝子変異の潜在的な拡大」について警告している[13]。

生物学者のティモシー・ムソーとアンダース・モラーは、放射能汚染地域に生息する小さな生物は大型哺乳類よりもいくつも下の世代まで進んでいるため、放射線の影響がより容易に識別できると考え、より小さな生物に焦点を当てた。彼らは昆虫と鳥類を取り上げ、複数の種における放射線の有害な影響について明確な証拠を記録した。

「チェルノブイリと福島の野生動物個体群の遺伝学的および生態学的研究における最近の進歩により、放射性汚染物質への被曝によって、遺伝や生理学上の、また発達や適応に関する重大な影響があることが実証されている。チェルノブイリで実施された数少ない遺伝学的研究は、概して遺伝子の損傷率と突然変異率の上昇を示している。調査されたすべての主要分類群(すなわち、鳥類、ハチ、チョウ、バッタ、トンボ、クモ、哺乳類)において、チェルノブイリ立入禁止区域内の放射線量の高い地域では、個体数が減少していることが明らかになった」。一方「福島では、鳥類、チョウ、セミの個体数調査により、放射性汚染物質への曝露が個体数に悪影響を与えていることが示唆されたが、他のグループ（トンボ、バッタ、ハチ、クモなど）では、少なくとも事故後の最初の夏の間は、目立った減少傾向は見られなかった。現時点では、昆虫や鳥類以外の生物群に関して、発生から死ぬまでの被曝の影響を評価できるだけの十分な情報が存在しない」。そしてムソーとモラーは、「福島とチェルノブイリの間に見られる差異は、被曝時期の違いと、チェルノブイリでは福島と比べて多世代にわたる変異の蓄積が顕著であることだと言えるのではないか」と述べている[114]。昆虫への遺伝的影響や鳥類の突然変異に関する研究は、感情的な反応を生み出したり、安心感を与えたり、チェルノブイリの赤い森で戯れるオオカミの画像のクリック数やシェア数を増やしたりするようなものではないし、新聞に転載されたり、自然ドキュメンタリーで特集されたりするものでもない。それらは、もしかしたら「人類の災害が自然に二度目のチャンスを与えた」のではないかと推測するのと同様に刺激的なものではないのだ[115]。

共同体の経済的相互依存と文化的自己決定

核兵器実験施設や原発は、都市部に建設されることはほとんどなく、人口密度の低い地域に設置される。原発の近くに住む人々は、低賃金でその施設の仕事に就くこともある。だが、多くの人々は通常、生活に必要な食料を生産するために近隣の土地や水に依存して生きている。土壌や生態系の汚染は、彼らの生活を支える手段に影響を与え、その地域の活力を損ないかねない。土地の価値が下落したり失われたりすると、これらの施設周辺や放射性降下物が沈着する風下地域の共同体が衰退し、食料生産やその収入を生み出す能力が徐々に低下し始める。「ウクライナのチェルノブイリ原発事故の汚染地域には、キノコやベリー類が収穫できる豊かな森や、何千トンもの干し草が収穫できる農地も含まれている。汚染により農地、水資源、森林資源の利用ができなくなったことによる損失は、現在八六億～一〇九億ルーブルと推定されている」と、ウクライナ国家非常事態省立入禁止区域庁のヴォロディミル・I・ホローシャは二〇〇八年に述べた。「これはウクライナの一九八六年の国内総所得の二％以上にあたる。その数値は一九八六年から一九九一年までのウクライナのみについてのものである。［中略］この土地が汚染から十分に回復して使用可能になるまでには、数十年を要するだろう[116]」。

福島では、風下地域、とくに内陸の山間部に住む多くの人々が、食料や収入を森林に依存している。しかし、日本政府は除染と損失補償のどちらの計画からも、森林地域を除外してしまった。金子祥之はこの除外の理由として、次の二点を挙げている。「第一に、森林で覆われたヤマは、居住地域であるムラや農耕地であるノラよりも広範囲であるため、この広大な地域の除染にはかなりの技術的・財政的困難が伴うこと。第二の理由は、除染ガイドラインで提唱された「生活行動パターン」という概念によるものである」。このガイドラインは、より広範な経済に直接貢献する土地や地域社会の慣習を復興する必要性を訴えているが、森林共有地で自給自足する人々の重要性を無視している。「副次的生業は、村での食生活にカロリーを補うというだけでなく、社会関係や共同体意識を維持する空間としても重要であった」と金子は主張する[117]。日本政府は、森林から食料や社会との関わりを得てきた人々を支援するのではなく、この伝統的な食料源を放棄するよう勧告した。「高レベルで内部被曝した住民は、放射線検査を行っていない自家栽培の農産物を摂取しており、野生のキノコを採取したり、自宅の原木で栽培したりすることも多い。彼らは主に流通に乗った食料を摂取するよう、そして汚染された可能性のある食品を放射線検査なしで摂取したり、キノコ、山菜、野生動物の肉など出荷制限中の地元産食品を摂取したりするのを控えるよう助言された[118]」。

神話的とも言える社会との結びつきの中での自己意識と、自然環境下で持続可能な生活を続ける方法との両方から共同体が分断されてしまい、新たな真実や新たな関係性では簡単に埋めることのできない亀裂が生じる。「健康と生殖の安全を考慮して、サーミによる汚染されたトナカイの肉の消費を規制しようとするスカンディナヴィアでの現在の試みは、身体的健康と生殖が文化的アイデンティティとその再生産から明確に区別できるという前提に基づいている」。シャロン・スティーブンズはさらに、伝統的な食からしか得られない文化的・精神的な栄養を求めて、サーミが汚染されたトナカイの肉を食べることを選択したことについて、次のように述べている。「サーミを「非合理」だとか「無知」だと見なし、その背後にある文化的論理を理解できなかった政策立案者たちに対し、私は何度も愕然とさせられてしまった」[19]。サーミたちは、妊婦が一家の家畜からとられた肉を摂取し、それを他人にも気前よく振る舞うことがとくに重要だと考えている。単に身体を養うだけでなく、家族や共同体との相互依存関係を将来にわたって長く維持する絆を育むのだ。政府は、自分たちの介入が共同体の維持に不可欠だと考えているかもしれないが、失われていくものについては理解できないことが多い。「これは単なる経済の問題ではない」と、サーミのヤード・パーションは述べている。「我々が何者なのか、どのように生きているのか、トナカイや他の人々とお互いにどのように結びついているのかという問題である。今［一九八六年～八七年にかけての冬］、我々はあらゆるものを買わなければならない。糸、素材、食料、靴は、かつては一つのものの部分だったが、今ではすべて別々の物なのだ」[20]。私は汚染肉の消費制限の撤廃を主張しているわけではない。この汚染された食品が地元住民の食生活から排除されれば、それで健康を保護するための活動が終了するわけではないと言いたいのであり、また、「健康」という概念には、個々人の身体を維持する栄養だけでなく、地域社会を結びつける絆も含まれるべきだと言っているのである。「サーミ社会では、家族の所有地で放牧された家畜の肉を食すことは、親族関係という概念の実体化や、身体に刻まれた過去の記憶、そしてサーミの感覚と理解力を備えた身体を社会的に構築することの中心にある。［中略］国家の主導によって日々の放牧と消費のサーミの慣習が変化させられたことは、人々や共同体の生産と再生産におけるサーミ特有の方法に対する脅威として受け止められている」[21]。

ブリュノ・ラトゥールは、土地や社会との旧来の感情的・精神的関係性と、近代的な「事実のようなもの」——旧来のものを概念化されたより新しい現実に置き換え、さらに新しい宗教と国家がこれを承認する形で後押しする――との間の対立について、広範に論じている。[122] 放射能による汚染によって生活や生活様式が混乱させられている人々にとって、こうした新しい現実のモデルに従うよう地域社会が強制されることは、伝統的で固有の生活様式や世界観を軽視する植民地主義的な動きの拡大を意味する。「サーミ――ウクライナ国外の放射性降下物地域に住むほかの住民と同様に、政府当局者や科学者、ジャーナリストの相反する説明によってのみチェルノブイリ事故について知る人々――は現在、日常的な家畜の飼育や家庭内の習慣を、費用対効果やリスク評価モデルに基づいて大幅に変えるよう求められている。費用対効果やリスク評価モデルは、欧米諸国の政策立案においてますます中心的な役割を果たすようになっているが、多くの点でサーミの人々の世界とは相容れないものである」とスティーブンズは説明する。[123] スティーブンズのインタビュー対象者の一人であるシグ゠ブリット・トーヴェンは、これをより直感的に表現している。「時々、物事が奇妙で作りごとのように感じられることがあります。同じ山々や湖、同じ家畜を見ても、そこには危険な、目に見えない、触れることも匂いを嗅ぐこともできない、子どもたちを傷つけるうるものがあるとわかっています。手は仕事を続けているのに、頭は将来の心配ばかりしているのです」。[124]

生活様式や土地との関係が壊されずに済んだ地域であっても、最初の沈着から長い年月を経て、放射性降下物が住民の経済的・社会的成功に重大な影響を及ぼす可能性がある。「一九八三～八八年生まれのスウェーデン人五六万二六三七人を対象とした包括的なデータセットによると、チェルノブイリ事故時に胎内にいたコホートは、その前後に出生したコホートよりも学業成績が悪く、とくに受胎後約八～二五週目に被曝したコホートの成績が最も悪かった」と、スウェーデンと米国の経済学者たちが二〇〇七年に書いている。「さらに言えば、放射性降下物の影響をより多く受けた地域で生まれた生徒に、より大きな被害があることがわかった。放射線降下物の影響を最も強く受けた八つの市町村の生徒は、高校への進学資格を得る可能性が三・六％低下している。我々の調査結果は、胎児期の電離放射線への被曝が、以前は安全と考えられていた放射線レベルでも、認知能力にダメージを与えることを示唆している」。[125] 経済学者たちは、広島と長崎の被爆者が妊娠二カ月から四カ月の間に被曝した場合にＩＱが低下したという先行研究に基づいて、この調査を行った。この先行研究はウィリアム・シャールと大竹正徳が主導したもので、胎児期に広島と長崎で被曝した者に、学習障害から認知障害、さらには深刻な脳障害に至るまで、さまざまな影響があることを明らかにした[126]。

ポリネシアの人々は、このような文化の脱中心化は、住民を放射線の健康リスクから守るための介入という形だけでなく、核兵器経済への誘引という形でも起こりうることに気づいた。ローラン・オルダムによると、フランスが地元の政治家を買収したのち、「ムルロア環礁に行って働く人々も買収しました。どんな仕事でも、そのときの給料の三倍もらえるのです。すると島の人たちは皆、伝統的な生活様式を捨ててしまいました。タロイモのプランテーションやその他、自給自足の農業を放棄し、すべてを捨ててムルロアで働きました」。オルダムにとって、これは、ポリネシアの島々の伝統文化の活力を徐々に空洞化させるプロセスの始まりだった。「まるで爆弾が爆発するように、ポリネシアの人々の頭の中で爆破されてしまうものが想像できるでしょう。全体が、この構造全体が、人々の生き方全体が、哲学全体が、そして価値観全体が吹き飛んでしまうのです。文化が、一人一人の文化が、土地、海、風、宇宙……、そのすべてがどれだけポリネシア的なものだったか。突然、すべてが吹き飛んだのです。それから人々はどこかで魂を失い、それまではいつもあった土地や海との深い関係を失ってしまいました。なぜなら、すべての生命はそこから、宇宙から来るのですから。そして今、別の価値観が生まれ、人生はお金に変わり、それが私たちの社会をすっかり変えてしまいました。元に戻すことは不可能です」。オルダムはこれを、文化を破壊しようとする能動的な取り組みと見なした。「もし私たちが、自分自身を捨ててしまったら、［中略］植民地支配者は「これが今の君たちの姿だ」と言うでしょう。そして、その言葉を信じるようになり、本当に自分を見失ってしまいます。［中略］何もわからなくなって、自分がどこから来たのかも忘れ、自分がどこにいるのかもわからなければ、自分がどこへ行こうとしているのか、どうやって知ることができるというのでしょうか[127]」。

バーカーとジョンストンは、太平洋のコミュニティに対する軍国主義的・植民地主義的攻撃と、核実験場におけるポストコロニアルな復興状況について、とくにマーシャル諸島を中心に広範な研究を行ってきた。彼らは二〇〇〇年の論文で、「環境汚染はロンゲラップの人々から、家計、コミュニティ、慣習的に行われる物々交換、あるいは収入源の維持のために必要な天然資源を利用する習慣を奪った」と結論づけている。「その結果、ロンゲラップの人々は、責任をもって管理運営することが不可能となり、持続可能な資源へのアクセスとその利用に関する知識を若い世代に伝えることができなくなった」。環礁に居住すれば放射線被曝の危険が続くために、この状況はさらに悪化している。「故郷の島から離れて過ごす時間が長くなるほど、土地の権利を行使し、その土地を将来の世代に確実に引き継ぐことは難しくなる。島を離れて育ったロンゲラップの人々は、元の土地に戻ったとしても、耕作地やそこでの危険についての生き延びるために欠かせない知識を欠く(128)」。

エニウェトク環礁は、ビキニ環礁が一九四六年のクロスロード実験によって放射線により深刻に汚染されて使用できなくなったため、米国がマーシャル諸島で二番目の核実験場として選んだ場所であり、住民は核実験前にウジェラン環礁に強制避難させられた。彼らは後になって、一九五六年に設立された一五万ドルという少額の信託基金——米国に永続的な租借権を与えるもの——の利子から支払いを受けた。「移住に対する島民の悲しみは、苦難の連続の最初の一歩にすぎなかった。ウジェランはマーシャル諸島最西端の環礁であるだけでなく、エニウェトクよりもはるかに小さく、痩せた土地だった。このため、食料と換金作物栽培の可能性が限られ、一九五〇年代に断続的に飢餓を引き起こした」とメアリー・X・ミッチェルは述べている。「島民は不足する分の食料を購入することはできたが、彼らの財源はきわめて限られていた。〔中略〕その他の唯一の現金収入源は販売用に栽培されたコプラ〔乾燥させたココヤシの果実の胚乳〕だったが、ウジェランへの寄港の予定は飛ばされてしまうことが多く、島民は空しく船を待ち続け、その間にコプラは腐ってしまった。〔中略〕一九六九年の試算によると、ウジェランのコプラの売上と利子の支払いを合わせても、一人あたり年間約二五ドルにしかならず、一九六〇年代末には、エニウェトクの人々は再び飢餓状態に陥った(129)」。

エニウェトクの人々は、加工食品だけでなく、伝統的な食品を生産するのに必要な道具についても、米国に依存せざるを得なかった。彼らはエニウェトクからウジェランに強制移住させられたため、自分たちの食料生産の道具に必要な材料を手に入れることができなくなった。「材料や釣り針、漁網を何度要求しても、トラストの船が持ってきたのはカヌー二艇分の帆布と、木製の船体に塗る船舶の塗料ではなく園芸家具用のエナメル塗料だけだったので、待っている間に彼らの漁業用カヌーは壊れてしまった」と、ジェーン・ディブリンは記している。[130] エニウェトクのあるイロージ（首長）は次のように述べている。「カヌーと漁業はウジェランの命である。カヌーがなければ、ココナッツを収穫するために礁湖のほかの島に行くことができない。漁具がなければ、食べるのに十分な魚を獲ることもできない[131]」。

このようなライフスタイルの変化により、マーシャル諸島民はますます米国から輸送される加工食品に依存するようになった。食生活が変化したことにより、伝統的な労働や肉体活動の低下も一因となって、新たな健康上の問題が生じた。地理学者のジェフリー・サーシャ・デイヴィスは、クワジェリン環礁の米軍基地で働くマーシャル諸島民は「環礁の大半の資源を利用できず、イバイ島周辺に残る資源も乏しいため、輸入食品が主な栄養源になっている」と指摘した。「イバイ島までの長い航海に耐えられる食品のほとんどは缶詰であり、スパムとコンビーフが主食だった。現地の水の供給は非常に不安定で質も悪いため、炭酸飲料が好まれた。糖尿病が増え、治療不足による手足の切断も増えた[132]」。こうした変化は、核実験場や外国の軍事基地となったことの直接的な結果である。「糖尿病は医学の文献では放射線誘発疾患とは見なされないが、世界的な糖尿病の増加に社会的・文化的要因が関係しているのは確かである」と、公衆衛生の研究者でハワイの開業医であるセイジ・ヤマダは述べている。「マーシャル諸島の近代史の主な特徴は、核実験によって引き起こされた社会的混乱である[133]」。結局のところ、クワジェリン、エニウェトク、ロンゲラップ、ビキニから強制避難させられた人々のほとんどは、マーシャル諸島共和国の首都、マジュロ環礁に定住することになる。この環礁では現在、一〇平方キロに満たない土地に二万七千人以上の人口を抱えている。

ほとんどの核実験場は、限られた地域経済しかもたない遠隔地に建設されたため、住民は汚染されているとわかっている地域にある収入源に頼ることになる。ポリゴンに隣接する村に住むカザフ人は、ソ連経済が崩壊したのち、核実験場内の資源にますます依存するようになった。「住民が身につけている技術は、新しい自由市場経済では役立たずとされ、経済的生存を核実験場に依存するようになった」とスタフコフスキは書いている。彼らの「生存は、ポリゴンに近いことと、その近さゆえに入手できるものにかかっている。つまり鉱山から出るディーゼルや石炭の闇売買、鉄くず、牧草地、そして水である」[134]。この場合、実験場の跡地を利用する人々は、その場所が汚染されていると知りつつも、あえて収入を得るために許容できる程度のリスクを負うことになる。スタフコフスキは、この地域に住む人々の多くが、自分たちが「放射線を浴びた突然変異体《ミュータント》」だという伝承を広げていったと述べている。「これによって彼らが言いたかったのは、自分たちが放射線を浴びても生き延びることができたということだけでなく、生き続けるのに放射線が役に立ったということだった。彼らによれば、ここを去っていった者は結局死んでしまった。もしここに長くいれば、あなたも放射線に依存するようになるかもしれない、と彼らは私に警告したのだった」。スタフコフスキはこれを、彼らが自国政府から見捨てられ、世界経済から不可視化されたことの結果だと見ている。「環境問題に自力で対処するしかない彼らの唯一の選択肢は、有毒な環境でも生き延びることができるような強化人間になること（あるいは自分たちをそのような者だと信じること）である」[135]。汚染された地域を離れた人々は、しばしばグローバルな新自由主義経済の最下層に追いやられ、仕事の選択肢は単純労働に限られることになる。「この地域に住む人のほとんどは、この国で最も貧しく、最も疎外された人々である。市場価値のある技術をもたないため、都市のエリートたちからは「遅れて」いて、この国の新しい自由市場経済システムに参加してその恩恵を受けることができないと見なされている」。さらにスタフコフスキは次のように述べる。「都市部には彼らのための仕事はなく、あったとしてもほとんどが市場で働くか、道路やトイレの清掃をすることになる。都市部に移り住んだ若い住民は、結局のところスラム街で暮らすことになり、食料や経済的支援を故郷の村のネットワークに頼ることになる。［中略］ポリゴン地域の人々は、親や子ども、その他の家族が、アルコール依存症や薬物の過剰摂取、あるいは他の病気で、うらぶれた暗い建物の中で死んでいくのを見てきた[136]」。

核実験場跡地のセキュリティが不十分だったために、放射線による健康被害が起こることもあった。「フランスの科学者が一九六〇年代に核実験を行ったサハラ砂漠の山から放射性物質が漏れ出し、土壌を汚染し、フランスとアルジェリアの関係を悪化させている」と、二〇一〇年のロイター通信の記事が述べている。「アルジェリアのデータによれば、核実験場近くのいくつかの地域では、放射線量が基準の二〇倍も高い。［中略］アルジェリアの政府関係者の話では、フランスはこの実験に関する資料の閲覧を拒否しているため、放射線の脅威の規模についてもわからず、放射線を封じ込めるための効果的な対策をとることもできないという[137]」。フランスは一九六〇年代にアルジェリアの基地を放棄した際、何トンもの放射性物質を核実験場にただ埋めてしまった。核施設の周囲には簡素なフェンスが設置されたのみで、放射線の危険性を警告する標識は掲示されなかった。「何年もの間、人々がこの物質の危険性を認識していなかったという事実は犯罪的だ」と、フランスのテレビ局の記者でドキュメンタリーを制作するラルビ・ベンシーハは言う。「放棄された核実験基地から、人々は板や梁、電気ケーブル、あらゆる種類の機器を持ち帰り、再利用した。これらはすべて放射能を帯びている。［中略］彼らはこれを自分たちの家の部品にしてしまった[138]」。放射性降下物が沈着した後、周囲の生態系に放射性核種が移動するように、これらの放棄された放射性物質は、廃棄された場所にそのままとどまることはなかった。その健康への影響は、フランスの原子力当局が意図し、想像し、関心を示した範囲をはるかに超えていた。これらは意図的に見過ごされてきた、植民地主義のもうひとつの負の遺産である。

不可視化されたものを見る目を養う

放射線被曝の後、体内に取り込まれた粒子や低レベル放射線への継続的な被曝によって引き起こされた疾病が、実際の症状として現れ始めることがある。しだいに多くの人々が、家族や隣人を苦しめている病気が尋常でないことに気づく。「風下やウラン生産地域の住民は、自分を取り巻く範囲──家族、同僚、友人、知人との交際や余暇活動、隣人との付き合いが相互に結びついた独自のネットワーク──で観察しうる病気のパターンやクラスターを説明しだし、これらが核実験や風上のウラン採掘とどのように関連しているかを観察し始めた」と歴史家のサラ・フォックスは書いている。

人々は相互に関連するさまざまな要因に結びついた病気のパターンを取り上げ始めた。ある家族にみられた疾患クラスターは世代を越えるものとして説明され、次はそれが学校のクラスでの病気のクラスターに関連づけて語られ、さらにそれが近所や、ウラン採掘や牧場経営といった同じ業種の労働に従事する個人に見られる病気やガンのグループに関連づけられていった。彼らはまた、ソルトレイクの病院の待合室でケイ・ミレットが発見した白血病のクラスターや、アルバカーキの退役軍人病院でファニー・ヤジーが発見した肺ガンのクラスターなど、特定の病気のクラスターにも言及した。こうしたクラスターとそれに関する物語は、物理的な距離や感情的なつながり、また遺伝的な結びつきによって定められる想像上の空間を占め、時間の経過とともに範囲が拡大していったのである。[139]

フォックスは、米国西部の風下住民に関する著書の一章を、隣人たちが「名前を書き留める」という行為に丸々割いている。ネバダ核実験場の風下で病気になった隣人たちの奇妙なクラスターの地図を最初に作り始めた人々の一人に、ユタ州セントジョージのイルマ・トーマスがいる。「彼女はリビングルームの壁越しに、住宅街にある隣人たちの家を指差した」と、一九八二年にジャーナリストのハーヴェイ・ワッサーマンとノーマン・ソロモンが振り返っている。「彼女は一ブロックの範囲内の家に住む三一人のガン患者のリストを作っていた[140]」。フォックスは、トーマスが近所の疾患地図を作成した後、シーダーシティに住む友人のロア・ジョンソンを訪ねたときのことを語っている。ジョンソンの娘は最近白血病で死んだのだった。「イルマが帰る頃には、ロアは名前の収集係になることに同意していた[141]」。

ラブキャナル家屋所有者協会の会員であるロイス・ギブスは、ナイアガラ・フォールズ市の自分の分譲地が有毒な化学廃棄物の廃棄場の上に建設されていたことを知り、隣人たちと団結するようになった。隣人たちの多くが、病気の家族を抱えていた。「病気が運河によっておきたことを証明する方法があるはずだと考え続けていました」とギブスは振り返る。「そこで自分たちの健康調査ノートを取り出し、道路地図の上に、疾病群に応じて四角や三角、星印を書き込み始めました。多動症、偏頭痛、てんかんなどの中枢神経系障害、先天性障害や流産、それから呼吸器障害。と、突然、あるパターンが浮かびあがってきました！[142]」。

放射線被曝の犠牲者にとって、専門家が寿命調査に照らしてみれば正しくないと説明してきたことを把握したり記録したりするためには、目に見えないものを見るためのさまざまな方法を学ぶことが必須となる。トム・ベイリーは、ハンフォードからコロンビア川を挟んだところにある土地を所有する農家である。「ベイリーの白い家は、地元の人が「死の一マイル」と呼ぶところにあった。そこに住む農家でガンを免れたのは、一〇軒のうちたった一軒しかなかった」とカレン・ドーン・スティールは述べている。「ファニータとレオン・アンドリュージェスキ夫妻は、隣人たちの死因を追跡するために作成した「死の地図」を見せてくれた。その地では、ガンで死亡した人には「O」、それ以前に心臓発作で死亡した人には「X」が記されていた[143]」。

放射線被曝に関する地域の地図を作る作業は、デジタル時代のツールによって精度を高めた。ジェネル・ライトは、フェイスブックを通じて高校時代の友人たちと連絡をとっていたが、その時に彼らはかつての同級生の多くがいくつかの同じような病気で亡くなっていることに気づき始めた。ジェネルは、最初は学校自体に何らかの有害物質があったのではないかと考えていたが、別の高校に通う小学校時代の同級生にも同じことが当てはまるのに気づいた。ジェネルと友人たちはデジタルマップを作り始め、特定の病気の症例ごとに色分けした点を地図上に配置した。そして、自分たち全員が育った地域を流れるコールドウォーター・クリークの周辺に点が集まっていることを突き止めた。

マリンクロット化学会社は、マンハッタン計画や米国の核兵器製造の初期に、セントルイスの工場でウランを加工していた。操業停止ののち、一三万三千トンの放射性廃棄物が残された。廃棄物はこの地域のさまざまな場所に保管され、最終的に八千メガトンの廃棄物と土砂がコールドウォーター・クリークに隣接するウェストレイク埋立処分地に投棄された。廃棄物は処分場から漏れ出し、付近の土壌と水を汚染し、クリーク沿いに多数の疾患クラスターを生んだ。[144] 現在、処理場周辺に住んでいる人々は、放射線被曝を心配しているが、それ以上に大惨事の可能性について深刻な懸念を抱いている。処分場で火災が発生したことが確認されたのだ。「大規模な地下部分の燃焼が続いていた」のである。[145] 一九九三年から九四年にかけて起きた最初の処分場内の火災は、「コンクリートスラリーキャップ」〔液体状のスラリーを流し込んでコンクリートで覆う方法〕で鎮火された。[146] 二度目の火災は、二〇一三年に公表され、二〇二一年の時点でも放射性廃棄物から約一千フィート離れた場所で燃えていた。処分場に含まれる主な放射性核種はトリウム230である。ボブ・アルバレスによれば、「半減期が七万七五〇〇年であるトリウム230は、ウランの約六万倍の放射能をもつ物質である」。もし「処分場に含まれるトリウムが火に接触し、呼吸可能な粒子が空気中に放出された場合」、処分場の近隣に住む人々には高いリスクとなる。[147] 三児の母であり、「ジャスト・マムズSTL」〔放射性廃棄物の撤去とウェストレイク処分場の除染を訴えるNGO〕の共同設立者であるドーン・チャップマンは、火災が放射性廃棄物に到達した場合の備えについて、次のように語っている。「私は避難経路を決めています。

完全に決めてあるんです。大事なものを入れた袋を持って、それを車に積んで、小さな非常用キットを持って、私たちはあっちの道に行きます。処分場はこっちにあります[148]」。そう言って彼女は最初に避難経路の方角を指さし、次に反対の、エアロゾル化された放射性核種がやってくる方角を指さした。火災がくすぶっている間は、毎日危険が続くことになるのだ。

フォックスが述べるように、一部の人々が作ったのは「想像上の空間」の地図だった。このことはとくに、集団として被曝したが同じ場所には住んでいない人々のコホートに当てはまる。核実験に参加した軍人がその例である。これらの退役軍人の多くは、自国のさまざまな場所で市民生活に戻り、最初は戦友たちを通じて仲間の「被曝兵士」を見つけた。次に伝統的な退役軍人会を通じて、そしてのちには、一九七九年に設立された全米被曝退役軍人協会、一九八三年に設立された英国被曝退役軍人協会、二〇〇一年に設立されたフランスの核実験退役軍人協会といった、同じような被曝者の団体を通してである。こうした協会やニュースレター、そして最終的にはオンラインでのつながりを通じて、被曝退役軍人たちは、同じ核実験に参加して被曝した人々の健康軌道図をデータベース化したのだった。

むすびに

小説家のウィリアム・ギブスンは、未来はすでに到来しているが、ただ均等に分配されていないだけだと述べる[149]。何世代にもわたり地元の生態系で放射性核種に遭遇してきた共同体は、放射性核種がより広範囲に分布し徐々に地球全体に広がる未来を生きているのかもしれない。放射性物質で汚染された土地が歴史的な変容を被るにつれて、核の管理に失敗した場所の中心が、人工的に作られた自然で上塗りされることになる。記憶喪失の古色蒼然とした修復の模造品だ。こうした共同体は、未来の最前線をとっくに追い越しているのかもしれない。世界中の原発のプルトニウム生産とエネルギー生産の両方から生じる何十万トンもの使用済み核燃料を保管する予定の深地層処分場の周辺で、さらに劇的な、聖書的とも言えるほどの大変化が、徐々に起こっているからだ。すでに途方もない量となっているこうした使用済み核燃料を保管する高レベル放射性廃棄物処理施設は、きわめて危険な有害物質や放射性物質を何千年ものあいだ封じ込めることになるだろう。その場所には、未来世代への都合のよいメッセージだけが記され、自然という飾りがほどこされたふたで覆われてしまうのである。この点については第7章でさらに詳しく論じるが、先に述べた放射性物質の生産と汚染の現場の修復は、計画・建設中のより永続的な場所に関する議論やその保管のひな型となるものである。これらは崇める対象として整えられた舞台装置として再生の象徴となり、長期的な健康と幸福を見やる望遠鏡のような存在となるのだ。そこには、設計者が想定した範囲を越えて芽吹く可能性のある、深遠で怪物的な種子が存在することになるだろう。なぜなら、我々が何百、何千世代を先に進むあいだにも、これらの燃料棒は、我々の廃棄物——我々の罪——を未来へと運び、未来がどれほど広く分配されようとも、我々がこれらの処分場に隠した過去は常に存在し続けるからである。

目に見えず、感知できない放射性物質が、移動し、運ばれ、沈着し、我々の共同体や家庭、そして体内に入り込むことで、世界中に大混乱がもたらされてきた。二〇〇六年にナバホ族のウィンドウ・ロックで開催された第一回先住民世界ウランサミットでは、核技術の影響とそれに対する要望について、参加者から明確な宣言が出された。「先住民族の過去、現在、そして未来の世代は、国際的な核兵器および原子力産業によって、ほかの人々よりも過度の影響を受けてきた。核燃料サイクルは、我々の民族、土地、大気、水を汚染し、我々の存在そのものと未来の世代を脅かしている。原子力発電は地球温暖化の解決策ではない。ウラン採掘、原子力開発、そして国際協定は、核燃料サイクルを助長し、［中略］我々の基本的人権と母なる地球の根本的な自然法則を侵害し、我々の伝統文化と精神的な幸福《ウェルビーイング》を脅かしている」[150]。

第Ⅲ部

軍事

第5章　汚染対象の選定

ビキニとエニウェトクの選定

広島・長崎を核攻撃した後、米国は大戦後に核実験を行うための実験場の候補地探しを始めた。当時新たに設立された海軍特別兵器室の一員だったホレイショ・リベラは「我々はとりあえず、何十枚もの地図を引っ張り出してきて、どこか手頃な遠隔地がないかを調べ始めた」と振り返っている。(1) 連邦議会では政府当局者が「何よりまず、その場所は米国の人口中心地から離れている必要があります。ただし、米国の管理下にある土地でなければいけません」と説明した。(2) 一九四六年一月、米海軍はマーシャル諸島内のビキニ島が、「地球上で最も隔絶されたといってよい土地の一つ」として候補地に選定されたと発表した。(3) しかし、最初期の一連の実験を監督することになったウィリアム・ブランディ提督は内輪の席では、「大切な条件は地元住民の人口が少なく、かつ十分に協力的な姿勢を示していることであり、それゆえに彼らを最小限の問題だけで新天地に移住させられることだ」と説明していた。(4)

マーシャル諸島は一九世紀末以来、大国同士が植民地として奪い合う対象にされてきたが、第二次世界大戦中は日本が占領していた。そこで米国が日本軍を打ち負かし、一九四四年には同諸島は米国の管理下に入った。戦後、マーシャル諸島は国連安全保障理事会によって設定された世界中で一一ある信託統治領の一つになった。その一一地区の中で、この「太平洋島嶼信託統治領」だけが、一九四七年に「戦略的」信託統治領として指定された。すでに米国の軍政下に置かれ、使役に供されていたことを反映した形だった[5]。

一九四六年二月一〇日、新たにマーシャル諸島の軍政長官に任命されたベン・H・ワイアット准将がビキニに入り、島民たちに対して彼らの運命を宣告した。もちろん表現上は、彼らの「選択」に委ねられている形だった。しかし、実際にはその選択の内容としては、新たな支配者である占領軍が一カ月前に下した決定に従うしか道はなかった。マーシャル諸島の住民は、幾世紀にもわたる宣教団の来訪を受けた結果として、信仰の厚いクリスチャンである。ワイアットはある日曜日の朝、島民一六七人が礼拝を終えて教会から出てくるところを待ち構え、伝達することがあるので集合してほしいと告げた。米海軍の公式記録の一つによると、ワイアットは「ビキニ島の人々を「イスラエルの民」〔旧約聖書でのユダヤ人〕になぞらえ、同じように神が彼らを敵から救い、約束の地へと導くのだと説いた。そして、米国が作り上げた爆弾と、それが敵にもたらした破滅について島民らに教えた」という[6]。ワイアットの説明では、米国がこの新型兵器を実験しようとする意図は「戦争をなくすため」ということだったが、その兵器を実験する場所としてビキニ環礁が世界で最適であるということのほうは、理由をいっさい説明せずに伝えられた。ワイアットは、ビキニ島民の伝統的指導者であるキング・ジュダに向かって、米国が「人類の福祉に仕え、世界中で戦争を終わらせられるように」、島民らが自分たちの家から「一時的に」退去することへの同意を求めた[7]。

キング・ジュダは人々と相談した上で、「米国の政府と世界の科学者たちが、我々の土地とこの環礁を、神の祝福と共に人類全員への寛容と恩寵をもたらすことになる歩みを進めるために使いたいというのであれば、わが民は喜んでどこかよその場所へ移ろう」と答えた[8]。ワイアットはこの年の三月六日には、このビキニでの会談を、映画のカメラでさまざまなアングルから記録できるように八回も再演させた[9]。その映像は、米国がビキニ島を接収したことを報じる国内のニュース報道で効果的に使われた。『タイム』誌の記事の中で、ある軍当局者は「とんでもなく成功した営業活動」だったと形容した。[10] 核実験開始前の段階ですでに、映画会社のＭＧＭが一〇分間のニュース映画をつくり、クロスロード作戦とビキニ島民らの退避移住について伝えた。その映画の中では、島民たちの家々が解体される情景にかぶせて、ナレーターが次のように語っている。「素朴で身勝手なことをしない、これら一六七人の人間が、ごく質素な家財ごとすべて引き払おうとする今、それはなぜなのか考えてみよう。人類の中でなぜこの人々が、いにしえからの遺産、誇り高い伝統、そして彼らの聖なる土地を、科学の進歩の前に犠牲にしなければならないのか。何のために――。実はその答えはわかっている」。続けて示された動機は、世界平和の実現を手助けし、この世界を楽園に変えることができる原子の秘密を解き明かすため、というものだった。ナレーターは、実験場は「当然ながら、世界人口の中心から離れた地点である必要がある」と説明した。島民たちが、彼らを永遠に郷里から引き剝がすことになる船群に乗せられていく光景に合わせて、「ビキニの人々が船上に持ち込んだのは、哀れなほどつつましい身の回り品だけだった」とナレーションが語られた。[11]

一九四六年三月、ビキニの住民たちは彼らの住まいから立ち退かされた。その後、今に至るまで定住のための帰還はできていない。接収を完了した段階になっても、ビキニの人々が抱く喪失感について、アメリカ人たちはまったく軽んじていた。マーシャル諸島民は、文明から遅れた、異なる環礁を区別することすらできない程度の集団と考えられていたのだ。地理学者のジェフリー・サーシャ・デイヴィスは、この頃に発行された一九四六年の『ニューヨーク・タイムズ・マガジン』の記事では「ジュダと彼の島民たちは今やロンゲリック環礁に居住しているが、もし強く主張すれば今後、帰島が許されることだろう。しかし、米軍当局は彼らがそんな希望を出す可能性はないとみている。ビキニとロンゲリックは、まるでアイダホ産のジャガイモ二個のように似通っているのだ」という記述があったことを指摘する。[12]

ビキニ環礁の接収と放射能汚染は、世界中で核実験場が選定されてきた過程の典型と言える。核武装を目指す国家も既存の核保有国も、自国の軍事帝国の版図か、国内の広大な土地の中から、できるだけ隔絶された場所を核兵器の実験場所に選ぶ。その結果として、周縁化された人々が住むところを失い、放射能で汚染されるが、彼らに対してはほとんど何の拠点も情報も賠償も与えられない。歴史学者のガブリエル・ヘクトは「これらの兵器の完成によって、帝国支配が再強化され、マーシャル諸島、サハラ砂漠、ナバホ族の土地、マラリンガ、ムルロア環礁といった植民地化された土地へ核攻撃が行われるが、より耳障りのましな「核実験」という言葉で形容される」と書いている。(13) そうして拠り所を失った住民は、自分たちの土地の使途や接収に関して発言権は何も認められず、自助で移住生活をしのぐしかない立場に追い込まれるか、今後も何世代にもわたって汚染された土地と食物に依存していくしかない形で放置されてしまう。彼らの土地や水源に対して下された措置の本質や汚染の程度について、これらの人々には何も知らされてこなかったし、医療的支援に関しては、アクセスを奪われるか厳しい管理下に置かれるので、自分の家族が被った健康被害の本質やその原因を知る機会すら阻まれてきた。そして、彼らが経験したことのほうは世界の目からは覆い隠された。

「主権とは突き詰めて言えば、ほとんどの部分、誰が生存を許され、誰が死ななければならないかを指定する権力と能力において具現化される」とアシル・ムベンベ〔カメルーンの歴史学者〕は説明している。「主権の行使とは、生死の与奪を握ることであり、人命を権力の配下に置いて、その恩寵の証として位置づけることである」(14)。冷戦期において核保有国が核兵器実験の負担を背負わせる地域社会を選定してきた過程は、このムベンベが導入したネクロポリティクス〔死の政治〕という概念の重要な実例となった。

「冷戦期の核兵器施設に近接していたり、その風下だったりして、放射線の影響を受けた、こうしたコミュニティの構成員は、どんな人々だったのだろうか」と、人類学者のバーバラ・ローズ・ジョンストンは問いかける。「典型例では、こうした人々は社会の中で疎外された、力を持たない集団の構成員、つまり先住民や、その他の社会・政治的少数者たちである」(15)。植民地の占領者による原材料採掘の利益は彼らには及ばない。彼らが所有していると言えるのは、何も建っていない土地だが、そこは核爆発の影響が直に及びかねず、何の政治的補償もないまま放射能に汚染される場所になってしまう。彼らに対する植民地支配は、いわば非-場所〔歴史とアイデンティティを持たない場所〕扱いした支配と言える。これらの人々と、その子孫を計り知れないほど後の世代まで苦しめることになる、地球上で最も寿命の長い有毒物質の廃棄場になった土地が、その支配対象となった。彼らが社会から疎外されていることと、無力であることこそが、彼らの土地に関して植民地の支配者側が見出す価値なのだ。

一九五六年一月、米国原子力委員会（ＡＥＣ）内に設けられた生物医学諮問小委員会の会合で、ニューヨークにあったＡＥＣ健康安全研究所の所長であるメリル・アイゼンバッドが、一九五四年のブラボー水爆実験の後に、島民らがその住居があるウトリック環礁へ戻った直後に調査した結果得られたという「有益な情報」について概略を報告した。ウトリック環礁を「間違いなく地球上で最も汚染された場所」と形容しながら、アイゼンバッドは、ウトリックの人々に対してはこの程度でいいとみなす、人間としての尊厳を欠いた扱いを隠そうともしなかった。「私に言わせれば、これらの人々は西洋人が生活するような、文明人としての形では暮らしていないのは事実だが、これらの人々はハツカネズミよりは私たちに近いというのも事実だ」[16]。アイゼンバッドは放射能汚染された人体にこそ価値を見出していた。そこから「文明人」にとってハツカネズミよりも有益な情報を引き出すことができるからだ。核の「サバルタン」は、このように形作られ、疎外され、虐待された。

第２章で描写したように、一九四六年に実施されたクロスロード作戦でのベイカー海中核実験は深刻な放射線災害を引き起こした。大気中核爆発であれば放射性汚染物質は通常、キノコ雲から風下へと拡散するが、この海中実験ではそれがビキニ環礁の礁湖に残留し続け、環礁じゅうの小島へと拡散した。この汚染の結果、ＡＥＣはビキニを海洋生物学者にとっての「放射線生物学上の実験室」と形容するに至るが、環礁でのさらなる実験は問題含みとなった[17]。ＡＥＣはビキニを「暫定地帯」と位置づけて、核実験を継続するための別の実験サイトを探し始めた。同委員会はマーシャル諸島外でも候補地を検討したものの、結局一九四七年に選んだのは近隣のエニウェトク環礁だった。その理由はエニウェトクならビキニと同様の利点が得られるという点にもあったが、軍用機が離発着できる滑走路を敷くのに十分な広さの土地があるという点も作用した。[18] 米国エネルギー省の公式報告書によると、「第一回のエンウェトク《ママ》核実験が近い将来に予定されているため、住民の即時退去が必要」となり、住民は一九四七年一二月二一日に立ち退きとなった。[19] 後になってマーシャル諸島民からの米国政府に対する健康被害、資産損害に対する補償請求について裁定する場として設けられた「核被害補償法廷」の文書では、「一九四七年一二月、エニウェトクの人々はエニウェトク環礁から退去させられ、ウジェラン環礁へ移住させられた。米国政府の代表者らはこれらの人々に対し、移住は一時的なものであり、予想される時間軸としては三年から五年を経ればエニウェトクに戻ることができると説明した」と記述されている。結局その後、米国はこの環礁で四三回の核実験を行うことになり、その中には大規模な熱核〔水爆〕実験も含まれることになる。文書は続けて、土地が一九八〇年（つまり三三年後）に島民らへ返還された時点では、人々が手放した一九一九・四九エーカーのうち、実際に返還されたのは八一五・三三エーカーにすぎなかったと明記している。最終的に九四九・八エーカーの土地は利用不能と判定され、さらに一五四・三六エーカーは「蒸発し消失した」のだった。[20]

「利用不能」とされた土地の中には、ルニット島にある、「最大五四五ギガベクレルの汚染された表層土壌、植生ならびにデブリ（コンクリートや金属）を、一八キロトンの大気中核実験で生じたクレーターの内側に直接投棄した上で、表層にコンクリートのドームで蓋をしたため、ルニット・ドームとして知られるようになった[21]」場所も含まれている。ウッズ・ホール海洋研究所の海洋学者ケン・ビュースラーが率いるチームが二〇一八年に、エニウェトク、とりわけルニット・ドームの放射能汚染水準を調査した結果、投棄箇所からの地下水の漏洩は、エニウェトクの礁湖湖底で検出されるプルトニウムの半量を占めていることがわかった。[22] 廃棄物を封じ込めたのではなく、単に時限タイマーで流出する状態になっただけだった。

米国は米大陸本土では水爆実験を行わず、太平洋にある複数の実験場、主にマーシャル諸島と、キリバスのクリスマス島で実施した。地元のコミュニティにとって惨劇だったのみならず、こうした実験の放射性降下物《フォールアウト》の影響はグローバルにみられた。「米国がモラトリアム〔核実験の一時的な自主停止措置〕に入る前の一九五二年から五八年にかけて、米国の大規模実験計画は「太平洋兵器試験地域」で行われた」が、これらの実験に由来する汚染が、この間の世界全体での「フォールアウトの五〇％を占めた」という。(23)

冷戦期を通じて、これら以外にも核保有国によって選ばれた核実験場が登場してきた。そうした実験場の立地先とされた共同体が歩んだ歴史と放射能被害については前章までで紹介してきたが、本章ではとくに、冷戦期の大気圏内実験場の選定過程に着目する。カザフスタンにあるソ連のポリゴン核実験場（米国の原爆保有に対する直接的反応）や、ネバダ核実験場（ソ連が原爆を一九四九年に保有したことへの直接的反応）に始まり、ソ連の第二次主実験場として多数の実験が行われたノバヤゼムリャ、さらに英国やフランスのさまざまな実験場、そして最後に中国が新疆ウイグル自治区に設けた実験場について検討する。

カザフスタンとノバヤゼムリャ（ソ連の核実験）

一九四五年八月二〇日、米国が広島と長崎への原爆投下に成功した余波の中で、ソ連の国家防衛委員会内の特別委員会（スペッコム）が、戦時中は遅れがちだったソ連の原爆開発計画を加速させるため、モスクワで会合を開いた。(24) スペッコムの長は、スターリンのもとで誰もが恐れた秘密警察のトップ、ラヴレンチー・ベリヤだった。その二年後、プロジェクトが研究室レベルから実際の核兵器実験を視野に入れる段階へ移行する際に、ソ連の核兵器の組み立て最終段階と実際の爆発の舞台となる場所の選定をベリヤが監督した。彼が選んだのは、ソ連の連邦共和国だったカザフスタンの東部、エルティシ川に沿って広がり、シベリアや中国との国境にも近いステップ草原地帯だった。

ベリヤがそこを好ましいとした理由は「無人地帯だから」であるとされていたが、実験場に近い村々には二万人が住んでいたことや、一四〇キロ風下の都市セミパラチンスクには一〇万人以上が居住していたことは看過されていた。[25]当初は「実験場ナンバー2」、次に「モスクワ400」、最終的には「セミパラチンスク21」と呼ばれた実験場における実施主体だった「クルチャトフ研究所」は、ソ連崩壊でカザフスタンが独立国となった段階でクルチャトフ市に名称変更した。[26]一九四九年から八九年までの間に、旧ソ連はこのポリゴン（広大な実験場地域の通称）で四五六回の核実験を行った。うち、ソ連の水爆実験の最初の二回をはじめ、計一一一回は大気圏内の実験だった。[27]

一九四九年の最初の原爆実験によって、ポリゴンの東側にあった居住地域はひどく汚染された。風向きが変わり、放射性降下物を含んだ雲が、これらの村落のまさに上空に運ばれたからだった。ソ連の核実験最初期、近隣村落のカザフ人たちに対しては往々にして、核実験のことは何も知らされず、彼らは核爆発とその直後に降り注いだフォールアウトにさらされ、恐れおののくしかなかった。ソ連政府は頻繁に、彼らに対して住居から外に出て表通りに立っているよう命じた。最も深刻な損害の危険は爆発の衝撃波によって住宅が破壊される可能性だからという説明だったが、フォールアウトの雲が通過していく際、何の防護もなしにさらされれば曝露量は格段に増大するということは看過されていた。高度に汚染された実験場地域には何の障壁も警告板も設けられていなかったので、村人たちが偶然、そうした地域に足を踏み入れてしまうこともあった。現在に至るまで、ポリゴンへのアクセスは何の制限もかけられていないし、高度に汚染された地域がどこなのか、地図上では示されていない。[28]

新たに独立国となったカザフスタンの政府は、ユネスコ世界遺産への登録申請書で、「旧セミパラチンスク地方は全土が核爆発の生成物による汚染に見舞われ、程度は異なるものの一二〇万人が二次被曝した」と主張している。この申請書には、一九五三年にポリゴンで行われた第一回水爆実験の際に、「生体器官への放射線の影響を研究するため、カラウル村に四〇人が留め置かれた」状況が記されている。[29]近年の疫学調査によると、「実際の健康被害に関しては、カザフおよび日本の科学者らは、最も放射線の影響を受けたカザフスタン東部の住民のガン罹患率は、

図 5-1　カザフスタン・セメイ（旧セミパラチンスク）にある，旧ソ連核実験犠牲者を追悼する「死よりも強し」と題された碑（2010 年，筆者撮影）

国内の他地域と比べて二五〜三〇％高いことに留意している。また、実験の放射性降下物に曝露された両親をもつ子は知的障害をもつ率が高い」とされている。(30)

今でも、ソ連の核実験によって高濃度の放射能汚染を受けた村落群には何千、何万ものカザフ人たちが住み続けている。こうした人々の大半は伝統的な暮らしを送っており、食物はたいてい自給し、食肉や乳を取るために家畜を飼っている。これらのカザフ人村民たちにとって日常的な飲料と言える馬乳は、汚染された牧草を食べた馬からのものだし、魚を捕るのは汚染された小川である。多くの人々が、恒常的に高レベルの放射能、出生時欠損、放射線由来の疾患と共に暮らしている。(31)

最初の水爆実験がポリゴンで実施され、結果として生じた大規模なフォールアウトの雲が、実験場の東側にある村々に放射性核種を降らせた後になって、ソ連は水爆実験に特化した実験場を北極圏に設けることを決めた。一九五四年七月、ソ連欧州部の北極圏に広大に伸びるノバヤゼムリャ群島が、ソ連共産党中央委員会と閣僚理事会によって核実験場として指定された（公式には「標的７００」と名付けられた）。この政府指令によって群島内の居住者全員が住んでいた村落から強制退去になった。先住民のネネツ族とロシア人ら計五三六人はまず、群島のほぼ中央に位置する村ラゲルノエに集められた[32]。「この居住区への退去は強制的なものだった」と、レオニード・セレブリャニイが記している。「自宅から追い出された人々は、小舟や発動機、漁網などの所有物は置いていくよう命じられた。飼い犬は軍によって安価に買い叩かれるか、撃ち殺された」。ノバヤゼムリャの住民は二年間にわたりラゲルノエで拘束下に置かれたが、窓すらない小屋に入れられ、猟に出たり働いたりすることは禁じられた。一九五六年になると彼らはロシア本土へ再び強制移住させられた[33]。

一九五五年九月、ノバヤゼムリャでの最初の核実験が海中施設で実施された。実験場は常に海軍の管理下に置かれていた。核爆発の舞台となったのは南島のチェルナヤ湾で、ここは三カ所設けられた実験地区のうち最初の場所だった。ソ連はノバヤゼムリャで総計二二四回の核爆発を実施するが、うち八八回は大気圏内核実験だった。地球上で爆発した核兵器として史上最大となったのが、一九六一年に実施されたRDS-202「ツァーリ・ボンバ」の大気中核実験（コードネームは「大男イワン」）で、出力は五〇メガトンに達した（米国が実施した最大の核実験であるブラボー実験は一五メガトンである）。ツァーリ・ボンバが炸裂したのは、すでに無人となったかつてのラゲルノエ居住区に近い、北島の南端部だった[34]。この怪物じみた核爆弾の影響は途方もなかった。「〔即時〕致死水準の影響が記録されて住居群が破壊された地帯は、爆心から一二〇キロ地点にまで及んだ。眼球に損傷を起こす水準となると二二〇キロまで拡大し、大気中の衝撃波は七〇〇キロ離れたディクソン入植地でも観測された。九〇〇キロ地点でも窓ガラスが損傷した」。この爆発による放射能の影響は世界中で記録された。「放射性降下物の進んだ方向は主に二つ観測され、①まっすぐ南方に向かった流れはカスピ海まで達し、②オホーツク海に向かった流れはノバヤゼムリャから南東方向へ数千キロメートル伸びた[35]」。

多くの研究によって、この地域の生態系にはさまざまな放射性核種が充満していることが確認されている。それぱかりか、ノバヤゼムリャ周辺の海域は軍事由来の放射性廃棄物を大規模に投棄するために使われたため、ロシア北極圏部はさらに汚染された[36]。二〇〇九年の研究では、ロシアの科学者たちは「ノバヤゼムリャ諸島の外縁部にある水深の浅い複数の湾内に相当量の放射性廃棄物が投棄されている」と指摘しており、例として「原子炉の構造物、船舶群、一隻の潜水艦、低レベル放射性廃棄物が入ったコンテナ群」が挙げられている。廃棄物投棄によって、高濃度のセシウム137や何種ものプルトニウム同位体で、この地域全体がさらに汚染された[37]。二〇一八年には、ノバヤゼムリャの群島が位置するカラ海における廃棄物投棄による放射線の影響を調査している科学者たちが、核実験場における大気圏内核実験で相当量の放射性核種が生成され、フォールアウトが降り注いだ先の氷河が、近年になって温暖化で融解しているため海中に放出されるという、新たな方向性の放射能汚染が生じていることを指摘した[38]。

ネバダ（米国の核実験）

米国は一九四五年に最初の核実験を、ニューメキシコ州ロスアラモスにあり、爆弾を設計製造したマンハッタン計画の研究所から、数百キロ南方の地点で実施した。前述のように、米国は「太平洋兵器試験地域」での実験を一九四六年からマーシャル諸島において始めた。一九四九年にソ連が核保有にこぎ着けると、米国は核戦争を実際に戦う準備として、実際の軍要員を戦場で動かす演習ができる第二の核実験場を必要とするようになった。さらに、兵器の設計担当者たちは、太平洋と往復する出張に長時間を要するのが、実用可能な水爆を開発するというソ連との競争の中で足かせになっていると不満をためていた。こうした目的を達成するため、米国は一九五〇年初め、国内に核実験場を設立することを決めた[39]。平坦で過疎、人口集中地から遠いことといった条件で複数の候補地が検討されたが、軍の作戦計画官らはほどなくして、ラスベガスから約一〇〇キロ北の地点に決定した[40]。ネバダ核実験場は一九五〇年末に創設され、同時に開設したキャンプ・マーキュリーには核実験に参加する兵士たちが交代で出入りするようになった。ネバダ核実験場での第一回実験は一九五一年に行われたが、未臨界実験や仮想実験は現在もなお、ここで続けられている[41]。

当初は事実上無人の地と記されていたが、ネバダ核実験場の風下にあたる地域には、アメリカ先住民とモルモン教徒たちが暮らしていた。ただ、どちらの社会も一九五〇年の米国ではほとんど政治力をもたなかった。ユタ州やアイダホ州の風下住民たちのところにはこの頃、実験場立地選定の一因となったのは、彼らが「社会的に有用性が低い層である」とみられているためだと記されたＡＥＣの特定文書が、内部告発者から送りつけられてきたという[42]。米国の核実験を当時統括していたＡＥＣの方針では、ネバダ核実験場では風が東または北向きに吹いている時にだけ実験をすることになっていた。通常この地域では風は東向きでなければ、むしろ南寄りに吹いており、その方角にはラスベガス、さらにロサンゼルスという人口の多い大都市があった[43]。東方にあったのはアメリカ先住民とモルモン教徒の数千人単位の居住地だったため、ＡＥＣは明確な方針として、ネバダでの核実験は風がネバダ州東部からユタ州南部一帯に向けて吹いている時のみ実施する政策だった[44]。当該地域で最も人口の多い町はユタ州セントジョージで、四五〇〇人が暮らしていたが、フォールアウトの雲によって頻繁に放射線を浴びた。一九五五年に開かれたあるＡＥＣ会合で、委員長のルイス・ストローズは実験によってセントジョージの汚染が多発していることの不都合を「なぜだか、いつもフォールアウトで覆われてしまう」と嘆いた。ＡＥＣのフォールアウト専門家、ジョン・ビューガーは、セントジョージの問題は基本的には「広報上の問題」であると進言し、委員のウィラード・リビーは、ネバダ核実験場の風下に住む住民について「彼らは現実と折り合いを付ける術を学ぶ必要があるんじゃないか。フォールアウトはその現実の一部だろうに」と軽口を叩いた[45]。

ネバダ実験場の東側に住む人々は、放射能汚染の対象として南側の都市部に住む人々よりも適切だと考えられていたとはいえ、彼らは米国籍をもつ市民であり、マーシャル諸島民と比べれば保護を受けていた。米政府は明確な政策として、ネバダ核実験場では低出力の原爆しか実験しない方針で、より高出力の水爆はすべてマーシャル諸島で実験が行われた。この植民地主義的な優先順位の論理が、ネバダ核実験場の風下地域住民を懐柔する際にも持ち出されたことが、政府の公式文書からうかがえる。一九五三年にAECが発行した『米本土での兵器試験に関する市民の安全確保』と題する刊行物は、「高出力の爆発は、求められる安全水準に照らすと米国内で実施することはできないため、エニウェトクの太平洋兵器試験地域に射爆場やその他の支援施設の建設が進められている」と説明していた。[46]

風下住民に配られた別のAECパンフレットには、地元住民を安心させるために、「ネバダでの実験爆発で放出されるエネルギーは、太平洋での大型原爆や水爆によって放出される莫大な量と比べればごくわずかです。いわゆる「H爆弾」〔水爆のこと〕の実験はネバダでは行われません」と記されていた。[47] ネバダ核実験場の風下住民は「有用性が低い層」とみられていたにせよ、ほとんどが白人のアメリカ人だった。高出力核兵器による放射性降下物は、米国にとって自国民の地域社会に対して許容できる被害水準を超えていたが、マーシャル諸島民に関しては「広報上の問題」としてすら捉えられていなかったのだ。

どちらの実験場でも米軍の軍人軍属は定期的に放射線にさらされた。トーマス・サッファーは若い海兵隊員として、一九五七年に行われたプラムボブ作戦の期間中に実動演習に参加するためにネバダ実験場へ送られた。彼を含む一一三三人の米兵が、一九五七年六月二四日、ショット・プリシラ作戦に参加し、「幅二・五フィート、深さ五・五フィート」の塹壕の列に入れられた。演習での「放射線防護手順」の一環としての規則では、「核爆発から最低限の安全な距離を保つこと」とされていたが、サッファーが入っていた塹壕は爆心からわずか三・二キロしか離れていないのに、爆弾は三七キロトン、つまり広島に投下された原爆の二倍以上の威力があった。「私たちより前方の塹壕列は崩れ落ちてしまったので、埋もれた要員を掘り起こさなければいけなかった。旋風と振動がおさまった段階で我々は立ち上がって、火球が対流圏にまで立ち上っていくのを眺めた」とサッファーは振り返った。そして「突然、フォールアウトが降り始めた。陸軍の放射線安全担当者がガイガーカウンターを手にやって来て、我々にそれをかざすと、チリチリという音が聞こえた。その後、列ごとに全員が箒ではたかれた。当時の常識では、埃を除去すれば放射線も除去できるはずだった。つまり、それで我々は「除染された」ことになっていた」[48]。

ネバダ核実験場では九二八回の核実験が実施され、うち二四回は米国と英国の共同実施だった[49]。多数の科学研究によって、米国全土を通して、実験による放射性降下物の存在と、発ガン・疾病率や若年死亡率の上昇との間には相関性が認められている[50]。一九九〇年、連邦議会が制定した放射線被曝補償法によって、「一度限りの給付金」が、「原子兵器の実験またはウラン採掘、精錬あるいは運搬によって放射線にさらされた後にガンまたはその他の特定疾患を発病した可能性がある」米国民で、規定によって指定された地域に居住していた人物を対象として支払われることになった[51]。

オーストラリアとキリバス（英国の核実験）

英国はマンハッタン計画の参加国であり、ローズヴェルトとチャーチルが結んだ一九四三年のケベック協定によって、米国と共有する形で核の情報を手に入れていたため、第二次世界大戦後、米国が協力関係を打ち切った後でも、独自の核兵器を開発するのは比較的たやすいことだった[52]。その核兵器をどこで実験するかのほうが複雑な問題だった。スコットランド北部の高原地方に実験場を建設する案が、ごく短期間検討されたものの、英国本土は核兵器を実験する場所としては、小さすぎるし人口が多すぎるとみなされた。英国政府の希望としては当初から米国がもつ実験場を借りたい意向があったが、カナダでの立地や、オーストラリア西海岸にある無人のモンテベロ諸島も検討し始めた。一九五一年に英国はオーストラリアのメンジーズ政権との間で、翌年からモンテベロ諸島で実験を開始することで合意した[53]。第一回核実験は「ハリケーン」のコードネームで一九五二年一〇月に実施され、さらに二回がモンテベロで一九五六年に行われた。一九五三年にはオーストラリア南部のエミューフィールドで二回の核爆発が実施されたが、この時はオーストラリア東海岸に相当な放射性降下物が降った。エミューフィールドはあまりに遠隔の地だと考えた英国は、よりアクセスがしやすい地点に常設の実験場を開設するよう要望した。一九五五年、オーストラリア南部でエミューフィールドからもそれほど離れていないマラリンガが核実験場として選定された、と両国政府が発表した。マラリンガでは一九五六年から五七年までに計七回の実験が行われた。[54]

これらの実験時には、アボリジナルは市民権を与えられておらず、事実上何の政治力も地位も持っていなかった。エミューフィールドとマラリンガにはどちらも、複数のアボリジナルの部族が暮らしていたが、オーストラリア政府と英軍は、そうした人々は遊牧民であるので、現場の土地は「事実上、無人の地」であるとみなした。ウォルター・マクドゥーガルは英連邦供給局のオーストラリアでの監視官を務めており、その職分は英国の核実験活動（および、隣接するロケット発射場での活動）が当該地域に住んでいたアボリジナルの社会に害を及ぼさないよう保障することだった。マクドゥーガルは危険にさらされるアボリジナルの共同体に純粋に同情心を寄せていたが、助手が一人いるだけの態勢で、数千平方キロの砂漠地帯を調査しようというのは不可能な仕事だった。人類学者のキングスレー・パーマーはマクドゥーガルについて「彼は、のちに実験場となった砂漠地帯に居住するアボリジニー〔アボリジナルに対する蔑称〕の数を特定するよう義務づけられていたが、一〇万平方キロにわたって拡散する先住民人口の正確な数は、一個人ではとても正確に把握できなかった」と形容している。[55] マクドゥーガルが出した提案、あるいは提起した懸念はいずれも即座に却下された。英国のオーストラリアでの核実験による軍人および文民の被曝について調査した王立委員会が一九八五年に出した報告書には、英政府核実験計画の首席科学者だったリチャード・ペニーが、マクドゥーガルに関して「ごく少数の先住民の事情を英連邦全体より優先させていた」と苦情を述べたと記されている。[56] マクドゥーガルは砂漠地帯の核実験場は廃止されるべきだと言明したが、核実験は、立入禁止区域に指定された土地に実際には多数の人々がなお居住する状態のままで進められた。[57] 一九五三年に実施されたトーテム核実験で、核爆発が起きたエミューフィールドの爆心地点には現在、放射線の危険性を警告する石板が置かれている。そこには「放射線の危険／ここから数百メートルの／放射線レベルは／定住できる範囲の値を／超えている可能性あり」と書かれている。その地域に昔から住み続けているのはアボリジナルの人々だが、警告文は英語でしか書かれていない[58]。

歴史学者のロジャー・クロスは、マラリンガ・ジャルティジャ族のエディー・ミルプディーと彼女の家族がどのように実験場地点へと入り込んでしまったかを具体的に記している。「マラリンガでの核実験が始まる前年の一九五五年、ミルプディー家はオオルデアのエヴェラード山地から出発した。その時点で彼らは、アボリジナルの人々がヤラタへ強制退去させられたことを知らなかった。新たに出現した、埃の立つわだちのネットワークを道路代わりにたどりながら、幾千年もの間に培ったその大地に関する知識も頼りにしつつ移動した。古い岩泉の流れに沿って水を確保しながら、一見すると一滴の水もない大地を旅して、最終的にマラリンガにたどり着いた。周辺には「警告：放射能汚染地域に近づいている。すべての通知に注意せよ」という看板がいくつも立てられていたが、エディーも家族もそれを読めなかった」。ミルプディー家の人々は英国軍やオーストラリア軍のさまざまなシステムの中では不可視化された存在だった。彼らはここで放射線に接し、両国軍がまき散らした粒子による汚染と、アボリジナルの人々が取り扱われる非人間的な手法を、身をもって知ることになった。

一九五六年一〇月四日にあった第二回の核実験は、「マルクー」地点の地上で炸裂した一・五キロトン爆弾によるものだった。その後には巨大なクレーターが残された。一九五七年五月一四日、エディーと夫、子どもたちはこのクレーターそのもので野営していた。エディーは、兵士たちがやって来て一家をマラリンガの村へと連行したと語る。それはショッキングな旅となった。彼らは自動車に乗った経験がなく、そこら中に嘔吐した。マラリンガでは生まれて初めてシャワールームに入れられ、石けんの泡を入れてしまったので、目を痛めた。

四、五回シャワーを浴びせられた後になって、ガイガーカウンターが適切な放射線レベルを示したので、やっと服を与えられた。一家が飼っていた猟犬四匹は、兵士たちが撃ち殺した。何の医療的対応策もなかった。エディーは当時、妊娠していたが、その後、死産し、胎児を自ら埋葬することになった。大地を覆った毒のせいだと彼女は信じている。次の子は一九六三年に二歳で脳腫瘍のため亡くなり、次の子は超未熟児だった。(59)

この一連の出来事はのちに王立調査委員会が実施したオーストラリアでの核実験の歴史調査の中で記述され、「ポム事件」と呼ばれている〔ポムはイギリス人に対するオーストラリアでの蔑称〕。

英国とオーストラリアの政府は、水爆実験はオーストラリアではしないという協定を交わしていた。英国はそのため、「グラップル」の作戦名を付けた初の水爆実験に向けて、別の実験場を設ける必要があった。(60) アメリカ人たちの先例にならって彼らが注目したのは太平洋の小さな島嶼群で、そうした地域ならば、巨大な出力の爆弾を炸裂させて大量のフォールアウトを出しても大丈夫なほど、十分に「人口が多い地域」からは離れていると考えられていた。(61) 新たな核実験のために彼らが選んだのは太平洋中部のモールデン島だった。実験の準備はクリスマス島から進められた。二つの島はライン諸島に属し、そこは一九一九年から英領ギルバート・エリス諸島の一部に組み入れられていた。ギルバート諸島の大半は一九七九年に英国から独立し、キリバス共和国となった。当初、ライン諸島のほうは米国の統治下に置かれていたが、一九八三年に独立してキリバスに統合された。(62) 一九八三年に放映されたBBCのドキュメンタリーで、英空軍爆撃司令部の中隊長、ローランド・ダックが次のように回想している。「我々が最初に実験場選定の任務を与えられた際、一番賢明で、かつ簡単な方法は、大量の水が存在する地点を見つけることだと考えた。この地球上で最大の水塊で、最も陸地が少ないのは太平洋だ。そこで我々は太平洋の地図を引っ張り出してきて、くじの当選者を決めるみたいに指を地図に降ろして、クリスマス島とモールデン島を選んだというわけだ(63)」。ジャーナリストのニック・マクレランは英軍の報告書から、ギルバート諸島での水爆実験による人間居住地域への放射能汚染に関する影響を推定している記述を見つけた。そこでは、被曝の可能性は文化的背景によって異なると考えられていた。「靴を履き衣服をまとい、体を洗う習慣がある文明国の国民であれば、これだけの曝露機会ならば考えられないような水準の被曝量が、そうした習慣のない未開の人々については考えられる。

図 5-2　キリバスのクリスマス島で英軍が核実験場跡地に放置していった施設（2017 年，筆者撮影）

［中略］グラップル実験のフォールアウトが降下する可能性のある地域には、衣服もほとんどまとわずに船に乗った人々がいるかもしれないが、これらの人々は後者の未開のカテゴリーに属する」。その後、この軍報告書が英国の国防相に提出された会合では、見解は短縮されて次の一文となった。「人間に対する健康上の危険は極小であり、未開の人々についてのみである」[64]。

英国は一九五七年から五八年にかけて、モールデン島とクリスマス島で計九回の核実験を実施した。少数回の実験を通じて水爆の起爆にこぎつけるという点では、これらの実験の成功度合いはまちまちだったが、三度目の実験は完全に成功し、英国は三番目の水爆保有国になった。グラップルXと呼ばれた実験は、一九五七年一一月八日にクリスマス島南東部の一キロ上空で一・八メガトンの爆弾を炸裂させた。一九五八年四月二八日のグラップルY実験は出力三メガトンで、英国としては史上最大規模の実験となった。グラップルY実験では、クリスマス島南東一・六キロ沖で空中投下した爆弾を上空二・五キロで起爆した。しかし、「爆発は予想したよりも海面に近く、爆風が大量の海水と固形物をキノコ雲と一緒に吸い上げ、放射能で汚染した」ことから、その後、海上の英海軍の船団や、同島内で人が居住している北部にある軍事基地の本部にフォールアウトが降り注いだ。ニック・マクレランが一九九八年にインタビューした女性、スイ・キリトメは、実験当時はまだ若く、クリスマス島に住んでいたが、大方の住民同様に、一時的に英海軍の船舶に退避させられたと言い、次のように回想した。「実験からしばらくして、私の頭や顔に異変が起きました。髪の毛を梳くたびにごっそり髪が抜け、顔や頭皮、肩の一部にやけどのようなものができました。とくに顔がひどくやられたのは、爆発で生じた黒い雲が私たちの頭上にできたのを見上げていた時に、小雨が直接、私の顔に降り注いだからです[65]」。ポール・アーポイは、英海軍の在フィジー志願予備役兵として、一九五七年にモールデン・クリスマス両島での七回の核実験で英軍を支援する任務に就いた。アーポイは、実験中に目を開けたら「眼球が溶け落ちる」と警告されていたため、爆発の瞬間は手のひらで両目を覆っていたところ、手の骨の影がまぶたの裏に映ったのが見えたという[66]。

キリバスのキリティマティ（クリスマス島）ヒバクシャ協会の指導者、テエウア・テトアは、二〇〇三年になってクリスマス島を訪れた核実験経験者の元英軍人やBBCの記者たちから、元軍人やその子どもたちはこの環礁での核実験の際に放射線被曝した結果、ガンを患ったという話を聞かされ、クリスマス島の住民も同様の被害に遭っているはずだと伝えられたと振り返った。島民側はその話をすぐには信じなかったが、「二〇〇九年と二〇一〇年に、ガンで死んでしまう子供たちが出て、我々の協会メンバーも多数が亡くなった。その時になって、前に聞かされた問題のことを思い出した[67]」。クリスマス島のヒバクシャたちは補償や医療支援、そして何よりも、なぜ英国人たちは水爆を実験するために英国から地球の裏側にある彼らの島にまでやってきたのかという問いに対する答えを得ようとしたが、徒労に終わった。

一九五八年に英国は米国との間で米英相互防衛協定を結び、「両国は互いの「原子兵器の設計、開発および製造能力」を向上させるために機密情報を交換できる」ことになった。[68] 一九五八年末から六一年夏にかけて、米国、ソ連、英国は核実験のモラトリアムに入っていたが、モラトリアムが崩れた後は、米国が原爆実験を再開した舞台となったネバダ核実験場が、米英相互防衛協定によって英国の核実験にも提供されるようになった。一方、政策的判断として、米国の水爆実験は太平洋地域にとどめられた。米国は、高濃度の放射能で汚染されてしまったマーシャル諸島のビキニ・エニウェトク両環礁で核実験を再開するわけにはいかないと考えたため、米国の水爆実験は、英国がクリスマス島に設けた実験場と、その北西にあるジョンストン環礁に舞台を移した。[69] 一九六二年、米国はクリスマス島およびその周辺で二二回の核実験を実施し、そのうち五回はメガトン級だった。

アルジェリアと仏領ポリネシア（フランスの核実験）

フランスはこれまでに二一〇回の核実験を行ってきたが、英国同様、自分たちの国内では一度も実験をしていない。軍縮専門家のタリク・ラウフは、「フランスは自国の核実験はすべて「フランスの領土」で行ってきたと主張しているが、これは植民地がフランスのものだという前提に立った帝国主義的主張にほかならない」と指摘している。[70] 一九五〇年後半、フランス政府が核開発の意思決定をした際、実験場の場所を選ぶための大きな障害になったのが、帝国としてのフランスが衰退に向かっており、植民地の中から選べる候補地は限られている上に、往々にして敵対的な環境が生じているということだった。仏軍が好ましい選択肢と考えたのは、まだフランスの植民地だったアルジェリアのサハラ砂漠地帯だった。しかし、一九五四年からアルジェリア人たちによる独立闘争が始まっており、核実験を実施支援するための大規模な軍事施設を砂漠に構築するというのは疑わしい投資と言えた。もう一つの選択肢は南太平洋にあるフランスの複数の植民地領が考えられたが、フランスが長年放置してきた地域のため、飛行場や電力、実験を遂行するために必要な物資や人員を収容する能力を完全に備えた建造物などのインフラに欠けていた。さらに、フランスから見れば地球の裏側で、大型貨物機を飛ばすにしても途中で外国の飛行場で給油しなければたどり着けない。そうした航空機に軍事機密に関わるような物資を搭載しなければならず、しかも場合によっては放射性物質を積み荷として運ぶことになるため、フランスとしては、このシナリオは避けたいところだった。[71] フランスはアルプスやピレネー山脈でも候補地を検討したが、それは地下核実験についてだけだったし、最終的には、フランス国内の都市への水道の供給源となっている地下水を実験による放射能から確実に防護するすべはないという結論に達した。[72] だが、そのほかの植民地だった各候補地については、そうした形で生態系に及ぼす影響を広範に調査するようなことすらなかった。

一九五六年、フランス政府はアルジェリアのサハラ南部地域で実験準備を進めることを決めたが、独立戦争のことを考えると長期的に継続できる可能性は疑わしかった。それはあくまで暫定的な措置という位置づけだった。ほぼ同時期に、仏領ポリネシアでのインフラ整備と、さらに重要な課題として、フランスの核実験に対する受け入れ環境を政治的に整える方針が決まった。[73] この二本立ての路線の背後には鍵となる要因が二つあった。まず、アルジェリアにある軍事基地へのフランスのアクセスは失われる可能性が高かった。また、フランスはアルジェリアでは、大気中の水爆実験を大規模な抗議なしに実行できるとは考えられなかった。こうしたことから、アルジェリアでのフランスの核実験について開始準備が進められているのと同時並行で、南太平洋での実験場候補地探しが始まった。[74]

第一回のフランスの核実験は、アルジェリア南西部のレガーヌ付近で一九六〇年に行われた大気圏内核爆発だった。これは国際政治上、大胆な動きと言えた。当時、既存の核保有三カ国が核実験のモラトリアムに入ることで合意していたため、丸一年にわたって、世界中どこでも核実験は起きていなかったからである。[75] フランスは大気中核実験を四回行った後、さらに南東に向かった二カ所を実験場に、一三回の地下核実験を実施した。[76] この時期の核実験を特色づけるのは、この土地に先住するトゥアレグ族の人々に対して事前の警告や安全対策がいっさい抜きで行われた結果、多くのトゥアレグ族が相当程度の被曝をしたことである。「実験の影響を受けたアルジェリア人の推定人数は、フランス国防省が依拠する二万七千人から、アルジェリアの核物理学者アブドゥル・カディム・アルアブディが挙げる六万人まで開きがある」[77]。

ずさんな実験体制のせいで、軍人や実験場の労働者たちも危険なレベルで放射線被曝したが、とりわけひどかったのが一九六二年春に「ベリル」の作戦名で行われ、失敗に終わった地下核実験だった[78]。フランスが実施した各地での核実験に電気技師として従事していたジャン＝クロード・エルヴューは、ベリル実験では山肌が爆発で崩壊し、兵士や労働者、視察に来ていたフランスの閣僚たちが放射性の粉塵にさらされたと回想している。「誰もが走って逃げた。二人の大臣もその中にいた。彼らは軍の兵舎内でシャワーに入れられ、放射線レベルの検査を受けたが、雑な除染策でしかなかった。「裸の大臣たちを目にすることなんてあまりない経験だ」とエルヴューは笑った。「シャワーで我々の体や衣服は洗浄されたが、我々が呼吸したり食道から取り入れたりした物質は取り除けなかった」[79]。

一九六二年夏にアルジェリアが独立戦争に勝利したことで、実験計画は複雑な状況に置かれた[80]。エビアン条約によってフランスはアルジェリアの独立を承認したが、一方でアルジェリア内の基地での特定の軍事活動については五年間継続できる密約を取り付けた。この密約によってフランスは一九六六年まで地下核実験を継続することができた[81]。サハラ砂漠の実験場から最終的にフランスが撤退した際、彼らは除染をほとんどしなかったのはおろか、地元住民に対して、その村落の近辺に危険な放射能汚染地帯があるということを明示したり警告したりすることもほとんどなかった。フランス人たちは「大きな穴を掘って、そこに資材をすべて投棄した。そして、砂で覆っただけだった」と、元基地従業員のムハンマド・ゼングイは語る[82]。

一九五八年、フランス軍は南太平洋の植民地での核実験に向けた準備を始めた。タヒチ島を除けば、これらの地域は太平洋のあちこちに散らばる、小さな島か環礁を束ねた領土にすぎなかった。相当規模の開発プロジェクト抜きで核開発に適合するような場所はなかった。フランスの軍幹部や政治指導者たちが、植民地の中から可能性のある場所を探した際、ニューカレドニアはすぐに除外された。オーストラリアやニュージーランドへの距離的な近さからみて、政治的に植民地体制の内側に反対を封じ込めておくのは無理だろうと予想されたからだった。歴史学者のジャン＝マルク・ルニョーは、地下核実験場選定委員会の長だったジャン・ティリー将軍がジャン・ロベール軍事利用部長宛てに一九六一年に出した書簡で、太平洋地域での実験場選定にあたっては「基本的に政治的配慮に基づいた決定」を下す必要がある、と記したことに留意している[83]。

そうした政治的な決定の結果として、仏領ポリネシアの南東端に広がるトゥアモトゥ列島に属するガンビエール諸島の、ムルロアとファンガタウファの両環礁が選ばれた。ここでフランスは一九六六年から九六年までの間に一九三回の核実験を実施した。この実験場を核実験のために確保し、サハラ砂漠の実験場のように反植民地運動によって失わずにすむよう、フランスは地元のポリネシア独立運動を制圧しておく必要があった。仏領ポリネシアで最も有力な反植民地運動指導者はポウヴァナー・ア・オーパだったが、フランス当局は彼が暴動を企図してパペーテ（タヒチの州都）を焼き払おうとしたという容疑をでっちあげて、すぐさま彼を投獄した。ポウヴァナーがフランス本土で囚われの身になったため、ポリネシア独立運動は現地の指導者を欠き、足並みが乱れた[84]。ポウヴァナーが率いていた政党は二つに分裂し、ジョン・テアリキが指導する独立系政党タヒチ人民主連合がタヒチ議会で多数派議席を占めるようになった。自治権をもつ立法府とはいえ、この議会は実際にはほとんど権限をもたなかった。テアリキの党は仏領ポリネシアでの核実験実施について住民投票を義務づける法案を起草した[85]。しかし、フランス政府に任命された知事はこの動きを拒絶し、「国防問題への介入」にあたるとして法案を却下した[86]。

人類学者のベングト・ダーニエルソンは「ムルロア環礁で地下核実験に使える土地は、環礁の南側に二三キロにわたって伸びる細長い土地しかなく、それ以外の場所は実験場や倉庫、滑走路、居住区画などで建て込んでいた」

と描写している。「建築着手後の五年間で、公式発表によれば、実験する爆弾の出力に応じて深さ八〇〇メートルから一二〇〇メートルまでの立て坑四六本が掘られた」[87]。一九六六年の実験開始後まもなく、シャルル・ドゴール大統領が、核実験視察のため仏領ポリネシアを訪問した[88]。当初は同年九月一〇日に予定されていたベテルジュース実験はしかし、風向きが悪く、わずかな先住民が主体の島々や環礁しか存在しない東向きではなく、仏領ポリネシア内でも人口が集中する島々の方角に向けて吹いていたため、延期になった。待たされることにうんざりし、早くパリに戻りたいと考えたドゴールは、気象条件にかかわらず九月一一日に実験を遂行せよと命令し、それが放射線災害を引き起こした。「ニュージーランド国立放射線研究所がクック諸島、ニウエ、サモア、トンガ、フィジー、ツバルに設置した観測所は直後から、高濃度の放射性物質降下を測定した」[89]。

フランス政府当局者や実験場の科学者たちは、ベテルジューズ実験の前には「人が居住している島には、放射性降下物は分子一つすら届くことはない」と主張していたが、風下の近隣諸島に住む人々を被曝させようとしていることは明確に認識していた[90]。予防措置らしきものがわずかに講じられた状況からは、地元住民が、まともな人間と見なされないほど周縁化された集団として取り扱われていた様子が浮き彫りになる。ダーニエルソンは「トゥアモトゥ列島で人が居住している五〇の環礁について言えば、最も東よりの三環礁には大急ぎでシェルターが建設された。一九六八年には核実験があるたびごとに、不運な島民たちはこのシェルター群に一日か二日閉じ込められ、彼らの家々も毎回、海水を浴びせられて「除染」されなければならなかった」と記している[91]。

兵士や契約業者、そして実験場地域の住民に対する放射性防護も著しくずさんだった。一九七一年六月一二日、フランスはムルロア環礁での四四〇キロトン核爆弾による「アンスラード」実験を行った。ヤン・カンボンは約一一〇キロ南のトゥレイア環礁にある放射線安全部で働くカメラマンだった。実験から数時間が経過した午後、大量のフォールアウトが雨と共に降ってきて、トゥレイア環礁の放射線レベルは急上昇した。カンボンは自分のガイガーカウンターの計測範囲をミリシーベルト単位からシーベルト単位へ調整したが、それでも警告音が「鳴り続けていた」という。「子供たちが地面にあるものを手に取って食べたり、兵士たちが雨水をためた水で歯を磨いたりしていた」とカンボンは回想する。水源となる貯水池はシャワーや洗濯にも使われていた[92]。

タネマルアトゥア・ミシェル・アラキノは、ムルロア環礁から四五〇キロ離れたレアオ島生まれで、核実験で海中にできたクレーターからサンプルを収集する仏軍部隊でダイバーとして働いていた。水深六〇メートルの海底に掘られた地中約一キロの立て坑底部で爆弾は起爆されることになっていた。アラキノやほかのダイバーたちは海底まで潜り、放射能の影響を計るための生物学的なサンプルを採取した。ダイバーの潜水は爆発の直後に始まり、その後「六時間おきに」潜水を繰り返した。最初の核実験の際にはウエットスーツを着用せずに潜水させられた。アラキノは放射線由来の疾患を発病し（フランス政府が公式に因果関係を認めている）、自分の子どもたちが放射線による遺伝子障害を受け継ぐのではないかと心配している[93]。

第4章で詳述したように、最近になってフランス政府は、南太平洋、とくにタヒチでの放射能汚染は以前認めていたよりもはるかに危険な水準だったことを確認した[94]。本書が刊行準備に入ってからの発表で、仏領ポリネシア全体での広範な汚染の衝撃的な証拠に加えて、フランス政府の政治軍事機構が組織的にそうした事実を隠蔽してきたことが明らかになった[95]。二〇二〇年に行われた研究調査では、ニュージーランド政府がフランス核実験への抗議で派遣した海軍艦船に乗船していた水兵らの発ガン率が有意に上昇している。これらの艦船は当時、相対的に小規模の核実験の際も、実験場の風上で、しかも一二カイリの侵入禁止水域の外側にとどまっていた。それでも、ニュージーランド海軍の艦船オタゴおよびカンタベリーの元乗組員を対象にした調査では、子の世代で生殖能力の低下がみられている[96]。仏領ポリネシアの政治家であるモエタイ・ブラザーソンは国連のいわゆる脱植民地化委員会（正式名称は「植民地と人民に独立を付与する宣言」の履行状況調査委員会）で二〇一九年に証言し、ムルロア環礁の海底に掘られた立て坑群に投棄された放射性廃棄物が太平洋の海水に漏洩する危険性があると指摘し、「亀裂からみて、環礁が崩壊するのは時間の問題である」と警告した[97]。この放射性廃棄物の取り扱いは、フランス本土で履行されている同種の廃棄物の取り扱い基準に反している。「固形放射性廃棄物（sRAW）は、分類上低レベルのものも高レベルのものも立て坑の上部に捨てられ、セメントで坑道口がふさがれた。この手法はフランスの放射性廃棄物規制の基準に適合していない。通常であれば、こうした廃棄物はガラス化処理を施した上で、地学的に安定した地層構造内の、

図 5-3　タヒチ・パペーテにある，「1966 年 7 月 2 日広場」と呼ばれる，仏領ポリネシアでのフランス核実験の犠牲者に捧げられた追悼のためのマラエ（聖地）（2017 年，筆者撮影）

図 5-4　「1966 年 7 月 2 日広場」の一部には 2017 年，セミパラチンスクと広島，長崎からの石が敷かれていた。この追悼の地に込められたグローバル・ヒバクシャの連帯精神がうかがえる（筆者撮影）。

はるかに深い地点に埋められるべきである」[98]。ここでの汚染処理法は、徹頭徹尾、植民地を尊重しない帝国のやり方が端的に表れたものだった。

ロプノール（中国の核実験）

中国の核開発計画は一九五三年、中国科学院に原子力委員会が創設され、一九五四年三月一二日に中国政府がソ連との間で科学技術に関する協力協定を結んで始まった[99]。一九五八年、北京近郊で最初の実験炉が臨界に達した[100]。同年中に中国は、プルトニウム製造のための原子炉と化学的な再処理工場の建設を甘粛省酒泉で始めた[101]。一九六〇年に中ソ対立が公然化すると、ソ連は中国の核計画への支援を打ち切った[102]。中国政府が一九五八年に青海省金銀灘に最初の核兵器研究所と、のちに「221工場」として知られる製造工場の建設方針を決めた際、政府はその地域に住んでいたモンゴル人やチベット人の遊牧民を何千人も強制退去させた。「この計画のために退去になった遊牧民や農民たちは飢餓と弾圧、過酷な排斥に苦しんだ」。尹曙生は強制移住の遂行に加わった警察官だったが、二〇一二年の回想録で「当局は反革命叛乱集団に加わったかどで遊牧民約七〇〇人を金銀灘周辺で拘束した。過酷な取調べで一七人が命を落とした。九千人に及ぶ遊牧民が強制移動によって退去させられたが、身支度にはわずか一日ほどしか余裕を与えられず、一つの家族で二、三頭のヤクを連れていくことだけが許可された。何百人もが移動中に看守から暴行や虐待を受けて亡くなった」と記している[103]。

当初、核実験場の候補地を探す際には中国軍人にソ連のアドバイザーたちも付き添っていた。ソ連が推奨したのは新疆地方の砂漠で、中国は一九五九年に、新疆ウイグル自治区の塩湖ロプノールを実験場地点として選んだ。同自治区は中国最西端に位置し、人口は二千万人を超えていた。中国の実験場は、ソ連がセミパラチンスク付近に設けた実験場から約一千キロ離れた場所に作られることになった。[104]一〇万平方キロに及ぶロプノールの実験場区域は世界最大で、米国のネバダ核実験場の倍以上に相当する。[105]

中国は最初の核兵器実験をロプノールで一九六四年一〇月一六日に成功させた。「中国の原爆第一号計画のコードネームは「596」で、これは一九五九年六月にソ連が中国の核開発計画への協力を打ち切った「国恥」の時を忘れないという意思表示だった」。[106]中国がこれまでに実施した四五回の核実験はすべてロプノール実験場で行われ、うち二二回は大気中で、八回はメガトン級だった。中国は水爆用の設計に基づく弾頭の実験を一九六六年五月九日に実施し、最初の完全な水爆実験は一九六七年六月一七日に成功させた。[107]最初の核分裂性〔原爆〕実験から核融合〔水爆〕実験まで三年間で進展させたのは、あらゆる核兵器国の中でも最も速いスピードだった。

中国は自国の国境を越えて広がる軍事的帝国の版図をもたなかったので、ソ連や、米国が国内の候補地を探したときのように、核実験場の立地は国内政治上の要因で決まった。新疆地方は中国沿岸部の人口稠密地帯からは最も離れていた。さらに、そこは元来、中国の主要民族である漢族の土地ではなかった。新疆の人口の大半はイスラム教徒で、多様な民族から構成されていたが、最も多いのはテュルク系の流れをくむウイグル人だった。現地社会が多様なのは、シルクロードの交易や、モンゴル人やトルクメン人といったさまざまな征服者・占領者たちがやってきた歴史を反映してのことだった。中国では新疆の人たち、とりわけウイグル人に対する相当な差別の歴史が存在し、それが新疆をはじめとする中国各地で往々にして暴力的な抗議運動と衝突につながってきた。抗議の中には、核実験が実施されていた時期に、地元住民は意図的に放射能汚染の被害にさらされた、というものも含まれてきた。[108]反核運動の歴史家として知られるローレンス・ウィットナーは、「一九九三年三月、ロプノール実験場の外側で抗議デモをしていた一千人に向けて中国軍部隊が発砲したことから、怒りを爆発させた群衆は実験場本部を襲撃し、各種機器を壊して、軍事車両や航空機に放火し、何マイルも続く電気柵を倒した」と記した。[109]近年は、「再教育施設」という名目で一〇〇万人を超すウイグル人が強制収容所や監獄に入れられているとの告発が出され、国際的な人権危機にまで発展している。[110]

中国の国営新華社通信は二〇〇八年、核実験による放射能の影響を受けた軍の要員に対して、額は特定せずに、いくばくかの金銭が支払われたと伝えたが、民間人への支払いはおろか、犠牲者がいることへの言及もなかった。[111]中国の医師で新疆出身のエンバー・トフティと日本人物理学者の高田純は最近の研究で、ロプノールでの大気圏内核実験は中国全土で一〇万人単位の死者を出し、白血病やその他のガン疾患を発病する高い水準の放射線を浴びた人口は一二〇万人に達するとの推計を出した。[112]二〇一五年に酒泉付近の土壌を分析した中国人研究者らは警戒水準のプルトニウムを検出した。[113]これまでのところ地球上で最後の大気圏内核実験は、一九八〇年一〇月一六日にロプノールで実施された。[114]

むすびに

フランスはパリの風上で核実験をせず、ソ連もスターリングラード〔現在のボルゴグラード〕とモスクワの中間地点を核実験場にはしなかったし、英国の核実験はミッドランド地方〔イングランド中部〕では起きなかった。実験が遂行されたのは帝国の版図の最も周縁部か、国家としての国境内で最も遠隔の地だった。放射能を帯びたフォールアウトに曝露された人々は、自分たちの身体を、いわば冷戦が熱戦化する主戦場にされた。彼らは周縁化され、人間扱いを受けない集団として位置づけられていたがゆえに、犠牲の対象に選ばれたのだった。選択基準は彼らの人種、民族、社会経済的な地位と、文明と定義づけられるものから隔絶された場所にあったことだった。冷戦は経済システムや政治的イデオロギーの間での戦いとして定義づけられていたが、実際には、科学技術の恩恵を受ける者と、その洗礼を受けていない者との間における戦争であり、地球上の富める者たちと、植民地化された「利用価値が低い」人々との間で戦われた非対称紛争だった。そこでの彼らの利用価値は、空から彼らの土地や家々に降り注いだ放射性物質に曝露させ、水資源や食糧供給源に入り込んだ物質と一緒に生活させても、政治的な悪影響が起きないという点にこそあった。ヘンリー・キッシンジャーはこの点を、一九七〇年初頭にマーシャル諸島について言及した際に隠そうともしなかった。「あそこに住んでいるのはわずか九万人。誰が気にするというんだ」[115]。

どの核保有国でも、軍事計画部門が核実験場の立地を選定する際の科学的・戦略的な基準としては、人口の少なさ、植生を焼失させることなく実験を行える乾燥した大地、それからインフラや、資源と兵員の確保という点でのアクセスの良さなどが挙げられた。しかし、こうした基準をあてはめる際、例外なしというわけではなかった。近隣の住民が、当該核大国の主要な集団とは人種、民族、宗教的に異なる者たちである場合は、基準が違ったのだ。「植民地主義こそが、核兵器秩序が技術的かつ地政学的にうまく保たれてきた最大の鍵だ」とヘクトは記している。「実験場のある土地をリストにしてみればすぐわかる。ビキニ環礁、セミパラチンスク、オーストラリアのアボリジナルの地、サハラ砂漠、仏領ポリネシア」[116]。こうした土地の選定は科学的見地からなされたのではない。それは支配と征服を示す政治的選択だった[117]。

冷戦期に核開発のために放射能汚染を受けた地域社会はほかにもある。製造拠点の場所は、場合によってはウラン鉱山のような必要な資源の産出地に応じて最初から決められていた。ウランの精錬と濃縮、プルトニウムの抽出、そして核兵器の組み立てといった過程は、水や電気を使えるか、交通網に組み込まれているかといった実務的な必要性によって立地が決められた。そうした場所では今なお、周縁化や社会階級による陋習が存在しており、それは例えばハンフォードでの白人と、黒人やヒスパニック労働者との間の生活・労働環境の違いに見て取ることができる[118]。それでも、生産を継続する必要性から、それらの労働者は全員、相応に健康であることが求められたし、少なくとも最低限ながら報酬は与えられた。それに対し、核実験場の地元に暮らす先住民たちは、核戦争マシーンにとって忍耐以外には用途がないと見なされた。彼らの文化、コミュニティ、そして身体そのものは、核兵器の製造

体系からみれば取るに足らない存在だった。(119)

冷戦期に世界は政治的には二つのブロックに分断されており、核兵器の最終標的は、敵対する側の核兵器国だった。しかし、核兵器を開発し実験する必要性が、自陣営の内部にも溝を生んでいた。帝国がその版図内で、どこか遠隔の地をいったん確保さえしてしまえば、そうした植民地に居住する人々はたいてい、残留放射線の影響にさらされ、核実験の結果として汚染された大地や海と共に耐え忍ぶしかないのだ。大国の国内においては、民族的マイノリティや少数派の宗教コミュニティが標的となった。核実験場が立地した場所に住む人々は、一つの仮想の国《ネーション》を形作っている――実際の兵器を使って行われた、核戦争のリハーサルによって出た犠牲者たちで構成される国だ。彼らが住むのは、冷戦時の帝国支配下で孤立した周縁部である。植民地の支配者、あるいは国家の政府にとって、これらの人々が有する価値は、無視しても構わない存在だということだった。

第6章　限定核戦争としての冷戦

グローバルにみた核実験

雑誌『ライフ』一九六一年九月一五日号の表紙には、「市民用フォールアウト防護服」を着た男性が、視線の先を遮るように上方へ手をかざす写真が大きくあしらわれていた。見出しは、「どうやってフォールアウトを生き延びるか」。誌面には、ジョン・F・ケネディ大統領からの「すべてのアメリカ人」宛ての書簡が掲載された。「政府は、皆さんに対し、民間防衛体制を通じて地元社会でしっかりと守る体制づくりを進めています」というのが大統領の約束だった。「すべての公共建造物を対象に、シェルター設置の可能性を探る調査にすでに着手しており、これから一年半かけて完了します[1]」。大統領書簡に続く特集記事は、核兵器が爆発した場合は「標的から何百マイルも離れた地点の人々も壊滅的なフォールアウトに接することになるが、それは目に見えたり触ったり匂いをかいだりできるとは限らない。肌への接触が一定量に達すれば火傷したり吐き気を覚えたりする。フォールアウトはまた、食べ物や飲み水を汚染し、命に関わるような体内器官へのダメージを及ぼす」と警告していた[2]。

ケネディの上記書簡は一九六一年九月七日付だったが、そのほぼ一カ月後、一〇月六日に大統領は再び国民向け書簡を出した。今回は、市民防衛当局者からの警告を引く形で「放射性を帯びたフォールアウトは風下数百マイルにまで伸びる可能性があり、防護策のない住民に対する水爆攻撃による被害者の相当部分が、その地帯で生じうる」と記されていた。[3] しかし、ケネディ大統領はその六カ月後には、ジョンストン環礁とクリスマス島で三六発の核兵器(うち九発は水爆)を爆発させるドミニク作戦を承認した。[4] ケネディは結局、一九六二年のうちに九六発もの核兵器「実験」を承認することになる。これらの核爆弾、とくに水爆は、風下に置かれた地域社会にフォールアウトの雲をもたらした。大統領は、自国民にはフォールアウトの破滅的なリスクについて警告する一方で、同じ時期に、無数の人々に対してまさにその被害を負わせていたのだ。

歴史学者のマシュー・グラントとベンヤミン・ツィーマンは、冷戦は西側の人々の心理の中では基本的に想像上の戦争として築き上げられたと説明している。その当事国、そして一般大衆は、米国とソ連の間の直接核戦争を想定したが、「まさに「核爆弾」がその中心的象徴となった」。[5] 戦闘の想定は、ヨーロッパでの地上戦での核使用から、双方が武器すべてを多種多様な運搬手段に搭載し、互いに敵の軍備、インフラ、そして人口全体を標的として交戦する破滅的な場合までが考えられた。こうした想像上の戦争の各段階については、両陣営の核戦略家たちが細心の注意を払って検討を加えた。最悪の段階では、地球上に残されるのは、人間の政治・社会や人類という存在そのものが消失した「虫と草だけの共和国」になると想像された。[6] 第三次世界大戦という、熱にうかされたような悪夢が現実化することは結局なかったが、冷戦中に超大国がその準備作業にいそしんだことで、現実に何百万人もの人々が犠牲になった。こうした兵器の製造工程と実験を通じ、個々の人間ばかりか、複数のコミュニティ全体が、核兵器による放射線の影響を直接経験することになった。冷戦が終了した今、我々はその戦争の傷跡を目にすることはできるが、いったい何が起きていたのか説明できる物語を欠いたままである。

本書のこれまでの各章では、世界各地で核実験場になった複数の地域社会や環境生態系の荒廃を取り上げてきた。

こうした社会の人々は、攻撃をまともに受けても、不屈の力と臨機応変の知恵を発揮した。[7] 彼らは、絶え間なく崩壊し続ける放射線という兵器による照射にさらされた。その影響は目には見えず、確率論的にしか表出せず、しかし根強く継続する。学者たちはたいていの場合、こうした災害を個別の国家ごとのケースとして取り上げてきた――例えば、米国の核実験、あるいはフランスの核実験という形で。そうした研究成果は、国家や植民地の歴史、あるいは脱植民地化という時代の歴史を綴る中で不可欠な要素となってきた。しかし、グローバルな見地から、国家の枠を取り払って考えてみると、明らかにこれは限定核戦争だったと言える。まず、一九六二年を通じて実施された核実験を、国家を超えた単一の視点からみてみよう。

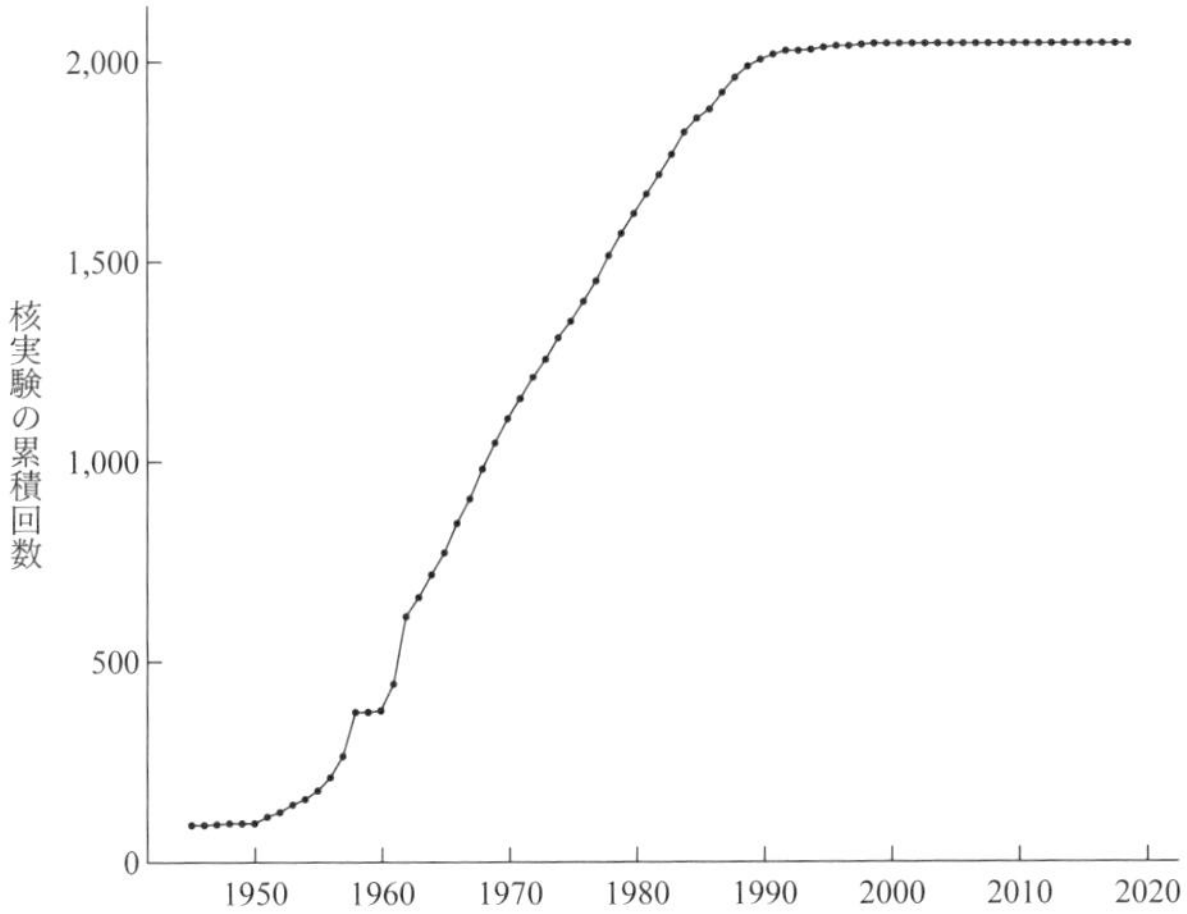

図 6-1　世界における核実験回数の累積総計（実施国を問わない場合）

出所）David Montgomery, “A History of Nuclear Testing in Nine Charts”（2021）: http://dhmontgomery.com/2018/02/nuclear-tests/.

　一九六二年、地球上では一七七回の核実験があった。前述したとおり、九六回が米国によるもので、ソ連は七八回、英国が二回、そしてフランスが一回だった。核実験の舞台は四つの大陸と、南太平洋の島嶼地域に及んだ。二六回は水爆実験だった。総計で一七七回行われたというのは、一九六二年には大まかに言えば平均して一日おきに核兵器が爆発していたという勘定になる。[8] これらの爆発の影響は実験場エリアに封じ込めておくことができず、グローバルにみれば、多数の地点に加えて成層圏にまで、フォールアウトによる相当量の放射性核種が拡散した。米国の研究者はネバダや、太平洋島嶼部での個別の実験シリーズに焦点を当て、ソ連の歴史を研究する学者は、カザフスタンでの実験とノバヤゼムリャでの

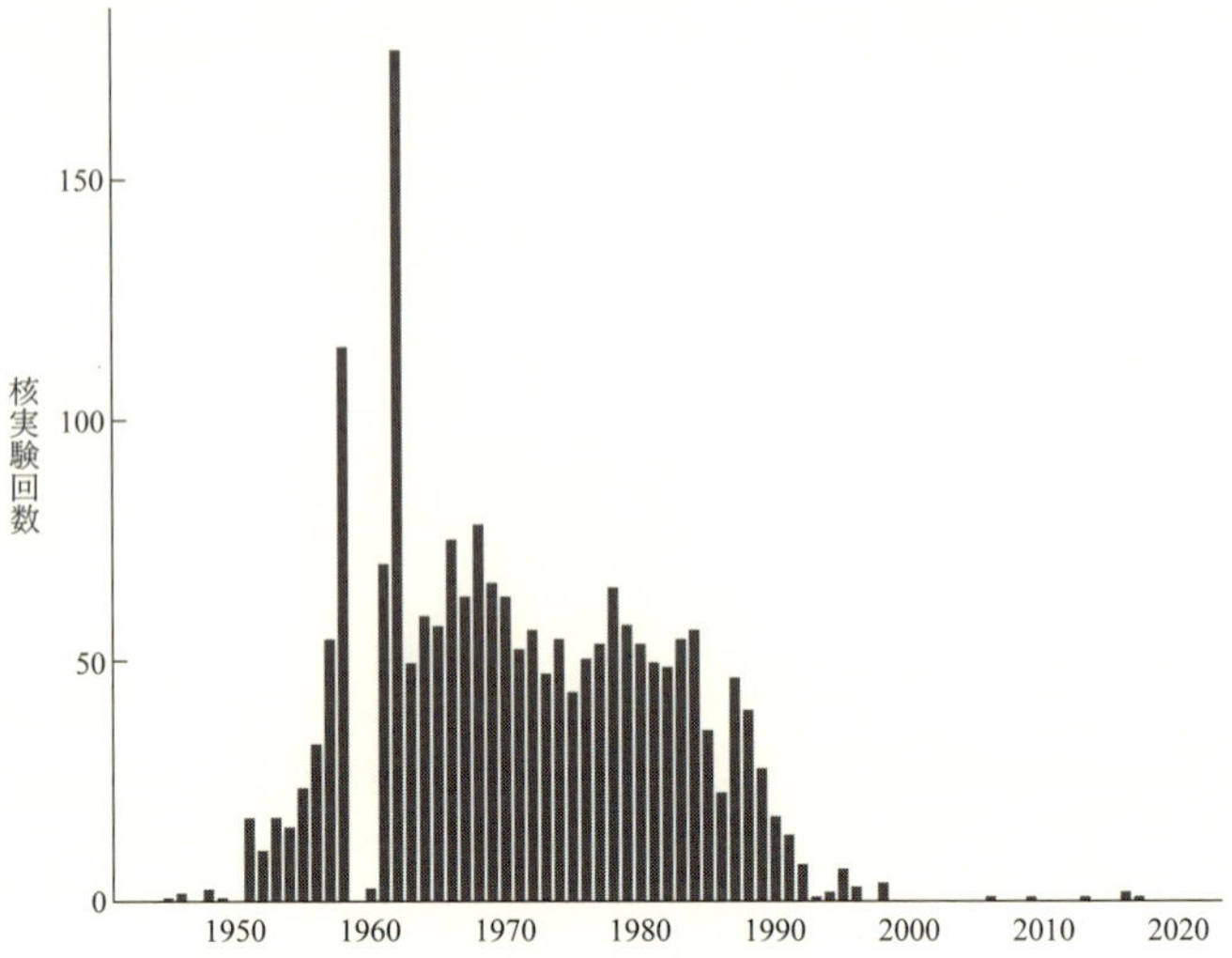

図 6-2　世界における年ごとの核実験回数（実施国を問わない場合）

出所）David Montgomery, “A History of Nuclear Testing in Nine Charts”（2021）: http://dhmontgomery.com/2018/02/nuclear-tests/.

実験の違いを解析してきた。フォールアウトによる放射能はヨーロッパ、アジア、北アメリカ、そして太平洋で拡散した。こうした実験を各地域の出来事、あるいは個別の事象として分析することは可能だ。だが、全体としてみれば、そこで浮かび上がってくるのは一つのグローバルな軍事行動であり、環境災害である。生態系の中に入り込んだ寿命の長い放射性核種、例えばプルトニウム239やウラン235の場合、長い年月（数十万年、あるいは数百万年単位）をかけてしか原子は崩壊しないため、最初の汚染地点が具体的にどこだったのかとか、核実験を実施した国がそこを選んだ際の政治的な配慮は、放射性物質の絶対量に比べれば、相対的に意味をもたなくなる。あらゆる観点からみて、一九六二年は、寿命の長い放射性核種が多数の地点に大量にまき散らされ、さらに大気圏高くにまで到達し、地球全体に伝播した年だった。放出された有害物質が致死性を帯び、かつ持続性が高いものだったことを考えると、核兵器が直接の戦闘で爆発することはなかったとはいえ、核兵器を用いた国際紛争と同様の負の遺産を生態系に残したといってよい。

この現象を一連の核実験と呼ぶか、あるいは限定核戦争と呼ぶかは、どこに視点を置くかという違いである。政治的な視点からは、敵対する勢力との交戦で核兵器が使われて国民が直接標的になったわけではないので、これは個々の国家による一連の核実験と見なされる。しかし、環境的視点からみると、これらは限定核戦争と呼ぶのがふさわしい。なぜなら、さまざまな放射性核種が多数の地点で生態系に大量に放出されたからである。ここまでの各章を通じてみてきたように、現実世界では、こうした軍事行動は人々の健康や、彼らが拠点としてきた土地と海に悪影響を及ぼし、多くの人々を苦難に陥れ、いくつものコミュニティが社会的な拠点を失うことになった。

地球規模の熱核戦争としての第三次世界大戦

冷戦の最中には、地球規模の熱核戦争が起きる可能性への不安は相当広まっていた。両核超大国の核軍備の大半が、数日か数週間のうちに実戦で起爆されてしまうという事態が想定されていた。冷戦後期にはそれは、数千発の核兵器がからむ事態となり、しかも大半がメガトン級の水爆だと考えられた。ハーマン・カーンはこの想像上の戦争を「無意識の痙攣のような戦争」と呼んだ。そこではどちら側も条件反射的に、コストがどれほど高くつこうが、相手陣営を完全に破壊する目的で自国の核を発射するものだと想定されていた。一つの社会全体を虐殺しておきながら、自分たちは何とか生き残ろうとする、必死の試みといえた(9)。

地球熱核戦争は一般には「第三次世界大戦」と呼ばれたが、そこで想像されたのは過去の大戦の尺度をはるかに上回る事態だった。第一次世界大戦と第二次世界大戦は、たしかに大虐殺や途方もない破壊を生んだものの、地球全体としてみれば、二つの大戦では紛争地域や軍事作戦の舞台から離れた場所、例えば南北両アメリカ大陸は被害を免れた。それでも、「大戦争」と呼ばれた第一次世界大戦での死傷者の多さは、想像を絶する水準だった。機械化された塹壕戦で何百万人もが挽肉機にかけられるようにして死んでいった。第二次世界大戦では、戦争の舞台は塹壕から都市の中心部へと広がり、ほとんどの交戦国が都市を標的とした爆撃に手を染めた。使用される兵器も焼夷弾から、核兵器、ロケットへと拡大した。ナチスが特定の人間集団全体の抹殺を企てたホロコーストでは、一二〇〇万人もの人々、しかもその大半は非戦闘員が犠牲となり、命を落とした。

「総力戦」という概念によって戦争は再定義され、戦闘員、非戦闘員、労働者とその家族まで含んだ社会全体が「正当な」標的なのだと考えられるようになった。軍事史家たちは、この紛争理論の源流は、機関銃が中心的な役割を占めた一九世紀の戦争までさかのぼることができると指摘する。米国の南北戦争を戦ったフィリップ・シェリダン将軍は、普仏戦争をプロイセン側司令部から視察した際に、オットー・フォン・ビスマルクに対し、「適切な戦略というものは、敵国軍に対し可能な限り有効打を加えた上で、住民に可能な限り苦痛を味わわせることで、彼らが講和だけを望み、それを政府に要求する段階まで持って行くことにある。敵国民からは涙のしずく以外はすべて奪い去るべきである」と語った[10]。二〇世紀の戦争についての歴史分析の中では、この総力戦概念が中心となってきた。マーク・ダッフィールドが、こうした思想が拡大し、いっそう総体化されていった様子を描写している。「暴力の手口は、概念上で考えられる最大限の水準に達し、敵国の環境や、生命を宿す世界全体の破壊が求められるようになった。こうした戦争で標的に挙げられる対象は、気象、都市に不可欠なインフラ、生態系、あるいは社会的ネットワークから、生命を維持し育む神経や細胞の働き自体にまで及ぶようになった[11]」。冷戦中に準備計画が進められた熱核戦争は、まさにそうした全面戦争であり、もはや国境を完全に超えてしまうものだった。第三次世界大戦は、どこの国籍の人だろうが、軍事的優位にある側にいようが劣勢の側だろうが、そもそも戦争が起きているという認識すらもたない者まで含めて、人類全体にとっての「世界の終わり」を到来させるものだと考えられた。

そのような、文明を終焉させるほどの破壊を可能にしたのは、またしても軍事技術の進歩、中でも熱核兵器と弾道ミサイル、その多弾頭化だった。そのような黙示録的な想像上の世界が形作られたのと並行して、冷戦の当事者となった諸国は実際の核戦争の計画を進めた。一九五〇年代半ばからは、東西陣営がそれぞれ、最初は数百、そして数千、さらに数万の核兵器を保有するようになり、しかもその大半は警戒態勢下に置かれ、指揮官からの発射命令があれば分単位で発射できるようになっていた。どちらの側も、敵国の全人口を虐殺することになる標的リストを作り上げ、それに起因する放射線災害の拡大が深刻な文明の危機をもたらすほどの水準に設定していた。[12]

地球熱核戦争によってもたらされる「核の冬」という概念が最初に登場したのは一九八〇年代で、熱核兵器による全面対決は、それらの兵器の直接の殺傷能力をはるかに超えた影響を招くと懸念された。各国の大都市で大火災が起きれば、大量の噴煙が大気中に放出され、その粒子が地表を日光と太陽熱から遮断することで、核の冬が起きるとの説明だった。結果として世界中で不作となり、何十年にもわたる大飢饉が起き、世界中の人口や生態系が打撃を受ける。[13] 最近の気候科学では、当時の理論よりはるかに正確な予測モデルを示せるようになり、たとえ一〇発しか核兵器が使われない「小規模な」核戦争であっても、大都市部が標的になって炎上すれば、核の冬の引き金となる可能性が高いことが明らかになった。[14] 意図的に起こすのであれ、意図せぬ偶発からであれ、熱核戦争は人類が築き上げた文明の大部分を崩壊させ、その時点で生き延びている人類は大半が死んでしまう可能性が高かった。[15]

ソ連と米国による自国民に対する戦争としての冷戦

冷戦の最中には、「敵」の兵士や国民を直接殺傷することで招く破滅的なリスクが、コミックスの「ビザロ・ワールド」[16] なみの倒錯した力学を生み、核保有国にとっては、自分たちの庇護のもとにある住民に害を及ぼすほうが合理的だということになった。この状況が影響して、侵略者たちは、敵には手を出さない代わりに、いわば核兵器による自傷行為を行っていたので、暴力は隠蔽された。

米国は、多数の労働者を汚染された地域に住まわせ続け、その結果としてこれらの労働者や家族、ひいては地域社会全般が被害を受けた。一九四九年にハンフォードで実施されたグリーン・ラン実験は、放射性のヨウ素131

を米国北西部じゅうにまき散らした。ネバダでの核実験は国内の大半の州に向けてフォールアウトの雲をばらまいた。一九四六年のクロスロード作戦でのベイカー実験で放射線災害が起きた後には、マーシャル諸島および中部太平洋から四万人以上の米軍要員が退避しなければならなかった。当時は「信託」のもとで米国によって統治されていたはずだったマーシャル諸島の住民のうち、北部に住む相当規模の集団が放射線を浴び、その多くは危険な水準に及んだ。一九五四年のブラボー実験のような実験による放射性降下物が、米国の管轄下にない人々に被害を及ぼしたのは確かだが――例えば日本の漁船員の命を奪った――、冷戦期に米国が傷つけた対象の大半は米国民か、米国が直接統治する信託統治領の住民だった。

ソ連は核兵器の製造と核実験をすべて、自国の国境内で行った。一九五七年にオジョルスク市で起きたキシュテム事故によって、このプルトニウム製造工場の北東側にあたるチェリャビンスク州の大半の地域が汚染され、数十万単位の人々が放射線を浴びた[17]。マヤーク核施設内に高濃度の放射性廃棄液を貯蔵する地下タンクを置くスペースがなくなると、一九五〇年代初頭の数年間、廃液がテチャ川に直接投棄され、人々に死をもたらす結果を残した[18]。一九五四年のトツコエ核演習ではソ連軍兵士四万五千人が危険なレベルの放射線を浴びた[19]。カザフスタンのポリゴンでは大規模な水爆実験が実施され、人々が定住している村落群は現場からわずか数十キロしか離れていなかった。一九六一年のツァーリ・ボンバ実験の放射性降下物はソ連北極圏地域全体と、さらに南の黒海周辺地域にまで拡散した。米国と同様に、ソ連も核兵器で自国に害を及ぼしていたのだ。

ウクライナのチェルノブイリ原発での原子炉爆発とそれに続く火災が起きた後、当時のソ連政府当局者らは、放射性核種の粒子で満たされたフォールアウトの雲が発電所サイトから北向きに移動し、ロシア共和国内の大都市にも達する可能性があることに気づいた。ソ連政府の大気水象学国家委員会の当局者たちは、緊急作戦として飛行機を雲に突入させて粒子を散布し、モスクワや近郊の都市部に達する前に人工降雨を起こそうとした。この人工降雨作戦が成功し、ベラルーシのモギリョフ地方に相当量の放射性降下物をもたらしたため、その地域には今でも相当な汚染が残っている。全体にとっての論理として、人口の多数が放射線で被曝する事態を回避するために、少数の人々を問題の核物質にさらすという理屈は成り立つかもしれない。だがこれは、超大国の政府が、一部の自国民については健康を犠牲にするという選択を下した明白な例だった。「人工降雨帯がさしかかった地域には数十万のベラルーシ人が住んでいた」とケイト・ブラウンは記している。「このベラルーシ人たちに対しては、ウクライナやロシアの大都市を救うために、彼らの共和国の南半分が犠牲にされたということを誰も告げなかった」[20]。とっさの判断のもとで、そうしたベラルーシ人たちは、同じ国民でありながら、国家指導層にとっていっそう重要とされる地域に住んでいる人々の健康と生命を守るために犠牲になったのだった。

両超大国が自国民に対して及ぼした害は即物的な範囲にとどまらなかった。双方とも、自国民の社会福祉に費やすことができたはずだった政府予算の相当額を、核兵器プログラムで使い果たした。米国が冷戦に勝利したと勝ち誇る人々は、レーガン政権期に戦略防衛構想（SDI、一般にはスター・ウォーズ計画として知られる）に予算をつぎ込んだ戦略が、経済的に無理のある軍備支出をソ連に強いることで同国を不安定化させたと主張する[21]。この戦略こそがソ連を崩壊させた「原因」なのかどうかについては、議論が分かれるところだが、実際にはSDI、さらにもっと直截に言えば核兵器への支出は、米国社会にも大きな犠牲を強いるものだった。

冷戦期の米国による核兵器関連の歳出に関するブルッキングス研究所の調査によると、「一九九六年までに〔核兵器に〕費やされた額——五・五兆ドル——は、一九四〇年から同年までの全歳出総計（一八・七兆ドル）の二九％に相当する。この推計は、公式、非公式を問わず過去のいかなる核兵器関連歳出の見積もりと比べても、かなり多額であり、政府の歳出区分全体でみても、総計でこれを上回った部門は、核以外の国防費（一三・二兆ドル）と社会保障費（七・九兆ドル）のみである。これは一九四〇年から九六年までの間のすべての政府歳出（五一・六兆ドル）の中でほぼ一一％に相当する。この期間を通じて、米国は一年あたりの平均でみると年九八〇億ドルを核兵器の開発維持に費やしていた」[22]。これだけの額を費やした結果、いったいどのような安全保障が実現したのか、もっと安上がりにできなかったのかということについては、議論の余地がある。しかし、それだけの公金が、例えば、医療における国民皆保険の実現とか、奨学金の債務なしに高等教育を受けられる体制の整備とか、年金制度の安定化といった政策に振り向けられていれば、米国民の暮らしは格段に安定していたであろうことは、議論の余地がない。

米国とソ連が数万発規模で核兵器を保有し――地球全体を危険にさらしながら――、互いの国民を数千万人単位で殺傷し合う戦争を開始するまで数分しか要しないという状態に置かれていた一方で、両国とも、実際に放射線で被曝させたのは基本的に、自国民か、あるいは自国の支配下にある信託統治領の住民だった。冷戦を、米国政府による米国民に対する戦争であり、ソ連政府によるソ連国民に対する戦争だったと見なすのは理不尽なことではない。双方が自分たちの国民を被曝させ、核兵器の軍拡競争に「勝つ」ために自国の社会福祉を削減した。米国もソ連も、公の財源で予算を計上し、核兵器や軍事予算に巨額を費やした一方で、その核兵器の製造や実験によって生じた放射線で自国民を被曝させていた。冷戦で米国とソ連は直接戦火を交えることはなかったとはいえ、どちらの国も、一定層の国民に対して、戦時下と変わらない劣悪な状況を強いていたのである。

放射線兵器として核兵器を捉える

広島と長崎に対する核攻撃の直後、米国の軍事・政治指導層内では、この新しい兵器が「革命的」なものか、それともただの大きな爆弾にすぎないのかという激しい論争があった[23]。論争の多くは戦後の計画立案や予算配分にからんで起こったが、その背後には、この新兵器は戦争や紛争の本質に関して根本的な見直しを迫るものなのかという問いがあった。冷戦が進行する中で、そうした問いがとりわけ重要な意味を帯びた分野が、核兵器の実験だった。核兵器の実験は、単なる大規模な兵器の実験にすぎないのか。それとも、これらの兵器には何らかの革命的な性質があり、毎回の爆発が根源的な意味をもつものなのか。その後の核実験の歴史をたどると、両者の意見が混在していたことがわかる。核実験の準備、実験場地点の選定見直し、現地住民に対する核実験実施国の責任といった面からみると、核実験国は、あたかもこうした兵器はただの大きな爆弾であるかのように振る舞い、地域社会や生態系に対しても特段配慮する必要がないかのように行動した。しかし、彼らが現実に講じた措置のほうからは、核兵器が及ぼす影響の革命的な側面が浮き彫りになる。例えば、フランスと英国は自国内では一度も核実験を行わなかった。自国の固有の国民を放射性降下物にさらさないようにするためだった。米国が核実験を行ったのは主に二カ所、マーシャル諸島とネバダ州だったが、水爆実験はネバダでは一度も行わず、自国民が水爆実験による甚大なフォールアウトの雲の下で被曝することを避けた。この政策の背後で働いた論理と、その結果もたらされたものは明白だ。米国は回数で見れば、その核実験の一四％しかマーシャル諸島で実施しなかったが、爆発規模でみれば、その一四％が、すべての核実験出力総計の約八〇％を占めていた。[24] どの種類の兵器をネバダ州で実験し、どんな種類をマーシャル諸島のほうで実験するかを決めるにあたって、米国は、水爆実験については、異なる基準を適用するのが正しいと考えていた。この政策を、米国政府が米国民を大量のフォールアウトへの曝露から防護したと形容することも可能だが、同じ大量のフォールアウトを、マーシャル諸島民を個別の対象として選び、意図的に被曝させたのだとみることもできる。島民たちがその肉体や家屋を放射能汚染の対象にされてしまったのは、彼らの国籍や民族的背景が原因だった。

核兵器の実験を革命的なものにしたのは放射線、とりわけ放射性降下物からの放射線だった。第1章で記したように、核兵器は、起爆時に爆弾のコア部分で起きた核反応から即座に放射線が出る一方で、残留放射線は化学的にみれば、特定の放射性同位体が有意に存在し続ける限り放出され続ける。同位体によっては数分しか危険でないものもあるが、例えば核分裂で重要な物質の一つであるプルトニウム２３９のように数十万年単位で危険なものもある。爆風と熱線は核兵器の新しい特質ではなく、あらゆる爆発物に伴う性質のものだ。[25] 一九四五年の核攻撃〔広島と長崎の原爆〕以降、核兵器が直接の戦闘行為の中で使われることはなかった一方で、爆発物の使用はむろん止まっていない。今日も、どこかに爆弾は落とされ、爆風と熱線で人間に被害を及ぼしている。核兵器が一九四五年以降、戦争で使われてこなかったというのは、核兵器の水準で爆風と熱線に人間がさらされることはなかった、ということを意味する。これはいわば尺度の問題であり、破壊力と熱線に関しては実際、核兵器は単なる巨大な爆弾といってよい。しかし、革命的だったのは放射線のほうであり、それこそが当時、新たに開発された兵器としての能力だった。

放射性降下物による内部被曝の効果は一九四〇年代から核戦争の戦略に採り入れられていた。大戦後で最初の核実験シリーズだった、一九四六年のマーシャル諸島でのクロスロード作戦をめぐる分析の一環として、そのうち第二回のベイカー実験で生じた放射能災害について一九四七年に記された軍事的評価からは、核兵器の主要な効果として、放射性降下物による軍事的効用を明白に認識していたことが読み取れる。

3. ベイカー実験は、都市に隣接した水域内で核爆弾を起爆させれば、水平方向に高速で広がる爆風が生じ、核分裂生成物で汚染されたその噴霧が広大な地域に風で運ばれ、直後の殺傷効果だけでなく、放射性粒子を沈着させることで構造物を汚染し、長期的な毒性を発揮する形で、放射線の効果が格段に強化されるということを示す証拠になった。

4. 現代世界の都市が一つまたは複数の原子爆弾を落とされ、放射能の霧に包まれた場合、その複層的な災害が及ぼす心理的な効果を完全に把握することはできない。汚染地域での生存者のうち、ある者は放射線後障害によって数時間後に死ぬ運命にあるし、数日後やあるいは数年後に亡くなる者もいる。しかし、そうした地域は風向きと地形の影響を受けやすいため広さも形状もまちまちであり、目に見える境界線をもつわけではない。自分は死の宣告を受けた対象には含まれていないと確信できる生存者はいないいため、直後に経験するあらゆる恐怖に加えて、いつ死が訪れるかわからないという恐怖によって何千人もが打ちのめされることになる。[26]

こうした軍の計画立案者は、標的とする社会に恐怖を植え付けるという文脈で記していたが、彼らの見立てでは、核実験や核災害の後、「風向きと地形」による思いがけない影響で、標的ではないはずの人々が、放射性核種が充満した環境に包囲されてしまった場合にも等しくあてはまる。上記の分析が端的に要約していた状況は、世界中の核実験場周辺で、フォールアウトによる放射性核種が生態系に放出され、近隣一帯にまき散らされた後、人々が数日単位から、月単位、そして年単位で現実に直面させられてきた状況そのものである。

軍の計画立案者の視点からみれば、ある地域の生態系に放射性核種を放出することは、物質的な被害をもたらす兵器としてだけでなく、心理的なテロ兵器としてとりわけ効果を高めるものだった。ランド研究所が一九四九年に開いた「非通常兵器の心理的効果」と題する会議の機密報告書には、「非戦闘員の集団に恐怖や混乱、パニックを生じさせるのが目的であれば、放射性物質の存在については、被曝による深刻な症状が出始めるまで、情報を伏せたままにすることが最善である」と記されていた。[27]これはまさに、世界中であらゆる核実験場の風下に置かれたコミュニティに住む人間に対して現実になされた取り扱いだった。

ソ連国内では、ウクライナ共和国の物理学者であるヴィクトル・マスロフとウォロディミール・シュピネルが一九四〇年に、核兵器を開発して、敵部隊を標的とした放射線兵器としてウランを使うよう提案していた。彼らはソヴィエト連邦人民委員会発明局に宛てた書簡で「ウラン爆弾が爆発すれば、放射性物質が生成される。その有毒性は、通常の毒物はおろか、最も強毒性の物質と比べても数千倍の威力をもつ」と記していた。「このため、爆発後に放射性のちりがガス状になって一定期間存在し続け、広大な範囲へと拡散して、その〔有害な〕威力を相当程度の期間〔数時間か、〔核分裂生成物によっては〕数日、あるいは数週間まで〕維持し続けることを考慮すれば、軍事的観点からみて、物理的な破壊力と有害性という特性のどちらがより魅力的かは断言しにくい」。[28]

残留放射線の効果は、冷戦期には核兵器の主な効力として位置づけられていた。デイヴィッド・アラン・ローゼンバーグ〔米国の軍事史家〕によれば、米戦略空軍（SAC）がネブラスカ州にあるオファット空軍基地で一九五四年三月一五日に行ったブリーフィングでは（その時点では、二週間前に実施されたブラボー実験をめぐる知見は、まだ核戦略に採り入れられていない）、SACの指揮官たちが、核戦争の戦闘計画として、自分たちが持つ兵器すべてを使ってソ連を攻撃し、「即時全面投下」のシステムで、ソ連全体を「二時間後には、煙を上げる放射性を帯びた廃墟」と化すという案を説明した[29]。核兵器がその破壊力と熱をもって、ソ連側の核兵器やその運搬手段、インフラ、そして指揮命令系統を無力化し、さらにガンマ線の放出によって、爆風と熱線を受けても生存している兵員を殺傷するよう企図されていた。一方でフォールアウトによる残留放射能は、敵国民全体にとって致死的なものとなるとみられていた。しかし、それが敵国だけにとどまるはずもなかった。

ブラボー実験から二、三カ月後には、米国の核兵器体系を統轄する政府上層部は早くも、放射性降下物の軍事的有用性と、それをばらまくための水爆使用に秘められた可能性を理解していた。米軍は、ブラボー実験で風下のマーシャル諸島民や第五福竜丸の乗組員を被曝させて久保山愛吉を殺害したフォールアウトの拡散を、地図上に置き換えて把握した。一九五四年五月二四日のAECの会合で、ケネス・フィールズ事務局長は、ブラボー実験でのフォールアウトの動きを米国の東海岸沖に落とし込んだ地図を示し、ワシントンDCへの攻撃で同様の兵器が使われた場合に想定される影響について説明した。「平均余命に換算しての被曝量はワシントン・ボルティモア圏で五千レントゲン、フィラデルフィアで一千レントゲン以上、ニューヨークでは五〇〇以上、言い換えると生成された放射線に完全に被曝すれば人口の半数以上が死亡する水準となる。第五福竜丸が受けたのとほぼ同水準とみられる一〇〇レントゲンで被曝する地帯は、広い幅をもって北方に延伸し、ニューイングランド地方を通ってカナダ国境に達する」[30]。

AECのルイス・ストローズ委員長は、米連邦議会上院のジョン・ブリッカー軍事利用小委員長宛ての一九五四年七月の書簡で、フォールアウトを兵器として利用する効果について考えを述べた。

高出力の〔核〕兵器による放射能汚染を軍事目的で利用する場合、その拡散を個々の爆発の段階でコントロールするのは難しい。放射能が広がるメカニズムは、風向きと、キノコ雲が最上層部まで上昇していく加速度によって、大きく変動しうる。爆心からみて、どの地域が危険なレベルで汚染されるのかを正確に予測するためには、高度一〇万フィートまでの上空での風の流れに関する広範なデータが必要となるが、そうしたデータの入手は困難であり、敵国領土の上空であればなおさらである。しかし、高出力の核兵器を多数、特定地域内で爆発させれば、個々の爆発地点での風の状況を正確に把握はできなくとも、地域全体が汚染するだろうと推察される。そうした形で放射性生成物を無差別に拡散すれば、敵国領土の最深部にある標的への波及効果にも違いが出てくる。自軍要員にも危害が及ぶことが予想されるような、敵の新たな獲得地域や前線付近だけを標的にしている場合とは、格段の差がある。要するに、現行の設計のままでも、高出力兵器を地表またはその付近で爆発させれば、こうした兵器による放射能汚染の人的影響は、それ以外の手段では影響を及ぼすことができない、相当広範な地域にまで及ぶ[31]。

ストローズは、フォールアウトの放射線を、核兵器の副次的効果ではなく主要な影響として位置づけて戦略的に用いれば、軍事的に有利な結果が得られるという認識を明確に示していた。ブラボー実験を通じて、そうした「付加価値つきの」水爆の有用性が明確に示されたとの認識は、ＡＥＣの軍事連絡部門トップだったロバート・ルバロンからＡＥＣ全体に向けて出された書簡の中で端的に示されていた。「昨年までは、放射線による被曝は相対的に重要性が低いと考えられていた。しかし、キャッスル作戦〔ブラボー実験〕の初期評価を通じて、放射線が大きな殺傷力をもたらしうることが証明された[32]」。ストローズ委員長は後日、水爆のフォールアウトによる残留放射線は核戦争計画の基盤になると語った。「核兵器、とりわけ高出力タイプの効果について考察すると、放射性降下物とそれによる汚染がその最も重要な特徴の一つであり、状況によっては兵器の使用可否を左右する決定要因となりうるということがわかる」[33]。

AECの当局者らが出した書簡からは、こうした認識が、フォールアウトの放射線を兵器として使うべきだという意見を形作ったことが見て取れるが、そのような巨大な熱核兵器について、現実にその実験を人間の居住地帯の風上で行うというやり方には、何の変化もみられなかった[34]。ブラボー実験を手始めに六回の高出力核兵器の実験からなるキャッスル作戦が終了した後になっても、米国はさらに、人が居住する島や環礁の風上となる大気中での水爆実験を二三回行った[35]。これらの実験が行われる際には、事後に生じるフォールアウトの雲が、そこに住む人々にとって直接の脅威となり、彼らが当該地域に住み続ける可能性を損ない、食物と水の供給源である生態系の安全を脅かすであろうことは明白に認識されていた。

核実験の際に生じる爆風と熱線、そして直後の放射線照射については、どの国も実験場地域に封じ込めることで自国民の安全を守ることが可能だが、フォールアウトは制御不能である。フォールアウトの存在こそが、核実験場の立地を、自国民からみれば地球の反対側にあたる、大海のどまんなかに設定する理由なのだ。高出力核実験で生じたフォールアウトにさらされた地域社会は、こうした兵器を軍事使用する実践例にされていた。そこに住む人々に危害を及ぼすことが直接の目的だったわけではなく、彼らなら生活の安全性を無視しても構わないということだけが動機だった。米国にとってみれば、マーシャル諸島やキリバスの人々を放射性降下物にさらしても深刻な影響はほとんどない。そうした選択を下すにあたって、米国はこれらの人々を意図的に、実際の核戦争で生じると予想されていたのと同様の影響下に置いていた。一九六四年にランド研究所が出した限定核戦争に関する報告書の中で、ゲーム理論の研究者たちが当時交わしていたジョークが紹介されている。「戦術レベルの核戦争では、敵軍よりも、友軍を消滅させることのほうがずっと簡単だ」[36]。無意識のうちにか意識的かはともかく、米国はマーシャル諸島やキリバスで一定層の人々を対象に限定核戦争を仕掛けていた。大気中で水爆実験を行ったすべての国について同様のことが言える。米国、ソ連、英国、フランス、そして中国である。[37] これらの諸国はすべて、大気中で熱核兵器の実験を行うことで生じるフォールアウトの規模を認識した上で、そうした実験を、自分たちが政治的に支配下に収めている人々の風上で進めたのだ。

「長い平和」としての冷戦

数年後には冷戦が終わることになる一九八六年、イェール大学の歴史学者、ジョン・ルイス・ギャディスは逆説的な形で冷戦を「長い平和」と呼んだ。[38] ギャディスは、この時代にも紛争が絶えなかったことは認めつつも、二つの「超大国」である米国とソ連の間で直接の戦争が起きなかったことは特筆すべきであると論じた。ギャディスは、冷戦世界の「システム」のもとでは、まさにゲーム理論によって論じられたような形で、参加者双方が、暗黙のうちの不文律となったゲームのルールに服することになり、突き詰めていくと最後には解放されたことは救いだったと見なした。ニーナ・タネンワルドはその二〇年後に、こうした不文律が、冷戦の参戦諸国に対して実質的にみて「核のタブー」を課していたと指摘した。「その時〔一九四五年〕以降、核兵器の不使用は核時代の最も重要な現象であり続けている。〔中略〕冷戦期には、分別のある論者の多くが、いずれかの時点で核兵器は使われるだろうと予測していた。それゆえ、一九四五年八月に日本で使われた後、不使用という「伝統」が形成されるに至ったことは必然とは言えなかった」。[39] 今世紀に入ってからは、ギャディスをはじめとする以前の冷戦史家たちが見過ごしてきた点を多くの学者が研究するようになった。オッド・アルネ・ウェスタッドが著した大作『グローバル冷戦史』は、冷戦下の両超大国による二極構造によって促され、同時に政治的にその構造を壊していくことにもなった、第三世界における数々の紛争の広がりと激しさを詳述している。[40]

こうした研究者たちの議論の中では、核兵器は、戦争のための兵器としては広島と長崎への攻撃に使われただけであり、その後の危険な冷戦期は、根本的に核兵器の不使用で特徴づけられる。学問的な議論は、この仮定を所与のものとした上で、米国とソ連の直接紛争で核兵器が使われることがなかった状況を「長い平和」だったということが歴史の主眼であるとみる側と、対照的に、両超大国は複数の大陸の多くの戦場で、現地の戦闘集団を駒として使ったり、地域の反植民地主義勢力に与したりする形で現実としては対峙していたのに、その状況を核の不使用が覆い隠してきただけで、長い平和など存在しなかったとする側との相違に焦点があった。そこでは、核兵器の不使用自体については議論がされてこなかった。

この論争では両派とも、古典的な戦争の定義を用いている。すなわち、直接敵国に対して使われなかった兵器は、兵器としては不使用であったと見なされる。彼らの考え方が一致しないのは、「平和」という概念の定義から来る。伝統的な冷戦史家にとっては、「平和」というのは二〇世紀に戦われた二つの世界大戦の尺度での紛争、つまり想像上の「第三次世界大戦」が存在しないことを意味する。ギャディスは、平和学の研究者たちが「黙示録の惨劇を避けるために何をしなければならないのか、ということにばかり多大な注意を払い、なぜ、何度も機会があったのにもかかわらず、そのような事態がこれまで起きてこなかったのかという、同じように興味深い問いのほうは見過ごしてきた」と揶揄した。(41) ギャディスにとっては、「黙示録」などという事態は、冷戦参加国の国民に直接の交戦事態という形で降りかからない限りは起きなかったことになる。こうした考え方は、核兵器体系がグローバルな規模のものだということは認識しつつも、その視点を特定の使用法や戦争行為、あるいは数日間から数週間、数カ月間といった特定の期間に固定してしまっている。核兵器ほどの規模の武器であれば、それを遠隔地で爆発させるという行為だけで人々に悲惨な被害を強いることができるという事実が、議論の枠組みから抜け落ちてしまったのだ。「長い平和」論を批判する側について言えば、第三世界やその他の場所での数々の紛争によって、冷戦期が平和だったという主張の妥当性が揺らいだという論点は、たしかに正しい。だが、両超大国間の直接交戦という事態が起きなくても、核実験場での生態学的な荒廃や、地域の人々にとっての生存空間の継続的汚染という点からみれば、冷戦による暴力の被害は、とりわけ太平洋島嶼群を中心として、実際の戦闘行為が起きた地理的範囲や、古典的な意味での「戦闘」が起きていた時間的枠組みを超え、それどころか冷戦期という時代そのものが終了した後も続いているのだ。ジャック・デリダが一九八四年に核戦争について、「それは一度も起きていない。それ自体が非‐出来事である」と主張したことはよく知られている[42]。核戦争を、科学技術に関する概念にすぎず、「非‐出来事」であると矮小化することで、デリダは、上述の歴史家や政治学者らと一緒になって、次世代の人文科学や文化論の研究者たちに向かって、核戦争と、一九四五年以降に核兵器の影響を直接体験した人々が直面せざるを得なかった現実を切り捨ててみせた。こうした知識人たちは、核保有国の戦略家たちが隠してきた構造、つまり現実にいる核兵器の被害者が、声を持たない存在として非人間的な抑圧のもとに置かれていることを見抜けなかったのである[43]。

我々は、核実験がこれまで何回実施されてきたのか、その数を勘定してきた。日付、時間、爆発規模、そして爆発地点の緯度経度まで記録してきた。では、戦車砲の実験が過去に何度行われたかを言える者がいるだろうか。場所と正確な時間はどうか。どんな国についてであれ、これまでに通常爆弾の試験が何度行われたかを言えるだろうか。実験された核兵器の数を我々が記録するのは、たとえ実験にすぎず、実戦の使用ではなくとも、それが地球に甚大なインパクトを与えるからであり、核兵器の保有がもつ政治的な意味ゆえのことでもある。ほかのあらゆる兵器システムについてはまず例外なく、どんな国家であろうと、何度試射が行われたかを把握し続けることは、ほとんど不可能である。世界中のどこであれ、仮に小型であっても核兵器の実験が行われれば、地震観測機器や、地下核実験の場合にも大気中に放出される放射性核種の痕跡によって探知することができる。あらゆる核実験はグローバルな生態系に影響を及ぼす現象であり続けてきたのだ。

限定核戦争

ギャディスが冷戦を「長い平和」として描いた判断の根拠は、「地球上で誰もが生存できなくなる」黙示録のような核の交戦状態が起きなかったことにあった[44]。しかし、核戦略家や軍の作戦立案者たちは実際には、ハーマン・カーンが「無意識の痙攣のような戦争」と呼び、あるいはギャディスが「第三次世界大戦」と形容した状態に至るよりも前の段階として、さまざまな形の核戦争を想定していた。冷戦の二極構造のもとでは、対立する双方とも限定核戦争を遂行する広範な計画を立てており、その様態はさまざまで、結果も異なると考えられていた。最初に想定される限定核戦争は、直接の核交戦であって、核使用やその標的選定に関しては抑制された形を採りつつ、当初の攻撃が望ましい結果をもたらさなかった場合には「全面」核戦争へと発展する可能性を伴うものだった。場合によってはそうした戦争は、小型の戦術核兵器の「戦場での」使用を伴うと考えられた。これらのシナリオの典型としては、核保有国同士が前線で衝突する従来型の戦闘において、例えば、敵の陣形を突破して自軍の歩兵縦隊を進めさせるなどの戦闘上の目標を達成するために低出力核兵器が使われる想定だった[45]。そのような低出力核兵器の限定的使用であれば、より高出力の核兵器を大々的に都市や社会全体を標的として使うようなエスカレーションを回避できるだろう、という期待感が存在した。米国では、軍の戦略家や民間シンクタンクが、そうしたシナリオの計画づくり、あるいはゲームのために多大な時間と資源を費やし、核を禁忌の兵器という位置づけから解き放ち、現実の軍事目的で自由に使えるようにしようと企図していた[46]。限定核戦争の中では通常は、非核保有国に対する核兵器の使用は考えられていなかった。むしろ、核保有国同士が計算に基づいて核兵器を使用することが想定されており、そこでは、双方がゲームのルールを内在化させているので、統制不能な事態に陥りがちな傾向についても、互いに効率的に管理できると考えられていた。

軍事戦略家のロバート・オスグッドは限定核戦争の戦略や力学の概略について、この問題に関する一九五七年の論文の中で書いている。

限定戦争とは、交戦国が能力的にみて最大限の軍事的努力を払わず、戦闘目的を、交渉を通じて妥結可能な、具体的ではっきりと定義された目的だけに限る戦争である。一般的に言って、限定戦争では戦闘に従事する交戦国は二カ国（またはごく少数）だけである。戦闘は地理的にみて限定された地域に絞られ、選ばれた標的――基本的には直接の軍事的価値をもつもののみを対象として行われる。交戦国の人的・物的資源のうち必要なのは、ごく僅少なものにすぎない。国家の経済、社会および政治的な生存様式には、甚大な混乱は生じない。[47]

オスグッドは後になってこの定義を拡大し、限定戦争とは「一般的な「紛争戦略」で、敵対勢力同士が、あらかじめ想定された相互抑制の範囲内で、段階的な軍事行動を媒介として駆け引きし、相互破壊に至る前に交渉による解決を図ろうとするものである」と説明した。[48]

これは間接的な形で、核実験を継続することの軍事的効用をいみじくも表現した説明となっている。米国とソ連による核実験の歴史は、核戦力の能力を相互に発信し、「あらかじめ想定された相互抑制の範囲内で」規模や破壊力、殺傷能力、運搬手段を誇示していくことだった。核超大国はいずれも、自らが核戦争を遂行する能力を実演していたが、互いに直接対峙するのではなく――そうすれば必然的に何らかの反応を招くことになるため――、自分たちの統治下に置く、政治的にみて無力な人々を対象としていたのだ。

これまで詳述してきたとおり、広島と長崎における二回の直接核攻撃以降、二千回を超える核兵器の実験が行われた。人新世の研究者たちによる計算では、一九四五年七月一六日のトリニティ実験以来、一九八八年までの間に、核兵器は九・六日おきに一発が起爆されてきた。[49] これらの爆発は年代によって増減があったし、地下核実験が生態系に及ぼした影響は大気中や水中の実験とは異なるものだったとはいえ、冷戦期とは核兵器が起爆され続けた時代であるというのは正確な表現である。米国、ソ連、英国が一九五八年後半から一九六一年九月にかけて実験を停止した期間ですら、フランスがアルジェリアでの核実験を始めていた。

保有する核兵器の数もさることながら、米国とソ連は、核実験の規模という点でも他の核保有国から抜きん出ている。米ソ以外の核保有国は限られた実験回数で（英国四五回、フランス二一〇回、中国四五回）、効率的に核兵器を設計し、配備したのに対し、ソ連は七一五回、米国は一〇五四回の核実験を実施した。旧ソ連も米国も、その回数はほかのP5（国連安全保障理事会の五常任理事国）の核実験回数を総計したよりも多い。なぜ英仏中は、はるかに少ない実験で開発から配備まで進められたのか。一つの要因は、二つの核超大国が築いた核兵器保有量の大きさにあるだろう。米国とソ連は、ほかの核保有国をはるかに上回る種類の核兵器モデルを、多様な使用目的や運搬手段に合わせて開発したからだ。しかし、それでも実験回数は、単に設計上の必要や多用途目的、確実性といった要因から必要とされる数と比べても、やはり不釣り合いなほど多い。米国とソ連を合わせると、あらゆる核実験のうち回数で八四・八七％を両国が実施し、出力エネルギーでみれば九一・二％を放出したのだった[50]。こうした数字は両国の核保有量の大きさと比例しており、冷戦の終結から何十年も経った今なお（二〇二〇年時点〔の米国とロシア〕で）核兵器全体の九〇・〇七％を保有している[51]。米国とソ連は一七六九回の核実験を実施し、その間に互いの力を示すために一〇万発以上の核兵器を製造したことで、地球全体を脅威にさらし、今も脅かし続けている[52]。

私の考えでは、米国とソ連による核実験回数の多さには、技術的な必要性とは直接つながっていない、別の機能性が関係している。自国領土や統治地域内で兵器を安全な形をとって爆発させ、敵国に危害を及ぼす能力を実質的に示すということは、大きさや力の誇示という点では、各国首都での軍事パレードと大差ないし、あるいはその点についていえば、霊長類のドラミング——敵に大きな胸腔の響きを聞かせる行為——とほとんど変わらない[53]。米国とソ連の核実験も同様に、一種のパフォーマンスとして遂行された。しかし、そうした示威行動がまさに、声を奪われて人間扱いされない核のサバルタンが暮らしていた地域に対しては、核爆発の規模と影響の大きさゆえに、現実にかつ広範な形で物理的、社会的、さらに生態学的な悪影響を及ぼし、水爆がみせる、おぞましい死の劇場へと変化させたのだった。

英国の軍事戦略家B・H・リデル＝ハートは長年にわたって、軍事的目標を達成するために制限された力を用いることを提唱していた。第一次世界大戦でもたらされた、軍事的効率からみても効果的とは言えなかった惨禍に対する反応として、軍事戦略における「間接的アプローチ」を構築したリデル＝ハートは、軍事的な直接の交戦行為は往々にして悲惨で非生産的な結果しか生まないと論じた。彼が提唱した間接的軍事手法の有用性は、最小限の資源配分と人命の損失をもって勝利につなげるというものだった。このアプローチは、敵勢力の心理的動揺を誘う手段を伴う。リデル＝ハートは、「ゆえに、完成した戦略とは、本格的な戦闘なしに結果をもたらす」と記していた。(54)リデル＝ハートからみれば、現代の超大国の武器体系に核兵器が加わったことで、こうした戦略の必然性はいっそう増した。軍事史家のブライアン・ホールデン・リードは「核兵器と熱核兵器が登場したことで、慎慮の価値が高まった。リデル＝ハートが示したように、こうした兵器の出現で、「勝利」や「総力戦」という概念は無意味になった。核時代の到来によって、間接的アプローチで影響を慎重に広げる手法や、その反作用に着目する見方が勢いを得た」と指摘した。(55)核実験によって、米国もソ連も、自分たちの軍事力を大胆に脅しかざしてみせることが可能になった。絶え間ない核実験は、それぞれの核軍備の大きさを見せつけていた。運搬手段［ミサイル］の実験は、全面核戦争による絶滅の脅しを間接的にかけつつ、第一撃を受けても残存可能な報復能力をもっているのだと相手に伝える目的から、複雑で多層的な手段を保有している状況を印象づけるものだった。

核超大国同士は、現実の核戦争で互いの国民と領土を消滅させ、報復を招いてしまう直接の戦火を交えなくても、示威行動を生々しい形で遂行すれば、上記の目的をすべて達成できた。それは力と手段、意思を伝達する「安全な」手段だった。リデル＝ハートが描写したように「間接的」であり、敵を心理的に動揺させ、混乱させることを意図していた。制限という観点でみれば成功と言えた。ともあれ、人類絶滅につながる交戦行為を無事に防いだのだから。英海軍少将だったアンソニー・バザード卿は「道徳的にみて、我々は必要以上の破壊をもたらしたり、その脅しをかけたりするべきではない。したがって、我々が行う戦闘はすべて、侵略を抑止し排除するのに必要な最小限の軍事力という範疇に（使用兵器、標的、広がり、および所要時間からみて）限定されるべきである」と宣言した[56]。兵器の使用を実験場内だけにとどめておくことは、こうした道徳的モデルに沿っていた。ギャディスの図式に従えば、それは平和だった。

「ブードゥー人形」のような像を拝む土着信仰が、念ずることで間接的に標的に及ぼす魔力を用いる点について、エイミー・ファス・エメリーは次のように書いている。「悪名高いブードゥー人形のようなオアンガ（護符）は、犠牲者の安寧に対し、念の魔力を通じて間接的に働きかける[57]」。冷戦期に超大国がそれぞれの実験場で繰り広げた核実験にも、似たような意図が込められていたのを見て取ることができる。毎回の核爆発は、人形に刺すピンのように、敵を不安定さや恐怖へと心理的に追い込み、おぞましさや無力さ、迫り来る死のイメージを間接的な形で示すものだった。米国とソ連は実験を何度も、何度も——兵器として機能することを検証するために必要な以上に——繰り返すことで、敵勢力が怖じ気づいた反応を見せるよう念を込めていたのだ。核実験場という身代わりの人形に無数のピンを刺したのは、「直接対峙することを避けつつ強大な敵に打ち勝つ」意図からだった。「ピン」の一本ずつが、実験を実施する国家にとっては、大量殺害を遂行する決意の冷酷な表現となった。同様に、政治学者のアン・ハリントン＝デサンタナは、核兵器が、その所有者たちにとってフェティッシュな（呪物に対するような）崇拝対象としての役割を果たしていたことを指摘している。「核戦略の基盤が、実際に軍事力を効果的に適用する目的（核兵器の使用上の価値）ではなく、痛みや破壊につながる脅しによって実現可能な側面（核兵器の威嚇面での価値）に置かれたため、軍事力と制御力は概念の上でも直結された[58]」。しかし、その劇場の舞台裏、カーテンの背後では、現実に存在する人間にとっての惨事が展開していたのだ。

むすびに

冷戦は限定核戦争だった。その死傷者は、一部は兵器が使われた直接の被害を被ったが、より多くは事後、残された有毒物質による汚染の犠牲になり、さらに、帰属する共同体の崩壊、家庭や財産、食物の喪失などで苦しめられた者たちも多数いる。混乱や自分と家族が負った健康リスクが予測もつかないことなどが原因で、精神的苦痛を味わった人々となると、数え切れない。数十万単位の兵士らが、核実験のキノコ雲の下で軍事演習に従事したことで残留放射線を浴びた。ソ連では四万五千人の兵士が一九五四年のトツコエ核実験で被曝した。一九四六年のクロスロード作戦でのベイカー実験による放射線災害を受けて、米国の軍人軍属四万二千人が退避しなければならなかった。ブラボー実験後のフォールアウトによって、マーシャル諸島内では複数の環礁で全人口が相当量の放射線を被曝させられた。AECの科学者らはブラボー実験による避難者たちについて「これらの先住民に関する血液学的な生検データによると、身体全体に換算したガンマ線被曝量は致死水準に達していたが、こうした先住民は実際にフォールアウトが降下している間、屋外にいたものの、火傷を生じたのは、衣服をまとっていなかった体の部位か、衣服で保護されていたが汗がしたたり落ちたことで汚染された部位に限られていた」と記した[59]。冷戦中に、大気中核実験は五〇〇回以上実施されたが、いずれの場合も、地元の住民はその後、フォールアウトの放射線がもたらす軍事的脅威と直接向き合わされることになった。核実験場の風下に置かれ、放射能汚染されたコミュニティに住まざるを得ない状態で放置された人々となると、さらに数十万人単位で存在する。カザフスタン・ポリゴンに隣接する村落の住民たち、ネバダ核実験場からみて風下に住んでいた牧場の人々、オーストラリア南部・オークバレーの住民、アルジェリア・レガーヌ近郊のトゥアレグ族の人々——彼らは皆、近隣で実施された大気中核実験のフォールアウトで相当程度汚染された地域に何世代にもわたって住み続けてきたが、彼らの家屋、学校、コミュニティのいずれに対しても、その地域を汚染した核保有国の側は、何の是正措置も講じなかった。核実験で生じる放射性核種の多くがきわめて長期間の半減期を伴うことを考えると、これら冷戦期の軍事作戦地域に隣接して住み続けることのリスクは、いくつもの世代に及び、今後も影響し続けることになる。

これらの被害者は直接の攻撃を受けたわけではないが、彼らの疾病や苦難、痛みと不安は、いずれも軍事行動によって直接もたらされたものだ。冷戦期の長い平和は、抑止力によって購われたものであり、その抑止力はというと、膨大な核軍備と多数の核実験によって獲得されたのだった。もしも技術的に封じ込めることがもっと容易な事象だったならば、そうした抑止力も実際に合理的だと言えたかもしれないが、核兵器に関して言えば、これらの兵器を開発、製造し、そして実験することの影響は、当該業務に従事する工場や軍事地域をはるかに超えた外部にまで影響を及ぼしてきた。核兵器の影響は、軍事拠点やその標的だけに限定するにはあまりに強大だが、まさにそれこそが核兵器の使用に際して意図される効果なのだ。核軍事の開発と配備が平和をもたらすためのカギであると見なすということは、核実験場周辺住民の健康と福祉を犠牲にして平和を築くということにほかならない。生態系への影響からみれば、冷戦期の何千回という核実験は、地球全体にも強力で不可逆的な影響を及ぼしたが、その中でも、当該地域の住民が被ったインパクトは即効性があり、かつ甚大なものだった。そうした状況は、冷戦期の超大国同士が、自陣営の経済力を注ぎ込むことで勝利し、確実に生き延びようと想定していた、グローバルな熱核戦争ではなかったし、第三次世界大戦でもなかった。これは限定核戦争だったのだ。犠牲になって命を落としたのは数千人単位にとどまったし、避難民も数十万人単位だった。放射能の毒性が広まった地域に居住していたのも、せいぜい数百万人単位でしかなかったかもしれない。だが、冷戦は長い平和などではなく、限定核戦争だったのである。

核兵器の不使用についての戦略的な定義を問い直す必要がある。ある兵器の効果があまりに革命的なので、我々はそれについてはともかく実験する以外に道がなく、具体的には自国の国境の外側で実験するほかないというのであれば、その行為こそが、その兵器の使用にあたるはずである。フォールアウトの放射線によって被曝した人々の健康被害は、核兵器が直接戦争で軍事的に使用された場合と比べれば、重大性に欠けると指摘する論者は多いだろうし、彼らのその指摘は間違いではない。私が問うているのは、これは果たして不使用にあたるのかという点である。歴史学者のエマニュエル・クライクは「戦争が環境と社会の双方に同時に影響を及ぼすのは、人類は自分たちが住む環境によって形作られると同時に、環境を形作るからである」と述べている。「環境殺害《エンバイロンサイド》とは、意図的にせよ意図せずにせよ、暴力によって環境基盤を傷つけ破壊し、アクセス不能な状態に陥らせる行為であり、目を引くが一過性の暴力という場合もあれば［中略］持続的に蓄積していく場合もある」[60]。クライクは、環境と調和して繁栄してきた一つの社会の能力を軍事行動によって損壊する行為のことを、「人道および自然に対する罪」と名付けた。大気中核実験、とりわけ、近隣の生態系や地球全体の大気と海洋に向けて、長期間存続する放射性核種を大量に放出した大規模な水爆実験は、まさにこの人道と自然に対する罪という、戦争犯罪の一種だったのだ。

第Ⅳ部

未来

第7章　スローモーションの核戦争

核技術の適切な管理

核技術は有能性《コンピテンス》の文化の中で運用されている。それは、核技術を運用する側が有能だという意味ではなく、その技術の背景にある人間的・専門的な文化として、有能だという意識が浸透しているという意味である。このことは核兵器にも原子力発電所にもあてはまる。核システムを構築し管理する人々は、核兵器が政治的・軍事的指導者の意図したやり方に沿ってのみ使用され、原発が設計通りに機能するという信念をもっている。

現在でも米国とロシアの核軍備のかなりの部分が常に警戒態勢にあるが、両国で核の運用や政治を取り仕切る指導層は、核兵器は意図的にしか使用されないと考えている。つまり、彼らは主人であり、武器は従順な召使なのである。核兵器は軍事兵器であるとともに、壊滅的な結末をもたらすという軍事的威嚇を通じて、望ましい政治的成果を得るための政治的道具だと考えられている。核抑止の原則によると、核兵器の目的は、核戦争を思いとどまらせることだ。米国の外交官ジョージ・ケナンは一九五四年に、「我々がもっぱら核抑止の意義のため大量破壊兵器を早く進歩させればさせるほど、我々は早く先行使用の原則と呼ばれるものから脱却できる」と記している。[1] この目的が達成されない場合、核兵器とその運搬システムは、設計通りに機能し、敵の軍事組織、インフラ、住民に壊滅的な損害を与えることを期待される。しかし、（核の三本柱〔弾道ミサイル、戦略原子力潜水艦、戦略爆撃機〕に基づく）「先制攻撃」シナリオでは、敵の核戦力の一部が残存する可能性が高いため、核兵器の使用もまた一つの失敗だと理解されている。[2] もし核抑止が失敗した場合、その後に続く政策は「相互確証破壊」である。[3] 軍事戦略家のカール・フォン・クラウゼヴィッツは、「戦争とは、他の手段をもってする政治の継続に他ならない」[4] という有名な言葉を残しているが、核兵器の場合、戦争は実際のところ、政策と政策立案者の終わりを意味するのかもしれない。

核兵器の適切な管理とは、核兵器を使用しないことだ。冷戦期の超大国による核兵器の大規模な生産と配備でさえ、理論的には、その使用を抑止するよう企てられていた。使用は失敗を意味した。米国のゲーム理論家バリー・ネイルバフは、冷戦後期に次のように書き残している。「核戦争は非合理的である。核戦争は我々が守ろうとしているものを破壊してしまう。そのため、核戦争をすると脅すことも同様に非合理的である。核抑止が説得力をもつのは、通常兵器による紛争が制御不能なものにエスカレートする可能性があるときだけだ。核戦争の脅しは確実なものなどではなく、相互破壊の可能性を示しているにすぎない」[5]。したがって、ソ連を相手に核抑止を政治的に管理し、その結果米国の大量の核軍備を管理すること（あるいはその逆）が、目標というよりも実際の責務になっていた。[6] そうすれば相互破壊を避けられるだろう――相互にとどまらず、全体的、世界的な破壊をも。

この目的のために、米ソ両国は、配備された核兵器の指揮統制機構に関する厳格なプロトコルを確立した。この指揮統制インフラは何度も機能不全に陥る寸前になっており、そのたびに世界は、人為的あるいは技術的ミスによってグローバルな核戦争の一歩手前に陥った。[7] しかし、米国も、ソ連の核軍備を受け継いだロシアも、核兵器を適切に管理してきたし現在も管理し続けていると信じている。米ロ両国は核兵器の九〇％以上を保有し、英国、中国、フランスを合わせたよりも多くの「警戒態勢」の核兵器を保持しているため、ここでは特に両国に焦点を当てる。

核兵器は、第二次世界大戦の末期に、広島と長崎における人類への直接使用によって初めて世界に登場した。これが唯一の戦時使用だと考えられている。〔一九四五年七月に最初の核兵器がトリニティ実験で爆発した後〕二番目と三番目に製造された核兵器のこの使用以来、一〇万発以上製造されてきた核兵器のうち、戦争で人間に対して直接使用されたものはない。これは、核兵器の適切な管理だと思われている。

冷戦期には、核技術には平和利用と非平和利用があるという概念が生み出された。前者に関わる側面として、原発の設計者は、運転期間中ならびにいかなる事故や機器故障の際にも制御可能なように、バックアップの安全システムを備えた原発を建設する。原発の運転企業は、技術の仕組みと自分たちの仕事の遂行に対する有能感《コンピテンス》を持って毎日働いている。「設備保守が果たすべき役割は、信頼性の高い安全な運転のために、設備構造、システム、および原子炉の固有の安全性、信頼性、および可用性を維持し、回復することである」と、二〇〇五年のＩＡＥＡ安全報告書は伝えている。[8] 原発は、運転企業の意図したとおりに稼働したり停止したりすることができる。つまり、原発は管理下に置かれているということになっている。

ＩＡＥＡによると、二〇一九年の時点で稼働中の原発は世界に四五一基あり、さらに五四基が建設中である。ＩＡＥＡのＰＲＩＳ（発電用原子炉情報システム）データベースによると、人類は「一万八〇一四炉年の稼働」を経験している[9]〔一炉年は原子炉一基が一年運転した年数〕。このＰＲＩＳデータベースには原発事故に関する統計は含まれておらず、壊滅的事故に分類されるものも含めて数々の原発事故があったことはわかっているが、その数は数千・数万年に及ぶ理論上の炉年に鑑みれば非常に少ないだろう。原発が制御不能になっていた時間は、たしかに百時間にも満たない。統計の上でみると、この説明は圧倒的に適切な管理を示している。

原発の適切な管理とは、事故が起こることなく、とりわけ核燃料が溶融することなく、制御された形で発電を行うことである。現代の原発は、メルトダウンや、生態系への大量の放射線放出を確実に避けつつ運転できるよう、広範な冗長性をもった安全システムを備えている。原発の建設と稼働のために何年も、最近では何十年もかかる理由の一つはここにある。この安全文化は、絶対制御の幻想を作り出すために利用されてきた。[10] ジョン・ダウナーとM・V・ラマナは次のように断言している。「原子炉の設計は知りうる限り高い水準の信頼性をもって行われているため、壊滅的な事故が発生する可能性など公式に検討する必要がないほど低いという主張は、あらゆる国家が原子力を管理する際の実践、理由づけ、論理の基本的な前提となった――つまり、世界的な原子炉の「統制方法」である」と。[11]

核燃料が溶融する事故や完全にメルトダウンする事故もあったものの、大半の原発は、核燃料が溶融することなく稼働してきた。さらに、ほとんどすべての原発から、とくにトリチウムの形で日常的に放射性物質が放出されているが、原発から近隣の地域社会に壊滅的な放射線が放出したことはほとんどない。[12] 家庭や都市の電化は、電力源が何であれまだ一五〇年ほどの歴史しかない。それでも原発は、発明から八〇年足らずの間に一万八千炉年以上もの運転実績を積み重ねてきた。この数字が、原子炉は有能性をもって運用されているという主張を可視化して裏づける手段になっている。

ほとんどの原発はメルトダウンしておらず、一九四五年以来、核兵器が直接人類に対して使用されたことはない。

核技術における管理不全

すでに述べたように、一九四五年以降に二千回以上の核兵器の爆発が起こり、これらの大規模な爆発は多くの社会と何百万人もの人々に大きな影響を与えてきた。カザフスタンのポリゴンの風下や太平洋諸島の国々に住む人々からみれば、核兵器が適切に管理されてきたとは考えにくい。第5章で取り上げたように、ネバダ核実験場の管理

者は、南方のラスベガスに向かって風が吹いているときは実験を延期するよう指示を受けていた。「南西のロサン
ゼルス、南東のラスベガス、北東のソルトレイクシティへの放射性降下物を防ぐため、ネバダ州南部とユタ州で卓
越風が東に向いているときに爆発が行われた」。これは核実験の適切な管理のための公式の処置だった。しかし、一
九五五年にウィラード・リビーが述べたように、放射性降下物の雲が「いつも覆いかぶさっている」ユタ州セント
ジョージに住む人々にとっては、これは災難だった。管理の無能さがさらに明示されたのは、寿命調査（LSS）の
知見に過度に依存し、これらの地域社会で予期されたはずの健康への影響に関して、多くの人々が内部被曝した粒
子ではなく、外部被曝の観点からのみ判断されたときだった。前章で述べたとおり、チェルノブイリから放射性雲
が発生した際、ソ連政府がロシアの都市ではなくベラルーシ上空で放射性物質を降下させたように、ある人にとっ
ての有能さが別の人の人生を左右する悲劇となるのだ。

　前章では、この核実験の歴史を、核保有国が実験場の風下に住む人々に対して行った限定核戦争として論じた。
核実験場から遠く離れた場所に住み、冷戦の間に核兵器の抑止力から恩恵を受けた人々にとっては、二千回に及ぶ
核実験は安全に実施されたと感じられるかもしれないが、それは視点の問題にすぎない。核実験が身近なもので
あった人々、その影響が実験場から自分たちの地域社会や菜園へ、そして家庭や身体へと波及した人々にとっては、
冷酷とまではいかなくても、不注意という表現が頭に浮かぶだろう。一九五四年にCBSラジオでブラボー実験後
の第五福竜丸乗組員の被曝について質問されたアイゼンハワー米大統領は、「今回は、我々がいまだかつて経験し
たことのないことが起こり、科学者を面くらわせ、驚かせたに違いない」と断言した。まさにこの想定外の不手際
こそが、マーシャル諸島の複数の環礁の全住民が急性放射線症にかかり、家を失うという結果をもたらした。広
島・長崎以後、核兵器は対人戦闘に用いられてこなかったにもかかわらず、この間の七〇年間、核兵器は適切に管
理されてこなかった。核実験は、何百万もの風下住民の健康と幸福に直接影響を与えてきた。地域社会全体が強
制的に避難させられ、複数の村や環礁では、放射能汚染のためにもはや人が安全に住めなくなっている。

第Ⅳ部　未　来──234

核実験による超ウラン核種の沈着は、人新世の始まりを地質学的に決定する基本的な指標だと考えられている。[17]この沈着は事故によるものではなく、核兵器の意図的な運用によるものである。最近の研究は、地球温暖化によって氷河が解け始めるにつれて、北極圏、南極圏、亜寒帯地域で核実験によって沈着した放射性降下物が移動し始めたことを明らかにした。「FRN〔フォールアウト放射性核種〕は、氷河の融解と後退によって氷河前縁の環境に放出されるため、その起源となった核実験の何年も後に、二次的な環境汚染源として作用するかもしれない」。[18]

核兵器の管理もまた、事故に悩まされてきた。一九六六年、米国のB52爆撃機がヨーロッパ上空で空中給油中に爆発し、スペインの小村パロマレス周辺に四発の水素爆弾を落としてしまった。一発は地中海に落ち、三発は村に落下した。[19]いずれの爆弾も核爆発を起こさなかったが、村に着弾した爆弾のうち二発は筐体内の高性能爆薬の爆発で亀裂が入り、プルトニウムを現地の生態系に漏出させた。[20]これは、核兵器に関わる数十の事故のうちの一つにすぎない。多くの核兵器が「行方不明」のままであり、核兵器を搭載した潜水艦数隻も丸ごと不明である。人類が核戦争を起こしてこなかったことだけが、核兵器の合理的管理の唯一の基準ではない。

多くの記録が示しているように、米国と旧ソ連は、相手の意図と行動を読み誤り、即応態勢のパラノイア〔偏執狂〕という形で刻印された冷戦期の戦略によって兵器発射の寸前まで誘い込まれ、何度も世界規模の熱核戦争の瀬戸際となった。[21]一九八三年にヨーロッパで実施されたNATOの核戦争演習は、「エイブル・アーチャー」〔有能な射手〕という名を冠して行われたが、実際にはこの演習は、差し迫った核攻撃の準備なのではないかという疑念をソ連軍司令部に抱かせた。[22]ソ連の核兵器システムはすぐに戦闘態勢に入り、直接の核交戦に備えていた。双方とも相手の意図を大きく読み誤り、核兵器を臨戦態勢に置いていた。この出来事は、冷戦後期を象徴するような高度な兵器群と一触即発の発射システムによって、世界を核戦争の入口に立たせた。ほかにも多くの事故やレーダーデータの誤読があり、超大国の指導者たちはたびたび、相手国に対する核攻撃を誤って開始する寸前までいった。[23]ソ連の将校スタニスワフ・ペトロフは、米国のミサイルがソ連に向けて発射されたことを示す計器の数値は誤りであると、規則に反して判断し、警告を指揮系統に伝えなかった。ペトロフは冷戦後、「世界を救った男」として広く称賛された。[24] これらのケースでは、システムが機能していたと言うこともできるだろうが、システムに構造的な欠陥があったことを見抜くほうがはるかに簡単だ。

これらの兵器はすべて、プルトニウム生産施設の建設と操業を不可欠とする軍事核複合体から生まれた。プルトニウム生産施設とは、米国のハンフォード、旧ソ連のマヤーク、英国のウィンズケール／セラフィールド、そして核兵器の拡散とともに建設が続いた数多くの施設のような、プルトニウム分離施設を伴う原子炉のことを指す。原子炉は、核兵器製造用のプルトニウムを生産するという目的のために、マンハッタン計画で考案された。これらの施設が地上で稼働してから一〇年経って初めて、それらを電力生産のために民生利用する国が出てきた。制御され持続した最初の核連鎖反応は、一九四二年にシカゴ・パイル一号炉（CP‐1）で起きた。最初の工業的規模の原子炉は、第二次世界大戦中にワシントン州ハンフォードでのマンハッタン計画によって建設され、そこで生産されたプルトニウムは長崎で使用されて、何千人もの子どもを含む一〇万人近くの人々を殺した。私が別のところで書いたように、原子力発電は元来、暴力的なのである。[25] 米国で最初に稼働した一三基の原子炉はすべて、厳密にはプルトニウム生産用の原子炉だった。米国は、民生利用の電力を生産するための原発を一基建設する前に、一三基の稼働中の軍事用の原発を有していた。[26] プルトニウム製造のために用いられた原子炉と原発との主な違いは、原子炉をタービンに接続し、発生した熱を発電に利用するかどうかである。つまり、本質的な核反応は同じだ。

初めての壊滅的な原子力事故は、一九五七年に、核保有国における二つのプルトニウム生産施設で、一一日違いで生じた。九月二九日、旧ソ連のチェリャビンスクにあるマヤーク核施設の放射性廃棄物タンクで爆発が起きた。このキシュテム事故は、廃棄物タンクの冷却システムの故障によって起こり、かなりの量の放射性物質が広範囲に拡散し、東ウラル放射性プルーム跡と呼ばれる汚染地域を作り出した。[27] その一一日後の一〇月一〇日、英国のカンブリア州にあるウィンズケール核工場の原子炉の一つで火災が発生し、三日間燃え続け、放射性物質を周辺地域に拡散させた。これら二つの事故は、核兵器製造のためにソ連政府と英国政府が運営していたプルトニウム製造用原子炉で起こったため、両政府は事故に関する情報のほとんどを統制することができた。一九六八年、七九年、八五年のソ連原子力潜水艦の原子炉でのメルトダウンも、発生当時は報告されなかった[28]。

　複数の研究炉でも重大な事故が発生してきた。それには、一九五二年にカナダ・オンタリオ州のチョークリバー実験炉で起きた爆発と燃料の一部溶融、五五年における国立原子炉実験所（現アイダホ国立研究所）の実験増殖炉一号機での燃料の一部溶融、五九年のロサンゼルスのサンタ・スサナ・フィールド研究所での炉心溶融、六一年のアイダホ州の国立原子炉実験所におけるSL-1炉の爆発と炉心溶融などが含まれる[29]。

　商業用の原子炉においても数多くの事故が起きてきたが、核燃料の部分溶融は、惨事としてあまり知られていない。スイスのルーセンス原子炉は、一九六八年に燃料の部分溶融に見舞われた。その一年後、フランスのサン・ローラン原発が燃料の部分溶融を起こした。一九七七年にはチェコスロバキアのボフニツェ原発A-1号機で燃料が部分溶融し、七九年にはペンシルバニア州のスリーマイル島原発で炉心の一部が溶融した[30]。

　はるかによく知られているのは、一九八六年のチェルノブイリと二〇一一年の福島で起きた二つの壊滅的な原発事故である。一九八六年四月二六日にチェルノブイリ原発の四号機で爆発が起きた後、その核燃料はすべて、爆発雲の中に分散されたか、溶融後に原子炉の廃墟に封入された。福島では、三基の炉心溶融と複数の爆発があり、爆発の中には事故当時稼働していなかった四号機の使用済み核燃料プールでの火災によるものも含まれていた。核燃料の一部は爆発雲の中に飛散したが、残りの溶融燃料（炉心溶融物《コリウム》と呼ばれる、溶融中に吸収した物質とアマルガム化したもの）は一号機、二号機、三号機の原子炉底部にあると考えられている[31]。これらの事故のほとんどすべてにおいて、技術的問題と人的過誤が組み合わさって大惨事につながっていた。

　原子力リスク評価の専門家たちは頻繁に、確率論的リスク評価法を用いて、経験年数ではなく炉年との関係で原子力事故を予測し、リスク予測のための精巧な確率表を作成する。「このような研究で使われる基本的な考え方は、簡潔に言い表せる。すなわち、事故につながる可能性のある故障木《フォールトツリー》を列挙するのだ。原子炉の個々の部品について、故障の頻度を見積もることができる。深刻な事故を引き起こすには、これらの部品のいくつかの組み合わせが同時に故障しなければならない」と、理論物理学者のスブラット・ラジューは説明する。「このような見積もりに理論的な問題があるのは明らかだ。福島の原子力施設について考えてみよう。そこには一三基のバックアップ用ディーゼル発電機があった。各発電機の一年あたりの故障確率を10^{-1}とし、それらが互いに独立した事象であると仮定すると、ある年に一二台の発電機が一緒に故障する確率は約$13 \times 10^{-12} \times 0.9 \fallingdotseq 10^{-11}$という単純な結論になる。しかし、津波は一台を除くすべての発電機を一度に使用不能にすることで、まさにこれを実現した。重要なのは、一度明らかな故障木が除外され訂正されると、事故の確率へ大きく影響するものは、積み重なって故障の原因となるような、可能性の低い事象の連続から生じるということである」[32]。チャールズ・ペローは、「相互作用的な複雑さと緊密な結合」によって構築されたシステムにおいて、いかにして単純で予期された故障が、「通常の事故」と彼が呼ぶものにつながるかを説明している[33]。

図 7-1　チェルノブイリ立入禁止区域にある，チェルノブイリと広島を結ぶ彫刻。広島の平和の折り鶴と核燃料棒をモチーフにしている（2019 年，筆者撮影）。

米国原子力規制委員会が確率論的リスク評価法を用いて実施した研究では、一〇万炉年に一回、より控えめに見積もっても一万〜二万炉年に一回の事故が発生するという確率がはじき出された。先にその一部を列挙した事故はすべて、現在までの世界の原発の運転期間計一万八千炉年で起きたものである。チェルノブイリ事故後の一九八六年にイスラムとリンドグレーンが行った研究では、確率ではなく既存の原発事故データを用いて、より現実的な数字として、三千炉年に一件の割合で事故が起きているとした[34]。より経験に即した言い方をすれば、技術の出現以来の数十年間で確率論的に起きるはずの水準よりも多くの炉心損傷事故が起きてきた。この歴史には、原子力を適切に管理した例もたくさんあるが、明らかに、劇的で重大な失敗も含まれている。

原発の管理における不手際は、電力やプルトニウムを生産するための原発の運転の成功・失敗を超えて広がると想像しうる。世界中の多くの原発が営利事業として稼働しているという事実は、安全を最優先に追求するという意欲を失わせるものとなる。企業は、収入を増やし支出を減らすことで利益を生み出す。原発の経費削減は、多くの場合、安全上の実施要領ならびに計画を縮小することを意味しうる。福島第一原発は、二〇一一年三月一一日に起きた地震の震源地に最も近い原発ではなく、女川原発のほうが六〇キロ近かった。女川原発では地震がよりすさまじく、津波も高かったが、そこにあった三基の原子炉はメルトダウンに見舞われなかった。これら二つの施設は別々の電力会社によって所有されており、その重大な日の運命はそれぞれの電力会社と管理者の「安全文化」に関連すると考える者も多い[35]。

多くの政府は、壊滅的な被害が発生した場合について、原発の運転企業の責任に法的制限を設けている。米国で最初の商業用原発が稼働する以前でさえ、政策立案者らは、いかなる電力会社も、「原子炉の暴走」によって懸念される損害を償う十分な保険を担えないだろうとわかっていた。一九五四年、原子力合同委員会で証言したとき、ゼネラル・エレクトリック社の原子力製品部門ジェネラル・マネージャーであるフランシス・K・マッキューンは政治家たちに、賠償責任の制限がこの産業の事業計画の根幹だと伝えた。「マッキューンは、従来の「第三者責任」補償の限度を超えた保険や補償に政府が支出を行うプログラムがなければ、電力会社やその調達元の企業は米国で原発を建設したり運転したりすることはないだろうと予測した」[36]。米国議会は一九五七年にプライス・アンダーソン法を可決し、事故の際の企業責任を制限した。この法律は何度も改正され、現在では引き続き二〇二六年まで延長されている[37]。

原発が災害を発生させずに正常に稼働しているときでも、構造的な不全がある。原発はきわめて危険かつ長寿命の廃棄物を大量に発生させており、その廃棄物を永久に管理し続ける体制を必要とする。ピーター・カスターズによれば、「放射性廃棄物は、原子力生産の連鎖の一過程のみで作り出されるのではなく、実際には連鎖の各過程すべてで作り出されている」[38]。放射性廃棄物の中で最も量が多いのはウラン鉱山の鉱滓であり、最も問題となるのは、原子炉で核燃料を燃焼させることによって生じる高レベル放射性廃棄物である。高レベル放射性廃棄物は、七五年以上にわたって世界中に蓄積し続けており、多くの場合、各現場で一時保管されている。IAEAは、二〇一三年の商業用使用済み核燃料の総量を一八万八〇〇トンと推定している[39]。これは電力を生産するための原発の運転のみによるものであり、世界の核兵器保有国によるプルトニウム生産によって残された膨大な量の使用済み核燃料の残骸は含まれていない。例えば、米国は世界最大の商業用原発群をもっており、一〇四基が稼働してきた、あるいは現在稼働中である。この商業運転は、六万七六〇〇トンの高レベル放射性廃棄物を発生させた。米国の軍事用原子炉は、さらに二万五千トンの高レベル放射性廃棄物を、言い換えると、商業用原子炉によるものの三分の一強を生成した。商業用と軍事用の高レベル放射性廃棄物を合わせると、米国からの総計は九万二六〇〇トンになる[40]。この量は、商業用発電のみによる全世界の総生成量の半分に相当する。

高レベル放射性廃棄物は、現在からはるか将来に至るまで、世界中の生物の健康と安全を守るために適切に管理されなければならない。そのためには、十万年以上もの間、廃棄物を安全に保管し続ける必要がある。使用済み核燃料をすべて、これほど膨大な時間にわたって安全に保管するという課題は、核技術の開発から一世紀も経たないうちに困難に直面してきた。一九七二年、オークリッジ国立研究所の元所長アルビン・ワインバーグは次のように警告している。「我々核開発者は社会とファウスト的な取引を行ってきた。［中略］この魔法のエネルギー源に対して我々が社会に要求する代償は二つある。警戒と、社会制度の長期的持続という、人類がきわめて不慣れな営みである」[41]。数十年にわたってまったく対策がなされなかったが、現在では、この取引での負債に対処するために、過去数十年で開発された戦略がいくつかある。

使用済み核燃料の適切な保管

使用済み核燃料の管理は、マンハッタン計画初期における最初の原型炉以来の課題だった。使用済み燃料には長寿命できわめて放射性の高い元素が多く含まれており、その一部は数千年にわたって熱を発することもある[42]。プルトニウム２３９は十万年以上にわたり生物にとって危険であり続け、ウラン２３５は百万年以上にわたり危険が続く。その間、放射線はゆっくりと減衰する。一部の放射性核種は最初の数千年で崩壊するが、多くは数万年かけて減衰する。こうした力学により、使用済み核燃料の安全で確実な保管は、公衆衛生のために不可欠であり、この廃棄物の遺産を生み出して無数の将来世代へと残す我々の義務となる。

このことを、政府と産業界双方の、核複合施設の管理担当者は早くから理解していた。高レベル放射性廃棄物の保管問題に関する一九五七年の米国国立科学アカデミーの研究では、次のようにはっきりと述べられている。「他のどの種類の廃棄物処分とも異なり、放射性廃棄物に関連する危険は非常に大きいため、安全性に関するいかなる疑いの余地も許されるべきではない。［中略］安全な処理とは、この廃棄物がいかなる生物にも接触しないことを意味する」[43]。一九四九年にはすでに、米国原子力委員会（ＡＥＣ）の小冊子『原子力計画における放射性廃棄物の取り扱い』において、廃棄物の放射性核種が生態系を通って移動し、食物連鎖で生体濃縮しないよう用心すべきだと強調されていた。「川に流れ込む液体廃棄物も潜在的な危険である。動物が摂取するかもしれないし、藻類や他の微生物が吸収し、それを魚が食べるかもしれない[44]」。

　廃棄物を長期保管する以前に、使用済み核燃料特有の危険に対処するための多くの手順が必要となる。核燃料が原子炉内で「燃焼」し、熱を発生させ、電気を作り出すと、燃料の一部が「娘核種」に変換される[45]。プルトニウムはそれらの粒子の一つであり、原発が最初に設計・建設されたのは、プルトニウムを「子ども」として製造するためだった。しかし、他の子ども、つまり核分裂生成物も生成され、これらの蓄積により燃料の効率的な燃焼が妨げられる。この非効率性のため、核燃料棒は通常、原子炉内に約三年間保管され、その後新しい核燃料棒と交換され、プラントに核燃料が補給される。取り出された、または使用された核燃料は、数千年かかるであろう崩壊の旅を始める。

　商業用燃料の一部は、再処理に使用される。これは、兵器の場合と同様にプルトニウムが分離され、ウラン・プルトニウム混合燃料（ＭＯＸ）の製造に使用されることを意味する。ある程度の核分裂性ウランも分離されうるが、新しく採掘されたウランのほうが一般的に安価であるため、ＭＯＸを燃料として使用するのは経済的ではない。フランス、英国、ロシア、その他いくつかの核保有国では、一般に燃料の再処理が行われているが、この方法が実際に使用済み核燃料を直接処分するよりも経済的かどうかについては議論もある。世界原子力協会は、二〇一七年に世界の原発全体に供給された新しい燃料のうち、ＭＯＸ燃料はわずか五%を占めるにすぎないと推定している[46]。原子力推進者の一部は、すべての核燃料は「リサイクルできる」と言い張っているが、これはプラスチックに似た状況と考えられる。プラスチックはリサイクルできるが、新しいプラスチックを作るほうがはるかに安価なのだ。したがって、そのリサイクルの可能性にもかかわらず、世界には廃棄物があふれている。

　使用済み核燃料のほとんどは再処理されず、さまざまな種類の保管所で「永久」処分を待っている。この一連の貯蔵システムは、核燃料を交換し補給する瞬間から始まる。使用済み核燃料が原子炉から取り出されると、すぐに使用済み核燃料プールに入れられる。そこでは燃料の溶解を防ぐために熱を除去するよう、巨大な水泳プール同様に水が絶えず出入りし循環している。また水は、使用済み核燃料が放出する強烈な放射線から作業員を保護する。したがって、すべての原子炉には原子炉建屋に使用済み核燃料プールが設置されており、燃料を取り出したらすぐに水中に入れることができる。燃料が一定期間冷却されると、各原子炉建屋にあるプール内に新しい使用済み核燃料を受け入れるスペースを作るために、原子炉建屋の外側にある第二の使用済み核燃料プールまたはより大きな共同プールに燃料を移される。これらの使用済み核燃料プールでは、少なくとも一〇年間、使用済み核燃料棒を冷却し続けなければならない。冷水はこれらのプール内を循環し続ける必要があり、より多くの冷水がこの工程を続けることができるよう、使用済み核燃料によって加熱された後、水は廃棄する必要がある。[47] 福島原発では、施設の電源喪失により使用済み核燃料プールで冷却水がすべて沸騰して蒸発し、壊滅的な爆発が起こった。冷却システムを動かし続けるには、電力が維持されていなければならない。この過程でも粒子は生態系に運ばれる可能性がある。数十年にわたって、英国カンブリア州セラフィールドの原子炉の関係当局は、貯蔵プールを訪れるカモメを殺処分しなければならなかった。二〇一〇年のＢＢＣの記事によれば、「当局者らは、一部の鳥が使用済み核燃料貯蔵池に侵入し、低レベル放射性廃棄物により汚染された可能性があると言っている」という。[48] 一部は殺処分されたが、多くは粒子を現場から遠くに運び、排泄物を通して、あるいはその後、死骸となって粒子を堆積させた可能性がある。

燃料が十分に冷却したら、乾式キャスク貯蔵施設に移すことができる。使用済み核燃料が十分に冷却され、熱でキャスクを損傷させることがなくなれば、このキャスクが作業員を放射線から保護する。再処理がなされていない、世界中のすべての使用済み核燃料は現在、使用済み核燃料プールか乾式キャスクの中にある。二〇一四年の米国政府の研究は、同国の使用済み核燃料管理プログラムの現在および当面の状況について次のように記している。

将来、次の二つの理由から、さらに多くの使用済み核燃料が乾式貯蔵施設に保管される見込みである。第一に、ほとんどの使用済み核燃料プールはその最大容量に達しているため、原子炉の運転企業は新しい使用済み核燃料を入れるスペースを作るために燃料をプールから乾式貯蔵庫に移さなければならない。このプロセスには時間と費用がかかる。第二に、原子炉が停止し、プールが閉鎖されるにつれて、乾式貯蔵施設に移される使用済み核燃料の量は増加すると予想される。〔中略〕現在稼働している最後の原子炉が停止した後、二〇六七年までに、現在運転中の原子炉から生成されると予想される一三万九千トンの使用済み核燃料のほぼすべてが乾式貯蔵されると見込まれる。(49)

二〇一三年の時点で、米国の商用使用済み核燃料の三〇％（～約二万二千トン）が乾式キャスクに保管されており、七〇％（～約五万トン）は原子炉から取り出された日以来、使用済み核燃料プールに残っていた。(50) 軍事用の使用済み核燃料に関しては、「エネルギー省の使用済み核燃料在庫のほぼ八〇％が、ハンフォードの水中の二つの四九四万リットル（一三〇万ガロン）プールに保管されている。ハンフォードに関する一九九九会計年度の報告書は、K貯蔵水槽として知られるプールはコロンビア川から四分の一マイル未満のところにあり、現在は機能を停止した生産炉に近い」と説明し、さらに「K貯蔵水槽は老朽化が進んでおり、燃料は腐食している」と付け加えている。(51) これらの廃棄物はすべて、米国エネルギー省が永久保管場所を指定し、移出の受け入れが開始されるのを待っている。

ウィリアム・バロウズの言葉を借りると、使用済み核燃料の永久保管は「筆舌に尽くし難い」難題である。(52) この廃棄物は完全かつ安全に封じ込められなければならず、その場所は地質学的にも水文学的にも数万年間安定していなければならない。(53) さらに、生物、とくに未来の人類が敷地に侵入することがあってはならない。これらの課題のそれぞれを完全に達成できなければ失敗となる――つまり、何世代にもわたり悲惨で取り返しのつかない結果となる。回収可能な貯蔵施設の設計作業も行われており、それを数百年間にわたって能動的に管理し続ける必要がある。これにより、廃棄物中の放射線の減衰と容器の健全性を監視できるようになるはずだとされている。(54) しかし、このやり方は主に、必要とされている継続的な管理と監視にかかるコストが高く、政治的にも保証されないため、ほとんどが断念されてきた。

原子力発電を利用している国のほとんどは、使用済み核燃料を数千年ものあいだ保管するために望ましい方法として、深地層最終処分場（DGR）での保管に着目してきた。DGRとは、地下約〇・五キロメートルの深さの地質学的に「永久的な」岩盤に掘られた貯蔵施設である。DGRでは、廃棄物は慎重に封入され、効果的に設置された大洞窟に置かれる。封入された廃棄物が保管された後、その洞窟は密閉される。廃棄物が危険な状態にある期間よりも長い間、洞窟が地質学的に安定していること、および封入により地下水との接触の遅延または阻止を保証するためである。地下水との接触は、容器を腐食させ、使用済み核燃料棒に水が接触することにより、放射性核種を処分場から周囲の生態系に運ぶ可能性がある。何万年にもわたって廃棄物を周囲の生態系から隔離することを目的として、この場所は作られるのである。

DGRのいくつかの構想が進んでいるが、スウェーデン核燃料・廃棄物管理（SKB）社のシステムが実際にスウェーデンとフィンランドの両国で建設されている[55]。この方法では、使用済み核燃料を封じ込める多重バリアシステムを構築する。まず、使用済み核燃料は、耐水性をもつように設計された鋳鉄《ちゅうてつ》製インサートを備えた銅製の容器に入れられる。これらの容器は、地下〇・五キロの岩盤に掘られたスロット〔処分坑〕に配置される。保管場所である処分坑道のスロットが容器で満杯になると、サイト全体がベントナイト粘土――濡れると膨張する粘土（猫砂によく使用される）――で埋め戻される。こうして、使用済み核燃料は銅製の容器に収められ、この容器は貯蔵所を満たすベントナイト粘土で囲まれ、施設全体は地表から〇・五キロの岩盤で守られる[56]。

一九九〇年からスウェーデンは、既存の原発の敷地であるオスカシュハムン近くのエースプー硬岩研究所に、SKB処理法の技術を開発するために高い機能性をもつ地下研究所を建設した[57]。技術改良に伴い、スウェーデンとフィンランドの両国は、SKB処理法に基づくDGRの建設に取り組んだ。フィンランドは、オルキルオトの原発に隣接する施設「オンカロ」〔フィンランド語で「とくに地下にあるかなり大きい空洞」の意〕で建設を開始しており、二〇二〇年代後半には使用済み核燃料棒の受け入れを始める予定である。[58] スウェーデンは、まだ承認プロセスを完了していないものの、その用地としてフォッシュマルクを選択した。[59] 自国の高レベル放射性廃棄物、とくに使用済み核燃料棒を管理するための戦略を準備している各国は、廃棄物を隔離する方法を研究するために巨額の資金を投入してきた。各国は、放射性廃棄物が人間やほかの生物に害を及ぼす可能性がある期間に、この廃棄物の適切な保管を成功裏に達成する最善の策を検討するため、科学者や研究者からなるチームを編成している。[60]

原発で生み出された電気と、原発でのプルトニウム生産により生じる廃棄物は、物理的に存在し続けて何千世代もの人類に大きな影響を与える。商業用の原子力の場合、それらの数千世代のうち二世代のみがこの技術の恩恵、すなわち電力を受け取る。我々の原発と関わるだろう世代の九九％以上にとって最初に見聞きして感じることは、リスクの経験となるだろう。これは、比較的小さな利益のために残すにしては、驚くほど不都合な遺産だ。哲学者のクリスティン・シュレーダー゠フレチェットの指摘によれば、「放射性廃棄物の永久保管とされているものは、単に時間的な分配の正義の観点から問題があるだけではない。参加の正義の観点からも疑わしい。なぜなら、将来の人がそれに同意する可能性は低いからである」。[61] 我々の深地層の保管場所を使えばリスクから彼らをうまく保護できるというのは、もしかしたらそうなるかもしれない。しかしこのリスクを負うことになる何千世代もの人々の利益のために、人として可能な限り有効な結果を得られるよう我々が取り組む必要がある。

無能さの現れとしての深地層への保管

一九五八年、物理学者で技術者のベルンハルト・フィルベルトは、フランスのシャモニーで開催された国際科学水文学協会会議で、高レベル放射性廃棄物の長期保管戦略を概説する論文を発表した。[62]フィルベルトは、世界のすべての高レベル放射性廃棄物を、グリーンランドか南極大陸の永久氷床の中に設置した容器に保管することを提案した。ほぼ二〇年後、この当初の計画をさらに練って、ベルンハルトの弟であり同じく物理学者・技術者のカール・フィルベルトは、一九七七年に『雪氷学ジャーナル』において次のように主張した。「今後三〇年のうちに全世界の高レベル放射性廃棄物は、半径〇・二メートルの球形容器3×10⁷個に詰められ、南極大陸あるいはグリーンランドの氷床の地表面下、深さ二〇～一〇〇メートル、半径一五キロメートルの範囲に処分できるようになるかもしれない。保管は氷床の安定性に影響を与えない。きわめて異常な自然の氷床の不安定性や気候変動でさえ、放射能汚染を引き起こす可能性はないだろう」[63]。フィルベルト兄弟は、最初の数百年間、氷床にある核の貯蔵場所で回収可能な容器に廃棄物を保管し、問題が持ち上がればその時に対処すればよいと考えていた。二〇二一年の視点からすると、もしこの提案が一九七七年に実行されていたら、明らかに我々はすでに、グリーンランドか南極の急速に溶けつつある氷床から容器を回収していただろう[64]。この提案で放射線が放出するには至らなかったかもしれないが、ある時代においては合理的に見える提案も、わずか数十年の間に起きる状況の変化を予期できていなかった。

フィルベルト兄弟の計画は、理にかなった工学と、氷床の力学の詳細な研究に基づいていた。その計画は、当時同様に研究されていた深地層貯蔵計画への代替案として提案された。DGRは、我々が設計し実行できる最適な廃棄物処分法かもしれない。しかし、この計画にも非論理的な側面がある。前世紀の科学は、その時々の専門家にとって十分または完全であるように見えるものではない。だが、それにもかかわらずDGRの設計者たちは、現在の材料工学、地質学、その他数多くの分野の最先端技術に基づいて、数千年にわたる物理プロセスを完全に予測して適切に制御できると考えている。彼らが、それぞれの時代に機能しているモデル内で、各分野のトップで活躍できることに疑いの余地はないが、人間の構造や概念が経てきたよりも長大な地質学的時間に広がる物質に対してその専門知識を用いることは、少なくともおこがましいことだ。

まず、我々がＤＧＲに最適な場所をどのように決定しているかについて考えてみよう。ＤＧＲ用地として指定または提案されている地域がある国に関しては、ほぼすべての用地が、原発を運営する電力会社、あるいは廃棄物処理という課題を担う政府がすでに所有している土地である。広範囲にわたる測量を行い、地質学的およびその他の科学技術的な特性を詳細に分析した後、多くの国々が最適の場所だと判断したのは、政治的にも都合のよい土地だった。つまり、国の廃棄物の一部が現在置かれており、多くの場合、周辺住民の多くが廃棄物の管理者によって雇用されているような場所だ。これは、すでに各国の軍によって兵器施設が運営されている場所に核兵器施設が建設されることが多いという既存のパターンをなぞっている。米国は、一九四〇年に設立されたラスベガス射爆撃場に、核実験のためのネバダ実験場を設置した。この場所が選ばれたのは、「年間を通じて飛行にとって良好な天候、戦略的な内陸の位置、近くに山々があり大砲や機関銃の訓練に適した自然背景、緊急着陸のための乾いた湖底、そして既存の飛行場を提供するからだ」[65]。これらは必ずしも最適な核実験場の要件ではない――単に設置が容易だっただけである。米国は長い間、ＤＧＲとしてユッカマウンテン地方に焦点を当ててきたが、これは旧ネバダ実験場（現在はネバダ国家安全保障施設として知られている）内にある。これも、既存の核複合施設の敷地内にＤＧＲの予定地が都合良く位置している例である。英国のプルトニウム製造炉があった旧ウィンズケール施設（現在はセラフィールドと改称）は、第二次世界大戦中に爆弾の推進火薬を製造していた王立セラフィールド兵器工場があった土地に建設された[66]。セラフィールドは英国の主要なＤＧＲとしても検討されている[67]。

ＤＧＲ（オンカロ）の建設が実際に最も進んでいる国であるフィンランドは、オルキルオト島の敷地を選択した。敷地に隣接して既存の原発四基のうち二基が存在し、三基目（予定より遅れ、予算も超過している）も建設されている〔二〇二三年に稼働開始〕。現在フィンランドの使用済み核燃料の半分はオルキルオト島にあるため、オンカロの処分場に輸送する必要がなく、予想される輸送コストとリスクが大幅に削減される。この地域は四〇年にわたり二基の原子炉を受け入れており、地元経済は一世代のあいだ原子力産業に大きく依存してきたため、フィンランドの原子力産業に好意的である。既存の原発がない場所を選択した場合、地域住民の賛同を得るための政治的道のりはより困難になった可能性が高い。これらの困難が回避されたのは、オルキルオト複合施設内という最適な場所が、偶然見つかったかのようにして、フィンランドのDGRが建設されているためである。

保管場所「オンカロ」を建設しているフィンランドの会社は、ポシヴァ・オユ〔以下、ポシヴァ社〕である。[68] 二〇一六年にオンカロで行われたメディア向けイベントでのプレゼンテーションで、ポシヴァ社の広報担当者は、フィンランド全土が深地層貯蔵場所として使用するのに申し分なく、フィンランドの地図に「ダーツを投げる」と、どこに当たっても他の場所と同じくらいよいだろうと述べた。[69] 彼は、土地所有権と人口密度の問題のため、ヘルシンキに建設するのは地方に比べて明らかに困難だと指摘した。これはおおむね的を射ているが、そうであってもフィンランド全土が等しくDGRの安全性と安定性の要件を満たすということは事実ではないだろう。経済的コストと政治的困難さという条件において、フィンランドのすべての場所が同等ではないことに疑いの余地はない。オンカロは、フィンランドでの立地選定プロセスで要求される地質学的および物理的要件をすべて満たしているかもしれない。しかし、明らかに「ダーツ」はどこに命中してもよかったわけではない。「ダーツ」は、処分場を建設する企業と、その決定に対する政治的支持を集めなければならない政府のニーズにとって、経済的かつ政治的に最も有利なまさにその場所に当たったのである。オンカロは、数千年〔の安全性と安定性〕という要件だけでなく、二一世紀のニーズにも適合しているという理由で選ばれた。二〇一七年、ポシヴァ社の開発担当上級副マネージャーのティーナ・ヤロネンは記者に対して、プロジェクトの短期的な利点を次のように強調した。「ここエウラヨキとロヴィーサでは、誰もがそこで働く人を知っているので、物事がどう処理されているかを知り、信頼しています。彼らは原子力施設を受け入れるメリットも理解しています。雇用率も高く、自治体そのものも非常に裕福なのです」。[70]

バルト海を越えたスウェーデンでは、エースプー硬岩研究所にある先駆的なDGR試験場でSKB処理法の仕組みを編み出してから、実際のDGRの予定地を検討し続けている。検討されている二つの候補地は、オスカシュハムンとフォッシュマルクである。どちらのサイトでも原発三基が稼働しており、その歴史はオスカシュハムンでは一九六〇年代に、フォッシュマルクでは一九七〇年代にさかのぼる。フォッシュマルクには低・中レベル放射性廃棄物の地下処分場（SFR）があり、オスカシュハムンには国内の使用済み核燃料の集中中間貯蔵施設（CLAB）がある。フィンランドと同様、DGRの理想的な場所はどちらも、稼働中の原発があり、かつ廃棄物がすでに保管されており、地元住民が経済的に施設に依存している場所である。

図 7-2　使用済み核燃料処分場「オンカロ」の地下 500 メートルにあるトンネル（フィンランド，エウラヨキ）（2016 年，筆者撮影）

フィンランドとスウェーデンでDGRの立地選択を余儀なくさせた根源となる決定は、これらの場所に原発を設置するという一九六〇・七〇年代の決定だったと見なさざるを得ない。これらの原発が建設された時点で、使用済み核燃料を既存の原子力用地の一つに永久貯蔵するという動きが必然的に生じていたのだろう。あるいはそれは偶然……しかも二つの偶然だったのかもしれない。明らかに、数千年にわたって重大な影響を与える決定は、高い毒性をもつ長寿命の物質を数千年間貯蔵するための地質学的要件および安全性の要件だけでなく、二一世紀の国家および地方自治体の政治の短期的な要件によっても行われる。[71] これは避けられないことかもしれないが、我々の意思決定のほかの側面も、我々が考慮すると称している人々のニーズよりも、我々自身のニーズを満たすものかもしれないことをほのめかしている。

先行き不明な境界線を引く

同様の議論は、我々がこれらの廃棄物の立地決定を行う際の構成集団についても言える。我々が、最も適切に設計された使用済み核燃料の深地層貯蔵施設がどのようなものか決定し、その決定を実行に移す際の仕組みは、明らかに現在の政治的な境界に基づいている。言い換えれば、フィンランドは自国の放射性廃棄物をフィンランドで処分しなければならないし、米国は自国の放射性廃棄物を米国国内で処分しなければならない。日本は自国の放射性廃棄物を日本国内で処分しなければならない。廃棄物はこれらの政治体制の境界内で生み出されたものである以上、これは当然なことに思える。電気や兵器はそれらの国の市民の利益のために作られたものであり、その廃棄物の処理責任は、恩恵を受けている国の国民が負う。それは我々にとっては理にかなっているが、廃棄物の処理という観点からはそうとも言えない。日本に目を向けると、国内には深地層貯蔵のための処分場設置に適した場所はないのだ。[72]国全体が断層と火山帯の上に位置するため、日本国内には地質学的に安定した場所はない。しかし、日本の廃棄物は日本で出たものだから、日本で処分されることになる。日本も放射性廃棄物の生成を選択する前にそのようなジレンマを考慮すべきだったと言う人がいるかもしれないし、世界規模の取り組みについても同じ疑問が呈されるかもしれない。そのような問いは的外れである。廃棄物はすでにここにあるし、将来的にもあちこちに存在するだろう。我々および将来の世代へのリスクを軽減するための最善の戦略とは何だろうか。

日本政府は、深地層保管場所として「最適な」地域を特定した。[73]指定された場所は、ほかの場所と比べて「よりよい」と考えられている。しかしその場所がよいわけではなく、（見方によっては）悪い選択肢がたくさんある中では最善というだけだ。それでも、当時の経済産業副大臣の高木陽介は、二〇一九年に日本の能力を褒めそやし、「このようなプロジェクトは、〔地震活動のため〕日本ではできないと言われてきましたが、我々にはそれを行うための科学的専門知識があります！」と断言した。[74] 最終的には、これらの候補地のうちの一つが選択され、五二基の原子炉の運転から発生する一一〇〇トンの使用済み核燃料がその地に置かれることになる。[75] そして、時はただ流れゆく。火山だらけの地震断層帯の奥深くに堆積した大量の廃棄物と格闘せざるを得ない将来の人々にとって、二〇世紀と二一世紀の「日本」という政治的存在は、長いあいだ忘れ去られた亡霊になっているかもしれない。「日本」という概念が彼らにとっては何の意味もなさないかもしれない一方で、彼らにとって「日本の」使用済み核燃料の危険性は、とてつもなく重いものになる可能性がある。

我々は一時的な政治的境界に基づいて、数千年にわたる意思決定を行っている。私は、この廃棄物に対処し地下に埋めるもっと現実的な方法があると言っているわけではない。しかし、自分たちが思うほどこれらの決定を有能に下しているわけではないという事実を、我々はこの状況から突きつけられる。我々は、政治的便宜の一時的な範囲内で取り組んでいるにすぎない。地質学や廃棄物管理の限界、科学的および技術的要件の制約、あるいは子孫に対する義務などを想定していないし、それらの制約に厳格に縛られているわけでもない。[76] 我々は、技術的にみて賢明かどうかとは関係なく、現在の社会構造の中で都合のよいことを行うのだ。我々の社会構造と制約は、我々に技術的に不十分な決定を下させる。我々は、国旗で作られた目隠しをして、適切な意思決定と選択を行っていると自分たちを納得させている。人類学者のジョセフ・マスコが警告しているように、核物質は「国家の時間」と「国家の空間」という概念と相容れない。[77]

すべての国の廃棄物を一つにまとめ、地球規模で決定された地質学的にみて最良の場所に置き、脅威を数十の場所に分散させるよりも一カ所にとどめるほうが良い計画であるかもしれない。多数の一貫性のない目印を使うよりも、すべての廃棄物に対して一つの形式の目印をデザインするほうが実用的かもしれない。上空三万フィートの視点から見ると、このほうが明らかに理にかなっている——しかし我々は政治的に構築された世界に住む社会的な動物であるため、決してそれはできない。したがって我々は、有能とは言えないことを、しかも数多く行うだろう。そして、最善の計画を選択したと自分自身に言い聞かせるだろう。また、我々は有能であると確信するだろう。そして、そう信じてこの世を去ることになる。なぜなら、我々の計画の欠陥は、おそらく我々自身が死ぬ前に明らかになることはないからだ。あらゆる点で、それは高度な技術を用いて綿密に計画されたプロジェクトのように見えるだろう。自分たちの行いが成功したかどうかは何もわからないが、それは完全に成功であり、良い仕事をしたと自分たちに言い聞かせるだろう。

我々がここで行っているのは、ただ人間であることだ。人間とは、最も効率的な戦略を選択し、それらを自分たちのメリットに基づいて実行する直線的で合理的な生き物ではない。人間とは、周囲の世界に関する限られたデータを使って行動する社会的な動物である。我々は科学的な調査を通じて現実のモデルを構築するが、その現実は常に生物学的および社会的なメカニズムによってフィルターにかけられている。我々のモデルは、そうした外部の現実をフィルターにかけ、モデルを構築する能力の源である媒体、すなわち人間の脳を反映している。そして、トマス・クーンが示したように、科学者の社会集団は一定期間真理として通用するパラダイムについて議論して合意する[78]。これこそが人間の力学であり、人間が設計し構築したいかなるプロセスからもそれらを取り除くことは不可能だ。

数千年にわたる地質変化のダイナミクスを正確に予測できるだろうか。——できるかもしれない。確実にではなく、ひょっとしたら、だ。我々はおそらく、正確に予測できることもあるが、予測できてこなかったこともある。それは自然なことだ。しかし我々は、数万年にわたる地質変化を計算する能力をもち、その期間の挙動をも予測可能な物質を構築できるかのように振る舞っている。ところが、すでに研究によって我々の知識が不完全であることが指摘されている。二〇二〇年初頭に発表された論文は、一部の高レベル放射性廃棄物（例えば現在ハンフォードの「タンク集合地域」にある液体廃棄物）のガラス固化やセラミック固化のための使用が提案されている物質には、「深刻な」かつ「局所的な」腐食が生じる恐れがあると主張している。この論文の筆頭著者であるオハイオ州立大学のシャオレイ・グオは、次のように説明した。「現実のシナリオでは、ガラス固化やセラミック固化された廃棄物はステンレス鋼の容器と密接に接触することになる。特定の条件下では、ステンレス鋼の腐食が異常に進むだろう。それは、周囲の物質を腐食しうる、非常に攻撃的な環境を作り出す」[79]。また、二〇二〇年には、マンチェスター大学のチームが率いる研究者たちが、DGRの条件を模倣して設計された条件下で、これまで知られていなかった形態のウランが生成されたことを発見した。廃棄物とさまざまな微生物の相互作用によって、これまでに見たことのない酸化型のウランが生成され、その一部は環境的に非常に移動しやすく、短期間で水により運ばれた[80]。この研究に参加した鉱物学者のサミュエル・ショーが述べたように、「地球を殺菌することはできない」のである[81]。これらの研究は、こうした物質を何千年も安全に保管する際には避けようもない不確実性が残ること、またこうした物質が十万年にわたってどのような状況に置かれるかを人間が完全に予測しえないことを明らかにしている。「最悪よりもなお悪いシナリオ」についてのSKB社の想像は、同社設計の障壁や容器、ベントナイト粘土層の破損に限定されている[82]。

人間の脳は、自分が有能だと信じるのが得意である。我々の生存は常に、この枠組みに依存してきた。しかし、過去を振り返ってみると、人間が、将来何が起こるか、あるいはシステムが時間の経過とともにどのように動作するかを完全に予測できた例を見つけるのは難しい。さらに言えば、永続するものを構築した例を見つけるのも困難だ。システムの運用には常に不確実性や予期せぬ力学が伴う。天気予報などのように、動的システムの一部に不確実性が含まれると予想される場合には、最適な計画を立てる。高レベル放射性廃棄物の漏洩による被害のリスクはあまりに壊滅的なので、不確実性により計画が妨げられることもあるという考えが容認され、その結果として我々は、あらゆる潜在的な事態を予期して備えていると自分自身に言い聞かせている(83)。

使用済み核燃料の深地層処分を順調に行うためには、さまざまなことを正しく行う必要がある。しかし、これらのさまざまなことをすべて一度だけ正しく行うだけでは十分ではない。我々は使用済み核燃料を数十の場所に埋めなければならない。二一世紀の社会が人類全体で放射性廃棄物の管理に成功するためには、十数の異なる機関や政府が多くの場所でこれらすべてを何十回も完璧に行う必要がある。多数の政府機関や民間企業からなるグループの中には、有能なところもあれば、そうでないところもあるだろう。一度でも完全に正しく行うことは、見事な成果と言えよう。だが、何十回も正しく行える可能性は、統計的にはるかに低い。これこそが人間なのだ。我々は政治的に定義された国家に住んでおり、その国家が引き起こす問題を社会的に構築された境界内で解決しようと努めている。廃棄物を地下に埋め、ふさぎ、その成果に誇りをもつ。それが我々なのだ。

遠い将来とのコミュニケーション戦略

我々がすべての軍事用原子炉および商業原発の運転により発生した使用済み核燃料を、成功裏に適切に処分できると仮定したとしても、将来の人々が意図的または偶発的にDGRに侵入するのをどのように防ぐのかという、最も重要な課題が残る。いかにしてこうした場所をそれとわかるようにすべきか。短期的には、この問題はそれほど厄介ではないように見えるが、遠い将来、廃棄物の長い旅路を想像し始めると、この課題は非常に困難で、不可能にさえ思える。廃棄物の物理的な布置と隔離には一連の課題がある一方で、何千年にもわたって人々とコミュニケーションをとる方法を見つけるには、別の一連の課題が生じる。このジレンマの研究は「核記号論」と呼ばれ、具体的なコミュニケーションの手段は「核の標識《マーカー》」と呼ばれる。ピーター・ファン・ウィックは、後者の課題を、

「一時的な安全」を維持し続けるという課題と呼んでいる。[84]

人間がＤＧＲの封じ込めを突破した場合、その封じ込めは定義上失敗となる。この施設は廃棄物を隔離するように設計されている。つまり、自然の力と生物相の両方から隔離するということだ。廃棄物現場に穴を掘って封じ込めシステムを突破した人間は、放射性核種の地域生態系への侵入を促し、廃棄物を生物から遮蔽するという目標は失敗に終わることになる。これはさまざまな理由で起こりうる。建設、水圧破砕、考古学的調査、さらには宝探しなど。したがって、深地層貯蔵戦略には二つの側面がある。廃棄物を物理的に隔離することと、生物による構造物へのいかなる侵入をも避けることだ。そのために我々は多大な労力を投入し、どのようにその場所に印をつけるか、いかにして数千年にわたって人々にリスクを伝えるかを決定する計画を立てている。

この取り組みが非常に厄介な理由は、主に、そして明らかに、我々が最初から、言語を使うだけでは十分ではないだろうと想定しているからだ。書かれた情報、または既存の言語で情報を伝達するあらゆる手段は、今から数千年もの時間には耐えられず、未来の人類に効果的に伝達できない可能性がある。もし千年、二千年前の人々が今日我々のところに現れて話し始めたとしても、我々が彼らの言っていることを理解できるかどうかは疑問だ。言語は進化する。たとえ何千年も前に書かれた文書が手元にあるとしても、我々が読めるのはその一部にすぎない。多くの時間とリソースを使って専門家が解読する必要がある。放射性廃棄物の保管場所に立つ標識に書かれていることは、誰であれ近づく人間にはすぐに理解できなくてはならない。

この知識を次世代の人々に伝え、新たに発展または変化する言語に合わせてデータを更新するよう未来の人類に懇願するというシナリオを想像することもできるが、そのためには、何千年もの間、あるいはそれ以上の間、未来の人類が我々の指示に快く従ってくれると信じなくてはならない。たとえ人々をそう説得できると想像したとしても、子どもたちがよくやる「伝言ゲーム」のように、そのメッセージはほぼ例外なく、一〇回繰り返される前に最初の内容から大きくずれてしまう。子孫に対して、放射能を装填した銃を使った「伝言ゲーム」を強制するようなものだ。

米国エネルギー省は、ニューメキシコ州の廃棄物隔離パイロットプラント（WIPP）で建設予定の標識を準備するために、数十年にわたる研究を実施した。この地域はすでに、米国の核兵器生産計画による高レベル放射性廃棄物（使用済み放射性廃棄物を除く）でいっぱいになっている。専門委員会がニューメキシコ州のサンディア国立研究所に設立され、効果的な核の印づけ《マーキング》の研究における基本原則を次のように定めた。「⑴サイトには印づけが行われなければならないこと、⑵メッセージは正しく、かつ情報提供を行うものでなければならないこと、⑶印づけシステム内の複数の構成要素、⑷複数のコミュニケーション手段（言語、絵文字、科学的な図表など）、⑸印づけシステムにおける個々の要素に記されたそれぞれのメッセージが、複雑さの度合いにおいて多様であること、⑹ほとんどリサイクル価値のない材料の使用、⑺放射性廃棄物処分場の場所と内容についての知識を維持するための国際的な努力」[85]。

米国エネルギー省の放射性廃棄物隔離局は「人為的干渉タスクフォース」の一環として専門家を招集して、時限的な安全対策を設計するための二つのチームを創り、それぞれに別々の戦略を開発する任務を負わせた。チームAは感情的なコミュニケーションを提唱した。彼らの提案は、記念碑的な規模となるであろう恐ろしい環境彫刻作品を建造することだった。この彫刻の要素は「不自然で、不気味で、不快なもの」である必要があった[86]。この大規模なインスタレーションの目的は、それを見つけた者の恐怖心をあおることだ。この恐怖は、人間を敷地から遠ざけるよう意図されている。この彫刻インスタレーションは巨大なものとなり、地下処分場の設置面積を超えるだろう。だが、チームAに参加した米国の言語学者フレデリック・ニューマイヤーは、インスタレーション自体は訪問者を追い払うという目的を達成できない可能性があると注意を促している。「もしチームAの共同提案が実行されれば、WIPPのサイトはすぐに現代世界の重大な建築的および芸術的驚異の一つとして知られるようになるだろう。はっきり言って、人々を遠ざけはしないだろう。我々はこれらの人々に、WIPPが設立された理由とその全般的な重要性を説明しなければならない。これを適切に行うには、専用の情報センターが必要になるだろう。その構造自体はこの目的のために設計されたものではないとしても」[87]。すなわち、巨大で忌避的な彫刻インスタレーションを作ったとしても、それは単に人々を惹きつける可能性があるため、人々がそこに到着した後のために、文章ベースの情報センターも必要となるのである。

チームBは、より情報ベースの標識を提唱した。外側のフェンスは訪問者を中央の情報室に導く。「危険物がすぐ近くに埋まっており、侵入してはならないことを、考えうるあらゆる文化や未来社会の人々が確実に理解できるように、さまざまな象徴や絵文字、言語、物語、図式を用い、科学や天文学も含めて、メッセージを伝えなくてはならない」[88]。最終的にエネルギー省はおおむねチームBの意見を採用し、情報の印づけを支持した。標識の現在のデザインは、英語、スペイン語、ロシア語、フランス語、中国語、アラビア語、ナバホ語という七つの言語（国連の公用語と現地先住民族のことば）による文章が記された情報室の存在を際立たせている。これもまた、現在の政治的な構造が数千年にわたる計画に介入していることを示している[89]。

これらのデザインのコンペと審査は、有能性と力量、すなわち我々が将来の理解にうまく対応し、まったく異なる文化構造の中で暮らす人々の行動に影響を与えることができるという信念を示すための見せかけである。核の印づけが意図する結果は、ピーター・ファン・ウィックが「ハイブリッドな装置——一部はタイムカプセル、一部は記憶の劇場」と表現したもので、広がる憶測はますます空想的な展望をもたらしている[90]。運営委員会の二人のメンバー、フランスの作家フランソワ・バスティードとイタリアの記号学者パオロ・ファブリは、「放射能猫による解決法」と呼ぶ標識の代替案を提出した[91]。彼らは、放射線にさらされると色が変わるように猫を遺伝子操作して、人間社会に放ち、それに付随する神話（ほとんど宗教）を発展させて、猫の色が変わる時はいかなる時でも危険を意味する——発生場所から立ち去るべきだ——という基本原理を伝えることを提案した。言うまでもなく、そのような空想をこき下ろすのは簡単だ。場合によっては「非放射能猫」の猫も混ざるのに、数千世代にわたる遺伝継承を超えてなお、種の色の変化の型をどのように維持するのか。しかし、より重要なことは、それを伝える人たちにとって何らかの実証的な価値があるからではなく、我々の時代において解決したい問題を解決するためという理由で、世代から世代へと効果的に受け継がれる神話、つまり宗教的な物語をどのように開発するかということだ。さらに言えば、理由が何であれ、何千年もの時を超えて忠実に受け継がれる神話をどのように作るのだろうか。多くの人が宗教を創始しようとしたが、ほとんど成功しなかった。宗教の成功は、何千年も前に誰かが役立つと考えた神話的物語の維持よりもはるかに複雑な理由や状況による。成功した宗教とは、単に効果的な物語であるだけではなく、多面的な社会制度である。そもそも、WIPP敷地近くのニューメキシコ州南部の砂漠で、猫たちは何をしているのだろうか。

別の案は、ニッキー・ニュークという名前の悪役マスコットがいる、ディズニーランドをモデルにした放射性廃棄物のテーマパークを設立するというものだった。ニッキー・ニュークのシナリオは、文化的コミュニケーションが物理的記念碑よりも長続きする能力に基づいている。「物語や詩のような一見壊れやすくもろいものは、きわめて確立された社会制度や頑丈な金属やプラスチック、石よりも耐久性があることが判明した」。WIPPの研究の付録となっているボストン・チームの報告書では、次のように理論立てられている。「金属が壊れ、花崗岩がぼろぼろになった後も長い間、ニッキー・ニュークの伝説は地球上のあらゆる場所で人々の心の中に残っていた（ロビンソン・クルーソーと彼の物語が一七一九年に作品が作られてから何世紀も人々に知られていたように、または不思議の国のアリスやミッキーマウスが文化、空間、時間を超えて普遍的に認識されていたように、あるいは驚いたことに、エデンの園の物語が数千年続いたように）」[92]。運営委員会のメンバーの多くの提案をあざ笑うのは簡単だし、愉快なことだ。米国の記号学者トーマス・セベオクは、処分場に関する情報をあたかも宗教的な聖遺物であるかのように保護する「原子力の聖職者」が必要だと主張したが[93]、この案もまた、秘密を何千年も損なわずに保ち続けうる宗教組織の設立に依拠している。情報を長期にわたって完全な状態に保つために思い描かれたこれらの手段はすべて、一見したところ機能するように思える。ただしそれは、二一世紀の我々にとって何らかの有用性があるからであり、それを忠実に維持し継承する必要がある人々にとって、理解できる関連性や価値があるからではない。

物理的な封じ込めとリスクコミュニケーションという二つの課題のそれぞれに対してWIPPが設けている成功基準に、別々の時間設定があることは注目に値する。廃棄物は十万年間封じ込められ、水文学上の浸食から隔離されなければならないが、将来の世代にリスクを伝えるという義務に成功しなくてはならないのは一万年間のみである。時間的な安全性は、地球物理学的な安全性を確保しなければならない期間の一〇分の一にすぎない。人為的干渉運営委員会の初期の評価報告書は、メッセージの永続性に関する〔相対的に〕短い時間的枠組みについて次のように説明している。「情報の伝達に重点が置かれるのは、処分場封鎖後の最初の一万年間だ。この期間は、時間の経過による放射線被曝のリスク度合いの減少と、自然現象に起因する不安定性の両方を考慮している。第一に、放射性廃棄物に関連する放射能の危険性は、時間の経過とともに減少する。封鎖したのち、最初の千年の間に、核分裂生成物は比較的速く減衰する。より遅く減衰する超ウラン元素は、一万年から三万年後には、自然放射線とほぼ同じレベルに達する」(94)。これは、次のように断言しているようなものだ。処分場に収容されている放射性廃棄物の危険性を伝える義務は、一万年後には重大ではなくなるが、このプロジェクトは、その十倍以上もの長い期間、廃棄物の物理的な封じ込めの負担を担い続けるのである。

検討中の課題を吟味してみることは有用かもしれない。地質学的に何十万年にもわたり予測可能な場所を特定する任務を負う人々は、数百万年、さらには数十億年にわたる過去の地質活動を判断する腕前をもっている。彼らは、これらの時間軸で未来を説明する能力があると感じている。一方で、文化的コミュニケーションの手段を確立する任務を負う人々には、モデルを検討するための膨大な時間がない。人類のコミュニケーションが一貫して続くのは長くても数千年にすぎない。世界最古の組織化された宗教でさえ、五千年以上存続してはいない。これらの宗教の創成期を理解できるのは伝統というレンズを通してのみであり、その伝統が十分に解釈できるようになるのは、その起点から数千年を経た時点からである。耐久性のあるメッセージの案を課された人々は、彼らが吟味しうる、最も長く耐え抜いている文化的メッセージに関する観点で考える。

ビュールにあるＤＧＲの設計・建設を担当するフランスの放射性廃棄物管理機関（ＡＮＤＲＡ）は、サイトの核の標識の案を募るアートコンペを後援した。同機関は毎年、忌避感を抱かせるような地上の彫刻、遺伝子組み換えされた（青く見える）森林、童謡、サウンド・インスタレーションを含む最上位のアイデアに賞を授与している。[95] このような取り組みが、現在のフランス国民からの支持を醸成するための手続き以上のものになるとみるのは難しい。最終的な決定は下されていないが、オンカロの敷地については、のちの人間の侵入を確実に防ぐには、サイトの跡を残さないことが最良の戦略かもしれないという根強い見解がある。[96] ポシヴァ社が作成した、オンカロのサイトに関する環境影響の報告書は、次のように説明している。将来の人類の侵入による被曝の防止は、「最終処分場を地中奥深くに設置し、人々の通常の生活が及ばないようにすることで達成される。いずれにせよ、もし将来の世代が施設に侵入することができるならば、廃棄物から放出される放射線を避けるための知識と技術も身につけている可能性が高い[97]」。

ひとたび標識のシステムが構築されると、負担はそれに遭遇した人々に課される、と標識を作成した国々は理解している。「米国エネルギー省は、次のような立場をとっている。「この世代は将来の社会を、この世代が作り出した廃棄物から保護する責任を負っているが、将来の社会は、自ら選択した、意図的かつ情報を得た上での行為から生じるあらゆるリスクに対して責任を引き受けなければならない」」。標識の作成で社会としての責任は終着点にたどり着いたとされてしまうが、その社会が残す有毒な遺産の終着点は数万年以上先のことだ。「この社会の義務は、そのまま放置しておけば機能し続ける安全な隔離システムを提供すること、ありそうな妨害原因を排除すること、そして処分場の知識を将来の世代に伝え、彼らがそれに応じて行動を計画できるようにすることで果たされるべきである[98]」。ファン・ウィックが指摘するように、「将来の人間が処分場への侵入を選択した場合、責任を負うのは現在の我々ではなく彼らだ。したがって、標識の倫理機能は、二つの方面で働く。分別がある人々は、危険を回避できるようになる。他方で、それを理解できない人、または気にしない人々に関しては、現在の人々は倫理的に無関心だったと見なされない」[99]。将来の人々にメッセージを伝える意図がある一方で、この問題に取り組む人々と彼らにこの仕事を課した政治家たちには、自らの義務を首尾よく果たしたと感じる確かな逃げ道がある。彼らは、残された放射性廃棄物を心配することなく、この世を去ることができる[100]。つまり、これから生まれる者には我々の有毒な遺産を管理する責任があり、したがって未来の生物への影響は、我々の失敗ではなく彼らの失敗だという考え方である。こうした考えは単に、我々をそもそも何十万トンもの有害な放射性物質の製造へと導いた、近視眼的な利己主義の延長だと見なすこともできる。

合理的な人間と非合理的な人間

我々は、自らを伝達者として、未来の人々を理解へと導く者として、つまりはその主人として思い描いている。たとえ我々が未来の人々に伝えなければならない重要な情報が、我々の壊滅的な失敗、つまり致命的な危険を伴う廃棄物の生成に関するものであり、その量は世界中で大規模な採掘プロジェクトを必要とするほどであるにもかかわらず。我々は賢い教師に、彼らは従順な生徒となり、時間的な放射性障害物コースと言える難局を切り抜けるというのだ。

危険から身を守る方法について祖先が残した警告を、社会が明確に無視するという歴史的事例は数多くある。「何百ものいわゆる津波碑が日本の海岸には点在し、なかには六世紀以上前のものもある。それらは、命を奪う津波がこの地震多発国に頻繁に襲来したという過去に起きた破壊の無言の証拠である」とマーティン・ファクラーは書いている。「非常に古いので文字がすり減っているものもあるが、ほとんどは、約一世紀前に、ここで二回の致

図 7-3　日本の姉吉〔岩手県宮古市〕にある石碑。この石碑よりも下に建物を建てないよう将来の住民に警告している（2011 年，写真：佐々木康）。

命的な津波が発生した後に建てられたものだ。この二回の致命的な津波の中には、二万二千人の命を奪った一八九六年の津波〔明治三陸地震津波〕も含まれる。そうした石碑の多くに、強い地震が起きた後には、なにもかも置き去りにして高台を目指すようにという簡潔な警告が刻まれている。ほかには、過去の死者数を列挙したり、集団墓地を示したりすることで、津波の破壊力を厳しく思い出させるものもある」。生き延びた人々は、標識の地点よりも海岸に近い場所に建物を建てる危険性についての知識を子孫に伝えようとした。これらの標識は近年刻まれ、建てられたものであり、伝えられている警告とその対象に不確かさはなかった。その文には、「高き住居は児孫《じそん》の和楽《わらく》〔中略〕此処《ここ》より下に家を建てるな」と書かれている〔図7-3〕。我々はそのような因果関係を過去の人々に帰するわけではない。彼らは我々が現在知っていることを知らなかったからだ。「現代の日本は、高度な技術とより高い防波堤が脆弱な地域を守ると確信しており、これらの古くからの警告を忘れるか無視するようになり、近年の津波が襲ったとき、苦い経験を繰り返す運命となった」[101]。

核の標識に関する我々の戦略はやはり、有能性《コンピテンス》に関する妄想を示している。我々は、将来の世代に適切なリスク意識を伝えることに成功できる——それによって、我々が適切だと考える行動を彼らの側がやむをえず受け入れる——と思い込んでいる。多くの点で、我々の運用上の前提とは次のようなものだ。すなわち、将来の人々は非合理的である恐れがあり、我々が彼らのために構築した情報を満載した標識から彼らが適切な意味を把握できるように戦略を立てる必要がある。感情と情報の両方に基づく戦略は、将来の人々の考え方や感じ方を我々がコントロールする必要があるという前提に基づいて構築されている。我々は彼らを怖がらせて、自分たちが埋めた悪いものから遠ざけることを想像している。神話を創り、彼らが自らの世界を語る方法をコントロールしようとしている。また我々は、我々自身の社会的ニーズとストーリーの延長線上に彼らを思い描いている。我々は彼らを、彼ら自身が適切と思う社会構造と文化的なストーリーに従って生きているであろう、完全に平等で自律的な人間としては思い描いていない。

もし未来の人々は非合理的であろうと考えられるなら、いかにして我々は自らが、彼らとは異なり合理的だと自負できるのだろうか。もし我々が彼らに、我々の負の遺産である廃棄物で彼らが傷つかないようにするための裏づけとなる物語、神話、または宗教を与えなければならないとしたら、正しく行動していると自らに信じ込ませている物語、神話、宗教を作り出したのはまさに我々自身であることを、どうして理解しないのだろうか。埋設廃棄物に関して我々が残し伝えることを、そこに埋められた物質を後に続く世代が「理解する」のに役立つ一種の道標と彼らが捉えるだろうと我々は自負している。だが、我々が優しい先生で、彼らが純朴な生徒だと想像するのは不合理ではないだろうか。我々の廃棄物は、標識が伝えうるよりもはるかに多くのことを語っている。我々が補ったメッセージは、ゴミ捨て場の壁の落書きのようなものだ。むしろ廃棄物そのものがメッセージなのだ。廃棄物こそが、彼らが我々について知るべきすべてを物語っている。

私は次のように提案したい。我々が将来の世代に残すことができる最も効果的な核の標識は、謝罪の考えに基づいたものでなければならない。我々は、彼らをこのように膨大な量の高レベル放射性廃棄物の問題に巻き込み、廃棄物を数十カ所に処分したことを、彼らに謝罪しなければならない。そもそも我々のしたことが間違っていたと、我々自らが理解する必要がある。いずれにせよこれまでに生成された中で最も寿命が長く、最も有毒な廃棄物をどのように処分すべきか不明確な状態のままで、我々はこの物質を何十万トンも生産してしまった。我々は、生存やエネルギー効率の理想に基づいてそうせざるを得なかったと感じるかもしれないが、我々の理論的根拠は子孫にとっては重要ではないだろう。その生産が壮大な生態学的大惨事だったことを理解できなければ、廃棄物の場所を適切な手法で示し、誰に対しても首尾一貫した情報を伝えるという、同様に機能不全な概念に容易に陥る可能性がある。

疫学的には役に立たないかもしれないが、謝罪に基づくメッセージは彼らが引き継ぐ状況とともに存在するだろうから、彼らに説教したり、策略や巧妙な心理操作を行ったりするよりも長続きする可能性がある。誠実に廃棄物の場所を伝えれば、我々の伝達することが実際に価値あるものになるかもしれない。「この有害なものをあなたがたに残して申し訳ありません。我々があなたがたに成してしまった害を最小限に抑えるよう努めてください」と伝えれば、「ここに何か危険なものがある」というメッセージがより長く存続するだろう。もちろん、これさえも長くは続かず、そのうち我々のメッセージは消え去り、直面する危険を我々の子孫が知ることはできなくなるだろう。我々はこのことに関しては無能としか言いようがない。その一点だけでも、我々が彼らに謝罪すべき根本的な理由になる。

時間的な暴力

人類は、将来の世代を病気や死亡のリスクから適切に守りながら、数十万トンもの使用済み核燃料を管理できるだろうか。多くの人間の営みと同様に、おそらく上手くいく部分もあれば、失敗する部分もあるだろう。このジレンマを、原発の安全な稼働の歴史と比較してみよう。原発の壊滅的な故障がもたらす結果については、いくら強調しても十分ではない。数百万人が放射線に被曝する可能性があり、溶けた核燃料を除去して封じ込めるには何世紀も必要となり、放射性核種は風下の生態系に数百年、あるいは数千年にわたって沈着することになる。すべての原発は、安全手順を遵守して運転されている。そのほとんどに、緊急時に適切な動作を保証するための、冗長性をもった安全システムが組み込まれている。原子力に関する最初の八〇年間を振り返ってみると、我々は、人類は部分的には正しく、部分的には間違っていたと結論づけることができる。稼働日の大半において、重大な事故や放射性物質の漏洩は発生しなかった。しかし、それでもいくつかは発生し、少なくとも一〇年に一回は燃料の部分的メルトダウンが起きた。半世紀も経たないうちに、ＩＡＥＡが指定する国際原子力事象評価尺度で最大規模の出来事に二つの事故〔福島とチェルノブイリ〕が分類された。[102] これは完全な成功とは言えない。我々は上手くできた部分も失敗に終わった部分もあるのだ。

ほぼ確実に、これは使用済み核燃料を安全に処分し、将来の世代をその毒性から守るにあたっての我々の能力のほどを適確に表していると言える。原発の稼働と同様に、これは壊滅的な遺産となるだろう。ＤＧＲからの漏洩が発生した場合、またはその一部が漏洩した場合、我々は何千世代にもわたって将来の生物相の生態系を汚染するかもしれない。その時代に生きる人々は、高レベル放射性物質への曝露によって直面する具体的なリスクについての理解が非常に限られているかもしれないし、欠陥や漏洩を解決する技術力がないかもしれない。我々の廃棄物は、何万年、あるいは何十万年も永久に露出されているかもしれない。これは地球史上で最も壊滅的な生態学的出来事となるだろう。地下水への放射性物質の単純な漏洩であっても、将来の世代の人類や他の生物に破壊的な影響を与えうる。ハンフォード・サイトでは、高レベル放射性物質と化学液体廃棄物を保管するために建設された一七七基の地下タンクすべてが漏洩している。[103] 一つや二つではなく、すべてだ。これは、すべてのＤＧＲが漏洩するということを示唆しているのではなく、建設当時には高度だった技術と有能なエンジニアリングで設計・製造されたシステムが、必ずしも意図どおりの結果になるとは限らないということを暗示している。未来は、我々が夢みたものとは別の形で広がる。

原発は通常、人間でいえば約二世代にわたって稼働するが、最低でも三千世代の人類にとってリスクをもたらす非常に有毒な廃棄物を後に残す。これは、地球上で我々に続く何千世代もの人類への重大な負の遺産の一部だ。メリットはなく、負担だけである。リスクしかない。そして我々は、これらの原発の廃棄物を地下深くに適切に処分することにより、そのリスクを軽減する責任を負おうとしている。このプロジェクトには前例もなく、遠い未来にまで及ぶものであり、プロジェクトの中軸をなすのは、史上最も毒性の高い物質である。とても完璧に実行できるとは思えない。

ロブ・ニクソンは「緩慢《スロー》な暴力」について論じる中で、これを「目に見えないところで徐々に起こる暴力、時間と空間を超え分散し遅れて発生する破壊の暴力、一般的にはまったく暴力とは見なされない消耗性の暴力」と定義している。[104] 我々は、これまでに作られた、何千年も危険であり続けるであろう大量の危険極まりない物質を、世界中の複数の場所の深い穴に投入している。これは時間的な暴力である。通常、暴力は空間を超えて、戦場を横断し、領土から領土へと行使されるものと理解されているが、この暴力は時間を超えて、世代を超えて、未来の人々に対して行使されている。これは時間的な暴力、我々の子孫に対する暴力だ。

これは、核戦争のように、我々が行うかもしれないことではない。これは我々がすでに行ったことだ。廃棄物はここにある。[105] 我々はできる限り有能に前に進まなければならない。我々は、将来の世代をこの廃棄物から守る取り組みにおいて、少なくとも部分的には失敗するだろうと想定しなければならない。揺るぎない能力を発揮したり、長大な歴史を監督できたりするかのように振る舞うのをやめるべきだ。その代わりに我々は、その失敗を可能な限り軽減するよう努めるべきだ。今後四〜五世代にわたって、廃棄物の深地層処分の設計と実行に必要とされるすべての資金を投入しなければならない。「フィンランドの放射性廃棄物の専門家たちが、これからの千年の完璧な世界の姿を描いたと考えるのは単純にして余りあるだろう。彼らは描いてはいない」とイアレンティは書いている。「実際、彼らの多くは、自分たちのコンピューターによる未来像は、どれほど洗練されていたとしても、高度な知識に基づいた推測にすぎないと強調した。彼らはそれを、そのときに利用可能な最高の科学技術を使って作り上げることができる最も信頼できる未来予測の戦略にすぎないと考えていた」[106]。計り知れない未知のものに直面したときに、この自己認識は賢明であり、最良の戦略を達成するために不可欠である。だが、将来の世代を守るために我々ができる最も基本的なことの一つは、さらなる放射性廃棄物の産出をすぐに停止することだ。

原子炉の大部分は電力を生成するための発電所として使用されているが、それらはすべて副産物としてプルトニウムを製造する。原子炉が発明されるまでに天然プルトニウムはほとんど存在しなかったので、科学者たちはその存在に気づいていなかった。彼らは一九四〇年にバークレーでプルトニウムを発明したと信じていた。[107] 地球上のほぼすべてのプルトニウムは原子炉内で生成され、そのプルトニウムは数千年にわたって核兵器として使用可能である。[108] 遠い未来のどこかの軍や政府が、我々の深地層処分場を掘り起こし、核兵器に使用するプルトニウムを分離することができるだろう。彼らを阻止するのは、テクノロジー(我々が現在もっているテクノロジー)と、我々の警告の標識が彼らに「ここは名誉ある場所ではない」と告げているという事実だけだ。[109] 原子力の平和利用は我々に電力をもたらしたが、それは、今後数千年にわたって軍事利用が可能になる数千トンもの核分裂性物質を残した。それを作ったのは我々だ。その受け手は彼らになってしまうかもしれない。

むすびに

約十万年前、ホモ・サピエンスの集団はアフリカを出て、最終的に地球全体に現生人類が定住した。人類がアメリカ大陸に到達するまでに約七万年かかった。この途方もない期間は、我々が、核兵器あるいは電気を作るために使われた原子炉の廃棄物が将来、人間や生態系に害を与えないように隔離しようとしている期間に相当する。わずか一五〇年前、人類は家庭や企業に届く電力を生み出し始め、現代社会を変革した。原発は我々の短い電化の歴史の半ばごろから稼働したが、その短い間に、我々は何十万トンもの放射性重金属を生み出した。八〇年分にも満たないこれらの高レベル放射性廃棄物は、我々の種が誕生してからの期間と同じくらいの長さにわたって将来の人類に破壊的なリスクをもたらすことになる。「これは、歴史におけるこの時代の新奇な特徴として見られるに違いない。新奇なのは、それが廃棄物の新しい形を表しているからだ」とピーター・ファン・ウィックは述べている。「それはまさに、あるべき場所を持たない物質だ。それ自体の封じ込めに抵抗する廃棄物だ。根本的に異なる時間性で作用する廃棄物であり、その毒性のために歴史と時間についての異なる概念を必要とする物質だ[110]」。

二〇世紀および二一世紀の人類は、地球の将来に有害で大きな影を落としてきた。我々はこの脅威を制御し、何千年にもわたって脅威への理解を促進できると多くの科学者や政策立案者は断言している。だが、封じ込めの努力が無効になるような大惨事は容易に想像できる。彗星や隕石が、我々のＤＧＲの一つに命中するかもしれない。大規模な太陽フレアが電力網の運用を停止させ、技術社会とその記憶文化を廃れさせるかもしれない。専横的な政府が地球のある地域で出現し、支配者が兵器用の超ウラン物質を入手するため、印のついたＤＧＲを掘り返すよう人々に強制するかもしれない。十万年の間には多くのことが起こりうる。過去十万年間を見ても、その期間に何が起こったか、我々はほとんどわかっていない。それでも我々は、この廃棄物を無限に封じ込めることができるという、不合理な信念を慰めにして、苦労して取り組んでいる。こうした自信は、将来の苦しみを和らげることはできないかもしれないが、自分たちが作り出した面倒事に対する恥と罪悪感を軽減するだろう。

冷戦中、指導者たちはそれぞれ、敵国のプルトニウム生産工場を狙った複数の熱核兵器を所持していた。これらの施設には、数十年間のプルトニウム生産で発生した使用済み核燃料のほとんどと、生産の原動力となった原子炉があった。これらの場所――ハンフォード、マヤーク、ソ連のトムスク、そしてサバンナ・リバー――はすべて、数十年間の生産から生じる放射性核種で深く汚染されていた。熱核兵器がこれらの場所に向けて発射されていたら、その廃棄物の多くは、兵器の爆発による放射性降下物の大量の堆積物とともに、エアロゾル化されて地域全体に広がったであろう。もちろん、この戦争が起こっていたら、ソ連と米国全土に放射性降下物が拡散し、両国の全人口だけでなく、国境を越えた多くの人々を殺すのに十分だったはずだ。[111] この巧妙に戦略を練られた核戦争は、数時間、数日、あるいはひょっとしたら一週間か二週間にわたって続いたかもしれない。この短い戦争の過程で数千発、場合によっては数万発の核兵器が爆発したであろう。一九五四年三月（ブラボー実験から二週間も経たないうち）、当時戦略空軍（SAC）の長官だったA・J・オールド少将が軍人たちを前に米国の攻撃計画について語ったように、後に残るのは「煙を上げながら放射線をまき散らす廃墟」であったろう。オールドによれば、すべてが「二時間」以内に起こるという――死、疾病、放射能汚染が。[112]

十万年以上にわたって危険なままの数十万トンの放射性廃棄物という途方もない時間軸で広がる存在は、別の種類の暴力をもたらす。設計や材質が異なる数十カ所のDGRはすべて、この膨大な高レベル放射性廃棄物を完全に封じ込めることを目的としているが、「スローモーションの核戦争」が展開される可能性がある。その場合、死亡、疾病、有毒物質汚染、放射性物質の移動などの結果は核戦争と類似しているものの、それらの出現の過程は異なる。「二時間」や一週間で起こる大規模な地球規模の汚染ではなく、この結果は、時空を超えて展開し、時には数世紀および諸大陸を跨がり、累積的に同様の結末をもたらすことになるだろう。すなわち、放射性物質に汚染された惑星と生態系だ。このカチカチと音を立てる時限爆弾を、我々は地中に埋めたまま、我々は有能であるとボソボソつぶやきながら立ち去ろうとしているのだ。

おわりに——目を見開くこと

ロシアのSF『ストーカー』で、最初のストーカー〔異星文明の遺物の探索者〕が「ゾーン」に入っていくときのように、我々はまだ、冷戦時代のテクノロジーが生態系に残した複雑な変化を捉えられていない(1)。あちこちで放射性物質レベルを測定し、放射線の移動を追跡し、昆虫サンプルを集めて突然変異の目録を作ることはできるが、自分たちの周囲に展開させてしまった世界や、子孫が住むために残そうとしている生態系については、まだ理解できていない。

現在、私が住んでいる広島では、約八〇年前の核攻撃の記憶をどう残せばいいのか、懸念が残る。その懸念は、苦しみ亡くなった人々を忘れないという義務感と、このような攻撃が今後二度と起こらないよう見張らなければならないということから来ている。私の研究拠点である広島市立大学広島平和研究所は、こうした懸念から誕生した。ここ広島や長崎では、記憶を保存するための取り組みが熱心に行われている。私は次第に、人類の文明は二〇世紀の核技術の出現を決して忘れることはできないだろうと思うようになってきた。我々の街や記念碑が崩れ去った後も、我々の言葉が話されなくなった後も、そして我々が信仰する神々が消え去った後もずっと、我々が生み出した核廃棄物は残り続ける。我々の子孫はこうして我々のことを知るのである。

冷戦期には、先進諸国を破滅させ、放射性降下物をほかの地域に拡散させるような出来事——第三次世界大戦——が起こると予想されていた。実際にはその代わりに経験したのが有毒物質の滲出だった。放射性降下物の粒子が世界中に拡散され、プルトニウムを製造するために作られた工場が、熱という副産物を伴い、毒性が高く寿命の長い放射性廃棄物を大量に生産した。つまり、爆発はなかったが、汚染が起きたのだ。この文章を書いている現在も、十数カ国以上で地中からウランが採掘されている。そして数十カ国で、核燃料が熱とプルトニウムの両方を生み出している。熱はだんだんと下がるが、プルトニウムは長く存在し続けることになるだろう。

我々は人新世の絶壁の先に立っている。マンハッタン計画で生まれた超ウラン元素の発明、生産、世界への拡散と連動する時代にあって、我々は目先のことしか見えていない。(2) 過去についての我々の理解は、未来への見通しと同様に曖昧模糊としている。冷戦時代の暴力のほとんどは、争いの周縁にいる非戦闘員に対してのものだった――それは未来の世代に対してのものでもある。それでも我々は今なお、寝る前の寓話のように語ってきた長い平和という幻想から脱して先を見通すことにすら苦労している。

たとえ近い将来のことだとしても、将来を明確に見通すためには、自分たちがしてきたことに焦点を合わせなければならない。冷戦期の限定核戦争を耐え抜いた人々と向き合い、我々が彼らの――そして我々自身の――身体と大地になしたことを真摯に正すことができれば、我々は自らの手で未来に向けて産み落としつつある凶暴な獣の姿に目を向けることができるかもしれない。それゆえ、使用済み核燃料のさらなる産出の停止など、今すぐ介入することが、我々が子孫を守り、彼らに日々の糧を与える農地を守る最善の方法なのだ。(3)

謝　辞

本書は、核技術の歴史と、その負の遺産を一望したものである。これらの問題について生涯を通して考え続けてきたことから、この書は生まれた。その始まりは一九六〇年代に小学校の民間防衛訓練において核兵器に怯えたことに遡るが、ここ二〇年の大半は広島で暮らし、福島の原発事故を日本で経験して今日に至る。本書にまとめた成果の多くは、ミック・ブロデリックと共に二〇一〇年に始めた「グローバル・ヒバクシャ・プロジェクト」によるものである。この研究プロジェクトに基づき、これまで世界中の多数の核実験場やコミュニティで調査を行ってきた。調査を通して我々が学んだことや理解したこと、さらにはインタビューに応じてくれた人々が語ってくれたことについて頭を悩ませながら、数え切れないほどの日々を共に過ごしてきた。本書にはミックの知性と情熱が満ちている。ここで用いたオーラル・ヒストリーの多くは、放射線の影響を受けた地域における我々のフィールドワークによって得られたものである。

グローバルな歴史としての叙述を試みたものの、本書はあくまで、一つの「西洋」の視点から語られている。英語の文献を主な資料としており、現地で集めたオーラル・ヒストリーも通訳者や翻訳者によって英語に訳されたものである。筆者が科学技術史とアメリカ史の教育を受け、米国の核の歴史を専門とし、その関連文献を中心に研究していることは、この著作全体から明らかだろう。ここで扱った歴史を理解するには多数の道があるため、願わくは、本書がさまざまな学術分野の関心や解釈を引き寄せる結節点となり、より複雑な物語が生み出されるきっかけとなってほしい。

調査とフィールドワークに費やした十数年の間に、数え切れないほど多くの人々がさまざまな形で私を助けてくれた。まずは、私が生まれ育つ環境を整えてくれた家族に感謝したい。妻のキャロルは毎日、研究と執筆がうまくいくように支えてくれた。彼女の叡智と共感はこの本の全ページに及んでいる。息子・娘のカーヤ、オーシャ、グウィン、レヴィは常にそばにいてくれた。この現代世界において、複数の家族の中に受け入れてもらえたことは幸運だった。ジェイコブズ、アグリムソン、サラ＝ガルシア、ホーナー、ハーバー、ワイアット、そしてジョンソン家のみんな。我が家のレシピはどんどん豊かになっている。私の義理の子どもたち、ヨランダとディーンはいつも、家族の喜びをさらに大きくしてくれる。

仕事上では、多くの研究者との対話や協働、およびその貴重な助言から恩恵を受けてきた。とりわけスーザン・リンディー、ケイト・ブラウン、ジェフ・ウェイス、デイヴィッド・リチャードソン、マイケル・ゴーマンにお世話になった。彼らは本書の原稿を読み、コメントをし、各章の執筆を大いに助けてくれた。核の歴史という学術分野はきわめて広く多様化してきており、私はその多元宇宙《マルチバース》の中の一つの「泡」で仕事をしている。つまり、現実世界における核技術のあり方と、人々の生命へのその影響を考察する研究者たちの一人である。この集団は、核政策を分析・批判する人々や、純粋に科学的・技術的な歴史を研究する人々の世界からは切り離されている。我々の領域の複雑性はいや増すばかりだ。本書で示したアイデアの多くは、マーク・セルデン、ガブリエル・ヘクト、トリシャ・プリティキン、ノーマ・フィールド、ラン・ツヴァイゲンバーグ、宮本ゆき、シャンパ・ビスワ、ジョン・オブライアン、ピーター・ファン・ウィック、高橋博子、サラ・フォックスとの議論から恩恵を受けている。また、核を主題に作品を創るアーティストの方々とも、こうした問題について深く交流することができた。まず、同僚のエリン・オハラ・スラヴィックとは別の機会に仕事を共にし、私は（再び）核の詩を書くことになった。永井真理子、川野ゆきよ、ポール・ミラー、蔦屋楽、ジェシー・ボイラン、リンダ・デメント、ラルビ・ベンシーハ、イアン・トーマス・アッシュ、M・T・シルヴァ、ジュリー・サルヴァーソン、グレナ・コール・アリー、ナターリア・ヴェーラー、ジョン・マンデルバーグ、ピーター・ブロウ、アリソン・コッブ、竹田信平、キャシー・ジェトニル＝キジナー、前田稔、橋本公、新井卓は大きなインスピレーションと挑戦を授けてくれた。本書で写真や図版を使用させていただいた佐々木康、ウォロディミル・シュワエフ、シドニー・クラーク、デイヴィッド・モンゴメリーにも感謝したい。

さらに、謝意を表したい重要な研究者や友人は以下のとおりである。ジョアンナ・メイシー、ニコ・テイラー、ロビン・ガースター、クマー・サンダラム・パサク、カイル・クリーヴランド、エル・カーペンター、カッサンドラ・アサートン、ホリー・バーカー、デニス・リッチズ、キャスリーン・サリヴァン、マシュー・ボルトン、ポール・ブラウン、ケン・ビュッセラー、リンダ・リチャーズ、ヒュー・ガスターソン、キャノン・ハーシー、西前拓、ジョナサン・ホッグ、マリーゴールド・ヒューズ、ジョン・ミッチェル、トグザン・カッセノワ、ジェフ・キングストン、松永京子、ラマスワミ・マハリンガム、黒住奏、レイ・マツミヤ、クリストフ・ラウホト、マキシム・ポレリ、真鍋乃理子、ケイティ・ノーウェル、トム・エンゲルハート、スペンサー・ワート、メアリー・パレフスキー、デイヴィッド・パルマー、ビル・ゲーアハート、ジョー・コープランド、サビナ・プイグ＝カルテス、インディア・ウェストン、ロバート・ランド、高原孝生、ルイズ・ダンラップ、ジェイムズ・トンプソン、和氣直子、ドナ・ゴールドスタイン、小杉世、クリフトン・トルーマン・ダニエル、エリス・バークリー、ショーン・ケリー、伊藤憲二、ラウラ・フェルドマン、髙橋優子、エヴァ・ヘレナ・ドマンスカ、マーサ・ヘンリー、ジョナサン・ライナルツ、中村桂子、トム・フォン・リ、豊崎智、ゴードン・エドワーズ、ポール・ジョゼフソン、タチアナ・カスペルスキ、スザンヌ・バウアー、ラウラ・ハーケヴィッツ、スティーヴ・ギルバート、ヘレナ・グリンシュプン、ヴィルヘルム・ホーフマイスター、ベッキ・アレクシス＝マーティン、そして「SimplyInfo」のメンバーたち。

この研究のように大規模な調査に従事する場合、支援してくださった方々の数は無数に及ぶ。とはいえ、ここではとくに以下の方々に感謝したい。ロバートソン石井りこ、ポール・ア・ポイ、藍原寛子、クラウディア・ピーターソン、リョーリャ・フィルモノヴァ、アリーナ・スタロヴォイトヴァ、アバカ・アンジェイン＝マディソン、リカルド・ガルシア、ウースラ・ゲリス、ビル・グラム、ローラン・オルダム、大石又七、三好花奈、小田真理子、ヌルダナ・アディハノヴァ、アイダナ・アシクパイェヴァ、バルジャン・ドジャーノフ、ヴァーシナ・カイリー、ハーテス・ビティ、ジュニア・ウォルトン、ジョージ・マサオ、レウィ千穂、ギフ・ジョンソン、トム・ベイリー、スレンドラ・ガデカー、サングハミトラ・ガデカー、イヴ・カムロンジ、アルマン・コジャフメトフ、デイヴィッド・カプファーマン、アンディー・カーク、ブローク・タカラ、アイターシャ・ビガリエヴィッチ・ビガリエフ、カイシャ・アタハノヴァ、アルソン・ケレン、ロレイン・ギャレイ、アンドレア・ウィンドラス、前川陽香、亀本知可子、久保田一帆、向地由、メアリー・シルク、ヤン・カンボン、パトリス・ブベル、マラリア・ケリー、マリー＝ジョー・フロック、トム・カーペンター、ホセ・ヘラーラ、ジェフ・リディアト、ヴィーリャ・プロコポフ、オレクサンドル・スヘツキー、ジャンナ・アクシェヴィッチ、イーヴェン・アリモフ、そしてキーウ・ゼムリャキの地元組織メンバーのタマラ・クラシツカ、リュドミラ・ディアトロヴァ、ハリナ・ドンドゥコヴァ、テチアナ・ツィブルスカとイヴァン・クズミン。

広島に暮らすということは、車輪の中心にいるようなものである。そこから外側に向かって、核についての問いが放射状に広がっていく。私が所属する広島市立大学広島平和研究所と大学院平和学研究科は、研究活動の中心としてこの上ない場所である。広島市民の力添えを得てこの仕事に従事できたことは幸運だった。研究所の同僚ナラヤナン・ガネサン、水本和実、永井均、竹本真希子、金聖哲は私を温かく迎え入れてくれた。所長の大芝亮、前所長の吉川元、浅井基文、福井治弘、そして同僚の河上暁弘、孫賢鎮、徐顕芬、佐藤哲夫、沖村理史、河炅珍、四條知恵、加藤美保子らの先生方には末永く恩義を感じることになるだろう。また、本書が完成するまでには、研究所の事務職員の吉原由紀子、野村美樹、山下慶枝、秋嶋優佑が助けてくれた。私のもとで博士号を取得したドゥロー・アーゴタと繁沢敦子、そしてプナール・テモジン、ジェリー・オサラバン、アシュリー・サウザーら学生たちにも感謝を。また、広島平和記念資料館と広島平和文化センターの職員は常に協力を惜しまず助けてくれた。広島の人々にも感謝したい。とくにチャールズ・ウォーゼン、湯浅正恵、倉科一希、ウルリケ・ヴェール、ルーク・カーソン、古澤嘉朗、ブレンダ・ドゥブルとエヴァン・ドゥプル、フロー・スミス、キャロル・リナートとリチャード・パーカー、西田竜也、荊尾遥、西崎智子、柿木伸之、宮崎智三、金崎由美、吉田紋子、ケイラー美由紀、服部淳子、野口英里子、アンドレイ・ミストレトゥとアイリとカイヤちゃん、檜山桂子、水島早苗とCafe Igel／あかいはりねずみ、Social Book Cafeハチドリ舎の安彦恵里香と瀬戸麻由、小泉直子、小溝泰義、ロン・クライン、田城美怜とその娘のレオナとマイラ、ジョイ・ウォルシュとポール・ウォルシュ、プラカシュ・ラミチャネ、ミトモさんである。そしてもちろん、マックのボクとユリに。彼らのおかげで、初日から広島は故郷のような場所になった。

すべての仕事において、私は師であるリリアン・ハドソンの教えに負っている。学者であること、同僚であることについて、彼女から多くを学んだ。最後に、友人のナンシー・ブレスロウ、ヘザー・ディーン、ダニー・クラーク、ジェブ・ビンステッド、用殿武士、シャーリ・ロバートソン、マーク・メニック、アル・ローズ、ローンダ・ウェルベル、デイヴィッド・ラゾフスキーに感謝したい。私にとって、書くことは音楽と結びついている。本書の執筆中、いつも側で私の心を動かしてくれたハリプラサード・チョウラシアとブライアン・イーノの音楽に感謝する。

イエール大学出版会の方々、とくにビル・フルクト、カレン・オルソン、ケイト・デイヴィス、そして早い段階から支えてくれたジョー・カラミアにも感謝を。本書のための研究や調査に関しては、広島市立大学および広島市立大学広島平和研究所、マードック大学、日本学術振興会、「ニュークリア・フューチャーズ」プロジェクト、オーストラリア人文カウンシルから助成を受けた。なお、本書第5章の初期のヴァージョンは以下の論文として公表されている。Robert Jacobs, "Nuclear Conquistadors: Military Colonialism in Nuclear Test Site Selection During the Cold War," *Asian Journal of Peacebuilding* 1 : 2 (2013) : 157–177, doi:10.18588/201311.000011.

訳者あとがき

本書について

本書はロバート・A・ジェイコブズ著 *Nuclear Bodies: Global Hibakusha* (Yale University Press, 2022) の邦訳である。著者のジェイコブズは、アメリカ史、科学史、核の文化史を専門とし、イリノイ大学で博士号を取得した。二〇〇五年に広島市立大学広島平和研究所に着任し、以降、一九年にわたって広島の地で研究・教育活動を行ってきた。二〇一〇年に単著 *The Dragon's Tail: Americans Face the Atomic Age* (University of Massachusetts Press) を出版し、同書は二〇一三年に日本語訳が出版された(『ドラゴン・テール——核の安全神話とアメリカの大衆文化』高橋博子監修、新田準訳、凱風社)。

『グローバル・ヒバクシャ』の最大の特徴は、冷戦期を「限定核戦争が行われた時代」と位置づけた視角にある。多くの人々は広島と長崎への原爆投下以来、戦時下での核兵器使用は起きておらず、第三次世界大戦は回避されてきたと考えている。だが、二千回以上の大気圏内核実験やウラン採掘、原発事故、そしてこれらから生まれた放射性廃棄物から発生する放射線や放射性物質は、冷戦期を通じて世界各地で多くの人々に危害を加えてきた。その被害者は核保有国が勝手に選んだ人々、つまりそれぞれの国における少数民族や政治的発言力の弱い人々、旧植民地の人々など、「周縁」にいると見なされた人々である。彼らはその身体が放射線を受けただけでなく、居住地付近の生態系も汚染され、多くの場合、強制移住を余儀なくされた。そして彼らのコミュニティは分断され、伝統や文化も破壊されていった。彼らは広島と長崎の人々と同様にヒバクした人々、つまりグローバル・ヒバクシャである。

こうしたヒバクシャを生み続ける核開発は、いわば自国民を対象とした限定核戦争だったのだ。

ジェイコブズはグローバル・ヒバクシャが生まれていく背景や、核保有国が被害者を選定した論理を、科学や軍事、そしてヒバクシャのコミュニティのそれぞれから丁寧に追う。本書の各所に登場する、マーシャル諸島民、アボリジナル、福島の住民、サーミ、ナバホ族、カザフスタンのポリゴンや仏領ポリネシア、ネバダなどの核実験場近郊に住むヒバクシャたちに実際に会って聞き取ったオーラル・ヒストリーも貴重なものである。原発事故を「スローモーションの核戦争」と位置づけた前著『ドラゴン・テール』にすでにこの問題意識は見られるが、その後、広島で多くの被爆者と議論を重ねた経験と、世界各地のヒバクシャのコミュニティでのフィールドワーク、そしてとりわけ二〇一一年の東京電力福島第一原子力発電所での事故を日本で経験したことが、彼に核の植民地主義的特徴をあらためて確信させたことは、著者自身が述べているとおりである。本書は、科学史、軍事史、環境史の先行研究を広く参照しながら、現代社会のあり方に対する鋭い感覚と長年にわたるフィールドワークの成果に基づき、グローバルかつ複合的に冷戦史を捉え直している。そして放射性廃棄物を生み出し続け、この負の遺産を未来世代に残すことになった我々に対して、その自覚と責任を問うているのである。

グローバル・ヒバクシャ

原書のタイトルは Nuclear Bodies : Global Hibakusha である。科学用語としての nuclear body は「核小体」あるいは「核内構造体」にあたる語であるが、ジェイコブズが示唆しているのはこうした概念ではなく、放射能で汚染された人間や動物の身体や生態系、核・原子力政策を推進する組織や構造といったさまざまな意味を含んだ造語であろう。この日本語訳では、あえて副題の Global Hibakusha を書名とした。Nuclear Bodies の多義性を訳に落とし込むのが難しいこともあるが、それ以上に本書が文字通りグローバル・ヒバクシャを包括的に捉えた書であり、Hibakusha の言葉が生まれた日本でこそ知られるべきことを伝えているからである。

著者が「日本語版に寄せて」で述べているように、中国新聞社の連載「世界のヒバクシャ」は、グローバル・ヒバクシャ研究の発端となった（1頁）。こうしたグローバル・ヒバクシャという視点は、世界核被害者フォーラムの開催など、研究者や各地のヒバクシャ間の連帯を生んでいる。日本においては、二〇〇四年に日本平和学会に「グローバル・ヒバクシャ分科会」が設置され、ビキニ水爆被災の研究をはじめとして、広島と長崎を含む世界の核被害に関して、精力的な研究活動が行われている。また、マーシャル諸島やネバダ核実験場の被曝者についても、フィールドワークに基づいた研究が増えてきている。

だが、こうした個々の研究の蓄積がある一方で、グローバル・ヒバクシャについての日本社会での認知度はいまだ低いのも事実だ。広島や長崎においてでさえ、「唯一の戦争被爆国」が強調されるとき、在外被爆者に思いが至っても、原爆以外の核技術の被害者を同じヒバクシャと捉える視点をもつことはそう多くなかったと言える。この問題が強く意識されるきっかけになったのは、言うまでもなく二〇一一年の福島での原発事故であり、ヒロシマ・ナガサキに加え、フクシマでのヒバクシャを生んでしまったことだった。さらなるヒバクシャを生むことへの危機感は、多くの被爆者にそれまで以上に自らの経験を語らせることになった。二〇一七年の核兵器禁止条約の成立は、核兵器をもたない中小国と核兵器廃絶国際キャンペーン（ICAN）などのNGOの尽力により達成されたものであったが、グローバル・ヒバクシャの連携もこれを後押しすることになったと言えよう。ICANが同年にノーベル平和賞を受賞したのは周知のことである。そして二〇二四年には、日本原水爆被害者団体協議会（日本被団協）がノーベル平和賞を受賞した。ウクライナ戦争開始後のロシアや、ガザをめぐる紛争でのイスラエルによる核の脅しに対する危機感が、その背景にあるのは明らかである。新たなヒバクシャを生まないために、いまこそグローバル・ヒバクシャが生み出された歴史を振り返る必要がある。本書はそのために必ず参照される重要な文献となるであろう。

ジェイコブズ自身が述べるように、彼の研究は英語文献を主に参照し、英語で書かれたものであり、西洋中心主義から完全に脱却したものであるとは言えない。たしかに本書でも、例えば福島の原発事故をめぐる議論などは、日本語で書かれた文献を普段から読む我々のほうが多くの情報を得ており、違和感を抱いたり、不十分な議論だと受け止められたりする箇所があるかもしれない。だが、その点を割り引いたとしても、本書が提示する視点は「グローバル・ヒバクシャ」の歴史を語るのに有効だと言えるだろう。

なお、原書については、二〇二二年に出版されてから多くの書評が書かれており、とくに「限定核戦争としての冷戦」という視点に対する評価は高い。そしてジェイコブズ自身が精力的に世界各地のメディアに登場し、広島からヒバクシャについて発信しており、本書はとくに欧米で話題になっている。現在、この書をもとにしたドキュメンタリー番組がヨーロッパの映像作家たちによって準備され、二〇二五年夏に放映される予定だという。日本被団協の平和賞受賞によりヒバクシャに対する関心が高まっている中、ジェイコブズの研究はより一層関心をもって読まれることになるだろう。

翻訳について

本書の翻訳は、四名で行った。日本語版に寄せて、はじめに、序章、第3章、第4章、おわりにを竹本真希子が、第1章、第2章を川口悠子が、第5章、第6章を梅原季哉が、第7章を佐藤温子がそれぞれ担当して、対面およびオンラインの研究会やメールでのやり取りを通じて相互に訳をチェックして改稿し、訳文を完成させた。

用語についていくつか説明しておきたい。原則として、原書の hibakusha は、広島と長崎への核攻撃による犠牲者および生存者を「被爆者」、その被災を「被爆」とし（「被爆者」の法律上の定義（被爆者健康手帳の有無など）にはこだわらない）、それ以外の核実験や原発事故等による放射能汚染の被災を「被曝」、global hibakusha はカタカナで「グローバル・ヒバクシャ」とした。また、原書では fallout、radiation fallout などの言葉が混在しているが、本書では文脈に応じて、これらを「放射線降下物」「フォールアウト」などと訳した。なお、著者と相談のうえ、原文を加筆・修正した箇所がある。

本書の出版までには、多くの方の協力があった。吉原由紀子氏には、原稿のチェックから用語の統一まで、あらゆることに目配りしていただいた。神舘健司氏には、原稿を丁寧に読んでいただき、貴重なコメントをいただいた。また、市川浩、大渓太郎、加藤美保子、河上暁弘、鈴木悠史、森元康介、山川亜古、レウィ千穂の各氏には、外国語の表記や専門用語に関して助言をいただいた。とはいえ、当然のことながら、誤訳等はすべて訳者の責任である。

本書は広島市立大学広島平和研究所のプロジェクト「反核運動史の現在」(二〇二三・二四年度)による研究成果の一部である。本プロジェクトの遂行をサポートしてくれた広島平和研究所の同僚および事務室の秋嶋優佑、平本章江、山下慶枝、木村由衣、常松みなみ、八百村朋子の各氏に感謝したい。そして何より、本書の意義を高く評価して翻訳出版を企画し、訳者を全面的に支援しながらここまで導いてくれた名古屋大学出版会の三原大地氏の力がなければ、本書は生まれなかった。この場を借りて、お礼を申し上げる。

日本語版の出版を大変喜び、訳者からの質問攻めにもいつも快く応じてくれたジェイコブズにも感謝したい。ジェイコブズは二〇二五年三月に広島市立大学広島平和研究所を定年退職し、米国に帰国する予定である。帰国後も世界を飛び回ってグローバル・ヒバクシャの取材を続け、広島での経験や多くのヒバクシャとの出会いについて、世界各地で発信を続けてくれるだろう。ジェイコブズの広島での研究の集大成である本書の出版が、日本であらためてヒバクシャの歴史を捉え直すことにつながり、これまで以上に多くの人々が核のない未来に向けて世界の人々と議論する機会が生まれれば幸いである。

訳者を代表して　竹本　真希子

二〇二五年二月

《訳者紹介》

竹《たけ》本《もと》真《ま》希《き》子《こ》

広島市立大学広島平和研究所准教授。著訳書に『ドイツの平和主義と平和運動』（法律文化社，2017 年），ツヴァイゲンバーグ『ヒロシマ』（共訳，名古屋大学出版会，2020 年）などがある。

川《かわ》口《ぐち》悠《ゆう》子《こ》

法政大学理工学部教授。著訳書に『核と放射線の現代史』（分担執筆，昭和堂，2021 年），ロッター『原爆の世界史』（共訳，ミネルヴァ書房，2022 年）などがある。

梅《うめ》原《はら》季《とし》哉《や》

広島市立大学広島平和研究所教授。著訳書に『戦火のサラエボ 100 年史』（朝日新聞出版，2015 年），『ジョン・ボルトン回顧録』（監訳，朝日新聞出版，2020 年）などがある。

佐《さ》藤《とう》温《なが》子《こ》

青山学院大学法学部准教授。著書に『核開発時代の遺産』（分担執筆，昭和堂，2017 年），『反核から脱原発へ』（分担執筆，昭和堂，2012 年）などがある。

グローバル・ヒバクシャ

2025 年 3 月 31 日　初版第 1 刷発行

定価はカバーに
表示しています

訳　者　竹本真希子他

発行者　西　澤　泰　彦

発行所　一般財団法人 名古屋大学出版会
〒 464-0814　名古屋市千種区不老町 1 名古屋大学構内
電話(052)781-5027 / FAX(052)781-0697

印刷・製本 ㈱太洋社　ISBN978-4-8158-1188-4
乱丁・落丁はお取替えいたします。

索　引

ア　行

カ　行

サ　行

タ　行

ナ　行

ハ　行

マ　行

ヤ　行

ラ・ワ行

A–Z

注

序 章　放射線にさらされ，不可視化されるもの

（1）原爆（核分裂兵器）と水爆（核融合兵器）は，根本的に異なるものである。前者は重原子の原子核を分裂させることでエネルギーを放出し，後者は二つの軽原子の原子核を融合させることでエネルギーを放出する。核融合反応は太陽や他の恒星のエネルギー源となっている。1952 年 11 月 1 日，米国は核融合反応と爆発に成功した。エニウェトク環礁でのマイク実験は，地球上で初めて成功した熱核反応であったが，兵器の構造部品を格納するために建物丸々一棟を必要とした。

（2）Richard G. Hewlett and Jack M. Holl, *Atoms for Peace and War, 1953–1961 : Eisenhower and the Atomic Energy Commission*（Berkeley : University of California Press, 1989）: 173, 179, 182.

（3）Hewlett and Holl, *Atoms for Peace and War* : 181.

（4）*Operation Castle : Commander's Report*（USAF, Lookout Mountain Laboratory, 1954）.

（5）David Rosenberg, "The Origins of Overkill : Nuclear Weapons and American Strategy, 1945–1960," *International Security* 7 : 4（1983）: 34. 統合参謀本部（Joint Chiefs of Staff：JCS）は米軍の各軍司令官らによって構成される。

（6）NSC 162/2 Basic National Security Policy, 30 October 1953, Record Group 273, Archives of the National Security Council（National Archives of the United States）: 4.

（7）*Operation Castle*. ウトリックの住民は，実際には核実験の 3 日後に避難した。ウトリック環礁は，152 から 187 キロメートル風下の範囲に位置する。1946 年には，ブラボー実験で使われた水爆の千分の一の規模のクロスロード作戦の実験がビキニ環礁で行われたが，マーサ・スミス＝ノリスは，すでにこれ以前に，同じ環礁から住民が待避させられていたと指摘している。Martha Smith-Norris, *Domination and Resistance : The United States and the Marshall Islands During the Cold War*（Honolulu : University of Hawai'i Press, 2016）: 77–80 を参照。

（8）George W. Albin, "Reports on Evacuation of Natives and Surveys of Several Marshall Island Atolls," 9 April 1954 : https://web.archive.org/web/20110721041118/http://www.hss.energy.gov/HealthSafety/IHS/marshall/collection/data/ihp1d/122574e.pdf（2020 年 7 月 22 日アクセス）.

（9）環礁は，火山島や海底火山が沈降した後に残る環状の珊瑚礁であり，中央の礁湖を取り囲む岩礁と小さな島々で構成されている。礁湖は釣りや海からのカヌーでの往来に便利なため，洋上に浮かぶ環礁は好まれる場所である。Patrick D. Nunn, "Atoll," in Andrew S. Goudie, *Encyclopedia of Geomorphology*（London : Routledge, 2004）: 39–41 を参照。

（10）Victor P. Bond et al., *Medical Examination of Rongelap People Six Months After Exposure to Fallout*（Bethesda, MD : Naval Medical Research Institute, 1955）: 11, 14.

（11）*Atoms for Peace and War* : 173–175. 広島の爆心地から約 2.4 キロ圏内にいた人々は，日本国によって公式に被爆者（広島と長崎への核攻撃の被害者）と認定され，毎月の手当や医療が提供されている。"Relief for A-bomb Victims," *Japan Times*, 15 August 2007 : https://

www.japantimes.co.jp/opinion/2007/08/15/editorials/relief-for-a-bomb-victims/（2020 年 8 月 13 日アクセス）を参照。〔正確には，被爆者援護法の定める「被爆者」には，(1) 直接被爆者，(2) 入市者，(3) 原子爆弾が投下された際またはその後において，身体に原子爆弾の放射能の影響を受けるような事情の下にあった者，(4) (1)～(3) に該当する者の胎児，の四つのカテゴリーがある。厚生労働省「被爆者とは」(https://www.mhlw.go.jp/stf/newpage_13405.html，2025 年 1 月 25 日アクセス）を参照。〕

(12) Steven L. Simon et al., "Radiation Doses and Cancer Risks in the Marshall Islands Associated with Exposure to Radioactive Fallout from Bikini and Enewetak Nuclear Weapons Tests : Summary," *Health Physics* 99 : 2 (2010) : 105–123.

(13) クリストファー・ロバート・ヒルは，「海外での核実験を正当化するかのように見えた科学的客観性が，第五福竜丸事件によって揺らいだ」と述べている。Christopher Robert Hill, "Britain, West Africa and 'The New Nuclear Imperialism' : Decolonisation and Development During French Tests," *Contemporary British History* 33 : 2 (2018) : 277.

(14) Aya Homei, "The Contentious Death of Mr. Kuboyama : Science as Politics in the 1954 Lucky Dragon Incident," *Japan Forum* 25 : 2 (2013) : 212–232.

(15) かつてはこの記念日は「核被害者の日」や「核生存者の日」と呼ばれていた。Ron Tanner, "Remembrance Day," Marshall Island Story Project : http://mistories.org/remembrance.php（2020 年 8 月 20 日アクセス）を参照。

(16) "Nuclear Testing Tally, 1945–2017," Arms Control Association : https://www.armscontrol.org/factsheets/nucleartesttally (2020 年 8 月 14 日アクセス).

(17) 1979 年にイスラエル〔と南アフリカ〕が核実験を一度行ったという疑惑があり，ヴェラ事件と呼ばれている。Lars-Erik de Geer and Christopher M. Wright, "The 22 September 1979 Vela Incident : Radionuclide and Hydroacoustic Evidence for a Nuclear Explosion," *Science & Global Security* 26 : 1 (2018) : 20–54 を参照。

(18) Yasuyuki Taira et al., "Current Concentration of Artificial Radionuclides and Estimated Radiation Doses from 137Cs Around the Chernobyl Nuclear Power Plant, the Semipalatinsk Nuclear Testing Site, and in Nagasaki," *Journal of Radiation Research* 52 (2011) : 88.

(19) Steven L. Simon and André Bouvielle, "Radiation Doses to Local Populations Near Nuclear Weapons Test Sites Worldwide," *Health Physics* 82 : 5 (2002) : 706–725 を参照。

(20) ライト・H・ランガム（Wright H. Langham）の言葉。"Proceedings : Second Interdisciplinary Conference on Selected Effects of a General War," *DASIAC Special Report 95* (Santa Barbara, CA : Defense Atomic Support Agency, 1969) : 45 からの引用。

(21) "The Active Straw," *Newsweek*, 12 November 1945 : 50.

(22) Roger A. Meade and Linda S. Meade, *"The World, We Think She Start Over Again" : Nuclear Testing and the Marshall Islands, 1946–1958*, internal distribution report no. LA-UR-18-30848 (Los Alamos, NM : LANL, 2018) : 116. なお，マーシャル諸島では，1946 年のクロスロード作戦のベイカー実験による放射線災害のため，ブラボー実験が行われるまではビキニ環礁ではなくエニウェトク環礁で実験が行われた。詳細は第 2 章を参照。

(23) Justin McCurry, "Fukushima Grapples with Toxic Soil That No One Wants," *The Guardian*, 11 March 2019 : https://www.theguardian.com/world/2019/mar/11/fukushima-toxic-soil-disaster-radioactive (2020 年 7 月 21 日アクセス).

(24) Robert Jacobs, "Born Violent : The Birth of Nuclear Power," *Asian Journal of Peacebuilding* 7 :

1 (July 2019) : 9-29 を参照。

(25) Gabrielle Hecht, *Being Nuclear : Africans and the Global Uranium Trade* (Cambridge, MA : MIT Press, 2012) を参照。

(26) Dana Kennedy, "Chernobyl Cleanup Survivor's Message for Japan : 'Run Away as Quickly as Possible,'" *AOL News*, 22 March 2011. Robert Jacobs, "Social Fallout : Marginalization After the Fukushima Nuclear Meltdown," *Asia-Pacific Journal* 9 : 28 (2011) : https://apjjf.org/2011/9/28/Robert-Jacobs/3562/article.html (2020 年 12 月 10 日アクセス) からの引用。ナターシャ・ザレツキーは，冷戦後期に放射能汚染が比喩的語法として用いられた背景には，政府や専門家への信頼が崩壊したことがあったと考察している。Natasha Zaretsky, "Radiation Suffering and Patriotic Body Politics in the 1970s and 1980s," *Journal of Social History* 48 : 3 (2015) : 487-510 を参照。

(27) 米国による 1946 年のクロスロード作戦と，ソ連による 1954 年のトツコエ実験がこれにあたる。

(28) Gilbert W. Beebe, Morihiro Ishida, and Seymour Jablon, *Life Span Study, Report Number 1 : Description of Study Mortality in the Medical Subsample October 1950-June 1958,* Technical Report 05-61 (Hiroshima : Atomic Bomb Casualty Commission, 1961) : 1-6.

(29) 注目すべきは，ESR（電子スピン共鳴法）を利用した 2018 年の研究である。この研究では，広島の爆心地から 1.5 キロ離れた場所で発見された人間の顎の骨から採取された断片の被曝線量を測定した。それまでの研究は「犠牲者が浴びた線量の推定」に基づいていたが，著者はこの人物の顎骨が実際に吸収した線量を測定する方法を示している。Angela Kinoshita, Oswaldo Baffa, and Sérgio Mascarenhas, "Electron Spin Resonance (ESR) Dose Measurement in Bone of Hiroshima A-bomb Victim," *PLOS ONE* 13 : 2 (2018) : https://journals.plos.org/plosone/article?id=10.1371/journal.pone.0192444 (2020 年 8 月 28 日アクセス) を参照。

(30) Adri De La Bruheze, "Radiological Weapons and Radioactive Waste in the United States : Insiders' and Outsiders' Views, 1941-55," *British Journal for the History of Science* 25 : 2 (1992) : 207-227.

(31) Lisa Onaga, "Reconstructing the Linear No-Threshold Model in Japan : A Historical Perspective on the Technics of Evaluating Radiation Exposure," *Technology and Culture* 58 : 1 (2017) : 194-205.

(32) John Lewis Gaddis, "The Long Peace : Elements of Stability in the Postwar International System," *International Security* 10 : 4 (1986) : 99-142.

(33) Zaretsky, "Radiation Suffering and Patriotic Body Politics" : 487-510.

(34) Robert Jacobs, "Nuclear Conquistadors : Military Colonialism in Nuclear Test Site Selection During the Cold War," *Asian Journal of Peacebuilding* 1 : 2 (2013) : 157-177 : http://tongil.snu.ac.kr/ajp_pdf/201311/02_Robert%20Jacobs.pdf (2020 年 8 月 21 日アクセス) : doi : 10.18588/201311.000011 を参照。

(35) "Nuclear Testing Tally, 1945-2017."

(36) B. H. Liddell Hart, *The Strategy of Indirect Approach* (London : Faber and Faber, 1941)〔リデル・ハート『戦略論——間接的アプローチ』市川良一訳，原書房，2010 年〕. Zygmunt Bauman, *Wasted Lives : Modernity and Its Outcasts* (Cambridge : Polity Press, 2004)〔ジグムント・バウマン『廃棄された生——モダニティとその追放者』中島道男訳，昭和堂，2007

年〕も参照。

(37) Hiroaki Koide, "The Fukushima Nuclear Disaster and the Tokyo Olympics," trans. Norma Field, *Asia-Pacific Journal* 17 : 5 (1 March 2019) : https://apjjf.org/2019/05/Koide-Field.html (2020年8月20日アクセス)〔原文は小出裕章「フクシマ事故と東京オリンピック」Asia-Pacific Journal, https://apjjf.org/2019/05/koide-field-translation. および小出裕章『フクシマ事故と東京オリンピック』径書房，2019年，84頁〕.

(38) Jacobs, "Born Violent."

(39) International Atomic Energy Agency, *Status and Trends in Spent Fuel and Radioactive Waste Management* (Vienna : IAEA, 2018) : 35 ; Office of Scientific and Technical Information, *Categorization of Used Nuclear Fuel Inventory in Support of a Comprehensive National Nuclear Fuel Cycle Strategy* (Oak Ridge, TN : Oak Ridge National Laboratory, 2012).

(40) Kate Brown, "The Last Sink : The Human Body as the Ultimate Radioactive Storage Site," in Christoph Mauch, ed., *Out of Sight, Out of Mind : The Politics and Culture of Waste* (Munich : RCC Perspectives, 2016) : 45.

第1章 爆 心 地

(1) 核爆発の作用についての古典的な研究として，Samuel Glasstone and Philip J. Dolan, *The Effects of Nuclear Weapons*, 3rd ed. (Washington, DC : Government Printing Office, 1977).

(2) A. B. Pittock et al., *Environmental Consequences of Nuclear War* (Scope 28), vol. 1 : *Physical and Atmospheric Effects*, 2nd ed. (Chichester, UK : John Wiley & Sons, 1989) : 5.

(3) Hiroshima International Council for Medical Care of the Radiation-Exposed, *A-Bomb Radiation Effects Digest* (Tokyo : Bunkodo, 1995) : 6〔原著は放射線被曝者医療国際協力推進協議会編『原爆放射線の人体影響 1992』要約版，文光堂，1993年〕. グレイは物質がどれだけ放射線を吸収したかを示す単位である。

(4) ジェフリー・ワイス（Jeffrey Weiss）から筆者への書簡，2018年12月16日。

(5) Ulf Tveten, *Radionuclide Behavior in the Environment* (Albuquerque, NM : Sadia National Laboratory, 1991) : 4.

(6) 核兵器が爆発するとき，核分裂物質は短時間でエネルギーを放出し，その後核分裂粒子として拡散する。福島原発では，ガンマ線の発生源は溶けた燃料であり，燃料はガンマ線をいつまでも放出し続ける。

(7) Councilman Morgan, "Hiroshima, Nagasaki, and the RERF," *American Journal of Pathology* 98 : 3 (March 1980) : 844.

(8) Doran M. Christensen et al., "Management of Ionizing Radiation Injuries and Illnesses, Part 1 : Physics, Radiation Protection, and Radiation Instrumentation," *Clinical Practice* 114 : 3 (2014) : 189.

(9) *Report on a Feasibility Study of the Health Consequences to the American Population from Nuclear Weapons Tests Conducted by the United States and Other Nations,* vol. 1 : *Technical Report* (Washington, DC : National Academies Press, May 2005), sec. 2.1.3 : 19.

(10) Brooke Buddemeier, *Nuclear Detonation Fallout : Key Considerations for Internal Exposure and Population Monitoring* (6 July 2018), LLNL-TR-754319 : 1.

(11) Glasstone and Dolan, *The Effects of Nuclear Weapons* : 418–19 ; J. Rosinski and J. Stockham, *Preliminary Studies of Scavenging Systems Related to Radioactive Fallout,* Armour Research

Foundation of the Illinois Institute of Technology Report No. 3127-6（30 April 1959）.

（12）Hiroko Takahashi, “One Minute After the Detonation of the Atomic Bomb : The Erased Effects of Residual Radiation,” *Historia Scientarium* 19 : 2（2009）: 147 ; Ritsu Sakata et al., “Long-term Effects of the Rain Exposure Shortly After the Atomic Bombings in Hiroshima and Nagasaki,” *Radiation Research* 182 : 6（2014）: 599-606.

（13）この過程を示した最近の研究の例として，Kazuko Shichijo et al., “Impact of Local High Doses of Radiation by Neutron Activated Mn Dioxide Powder in Rat Lungs : Protracted Pathologic Damage Initiated by Internal Exposure,” *Biomedicines* 8 : 6（2020）: doi:10.3390/biomedicines8060171（2021 年 1 月 24 日アクセス）.

（14）これらの数字は市役所による見積もりである。攻撃の瞬間に，ある都市の人口集団全体がどこにいたのかは把握できないため，正確な数字は知りえない。

（15）Glasstone and Dolan, *The Effects of Nuclear Weapons* : 544.

（16）Hiroshima International Council, *A-Bomb Radiation Effects Digest* : 5.

（17）The Committee for the Compilation of Materials on Damage Caused by the Atomic Bombs in Hiroshima and Nagasaki, *Hiroshima and Nagasaki : The Physical, Medical, and Social Effects of the Atomic Bombings*（New York : Basic Books, 1981）: 114〔原著は広島市・長崎市原爆災害誌編集委員会『広島・長崎の原爆災害』岩波書店，1979 年〕.

（18）Richard B. Frank, *Downfall : The End of the Imperial Japanese Empire*（New York : Random House, 1999）: 3-19.

（19）Warren Kozak, *LeMay : The Life and Wars of General Curtis LeMay*（Washington, DC : Regnery Publishing, 2009）: x.

（20）例として，Howard W. Blakeslee, “Power of Atom Likened to Sun’s,” *New York Times*, 7 August 1945 : 5 ; “A New Era : The Secrets of Science,” *Newsweek*, 20 August 1945 : 34-40 を参照。『核時代の幕開け（*The Atomic Age Opens*）』という書籍は，1945 年 8 月末より前に慌ただしく出版された数多くの新聞や雑誌を復刻したものだが，252 頁中 96 頁を核兵器の科学に割いている。Donald Porter Geddes, *The Atomic Age Opens*（New York : Pocket Books, 1945）: 62-158.

（21）“No Slow Death at Hiroshima, Yank Reports,” *Chicago Tribune*, 13 September 1945 : 3. よく知られたことだが，レスリー・グローヴスは放射線障害による死について，議会で「私が医師から聞いたところによれば，とても気持ちのよい死に方だそうです」と証言した。グローヴスが 1946 年に議会で，広島と長崎での放射線障害による死について語った内容を参照。US Congress, Senate, Special Committee on Atomic Energy, 79th Congress, 1945-1946, Hearings（Washington, DC : Government Printing Office, 1946）: 37.

（22）Tetsuji Imanaka, “Radiation Survey Activities in the Early Stages After the Atomic Bombing in Hiroshima,” *Revisit the Hiroshima A-Bomb with Database*（Hiroshima : Hiroshima City, 2013）: 69-81 ; Judith Anzures-Cabrera and Jane L. Hutton, “Competing Risks, Left Truncation and Late Entry Effect in A-Bomb Survivors Cohort,” *Journal of Applied Statistics* 37 : 5（2010）: 821-831.

（23）佐々木禎子は広島の最も有名な被爆者となり，しばしば，米国の攻撃によって被害を受けた人物として，アメリカ人が名前を挙げることができる唯一の実在の人物である。彼女の物語と，願いを一つ叶えるために鶴を千羽折ったという努力の物語は，広島について最も頻繁に語られる物語の一つとなった。また，世界中の何千人もの子どもたちが彼女の物語を読み，千羽鶴を折ることを学ぶにつれて，平和教育の強力な基盤ともなっ

た。Robert Jungk, *Strahlen aus der Asche*（Bern : Scherz, 1959）〔ロベルト・ユンク『灰墟の光——甦えるヒロシマ』原田義人訳，文芸春秋新社，1961 年〕; Karl Bruckner, *Sadako will leben !*（Vienna : Taschenbuch, 1961）〔K・ブルックナー『サダコは生きる——ある原爆少女の物語』片岡啓治訳，学習研究社，1964 年〕; Eleanor Coerr, *Sadako and the Thousand Paper Cranes*（New York : Putnam Juvenile, 1977）; Masamoto Nasu, *Children of the Paper Crane : The Story of Sadako Sasaki and Her Struggle with the A-Bomb Disease*（Armonk : M. E. Sharpe, 1996）〔原著は那須正幹『折り鶴の子どもたち——原爆症とたたかった佐々木禎子と級友たち』PHP 研究所，1984 年〕を参照。

（24）M. Susan Lindee, *Suffering Made Real : American Science and the Survivors at Hiroshima*（Chicago : University of Chicago Press, 1994）: 21.

（25）Lindee, *Suffering Made Real* : 17–32.

（26）Lindee, *Suffering Made Real* : 32.

（27）Lewis H. Weed, “Forward,” *General Report, Atomic Bomb Casualty Commission*（Washington, DC : National Research Council, January 1947）: ii.

（28）Harry S. Truman, “Directive to the National Academy of Sciences,” 26 November 1946, repr. in George D. Kerr, Tadashi Hashizume, and Charles W. Edington, “Historical Review,” *US-Japan Joint Reassessment of Atomic Bomb Radiation Dosimetry in Hiroshima and Nagasaki : Final Report*, vol. 1, DS86-vol. 1（1986）: 2.

（29）Robert E. Anderson, “Establishment of ABCC,” *Human Pathology* 2 : 4（December 1971）: 485.

（30）Kenneth Osgood, *Total Cold War : Eisenhower’s Secret Propaganda Battle at Home and Abroad*（Lawrence : University Press of Kansas, 2006）: 1.

（31）William L. Laurence, *Dawn over Zero : The Story of the Atomic Bomb*（New York : Alfred A. Knopf, 1946）: 11 に引用。

（32）ホームズの引用は Lindee, *Suffering Made Real* : 5 より。

（33）Spencer Weart, *Nuclear Fear : A History of Images*（Cambridge, MA : Harvard University Press, 1988）: 36〔スペンサー・R・ワート『核の恐怖全史——核イメージは現実政治にいかなる影響を与えたか』山本昭宏訳，人文書院，2017 年〕.

（34）Rachel Pressdee, “The Radium Girls : A Tale of Workplace Safety,” *Juris Magazine*, 1 December 2019 : http://sites.law.duq.edu/juris/2019/12/01/the-radium-girls-a-tale-of-workplace-safety/（2020 年 4 月 18 日アクセス）; Kate Moore, *The Radium Girls : The Dark Story of America’s Shining Women*（Naperville, IL : Sourcebooks, 2017）.

（35）Hermann J. Muller, “Artificial Transmutation of the Gene,” *Science* 66 : 1699（22 July 1927）: 84–87 ; Hermann J. Muller, *Studies in Genetics*（Bloomington : Indiana University Press, 1962）.

（36）Hermann J. Muller, “The Production of Mutations”（Nobel Lecture, 12 December 1946）: https://www.nobelprize.org/nobel_prizes/medicine/laureates/1946/muller-lecture.html（2018 年 7 月 25 日アクセス）.

（37）Radiation Effects Research Foundation, *History of ABCC-RERF*, 2004 : https://www.rerf.or.jp/uploads/2017/09/rerf30the-1.pdf（2018 年 3 月 25 日アクセス）.

（38）Lindee, *Suffering Made Real* : 245–251 ; Sue Rabbitt Roff, *Hotspots : The Legacy of Hiroshima and Nagasaki*（London : Cassell, 1995）: 143–144 ; William J. Schull, *Effects of Atomic Radiation : A Half-Century of Studies from Hiroshima and Nagasaki*（New York : John Wiley & Sons,

1995）: 72–79.

（39） ABCC は 1975 年 4 月，日米共同運営の放射線影響研究所として再建された。*History of the ABCC-RERF* : https://www.rerf.or.jp/uploads/2017/09/rerf30the-1.pdf（2018 年 7 月 25 日アクセス）を参照。

（40） Gilbert W. Beebe, Morihiro Ishida, and Seymour Jablon, *Life Span Study, Report Number 1 : Description of Study Mortality in the Medical Subsample October 1950–June 1958*, Technical Report 05–61（Hiroshima, Atomic Bomb Casualty Commission, 1961）: 1〔この報告書は日英対訳で執筆されており，訳文は日本語部分による〕.

（41） Beebe, Ishida, and Jablon, *Life Span Study* : 2.

（42） Schull, *Effects of Atomic Radiation* : 78.

（43） Beebe, Ishida, and Jablon, *Life Span Study* : 3.

（44） Beebe, Ishida, and Jablon, *Life Span Study* : 4–5.

（45） Schull, *Effects of Atomic Radiation* : 80.

（46） Jeffry A. Siegel, Charles W. Pennington, and Bill Sacks, "Subjecting Radiological Imaging to the Linear No-Threshold Hypothesis : A Non Sequitur of Non-Trivial Proportion," *Journal of Nuclear Medicine* 58 : 1（January 2017）: 2.

（47） John Phair, "The Atomic Bomb Casualty Commission," *Northwestern Medicine* : http://www.publichealth.northwestern.edu/nphr/2014-v2i1/Phair.html（2018 年 3 月 26 日アクセス）.

（48） Leslie Roberts, "Atomic Bomb Doses Reassessed," *Science* 238 : 4834（18 December 1987）: 1649.

（49） National Research Council of the National Academies, *Health Risks from Exposures to Low-Levels of Ionizing Radiation,* BEIR VII Phase 2（Washington, DC : National Academies Press, 2006）: 143.

（50） 科学研究では，この観点に立った決定的な研究は以下の 2 点である。Thomas Kuhn, *The Structure of Scientific Revolutions*（Chicago : University of Chicago Press, 1962）〔トマス・S・クーン『科学革命の構造』青木薫訳，みすず書房，2023 年〕; Bruno Latour and Steve Woolgar, *Laboratory Life : The Social Construction of Scientific Facts*（Los Angeles : Sage, 1979）〔ブリュノ・ラトゥール，スティーヴ・ウールガー『ラボラトリー・ライフ——科学的事実の構築』金信行他訳，ナカニシヤ出版，2021 年〕.

（51）「放射線疫学は，電離放射線および非電離放射線に被曝した集団における健康影響（多くの場合，ガン）のリスクを記述し，定量化しようとするものである。そのためには多数の被爆者の臓器・組織線量を中程度から高度の確実性をもって推定することが重要である」。Steven L. Simon et al., "Uses of Dosimetry in Radiation Epidemiology," *Radiation Research* 166（2006）: 125–127 を参照。

（52） Beebe, Ishida, and Jablon, *Life Span Study* : 5.

（53） *Life Span Study* : 4.

（54） John A. Auxier, *Ichiban : Radiation Dosimetry and the Survivors of the Bombings of Hiroshima and Nagasaki*（Springfield, VA : National Technical Information Service, 1977）: 6.

（55） Kerr, Hashizume, and Edington, "Historical Review" : 3.

（56） 放射性廃棄物の取り扱いに関する 1949 年の米国原子力委員会のハンドブックには，内部被曝による疾病の要因について明確な記述がある。Atomic Energy Commission, *Handling Radioactive Wastes in the Atomic Energy Program*（Washington, DC : Government Printing

Office, 1949) : 7 を参照。

(57) Ralph E. Lapp, "Survey of Nucleonics Instrumentation Industry," *Nucleonics* 4 : 5 (1949) : 100–104.

(58) James B. Conant, Arthur H. Compton, and Harold C. Urey, "The Use of Radioactive Material as a Military Weapon," *Report of Subcommittee of the S-1 Committee*, 11 October 1943 : 3–4. この文書は，1994 年に米国政府によって設立された人体放射線諮問委員会の資料に含まれ，ジョージタウン大学に保管されている。https://bioethicsarchive.georgetown.edu/achre/commeet/meet3/brief3.gfr/tab_f/br3f1f.html（2020 年 8 月 22 日アクセス）. 委員会に参加する前，コナントはハーヴァード大学の学長を務め，コンプトンとユーレイはそれぞれノーベル化学賞を受賞していた。以下の文献も参照のこと。Barton J. Bernstein, "Radiological Warfare : The Path Not Taken," *Bulletin of the Atomic Scientists* 41 : 7 (1985) : 44–49 ; Sean Malloy, " 'A Very Pleasant Way to Die' : Radiation Effects and the Decision to Use the Atomic Bomb Against Japan," *Diplomatic History* 36 : 3 (2012) : 515–545 ; Janet Farrell Brodie, "Contested Knowledge : The Trinity Test Radiation Studies," in Brinda Sarathy, Vivian Hamilton, and Janet Farrell Brodie, *Inevitably Toxic : Historical Perspectives on Contamination, Exposure, and Expertise* (Pittsburgh : University of Pittsburgh Press, 2018) : 50–73.

(59) これは明らかに，寿命調査の初期に日本人研究者の間で懸念されていた点である。Shizuyo Sutou, "Rediscovery of an Old Article Reporting That the Area Around the Epicenter in Hiroshima Was Heavily Contaminated with Residual Radiation, Indicating that Exposure Doses of A-Bomb Survivors Were Largely Underestimated," *Journal of Radiation Research* 58 : 5 (2017) : 745–754 を参照。

(60) Beebe, Ishida, and Jablon, *Life Span Study* : 5–6. Lindee, *Suffering Made Real* : 28 も参照。

(61)「初期入市者」の健康被害は，その後数十年の間に認識されていった。Janet Farrell Brodie, "Radiation Secrecy and Censorship After Hiroshima and Nagasaki," *Journal of Social History* 48 : 4 (2015) : 842–864 を参照。

(62) James V. Neel and William J. Schull, *The Children of Atomic Bomb Survivors : A Genetic Study* (Washington, DC : National Academies Press, 1991) : 62. また，「原爆の影響を受けた人々は，被害地域からできるだけ早く離れようとした」というのは実験計画を決定する根拠としてはまったく主観的なものである。これは広島と長崎にいた人々にのみ当てはまり，しかも膨大な数の人々が家の近くにとどまり，愛する人を探したり看病したりした。

(63) リンディーは *Suffering Made Real* の 4 頁で，「広島と長崎の住民は，多くの人が人類全体の運命となるのではないかと恐れるようになったことに耐えた」と書いている。

(64) Shizuyo Sutou, "A Message to Fukushima : Nothing to Fear but Fear Itself," *Genes and Environment* 38 (2016) : 12 : https://genesenvironment.biomedcentral.com/articles/10.1186/s41021-016-0039-7（2018 年 2 月 1 日アクセス）. 須藤はホルミシス，つまり低レベルの外部被曝は実は健康を改善するという考えを支持している。2008 年のある研究は，寿命調査が「きわめて低線量」の被曝だとしてきた被爆者のガン発生率が高いことを記録し，線量の低さと健康上の影響がないこととの相関関係の信憑性に疑いを挟んでいる。Tomoyuki Watanabe et al., "Hiroshima Survivors Exposed to Very Low Doses of A-Bomb Primary Radiation Showed a High Risk for Cancers," *Environmental Health and Preventative Medicine* 13 : 5 (2008) : 264–270 を参照。

(65) Klervi Leuraud et al., "Ionising Radiation and Risk of Death from Leukaemia and Lymphoma in

Radiation-Monitored Workers (INWORKS): An International Cohort Study," 2: *Lancet Haemotology* 7 (21 June 2015): https://www.thelancet.com/action/showPdf?pii=S2352-3026%2815%2900094-0 (2018 年 8 月 17 日アクセス).
(66) "ORAU History—1964," Oak Ridge Associate Universities: https://www.orau.org/about-orau/history/1964.aspx (2018 年 4 月 4 日アクセス).
(67) R. L. Gotchy and R. J. Bores, *The Public Whole Body Counting Program Following the Three Mile Island Accident* (Washington, DC: US Nuclear Regulatory Commission, 1980).
(68) Kazuko Shichijo et al., "Autoradiographic Analysis of Internal Plutonium Radiation Exposure in Nagasaki Atomic Bomb Victims," *Heliyon* 4: 6 (2018): https://www.cell.com/heliyon/fulltext/S2405-8440(18)31775-4 (2020 年 5 月 14 日アクセス).

第 2 章　残存する粒子

(1) Willard K. Libby, "Radioactive Fallout and Radioactive Strontium," *Science* 123: 3199 (1956): 657-660.
(2) Libby, "Radioactive Fallout and Radioactive Strontium": 658-659.
(3) Libby, "Radioactive Fallout and Radioactive Strontium": 657-658.
(4) T. F. Hamilton, J. C. Millies-Lacrox, and G. H. Hong, "^{137}Cs (^{90}Sr) and PU Isotopes in the Pacific Ocean: Sources & Trends" (paper presented at the Radionuclides in the Oceans: Inputs and Inventories, international symposium of radionuclides in the Ocean, 7-11 October 1996, Cherbourg-Octeville, France): 2. Preprint available at https://digital.library.unt.edu/ark:/67531/metadc690481/m2/1/high_res_d/621645.pdf (2021 年 1 月 22 日アクセス); United Nations Scientific Committee on the Effects of Atomic Radiation, *Sourcesand Effects of Ionizing Radiation*, vol. 1: *Sources* (New York: United Nations, 2000): 159.
(5) Noriyuki Kawano and Megu Ohtaki, "Remarkable Experiences of the Nuclear Tests in Residents Near the Semipalatinsk Nuclear Test Site: Analysis Based on the Questionnaire Surveys," *Journal of Radiation Research* 47 (2006): A203-A204.
(6) Andrei Sakharov, *Memoirs* (London: Hutchinson, 1990): 192. David Holloway, *Stalin & the Bomb* (New Haven, CT: Yale University Press, 1984): 315-316〔アンドレイ・サハロフ『サハロフ回想録（上）——水爆開発の秘密』金光不二夫・木村晃三訳，読売新聞社，1990 年，285-286 頁，訳文は邦訳書による〕も参照。
(7) Togzhan Kassenova, "Banning Nuclear Testing: Lessons from the Semipalatinsk Nuclear Testing Site," *Nonproliferation Review* 23: 3-4 (2016): 332.
(8) "22 November 1955—RDS-37," Comprehensive Nuclear-Test-Ban Treaty Organization: https://www.ctbto.org/specials/testing-times/22-november-1955-rds-37 (2018 年 4 月 13 日アクセス).
(9) 放射線被曝による健康影響の体系的否認に関するチャールズ・ペローの研究は，Charles Perrow, "Nuclear Denial: From Hiroshima to Fukushima," *Bulletin of the Atomic Scientists* 69: 5 (2013): 56-67 を参照。
(10) 放射線を測定する際の「レム（rem）」は Roentgen equivalent man の略。これは，人体に吸収される放射線量を測定する単位として，かつて用いられていた。米国原子力規制委員会は，「100 レムの放射線を一度に受けると，吐き気や皮膚の発赤が現れることがあり（ただし回復の可能性は高い），約 25 レムで男性に一時的な不妊を引き起こす可能性

がある」と勧告している。"High Radiation Doses," USNRC, 2 October 2017 : https://www.nrc.gov/about-nrc/radiation/health-effects/high-rad-doses.html（2020 年 7 月 21 日アクセス）を参照。成人男性の身体を放射線防護の基準とすることは批判されてきた。Arjun Makhijani, *The Use of Reference Man in Radiation Protection Standards and Guidance with Recommendations for Change*（Takoma Park, MD : Institute for Energy and Environmental Research, 2008）を参照。

（11）K. Gordeev et al., "Fallout from Nuclear Tests : Dosimetry in Kazakhstan," *Radiation and Environmental Biophysics* 41（2002）: 65.

（12）Cynthia Werner and Kathleen Purvis-Roberts, *Unraveling the Secrets of the Past : Contested Versions of Nuclear Testing in the Soviet Republic of Kazakhstan*（Washington, DC : National Council for Eurasian and East European Research, 2005）: 26–27.

（13）Werner and Purvis-Roberts, *Unraveling the Secrets of the Past* : 26.

（14）Fred Hiatt, "Survivors Tell of'54 Soviet A-Blast," *Washington Post*, 15 September 1994 : https://www.washingtonpost.com/archive/politics/1994/09/15/survivors-tell-of-54-soviet-a-blast/d5e9e540-78a1-4e75-8e85-09708a5fbf05/（2021 年 6 月 10 日アクセス）.

（15）Elizabeth Bryant, "Algeria : 60 Years on, French Nuclear Tests Leave Bitter Fallout," Deutsche Welle, 13 February 2020 : https://www.dw.com/en/algeria-60-years-on-french-nuclear-tests-leave-bitter-fallout/a-52354351（2020 年 5 月 5 日アクセス）.

（16）Jake Wallis Simons, "Forgotten Victims of Britain's Nuclear Tests on Christmas Islands," *The Telegraph*, 2 February 2014 : https://www.telegraph.co.uk/finance/newsbysector/industry/defence/10611985/Forgotten-victims-of-Britains-nuclear-tests-on-Christmas-Island.html（2018 年 4 月 13 日アクセス）.

（17）Steve Bogan, "Radiation from 1960s Nuclear Tests Is Still Hurting My Family," *The Times*, 27 April 2009 : https://www.thetimes.co.uk/article/radiation-from-1960s-nuclear-tests-is-still-hurting-my-family-gvwx6gbs8wd（2018 年 4 月 13 日アクセス）.

（18）Robert MacKenzie, interviewed by Mary Palevsky, 1 January 2005, transcript, Nevada Test Site Oral History Project, University of Nevada at Las Vegas Special Collections（Las Vegas, Nev.）: 42–43.

（19）Kate Brown, "The Last Sink : The Human Body as the Ultimate Radioactive Storage Site," in Christoph Mauch, ed., *Out of Sight, Out of Mind : The Politics and Culture of Waste*（Munich : Rachel Carson Center Perspectives, 2016）: 45–46. スーザン・リンディーは，「核兵器の最終的な消費者」という表現〔核兵器が人間に用いられることを，人間が消費者となると表現している〕を用いることで，我々のグローバル・ヒバクシャへの関心を，多くの政策立案者の戦略という文脈に位置づけている。Susan Lindee, *Rational Fog : Science and Technology in Modern War*（Cambridge, MA : Harvard University Press, 2020）: 6 を参照。

（20）S. M. Loyland Asbury, S. P. Lamont, and S. B. Clark, "Plutonium Partitioning to Colloidal and Particulate Matter in an Acidic, Sandy Sediment : Implications for Remediation Alternatives and Plutonium Migration," *Environmental Science and Technology* 35 : 11（2001）: 2295. この 7300 万立方メートルの土壌は，厚さ 1 インチとして換算すると 868 平方マイルに相当する。ロサンゼルス市の面積は 469 平方マイルである。

（21）Mark Oliphant to Hedley Marston, 9 September 1956, repr. in Roger Cross, *Fallout : Hedley Marston and the Atomic Bomb Tests in Australia*（Kent Town, AU : Wakefield Press, 2011）: 53–

54.

(22) William R. Kennedy Jr., *Fallout Forecasting—1945 through 1962,* Los Alamos Report No. LA-1605-RS (March 1988) : 2.

(23) ライト・H・ランガム (Wright H. Langham) の言葉。“Proceedings : Second Interdisciplinary Conference on Selected Effects of a General War,” *DASIAC Special Report 95* (Santa Barbara, CA : Defense Atomic Support Agency, 1969) : 45 からの引用。Kenneth Bainbridge, *Trinity*, Los Alamos Report No. LA-6300-H (May 1976) : 31–36 も参照。ジャネット・ブロディによると，この一家の被曝は，ウォーレン自身がグローヴス将軍に提出した報告書の中で，非常に問題視されている。「彼が「ホット・キャニオン」と呼んだ地域の放射線マップには，キャニオンの 0.9 マイル先にある「(家族が暮らす) 家」が「57 から 60 レムの積算線量を受けた」と手書きのメモがあった」。Janet Farrell Brodie, “Contested Knowledge : The Trinity Test Radiation Studies,” in Brinda Sarathy, Vivian Hamilton, and Janet Farrell Brodie, *Inevitably Toxic : Historical Perspectives on Contamination, Exposure, and Expertise* (Pittsburgh : University of Pittsburgh Press, 2018) : 54 を参照。

(24) William A. Shurcliff, *Bombs at Bikini : The Official Report of Operation Crossroads* (New York : Wm. H. Wise, 1947) : 2.

(25) Atsuko Shigesawa, *Demystifying the Atomic Bomb : The U.S. Strategic Bombing Survey Goes to Hiroshima and Nagasaki* (PhD diss., Hiroshima City University, 2019) を参照。

(26) Kenneth O. Emery, J. I. Tracey Jr., and H. S. Ladd, *Geology of Bikini and Nearby Atolls* (Washington, DC : Government Printing Office, 1954).

(27) Bianka J. Adams, “A Look Back : Operation Crossroads,” *The Shield* 1 : 3 (2011) : 4–5.

(28) Nuell W. Paschal, “Voices from Nuclear Hell,” in *National Association of Atomic Victims Newsletter*, March 2010 : 10.

(29) L. Berkhouse et al., *Operation Crossroads—1946,* DNA 6032F (Washington, DC : Defense Nuclear Agency, 1984) : 1.

(30) Jonathan M. Weisgall, *Operation Crossroads : The Atomic Tests at Bikini Atoll* (Annapolis, MD : Naval Institute Press, 1994) : 227.

(31) Weisgall, *Operation Crossroads* : 229–230.

(32) Shurcliff, *Bombs at Bikini* : 198–199.

(33) Weisgall, *Operation Crossroads* : 260.

(34) Salvatore Lazzari, *Loss-of-Use Damages from U.S. Nuclear Testing in the Marshall Islands : Technical Analysis of the Nuclear Claims Tribunal's Methodology and Alternative Estimates* (Washington, DC : Congressional Research Service, 2005) : 1.

(35) “The Evaluation of the Atomic Bomb as a Military Weapon,” *The Final Report of the Joint Chiefs of Staff Evaluation Board for Operation Crossroads*, Enclosure “A,” JCS 1691/3 (30 June 1947) : 23.

(36) 核戦争を計画する際に，放射性降下物を主要な殺傷効果とすることについては，第 6 章で詳しく説明する。

(37) Carl Maag et al., *Shot Hood : A Test of the PLUMBOB Series* (Washington, DC : Defense Nuclear Agency, 1983) : 1 を参照。

(38) Maag et al., *Shot Hood* : 22. Harvey Wasserman and Norman Solomon, *Killing Our Own : The Disaster of America's Experience with Atomic Radiation* (New York : Dell, 1982) : 54–72 も参照。

(39) Jacques J. Richardson, "Serious Misapplications of Military Research : Dysfunction Between Conception and Implementation," *Science and Engineering Ethics* 7 (2001) : 352.

(40) Marlise Simons, "Soviet Atom Test Used Thousands as Guinea Pigs, Archives Show," *New York Times*, 7 November 1993 : 1, 20.

(41) Sergei Zelentsov, Vadim Logachev, and Anatoliy Matushchenko, "The 1954 Nuclear Exercise at the Totskoye Test Range : How Is This 'Radiation Legacy' Dangerous ?," in *Second Russian National Dialogue on Energy, Society and Security : 21–22 April 2008* (St. Petersburg : Green Cross Russia, 2008) : 279.

(42) I. Krivoy, "A Time to Scatter Stones," *Environmental Issues*, United States Joint Publications Research Service—TEN-91-012 (26 June 1991) : 69.

(43) ニコライ・レオノフ (Nikolay Leonov) の言葉。*The Red Bomb : In the Name of Peace*, DVD directed and produced by Jamie Doran (1994 ; Silver Springs, MD : Discovery Channel) からの引用。

(44) A. A. Romanyukhaf et al., "The Distance Effect on Individual Exposures Evaluated from the Soviet Nuclear Bomb Test at Totskoye Test Site in 1954," *Radiation Protection Dosimetry* 86 : 1 (1999) : 54.

(45) Noriyuki Kawano et al., "Human Suffering Effects of Nuclear Tests at Semipalatinsk, Kazakhstan : Established on the Basis of Questionnaire Surveys," *Journal of Radiation Research* 47 (2006) : A209.

(46) Steven L. Simon and Andre Bouville, "Health Effects of Nuclear Weapons Testing," *The Lancet* 386 (1 August 2015) : 407–408.

(47) Ralph Lapp, "Radioactive Fall-Out III," *Bulletin of the Atomic Scientists* 11 : 6 (1955) : 206.

(48) Luigi Monte, "Modelling Multiple Dispersion of Radionuclides Through the Environment," *Journal of Environmental Radioactivity* 101 (2010) : 134.

(49) *Bikini : Radiobiological Laboratory* (AEC, Lookout Mountain Laboratory, 1949). 以下の文献も参照。Ronald Rainger, "Science at the Crossroads : The Navy, Bikini Atoll, and American Oceanography in the 1940s," *Historical Studies in the Physical and Biological Sciences* 30 : 2 (2000) : 349–371 ; Jacob D. Hamblin, *Oceanographers and the Cold War : Disciples of Marine Science* (Seattle : University of Washington Press, 2005) : 3–31.

(50) S. M. Greenfield, "Rain Scavenging of Radioactive Particulate Matter from the Atmosphere," *Journal of Meteorology* 14 (April 1957) : 115–125.

(51) C. L. Comar, "Movement of Fallout Radionuclides Through the Biosphere and Man," *Annual Review of Nuclear Science* 15 (1965) : 176. 最近の研究では，大気圏内核実験によって放出された電荷が，スコットランドの降雨パターンを変化させたことも明らかになっている。R. Giles Harrison et al., "Precipitation Modification by Ionization," *Physical Review Letters* 124 (2020) : https://journals.aps.org/prl/abstract/10.1103/PhysRevLett.124.198701 (2020 年 7 月 2 日アクセス) を参照。

(52) The Division of Nuclear Safety and Security, *Nuclear Explosions in the USSR : The North Test Site* (Vienna : IAEA, 2004) : 123.

(53) M. H. Frere et al., *The Behavior of Radioactive Fallout in Soils and Plants* (Washington, DC : National Academy of Sciences / National Research Council, 1963) : 1.

(54) Division of Nuclear Safety and Security, *Nuclear Explosions in the USSR* : 176–177. Marko

Štrok, Borut Smolduš, and Klemen Eler, "Natural Radionuclides in Trees Grown on a Uranium Mill Tailings Waste Pile," *Environmental Science and Pollution Research* 18 (2011) : 819–826 も参照。

(55) Thomas K. Riesen, "Radiocaesium in Forests—a Review on Most Recent Research," *Environmental Reviews* 10 : 2 (2002) : 79. John Dighton, Tatanya Tuga, and Nelli Zhdanova, "Fungi and Ionizing Radiation from Radionuclides," *FEMS Microbiology Letters* 281 (2008) : 109–120 も参照。

(56) Sergey Mamikhin, F. A. Tikhomirov, and A. I. Shcheglov, "Dynamics of Cs-137 in the Forests of the 30-km Zone Around the Chernobyl Nuclear Power Plant," *Science in the Total Environment* 193 (1997) : 169.

(57) Cynthia Dion-Schwarz et al., *Technological Lessons from the Fukushima Dai-Ichi Accident* (Santa Monica, CA : RAND Corporation, 2016) : 34.

(58) Olivier Evrard, J. Patrick Laceby, and Atsushi Nakao, "Effectiveness of Landscape Decontamination Following the Fukushima Nuclear Accident : A Review," *Soil* 5 (2019) : 333.

(59) UNSCEAR, "Annex B—Exposures from Man-Made Sources of Radiation," *Report to the General Assembly,* 1993 : 96.

(60) Hugh D. Livingston and Pavel P. Povinec, "A Millennium Perspective on the Contribution of Global Fallout Radionuclides to Ocean Science," *Health Physics* 82 : 5 (May 2002) : 656.

(61) Asker Aarkrog, "Input of Anthropogenic Radionuclides into the World Ocean," *Deep-Sea Research Part II* 50 (2003) : 2597.

(62) R. Hill et al., "Sea to Land Transfer of Anthropogenic Radionuclides to the North Wales Coast, Part II : Aerial Modelling and Radiological Assessment," *Journal of Environmental Radioactivity* 99 (2008) : 21.

(63) Aarkrog, "Input of Anthropogenic Radionuclides into the World Ocean" : 2604–2605.

(64) Ning Wang et al., "Penetration of Bomb 14C into Deepest Ocean Trench," *Geophysical Research Letters* 46 (2019) : 5413–5419.

(65) Gordon Edwards, "Responding to the Nuclear Present II," (lecture presented at An Atomic Symposium, Toronto, Canada, 15 June 2014).

(66) "Over 9 Million Bags of Nuclear Cleanup Waste Piled up Across Fukushima Pref.," *Mainichi Shimbun*, 10 December 2015 : https://mainichi.jp/english/articles/20151210/p2a/00m/0na/020000c (2019年12月12日アクセス).

(67) Eric J. Grant et al., "Solid Cancer Incidence Among the Life Span Study of Atomic Bomb Survivors : 1958–2009," *Radiation Research Society* 187 : 5 (2017) : 513–537 ; Tetsuji Imanaka, "Casualties and Radiation Dosimetry of the Atomic Bombings on Hiroshima and Nagasaki," in Arrigo A. Cigna and Marco Durante, eds., *Radiation Risk Estimates in Normal and Emergency Situations* (Dordrecht, Netherlands : Springer, 2005) : 149–156.

(68) Harold L. Beck et al., "Review of Methods of Dose Estimation for Epidemiological Studies of the Radiological Impact of Nevada Test Site and Global Fallout," *Radiation Research* 166 (2006) : 209–218 を参照。

(69) Committee on the Biological Effects of Ionizing Radiation, *Health Risks of Radon and Other Internally Deposited Alpha-Emitters* BEIR IV (Washington, DC : National Academies Press, 1988) : 2, 17.

(70) Michael Shellenberger, “It Sounds Crazy, but Fukushima, Chernobyl, and Three Mile Island Show Why Nuclear Is Inherently Safe,” *Forbes*, 11 March 2019 : https://www.forbes.com/sites/michaelshellenberger/2019/03/11/it-sounds-crazy-but-fukushima-chernobyl-and-three-mile-island-show-why-nuclear-is-inherently-safe/#13f993381688（2020 年 8 月 6 日アクセス）. また，シェレンバーガーは（広島への核攻撃があった 8 月 6 日に）核拡散を主張している。Michael Shellenberger, “Who Are We to Deny Weak Nations the Nuclear Weapons They Need for Self-Defense ?” *Forbes*, 6 August 2018 : https://www.forbes.com/sites/michaelshellenberger/2018/08/06/who-are-we-to-deny-weak-nations-the-nuclear-weapons-they-need-for-self-defense/?sh=631765d5522f（2021 年 3 月 11 日アクセス）参照。チェルノブイリ原発事故による死者数の違いについては，次章でさらに論じる。

(71) “The Active Straw,” *Newsweek*, 12 November 1945 : 50 ; J. H. Webb, “The Fogging of Photographic Film by Radioactive Contaminants in Cardboard Packaging Materials,” *Physical Review* 76 : 3（August 1949）: 375–380 ; “Oral History of Merril Eisenbud”（conducted 26 January 1995）, *Human Radiation Studies, Remembering the Early Years*（US Department of Energy, Office of Human Radiation Experiments, May 1995）: 33 : http://www.eh.doe.gov/ohre/roadmap/histories/0456/0456toc.html（2018 年 6 月 21 日アクセス）.

(72) David Bradley, *No Place to Hide*（Boston : Little, Brown, 1948）〔デイヴィッド・ブラッドリー『隠るべき所なし――ビキニ環礁原爆実験記録』佐藤亮一訳，大日本雄弁会講談社，1949 年〕. この本は 1948 年のブック・オブ・ザ・マンス・クラブ〔米国の読書愛好家団体。会員は推薦図書を安価に購入できる〕の選定図書となった。

(73) US General Accounting Office, *Operation Crossroads : Personnel Radiation Exposure Estimates Should Be Improved*, GAO/RCED-8615（November 1985）: 4.

(74) 米国政府が資金提供した人体実験の詳細については “Executive summary,” *The Final Report of the Advisory Committee on Human Radiation Experiments*, 21 October 1994 : https://ehss.energy.gov/ohre/roadmap/achre/summary.html（2020 年 8 月 9 日アクセス）を参照。

(75) “Oral History of Merril Eisenbud” : 61. ガブリエル計画についての詳細は以下を参照。Jacob Darwin Hamblin, *Arming Mother Nature : The Birth of Catastrophic Environmentalism*（Oxford : Oxford University Press, 2013）: 113–117 ; Lisa Martino-Taylor, *Behind the Fog : How the U.S. Cold War Radiological Weapons Program Exposed Innocent Americans*（New York : Routledge, 2018）: 109–117 ; Toshihiro Higuchi, *Political Fallout : Nuclear Weapons Testing and the Making of a Global Environmental Crisis*（Stanford, CA : Stanford University Press, 2020）: 48–49.

(76) Australian Radiation Protection and Nuclear Safety Agency Report, *Australian Strontium 90 Testing Program 1957–1978*, attachment A, 12 : http://www.nuclearfiles.org/menu/key-issues/nuclear-weapons/issues/testing/PDFs/sr90pubrep[1].pdf（2018 年 6 月 14 日アクセス）.

(77) Richard G. Hewlett and Jack M. Holl, *Atoms for Peace and War, 1953–1961 : Eisenhower and the Atomic Energy Commission*（Berkeley : University of California Press, 1989）: 265–266.

(78) July 1954, in folder 26–2, box 3363, DOE Historian Record Group, DOE Archives, *Report on Project Gabriel*, United States National Archives and Records Administration.

(79) 以下の文献を参照のこと。Sue Rabbitt Roff, “Project Sunshine and the Slippery Slope,” *Medicine, Conflict and Survival* 18 : 3（2002）: 299–310 ; Keith Schneider, “Stillborns’ Ashes Used in Studies of Radiation, Documents Show,” *New York Times*, 5 May 1994 : B12 ; Warren E.

Leary, "In 1950s, U.S. Collected Human Tissue to Monitor Atomic Tests," *New York Times*, 21 June 1995 : B8 ; Eddie Goncalves, "Britain Snatched Babies' Bodies for Nuclear Labs," *The Guardian*, 3 June 2001 : https://www.theguardian.com/uk/2001/jun/03/highereducation.research (2018 年 7 月 14 日アクセス).

(80) *Worldwide Effects of Atomic Weapons : Project Sunshine* (Santa Monica, CA : RAND Corporation, 1953) : 7.

(81) Caroline Jack and Stephanie Steinhardt, "Atomic Anxiety and the Tooth Fairy : Citizen Science in the Midcentury Midwest," *The Appendix*, 26 November 2014 : https://theappendix.net/issues/2014/10/atomic-anxiety-and-the-tooth-fairy-citizen-science-in-the-midcentury-midwest (2018 年 6 月 25 日アクセス).

(82) Louise Zibold Reiss, "Strontium-90 Absorption by Deciduous Teeth," *Science* 134 : 3491 (24 November 1961) : 1669–1673. W. K. Wyant Jr., "50,000 Baby Teeth," *The Nation*, 13 June 1959 : 535–537 も参照。

(83) "Strontium-90 in Teeth," *British Medical Journal* 2 : 5422 (5 December 1964) : 1411 ; Australian Radiation Protection and Nuclear Safety Agency, "Australian Strontium 90 Testing Program 1957–1978," ARPANSA Report (September 2011) : http://www.nuclearfiles.org/menu/key-issues/nuclear-weapons/issues/testing/PDFs/sr90pubrep[1].pdf (2021 年 6 月 10 日アクセス).

(84) Hewlett and Holl, *Atoms for Peace and War* : 376–377.

(85) Neal O. Hines, *Proving Ground : An Account of the Radiobiological Studies in the Pacific, 1946–1961* (Seattle : University of Washington Press, 1962) : 45. 大気圏内核実験を実施していた時期に，ワシントン大学応用水産学研究所は AEC の主な海洋放射線生物学的研究を実施した。Ronald Rainger, "Science at the Crossroads : The Navy, Bikini Atoll, and American Oceanography in the 1940s," *Historical Studies in the Physical and Biological Sciences* 30 : 2 (2000) : 349–371 も参照。

(86) Toshihiro Higuchi, "Atmospheric Nuclear Weapons Testing and the Debate on Risk Knowledge in Cold War America, 1945–1963," in J. R. McNeill and Corinna R. Unger, eds., *Environmental Histories of the Cold War* (Cambridge : Cambridge University Press, 2010) : 303.

(87) Neal O. Hines, *Atoms, Nature, and Man : Man-Made Radioactivity in the Environment* (Oak Ridge, TN : US AEC Division of Technical Information Extension, 1966) : 20.

(88) Laura A. Bruno, "Bequest of the Nuclear Battlefield : Science, Nature, and the Atom During the First Decade of the Cold War," *Historical Studies in the Physical and Biological Sciences* 33 : 2 (2003) : 237–260 を参照。

(89) Lester Machta, "Meteorological Benefits from Atmospheric Nuclear Tests," *Health Physics* 82 : 5 (May 2002) : 635, 641.

(90) A. H. Seymour, "Introduction," *Radioactivity in the Marine Environment* (Washington, DC : National Academy of Sciences, 1971) : 1.

(91) E. Jerry Jessee, "A Heightened Controversy : Nuclear Weapons Testing, Radioactive Tracers, and the Dynamic Stratosphere," in James Roger Fleming and Ann Johnson, eds., *Toxic Airs : Body, Place, Planet in Historical Perspective* (Pittsburgh : University of Pittsburgh Press, 2014) : 155. Lester Machta, "Discussion of Meteorological Factors and Fallout Distribution," in *Environmental Contamination from Weapon Tests* (Oak Ridge, TN : US AEC, Division of Technical Information Extension, October 1958) : 310–325 も参照。

（92）J. A. Corcho et al., “Anthropogenic Radionuclides in Atmospheric Air Over Switzerland During the Last Few Decades,” *Nature Communications* 5 : 3030（2014）: 2. SNAP-9A の詳細は E. P. Hardy, E. W. Krey, and H. L. Volchock, *Global Inventory and Distribution of PU-239 from SNAP-9A*, Atomic Energy Commission Report No. HASL-250, 1 March 1972 を参照。

（93）D. Tsumune et al., “Calculation of Artificial Radionuclides in the Ocean by an Ocean General Circulation Model,” *Journal of Radioanalytical and Nuclear Chemistry,* 248 : 3（2001）: 777.

（94）D. R. Walling and S. B. Bradley, “Some Applications of Caesium-137 Measurements in the Study of Erosion, Transport and Deposition,” *Erosion, Transport and Deposition Processes*（Proceedings of the International Association of Hydrological Sciences 189, 1990）: 179.

（95）Emil Fulajtar et al., *Use of* ^{137}*Cs for Soil Erosion Assessment*（Rome : Food and Agriculture Organization of the UN IAEA, 2017）: v. Walling and Bradley, “Some Applications of Caesium-137 Measurements” : 179–203 も参照。

（96）Michaela Cadová et al., “Radioactivity in Mushrooms from Selected Locations in the Bohemian Forest, Czech Republic,” *Radiation and Environmental Biophysics* 56（2017）: 167. ハンフォード核施設では，ツバメが汚染箇所から放射性核種を運んでいた。Annette Cary, “Birds at Hanford Vit Plant Spread Contaminated Waste,” *Tri-City Herald*, 25 June 2013 : https://www.tri-cityherald.com/news/local/hanford/article32128425.html（2020 年 7 月 5 日アクセス）参照。

（97）R. M. Alexakhin et al., “Chernobyl Radionuclide Distribution, Migration, and Environmental and Agricultural Impacts,” *Health Physics* 93 : 5（November 2007）: 418, 420.

（98）Jussi Paatero et al., “Airborne and Deposited Radioactivity from the Chernobyl Accident—A Review of Investigations in Finland,” *Boreal Environment Research* 15 : 19, 29–30.

（99）J. S. Chaplow, N. A. Beresford, and C. L. Barnett, “Post-Chernobyl Surveys of Radiocaesium in Soil, Vegetation, Wildlife and Fungi in Great Britain,” *Earth System Science Data*, 2015 : https://www.earth-syst-sci-data.net/7/215/2015/essd-7-215-2015.pdf（2018 年 6 月 23 日アクセス）.

（100）National Council on Radiation Protection and Measurements, *Cesium-137 from the Environment to Man : Metabolism and Dose*（Washington, DC : NCRP, 1977）.

（101）Petr Dvorák, Petr Snášel, and Katarína Benová, “Transfer of Radiocesium into Wild Boar Meat,” *Acta Veterinaria Brno* 79（2010）: S85. 以下も参照。Verena Schmitt-Roschmann, “Radioactive Boars on the Rise in Germany,” *Phys.org*, 20 August 2010 : https://phys.org/news/2010-08-radioactive-boars-germany.html（2018 年 6 月 25 日アクセス）; “Radioactive Boar Shot Dead in Sweden—31 Years After Chernobyl Disaster,” *The Local*, 5 October 2017 : https://www.thelocal.se/20171005/radioactive-boar-shot-dead-in-sweden-31-years-after-chernobyl-disaster（2018 年 6 月 25 日アクセス）.

（102）Yasuyuki Taira et al., “Current Concentration of Artificial Radionuclides and Estimated Radiation Doses from 137Cs Around the Chernobyl Nuclear Power Plant, the Semipalatinsk Nuclear Testing Site, and in Nagasaki,” *Journal of Radiation Research* 52（2011）: 89.

（103）Georg Steinhauser and Paul R. J. Saey, “^{137}Cs in the Meat of Wild Boars : A Comparison of the Impacts of Chernobyl and Fukushima,” *Journal of Radioanalytical and Nuclear Chemistry* 307（2016）: 1801.

（104）Serge Schmemann, “Soviet Announces Nuclear Accident at Electric Plant,” *New York Times*, 29 April 1986 : A1.

（105）Lavrans Skuterud and Helge Hansen, “Managing Radiocaesium Contamination in Norwegian

Reindeer Twenty-Two Years after the Chernobyl Accident—The Need for a New Regulation"（paper presented to the International Conference on Radioecology & Environmental Radioactivity held in Bergen, Norway, 2008）: http://radioecology.info/Bergen2008/proceedings/138.%20Skuterud%20and%20Hansen%20O.pdf（2018 年 6 月 25 日アクセス）.

(106) Jussi Paatero and Timo Jaakkola, "Transfer of Plutonium, Americium and Curium from Fallout into Reindeer After the Chernobyl Accident," *Boreal Environmental Research* 3（1998）: 181–182. Bernt-E. V. Jones, Olof Eriksson, and Magnus Nordkvist, "Radiocesium Metabolism in Reindeer," *Rangifer* 3（1990）: 45–48 も参照。以下も参照のこと。Merril Eisenbud, *Environment, Technology, and Health : Human Ecology in Historical Perspective*（New York : New York University Press, 1978）: 56〔メリル・アイゼンバッド『環境放射能——環境科学特論』第 2 版，阪上正信監訳，産業図書，1979 年〕; Swedish National Institute of Radiation Protection, *Chernobyl—Its Impact on Sweden,* SSI-rapport 86–12（1986）: 7.

(107) "Slow Decline of Caesium-137 in Wild Reindeer," *Norwegian Radiation Protection Authority*, 22 December 2017 : http://www.environment.no/goals/4.-pollution/target-4.2/levels-of-selected-radioactive-substances-in-the-environment/slow-decline-of-caesium-137-in-wild-reindeer/（2018 年 6 月 25 日アクセス）.

(108) C. E. Miller, H. A. May, and Leonidas D. Marinelli, *The Use of Low Level Scintillation Spectroscopy in the Evaluation of Radioactive Contamination of the Human Body*（Lemont, IL : Argonne National Laboratory, 1958）. いわゆる「ラジウム・ガールズ」も対象に含まれた。

(109) "News of Tennessee Science," *Journal of the Tennessee Academy of Science* 39 : 2（1964）: 42–43.

(110) Frederick W. Lengemann and John H. Woodburn, *Whole Body Counters*（Washington, DC : US Atomic Energy Commission, 1964）: 13–14.

(111) Daniel Allen Butler, *Distant Victory : The Battle of Jutland and the Allied Triumph in the First World War*（Santa Barbara, CA : Greenwood, 2006）: 229.

(112) Jehani Ragai, *The Scientist and the Forger : Insights into the Scientific Detection of Forgery in Paintings*（London : Imperial College Press, 2015）: 69–70. Edwin Cartlidge, "Nuclear Fallout Used to Spot Fake Art," *Physics World*, 4 July 2008 : https://physicsworld.com/a/nuclear-fallout-used-to-spot-fake-art/（2018 年 6 月 13 日アクセス）も参照。

(113) Rami Tzabar, "Wine Makers Crack Open Hi-Tech Tricks," *BBC Science*, 28 November 2008 : http://news.bbc.co.uk/2/hi/science/nature/7755014.stm（2018 年 6 月 13 日アクセス）. 以下も参照。Frances Robinson, "Chernobyl Fallout Levels Can Date Wine," *Decanter*, 16 June 2005 : http://www.decanter.com/wine-news/chernobyl-fallout-levels-can-date-wine-97133/（2018 年 6 月 13 日アクセス）; Michael S. Pravikoff, Christine Marquet, and Philippe Hubert, "Dating of Wines with Cesium-137 : Fukushima's Imprint," arXiv, 2018 : https://arxiv.org/pdf/1807.04340.pdf（2020 年 12 月 21 日アクセス）.

(114) Gordon T. Cook et al., "Using Carbon Isotopes to Fight the Rise in Fraudulent Whisky," *Radiocarbon* 62 : 1（2020）: 51–62.

(115) Kyle S. Van Houtan et al., "Time in Tortoiseshell : A Bomb Radiocarbon-Validated Chronology in Sea Turtle Scutes," *Proceedings of the Royal Society B* 283（2016）: http://rspb.royalsocietypublishing.org/content/royprsb/283/1822/20152220.full.pdf（2018 年 6 月 25 日アクセス）.

(116) Joyce J. L. Ong et al., "Annual Bands in Vertebrae Validated by Bomb Radiocarbon Assays Pro-

vide Estimates of Age and Growth of Whale Sharks," *Frontiers in Marine Science* 7 : 188 (2020) : https://www.frontiersin.org/articles/10.3389/fmars.2020.00188/full (2020 年 7 月 7 日アクセス).

(117) Simon L. Lewis and Mark A. Maslin, *The Human Planet : How We Created the Anthropocene* (London : Penguin Books, 2018) : 309-310.

(118) Ronald K. Chesser and Robert J. Baker, "Growing Up with Chernobyl : Working in a Radioactive Zone, Two Scientists Learn Tough Lessons About Politics, Bias and the Challenges of Doing Good Science," *American Scientist* 94 (2006) : 542.

(119) Chesser and Baker, "Growing Up with Chernobyl" : 544.

(120) プリティキン自身も，ハンフォードでプルトニウム生産がピークを迎えていた時期に，ワシントン州リッチランド〔ハンフォードの近隣の街〕で育った。Trisha Pritikin, *The Hanford Plaintiffs : Voices from the Fight for Atomic Justice* (Lawrence : University Press of Kansas, 2020) : 26〔トリシャ・T・プリティキン『黙殺された被曝者の声――アメリカ・ハンフォード 正義を求めて闘った原告たち』宮本ゆき訳，明石書店，2023 年，15 頁，訳文は邦訳書による〕.

第 3 章　共同体の崩壊

(1) Natalie Wolchover, "Timeline of Events at Japan's Fukushima Nuclear Reactors," *Live Science*, 17 March 2011 : https://www.livescience.com/13294-timeline-events-japan-fukushima-nuclear-reactors.html (2021 年 1 月 7 日アクセス).

(2)「ホットパーティクル」という言葉は，最近の言説で放射性核種を指すのに頻繁に使われる。

(3) この話は，2015 年 4 月 9 日，福島市でのジャーナリストへのインタビューの際に聞いたものである（取材対象者と調査対象のプライバシー保護のため仮名を使用した)。

(4) Arnfinn Tønnessen, Bertil Mårdberg, and Lars Weisæth, "Silent Disaster : A European Perspective on Threat Perception from Chernobyl Far Field Fallout," *Journal of Traumatic Stress* 15 : 6 (2002) : 453-454.「科学的不確実性」とは，低線量放射線の長期にわたる外部被曝の影響と，体内に取り入れられた粒子と放射線誘発性疾患との関係についての見解の相違を指す。Richard E. Adams et al., "Stress and Well-Being in Mothers of Young Children 11 Years after the Chornobyl Nuclear Power Plant Accident," *Psychological Medicine* 32 : 1 (2002) : 143-156 も参照。

(5) 広島と長崎の被爆者を対象とした研究によると，より深刻な放射線障害をもつ被爆者もまた，不安症状の有病率が高かった。Michiko Yamada and Shizue Izumi, "Psychiatric Sequelae in Atomic Bomb Survivors in Hiroshima and Nagasaki Two Decades After the Explosions," *Social Psychiatry and Psychiatric Epidemiology* 37 : 9 (2002) : 409-415 を参照。

(6) 本書では「先住民族」という用語を，「先住民族のためのデータ収集と差別撤廃に関するワークショップ」(2004 年) の定義に沿って使用している。「先住民コミュニティ，民族，国家とは，その領土で発展した侵略以前および植民地化以前の社会との歴史的連続性をもちながら，現在その領土または領土の一部で支配的な社会の他の地域と自らとは異なっていると考える者たちを指す。彼らは現在，社会の非支配的な地域を形成しており，独自の文化様式，社会制度，法制度に従って，民族としての存続の基礎となる先祖伝来の領土とアイデンティティを維持し，発展させ，将来の世代に伝えようとしている」。

"Workshop on Data Collection and Disaggregation for Indigenous Peoples," in *The Concept of Indigenous Peoples*（New York : United Nations Department of Economic and Social Affairs, 2004）: 2 を参照。

（7）Siw Ellen Jakobsen, "Surprisingly High Levels of Radioactivity in Norwegian Reindeer and Sheep," *ScienceNorway.no*, 8 October 2014 : https://sciencenorway.no/chernobyl-forskningno-nature-conservation/surprisingly-high-levels-of-radioactivity-in-norwegian-reindeer-and-sheep/1408148（2019 年 10 月 4 日アクセス）; Nuclear Energy Agency, *Chernobyl : Assessment of Radiological and Health Impact, 2002 Update of Chernobyl : Ten Years On*（Paris : Organization for Economic Co-operation and Development, 2002）: 102.

（8）Sharon Stephens, "Chernobyl Fallout : A Hard Rain for the Sámi," Cultural Survival, June 1987 : https://www.culturalsurvival.org/publications/cultural-survival-quarterly/chernobyl-fallout-hard-rain-Sámi（2019 年 10 月 4 日アクセス）.

（9）Stephens, "Chernobyl Fallout."

（10）Stephens, "Chernobyl Fallout."

（11）Robert Paine, "'Chernobyl' Reaches Norway : The Accident, Science, and the Threat to Cultural Knowledge," *Public Understanding of Science* 1（1992）: 268. スノーサはノルウェーの自治体で，南サーミのコミュニティの中心地である。

（12）Svetlana Alexievich, *Voices from Chernobyl : Chronicle of the Future*（London : Aurum Press, 1999）: 20〔スヴェトラーナ・アレクシエーヴィチ『チェルノブイリの祈り』松本妙子訳, 岩波書店，2021 年，31 頁，訳文は邦訳書による〕.

（13）Sharon Stephens, "Physical and Cultural Reproduction in a Post-Chernobyl Norwegian Sami Community," in Faye D. Ginsburg and Rayna Rap, eds., *Conceiving the New World Order : The Global Politics of Reproduction*（Berkeley : University of California Press, 1995）: 276.

（14）Stephens, "Physical and Cultural Reproduction" : 275.

（15）Tønnessen, Mårdberg, and Weisæth, "Silent Disaster" : 453.

（16）唯一報告されている放射線の知覚は，高レベルの外部放射線や放射線を帯びた金属粒子を含む放射性降下物を浴びた際に，口の中で漠然とした「金属味」を感じることである。「風下住民は，爆弾ケース，爆弾収納庫，およびこれらが置かれていた塔の焼却と被曝により，空気中の金属味を断続的に経験し，また放射線症に似た症状を示したことも報告された」（James Rice and Susan Steinkopf Rice, "'Radiation Is Not New to Our Lives' : The U.S. Atomic Energy Commission, Continental Atmospheric Weapons Testing, and Discursive Hegemony in the Downwind Communities," *Journal of Historical Sociology* 28 : 4（2014）: 21 より）。この現象は，核実験に参加した軍人や，チェルノブイリや福島の風下に住んでいた人々からも報告されている。George Mace, "An Atomic Bomb Test Veteran Remembers," in Walter E. Venator Jr., ed., *Where the Boys Were : Nuclear Testing at Eniwetok Atoll in 1958 : Atomic Veteran Stories*（Scribd : 2010）: 26 : https://www.scribd.com/document/47828956/Where-the-Boys-Were（2018 年 5 月 25 日アクセス）を参照。

（17）Kai Erikson, "Radiation's Lingering Dread," *Bulletin of the Atomic Scientists* 47 : 2（1991）: 36.

（18）Katie Koralis, "Meetings for 'Downwinders' as Compensation Program Set to Come to an End," ABC4, 9 May 2019 : https://www.abc4.com/news/meetings-for-downwinders-as-compensation-program-set-to-come-to-an-end/（2020 年 5 月 30 日アクセス）.

(19) Lucinda Dillon, "Toxic Utah : Ghosts in the Wind," *Deseret News*, 15 February 2001 : https://www.deseret.com/2001/2/15/19781193/toxic-utah-ghosts-in-the-wind#blaine-johnson-talks-about-a-1980-life-magazine-story-on-the-downwinders-of-southern-utah-johnsons-daughter-sybil-died-at-age-12-from-cancer-likely-caused-by-nevada-nuclear-tests（2022 年 3 月 30 日アクセス).

(20) 2012 年 2 月 7 日，ユタ州セントジョージでの筆者とミック・ブロデリックによるクラウディア・ペーターソンへのインタビュー。

(21) ネバダ核実験場での大気圏内核実験は 1963 年に終了したが，1980 年に中国で行われた最後の実験まで大気圏内核実験は世界中で続けられた。詳細は第 5 章を参照のこと。

(22) Carole Gallagher, *American Ground Zero : The Secret Nuclear War*（New York : Random House, 1993）: 147 からの引用。

(23) Hiroaki Katayama et al., "An Attempt to Develop a Database for Epidemiological Research in Semipalatinsk," *Journal of Radiation Research* 47（2006）: 189–197.

(24) K. N. Apsalikov et al., "The State Scientific Automated Medical Registry, Kazakhstan : An Important Resource for Low-Dose Radiation Health Research," *Radiation and Environmental Biophysics* 58（2019）: 2.

(25) Nuclear Energy Agency, *Radioactive Waste in Perspective*（Paris : Organization for Economic Co-operation and Development, 2010）を参照。

(26) Mary Hudetz, "US Official : Research Finds Uranium in Navajo Women, Babies," Associated Press, 8 October 2019 : https://apnews.com/334124280ace4b36beb6b8d58c328ae3（2019 年 10 月 9 日アクセス).

(27) Garet Bleir, "Havasupai Prayer Gathering : Indigenous Nations Unite Against Nuclear Colonialism," *Intercontinentalcry.org*, 8 March 2018 : https://intercontinentalcry.org/havasupai-prayer-gathering-indigenous-nations-unite-nuclear-colonialism/（2019 年 5 月 8 日アクセス).

(28) Dan Frosh, "Amid Toxic Waste, a Navajo Village Could Lose its Land," *New York Times*, 19 February 2014 : http://www.nytimes.com/2014/02/20/us/nestled-amid-toxic-waste-a-navajo-village-faces-losing-its-land-forever.html（2018 年 10 月 17 日アクセス).

(29) 本書第 5 章では，この選択の根拠について概説する。

(30) Robert Jacobs, "Post-nuclear/Post-colonial Challenges to Democratization in the Pacific," in Narayanan Ganesan, ed., *International Perspectives on Democratization and Peace*（London : Emerald Publishing, 2020）: 27–42 を参照。

(31) Kevin Rafferty, Jayne Loader, and Pierce Rafferty, *Atomic Cafe : The Book of the Film*（New York : Bantam Books, 1982）: 29 からの引用。

(32) Jonathan Weisgal, "The Nuclear Nomads of Bikini," *Foreign Policy* 39（Summer 1980）: 79. Francis X. Hezel, *Strangers in Their Own Land : A Century of Colonial Rule in the Caroline and Marshall Islands*（Honolulu : University of Hawai'i Press, 1995）: 271 も参照。

(33) Martha Smith-Norris, "American Cold War Policies and the Enewetaks," *Journal of the Canadian Historical Association* 22 : 2（2011）: 201. 礁湖は環礁を住みやすい場所にしている重要な地形である。

(34) 引用は Smith-Norris, "American Cold War Policies and the Enewetaks" : 201, from : National Archives and Records of the United States, National Archives Gift Collection, Trust Territories of the Pacific Islands, RG200, box 27, roll 323, Petition of the People of Enewetak to the Trusteeship Council of the United Nations, May 1981 : 3–4 より。

(35) Jack Adair Tobin, "Land Tenure in the Marshall Islands," *Atoll Research Bulletin*, no. 11 (Washington, DC : Pacific Science Board, National Research Council, 1952) : 2.
(36) Satoe Nakahara, "Perceptions of the Radiation Disaster from H-Bomb Testing : Subsistence Economy, Knowledge and Network Among the People of Rongelap in the Marshall Islands," *Sociology and Anthropology* 6 : 1 (2018) : 183.
(37) Salvatore Lazzari, *Loss-of-Use Damages from U.S. Nuclear Testing in the Marshall Islands : Technical Analysis of the Nuclear Claims Tribunal's Methodology and Alternative Estimates* (Washington, DC : Congressional Research Service, 2005) : 1-2.
(38) Holly M. Barker, *Bravo for the Marshallese : Regaining Control in a Post-Nuclear, Post-Colonial World* (Belmont, CA : Wadsworth / Thompson Learning, 2004) : 61.
(39) Hewlett and Holl, *Atoms for Peace and War, 1953-1961* : 174.
(40) Lazzari, *Loss-of-Use Damages* : 2.
(41) Hewlett and Holl, *Atoms for Peace and War, 1953-1961* : 173-175.
(42) Holly M. Barker and Barbara Rose Johnston, "Seeking Compensation for Radiation Survivors in the Marshall Islands : The Contributions of Anthropology," *Cultural Survival* 24 : 1 (March 2000) : 48-50.
(43) Barker, *Bravo for the Marshallese* : 60.
(44) Minutes of the 56th meeting of the Advisory Committee for Biology and Medicine, held at the Atomic Energy Commission, Washington, DC, 26-27 May 1956 : 21.
(45) Whittie B. McCool, "Return of Rongelapese to Their Home Island," Atomic Energy Commission Note by the Secretary AEC 125/30 (6 February 1957) : 2.
(46) Robert Conard et al., "Medical Survey of Rongelap and Utirik People Three Years After Exposure to Radioactive Fallout," ACHRE No. DOE-033195-B (March 1957) : 22.
(47) Robert A. Conrad et al., *Medical Survey of Rongelap People Seven Years After Exposure to Radioactive Fallout* (Upton, NY : Brookhaven National Laboratory, 1962) : 5.
(48) "Residents Evacuate Atomic-Test Atoll, *Washington Post*, 22 May 1985 : A-2. David Robie, *Eyes of Fire : The Last Voyage of the Rainbow Warrior* (Philadelphia : New Society Publishers, 1987) : 47-63 も参照。この任務の後，レインボー・ウォーリア号はニュージーランドのオークランド港に停泊し，仏領ポリネシアで予定されていたフランスの核実験を妨害する準備をした。フランスの諜報員がテロ攻撃を行い，7 月 10 日夜から 11 日にかけて，船上で二つの爆弾を爆発させ，乗組員一名を殺害した。Robie, *Eyes of Fire* : 92-104 を参照。
(49) Barker and Johnson, "Seeking Compensation for Radiation Survivors" : 48-50.
(50) 2014 年 2 月 25 日，マジュロ環礁でのビキニ環礁のコミュニティによるブラボー実験 60 周年公式記念行事で歌われた歌。筆者が撮影した動画より書き起こした。
(51) Philip Brasor and Masako Tsubuku, "Temporary Disaster Housing Has an Unforeseen Permanence," *Japan Times*, 2 April 2017 : https://www.japantimes.co.jp/community/2017/04/02/how-tos/temporary-disaster-housing-unforeseen-permanence/#.W8WC-aeB2Cc (2018 年 10 月 16 日アクセス).
(52) Brasor and Tsubuku, "Temporary Disaster Housing."
(53) "Fukushima Evacuation Split 50% of Families : Survey," *Japan Times*, 4 May 2014 : https://www.japantimes.co.jp/news/2014/05/04/national/fukushima-evacuation-split-50-of-families-

survey/#.W8WUrqeB2Cc（2018 年 10 月 16 日アクセス）.

（54）Sarai Flores, “Five Years On, Fukushima Evacuees Voice Lingering Anger, Fear and Distrust,” *Japan Times*, 9 March 2016 : https://www.japantimes.co.jp/community/2016/03/09/voices/five-years-fukushima-evacuees-voice-lingering-anger-fear-distrust/（2020 年 7 月 4 日アクセス）〔以下，元は日本語で行われたインタビューでも英文から翻訳した〕.

（55）Rupert Wingfield-Hayes, “Is Fukushima’s Exclusion Zone Doing More Harm than Radiation ?” BBC, 10 March 2016 : https://www.bbc.com/news/world-asia-35761136（2019 年 4 月 11 日アクセス）.

（56）“No-Go Zones Keep Kin from Burying Deceased Fukushima Evacuees at Ancestral Gravesites,” *Japan Times*, 24 August 2017 : https://www.japantimes.co.jp/news/2017/08/24/national/no-go-zones-keep-kin-burying-deceased-fukushima-evacuees-ancestral-gravesites/#.W8bQDqeB2Cc（2018 年 10 月 16 日アクセス）.

（57）Robert E. Buswell Jr. and Donald S. Lopez Jr., *The Princeton Dictionary of Buddhism*（Princeton, NJ : Princeton University Press, 2014）: 936 を参照。

（58）Yosuke Fukudome, “New Cemetery in Futaba Offers Chance to Honor Spirits for Obon,” *Asahi Shimbun*, 13 August 2019 : http://www.asahi.com/ajw/articles/AJ201908130050.html（2019 年 9 月 30 日アクセス）〔原文は福留庸友「帰れぬ町，新たなお墓　福島・双葉」『朝日新聞』夕刊，2019 年 8 月 13 日，11 頁。訳文は原文を引用した〕.

（59）“Disaster-Hit Fukushima Shrines Eye Consolidation as Key to Survival,” *Kyodo News*, 15 May 2019 : https://english.kyodonews.net/news/2019/05/7e46cb6a34e5-disaster-hit-fukushima-shrines-eye-consolidation-as-key-to-survival.html（2020 年 6 月 19 日アクセス）.

（60）George Curran et al., “Central Australian Aboriginal Songs and Biocultural Knowledge : Evidence from Women’s Ceremonies Relating to Edible Seeds,” *Journal of Ethnobiology* 39 : 3（2019）: 354. Clint Bracknell, “Rebuilding as Research : Noongar Song Language and Ways of Knowing,” *Journal of Australian Studies* 44 : 2（2020）: 210–223 も参照。

（61）Diana James, “Tjukurpa Time,” in Ann McGrath and Mary Ann Jebb, eds., *Long History, Deep Time : Deepening Histories of Place*（Canberra : Australian National University Press, 2015）: 34.

（62）Peter N. Grabosky, *Wayward Governance : Illegality and its Control in the Public Sector*（Australia : Australian Institute of Criminology, 1989）: https://aic.gov.au/publications/lcj/wayward/chapter-16-toxic-legacy-british-nuclear-weapons-testing-australia（2020 年 5 月 8 日アクセス）.

（63）Kingsley Palmer, “Dealing with the Legacy of the Past : Aborigines and Atomic Testing in South Australia,” *Aboriginal History* 14 : 2（1990）: 199–200.

（64）Satoe Nakahara, “Perceptions of the Radiation Disaster from H-Bomb Testing : Subsistence Economy, Knowledge and Network Among the People of Rongelap in the Marshall Islands,” *Sociology and Anthropology* 6 : 1（2018）: 183.

（65）Jessica A. Schwartz, “ ‘Between Death and Life’ : Mobility, War, and Marshallese Women’s Songs of Survival,” *Women & Music* 16（2012）: 54–55.

（66）Mary X. Mitchell, “Offshoring American Environmental Law : Land, Culture, and Marshall Islanders’ Struggles for Self-determination During the 1970s,” *Environmental History* 22（2017）: 222.

（67）2017 年 2 月 16 日，仏領ポリネシアのパペーテでのローラン・オルダムへのインタ

ビュー。

(68) United Nations Scientific Committee on the Effects of Atomic Radiation, *Sources and Effects of Ionizing Radiation*, vol. 2 (New York : United Nations, 2011) : 64–65. Mark Peplow, “Counting the Dead,” *Nature* 440 (20 April 2006) : 982–983 も参照。福島でも同じことが行われている。震災から 10 年を迎える 2 日前，UNSCEAR は複数の原発のメルトダウンと汚染が疾病を引き起こしたり，悪影響をもたらしたりすることはないだろうとする報告書を発表した。United Nations Scientific Committee on the Effects of Atomic Radiation, *UNSCEAR 2020 Report : Sources, Effects and Risks of Ionizing Radiation,* 2021 : https://www.unscear.org/docs/publications/2020/UNSCEAR_2020_AnnexB_AdvanceCopy.pdf (2021 年 3 月 10 日アクセス) ; “Fukushima Radiation Unlikely to Raise Cancer Rates, U.N. Experts Say,” Reuters, 9 March 2021 : https://www.reuters.com/article/japan-fukushima-radiation/fukushima-radiation-unlikely-to-raise-cancer-rates-un-experts-say-idUSL8N2L64MJ (2021 年 3 月 9 日アクセス) を参照。

(69) Hannah Ritchie, “What Was the Death Toll from Chernobyl and Fukushima ?” Our World in Data, 24 July 2017 : https://ourworldindata.org/what-was-the-death-toll-from-chernobyl-and-fukushima (2020 年 4 月 29 日アクセス).「アワー・ワールド・イン・データ」はオックスフォード大学とグローバル・チェンジ・データ・ラボの共同統計プロジェクトである。ヤブロコフと仲間の研究者たちは，死者数を約 100 万人と発表した。Alexey V. Yablokov, Vassily B. Nesterenko, and Alexey V. Nesterenko, *Chernobyl : Consequences of the Catastrophe for People and Environment* (Boston : Blackwell, 2009) を参照。ケイト・ブラウンは，ウクライナだけで 3 万 5000 人の女性が，「チェルノブイリに関連した健康問題」で死亡した夫の補償金を受け取ったと指摘している。Kate Brown, *Manual for Survival : A Chernobyl Guide to the Future* (New York : Allen Lane, 2019) : 3, 310 を参照。

(70) UNSCEAR, *Sources and Effects of Ionizing Radiation* : 57.

(71) Burton Bennett, Michael Repacholi, and Zhanat Carr, eds., *Health Effects of the Chernobyl Accident and Special Health Care Programmes* (Geneva : World Health Organization, 2006) : 93–94.

(72) Magdalena E. Stawkowski, “Radiophobia Had to Be Reinvented,” *Culture, Theory and Critique* 58 : 4 (2017) : 360. Aliaksandr Novikau, “What Is ‘Chernobyl Syndrome’ ? The Use of Radiophobia in Nuclear Communications,” *Environmental Communication* 11 (2017) : 800–809.

(73) Klaus Becker, “Radiophobia : A Serious but Curable Mental Disorder,” *Proceedings of 3rd International Symposium on Radiation Education*, 2005 : https://inis.iaea.org/collection/NCLCollectionStore/_Public/36/113/36113743.pdf (国際原子力機関ウェブサイトより 2020 年 12 月 20 日アクセス).

(74) Yehoshua Socol, “Reconsidering Health Consequences of the Chernobyl Accident,” *Dose Response* 13 : 1 (2014) : 3. 放射線ホルミシス効果とは，自然に発生する放射線を超える低線量の被曝は生物の健康に有害だとする理論である。

(75) David Ropeik, “Fear of Radiation Is More Dangerous Than Radiation Itself,” *Aeon*, 5 July 2017 : https://aeon.co/ideas/fear-of-radiation-is-more-dangerous-than-radiation-itself (2020 年 4 月 29 日アクセス).

(76) Michael Edwards, “Stories from Experience : Using the Phenomenological Psychological Method to Understand the Needs of Victims of the Fukushima Nuclear Accident,” *Asian Perspectives* 37 : 4 (2013) : 617. 心理学や精神医学の専門家が「放射線恐怖症」という言葉を使用した

り，そのように診断したりすることはほとんどない。放射線恐怖症という言葉を使いたがるのは，ハードサイエンスやパブリック・リレーションズの専門家であることが多い。

(77) See Novikau, "What Is 'Chernobyl Syndrome' ?" : 800–809.

(78) 2011 年 3 月 21 日，福島市での山下俊一の発言。Gayle Green, "Science with a Skew : The Nuclear Power Industry after Chernobyl and Fukushima," *Asia-Pacific Journal* 10 : 1 (2011) : https://apjjf.org/2012/10/1/Gayle-Greene/3672/article.html（2021 年 2 月 4 日アクセス）からの引用〔訳文は『東京新聞』朝刊，2019 年 1 月 28 日，24 面〕。

(79) Aya Hirata Kimura, *Radiation Brain Moms and Citizen Scientists : The Gender Politics of Food Contamination after Fukushima* (Durham, NC : Duke University Press, 2016) : 28.

(80) この地域に分布する放射性核種は，研究者によって広く記録されている。例えば，Marco Kaltofen and Arnie Gundersen, "Radioactively-Hot Particles Detected in Dusts and Soils from Northern Japan by Combination of Gamma Spectrometry, Autoradiography, and SEM/EDS Analysis and Implications in Radiation Risk Assessment," *Science of the Total Environment* 607–608 (2017) : 1065–1072 ; Asumi Ochiai et al., "Uranium Dioxides and Debris Fragments Released to the Environment with Cesium-Rich Microparticles from the Fukushima Daiichi Nuclear Power Plant," *Environmental Science & Technology* 52 : 2 (2018) : 2586–2594 を参照。

(81) Ross H. Pastel, "Radiophobia : Long-Term Psychological Consequences of Chernobyl," *Military Medicine* 167 : 2 (2002) : 134–135. チェルノブイリ原発事故以前にも，核実験による被曝に不安を覚えた米軍兵士が同様の診断を受けている。Henry M. Vyner, "The Psychological Effects of Ionizing Radiation," *Culture, Medicine, and Psychiatry* 7 (1983) : 241–261 を参照。プリピャチはチェルノブイリ原子炉施設に隣接する都市で，事故以前はほとんどの従業員が住んでいた。

(82) Johan M. Havenaar, G. M. Rumiantseva, and Jan van den Bout, "Mental Health Problems in the Chernobyl Area," *Russian Social Science Review* 35 : 4 (1994) : 89.

(83) Adolph Kharash, "A Voice from Dead Pripyat," website of Prof. Paul Brians : https://brians.wsu.edu/2016/12/05/a-voice-from-dead-pripyat/（2020 年 4 月 29 日アクセス）.

(84) Geoff Brumfiel, "Fallout of Fear," *Nature* 493 (2013) : 291, 293. この論文は，長崎大学の山下俊一博士の言葉を多く引用している。山下は，震災直後，笑顔によって放射線を避けることができると述べ，ヨウ素 131 の吸収を防ぐためにヨウ素カリウムの錠剤を子どもたちに配布しないよう助言したことで，福島県内で広く批判された。Majia Holmer Nadesan, "Nuclear Governmentality : Governing Nuclear Security and Radiation Risk in Post-Fukushima Japan," *Security Dialogue* 50 : 6 (2019) : 512–530 を参照。さらに，矢部の言う「原発事故から逃れてきた」人々の多くは，強制避難命令によって家を離れざるを得なかった者である。

(85) Shusuki Murai, "Fukushima No. 1 Cleanup Continues but Radioactive Water, and Rumors, also Prove Toxic," *Japan Times*, 9 March 2018 : https://www.japantimes.co.jp/news/2018/03/09/national/fukushima-no-1-cleanup-continues-radioactive-water-rumors-also-prove-toxic/（2020 年 5 月 1 日アクセス）,

(86) Justin McCurry, "Fukushima's Children at Centre of Debate over Rates of Thyroid Cancer," *The Guardian*, 9 March 2014 : https://www.theguardian.com/world/2014/mar/09/fukushima-children-debate-thyroid-cancer-japan-disaster-nuclear-radiation（2020 年 5 月 2 日アクセス）.

(87) Reiko Hasegawa, "Disaster Evacuation from Japan's 2011 Tsunami Disaster and the Fukushima

Nuclear Accident," Study No. 5, *IDDRI*（Institute for Sustainable Development and International Relations）: *Sciences Po*, 13 May 2013 : 31.

(88)"Fukushima Residents Demand Stricter Decontamination to Enable Safe Return," *Japan Times*, 22 January 2021 : https://www.japantimes.co.jp/news/2021/01/22/national/fukushima-decontaminating-town/（2021年1月23日アクセス）を参照。この記事は，この地域最大の地方紙である『福島民報』に日本語で掲載され，『ジャパン・タイムズ』に転載された。

(89) Justin McCurry, "Fukushima Disaster : First Residents Return to Town Next to Nuclear Plant," *The Guardian*, 10 April 2019 : https://www.theguardian.com/world/2019/apr/10/fukushima-disaster-first-residents-return-to-town-next-to-nuclear-plant（2020年5月2日アクセス）.

(90) Stephens, "Physical and Cultural Reproduction" : 278.

(91) Edwards, "Stories from Experience" : 618.

第4章　汚染の隠蔽

(1) Beverley Ann Deepe Kever, *News Zero : The New York Times and the Bomb*（Monroe, ME : Common Courage Press, 2004）: 53–54. William L. Laurence, *Dawn Over Zero : The Story of the Atomic Bomb*（New York : Alfred A. Knopf, 1946）を参照。

(2) William L. Laurence, "Drama of the Atomic Bomb Found Climax in July 16 Test," *New York Times*, 26 September 1945 : 16.

(3) Wilfred Burchett, "The Atomic Plague," *London Daily Express*, 5 September 1945 : 1, repr. in George Burchett and Nick Shimmin, eds., *Rebel Journalism : The Writings of Wilfred Burchett*（Cambridge : Cambridge University Press, 2009）: 5.

(4) Amy Goodman and David Goodman, *The Exception to the Rulers : Exposing Oily Politicians, War Profiteers, and the Media That Love Them*（New York : Hyperion Books, 2004）: 296.

(5) William L. Laurence, "U.S. Atom Bomb Site Belies Tokyo Tales : Tests on New Mexico Range Confirm That Blast, and Not Radiation, Took Toll," *New York Times*, 12 September 1945 : 1. Janet Farrell Brodie, "Radiation Secrecy and Censorship after Hiroshima and Nagasaki," *Journal of Social History* 48 : 4（2015）: 842–864 も参照。

(6) Amy Goodman and David Goodman, "The Hiroshima Cover-up," *Baltimore Sun*, 5 August 2005 : https://www.baltimoresun.com/news/bs-xpm-2005-08-05-0508050019-story.html#（2019年9月4日アクセス）.

(7) Robert Jacobs, "Good Bomb / Bad Bomb : Talking About Atomic Tests in Nevada," *Interdisciplinary Humanities* 24 : 1（Spring 2007）: 65–82 を参照。

(8) International Physicians for the Prevention of Nuclear War, *Radioactive Heaven and Earth : The Health and Environmental Effects of Nuclear Weapon Testing in, on, and Above the Earth*（New York : Apex Press, 1991）: 57.

(9) Richard L. Miller, *Under the Cloud : The Decades of Nuclear Testing*（The Woodlands, TX : Two-Sixty Press, 1991）: 180.

(10) Philip L. Fradkin, *Fallout : An American Nuclear Tragedy*（Tucson : University of Arizona Press, 1989）: 22 からの引用。ブトリコの発言は，1979年に風下住民の代理人として出廷したアイリーン・アレン対米国の「アレン裁判」での証言である。

(11) Richard J. Hewlett and Jack M. Holl, *Atoms for Peace and War, 1953–1961 : Eisenhower and the Atomic Energy Commission*（Berkeley : University of California Press, 1989）: 450. ストロー

ズは 1953 年 7 月に，ディーンから委員長の職を引き継いだ。

(12) Jim Kichas, “Downwind in Utah,” Utah State Archives and Record Service, 26 June 2015 : https://archivesnews.utah.gov/2015/06/26/downwind-in-utah/（2018 年 7 月 23 日アクセス）.

(13) Sarah Alisabeth Fox, *Downwind : A People’s History of the Nuclear West*（Lincoln : University of Nebraska Press, 2014）: 55–56. 1982 年の判決は，放射性降下物が羊の大量死に関与していることを否定する際に，AEC の科学者が偽装を行ったと認定した。R. Jeffrey Smith, “Scientists Implicated in Atom Test Deception,” *Science* 218 : 4572（1982）: 545–547 を参照。

(14) Bengt Danielsson, “Under a Cloud of Secrecy : The French Nuclear Tests in the Southeastern Pacific,” *Ambio* 13 : 5/6（1984）: 338.

(15) Angelique Chrisafis, “French Nuclear Tests ‘Showered Vast Area of Polynesia with Radioactivity,’ ” *The Guardian*, 3 July 2013 : https://www.theguardian.com/world/2013/jul/03/french-nuclear-tests-polynesia-declassified（2019 年 9 月 10 日アクセス）. “Essais nucléaires : Ce que l’Etat a caché pendant 50 ans,” *Le Parisien*, 3 July 2013 : http://www.leparisien.fr/archives/essais-nucleaires-ce-que-l-etat-a-cache-pendant-50-ans-03-07-2013-2949221.php（2019 年 9 月 10 日アクセス）も参照。

(16) Walter Zweifel, “For 30 Years We Lied About the Nuclear Tests, Says Tahiti’s Fritch,” Radio New Zealand, 21 November 2018 : https://www.rnz.co.nz/international/pacific-news/376391/for-30-years-we-lied-about-the-nuclear-tests-says-tahiti-s-fritch（2019 年 9 月 10 日アクセス）.

(17) “Le document choc sur la bombe A en Algérie,” *Le Parisien*, 14 February 2014 : http://www.leparisien.fr/faits-divers/le-document-choc-sur-la-bombe-a-en-algerie-14-02-2014-3590523.php（2020 年 5 月 7 日アクセス）; “Fallout from 1960s French Nuclear Test Reached Sicily, Chad,” Radio France Internationale, 14 February 2014 : http://www.rfi.fr/en/africa/20140214-fallout-1960s-french-nuclear-test-reached-sicily-chad（2020 年 5 月 7 日アクセス）. Roxanne Panchasi, “ ‘No Hiroshima in Africa’ : The Algerian War and the Question of French Nuclear Tests in the Sahara,” *History of the Present : A Journal of Critical History* 9 : 1（2019）: 84–112 ; Karena Kalmbach, “Radiation and Borders : Chernobyl as a National and Transnational Site of Memory,” *Global Environment* 11（2013）: 130–159 も参照。

(18) Ralph Lapp, *The Voyage of the Lucky Dragon*（New York : Harper and Brothers, 1957）: 33–34. 冶金研究所はシカゴ大学にあるマンハッタン計画の主要な研究所である。

(19) Matashichi Oishi, *The Day the Sun Rose in the West : Bikini, the Lucky Dragon, and I*, trans. by Richard H. Minear（Honolulu : University of Hawai‘i Press, 2011）: 5.

(20) John C. Bugher and Merril Eisenbud, “Contamination of the Fukuryu Maru and Associated Problems in Japan : Preliminary Report,” 1954 : 6,

(21) ブラボー実験以前の公文書の中には「フォールアウト」という言葉はほとんど出てこない。広島と長崎への核攻撃の後，多くの出版物が放射性降下物を指す言葉として「残留放射能」という言葉を使ったが，あまり議論されることはなかった。ブラボー実験の後，「フォールアウト」という言葉は，毎年何千もの新聞や雑誌の記事で見かけるようになった。“The Bravo Test and the Death and Life of the Global Ecosystem in the Early Anthropocene,” *Asia-Pacific Journal* 13 : 29（July 20, 2015）: http://japanfocus.org/-Robert-Jacobs/4343/article.html（2019 年 8 月 28 日アクセス）を参照。

(22) Eiichiro Ochiai, *Hiroshima to Fukushima : Biohazards of Radiation*（Heidelberg, Germany : Springer, 2014）: v.

(23) James C. Hagerty, in Robert H. Ferrell, ed., *The Diary of James C. Hagerty* (Bloomington : Indiana University Press, 1983) : 40–42. Robert A. Divine, *Blowing on the Wind : The Nuclear Test Ban Debate, 1954–1960* (Oxford : Oxford University Press, 1978) : 8, 18–19 も参照。

(24) ルイス・ストローズの言葉。"Copy of Aide-Memoire Prepared by the Embassy of Japan to the United States (April 12, 1954)," *Castle Series 1954,* DNA 60354 (1982) : 469 からの引用。

(25) Dwight D. Eisenhower, "The President's News Conference of June 26, 1957," *Public Papers of the Presidents of the United States, Dwight D. Eisenhower, 1957* (Washington, DC : Government Printing Office, 1958) : 499–500. 以下も参照。Robert A. Divine, *Eisenhower and the Cold War* (Oxford : Oxford University Press, 1981) : 124–125 ; Toshihiro Higuchi, " 'Clean' Bombs : Nuclear Technology and Nuclear Strategy in the 1950s," *Journal of Strategic Studies* 29 : 1 (2006) : 83–116.

(26) Dwight D. Eisenhower, "The President's News Conference of July 3, 1957," *Public Papers of the Presidents of the United States, Dwight D. Eisenhower, 1957* (Washington, DC : Government Printing Office, 1958) : 519–520. ここで言及された核爆発を用いた地形形成は，米国では「プラウシェア作戦」として正式に認められたが，ネバダ核実験場とポリゴンで行われた二回の核実験が，それぞれセダン・クレーター（ネバダ核実験場）とチャガン湖（ポリゴン）という，最も高い濃度の放射能を帯びた場所を負の遺産として残すという悲惨な結果を招くことになった。Bernd Grosche et al., "Studies of Health Effects from Nuclear Testing near the Semipalatinsk Nuclear Test Site, Kazakhstan," *Central Asian Journal of Global Health* 4 : 1 (2015) : https://www.ncbi.nlm.nih.gov/pmc/articles/PMC5661192/ (2020 年 6 月 4 日アクセス) ; Scott Kaufman, *Project Plowshare : The Peaceful Use of Nuclear Explosives in Cold War America* (Ithaca, NY : Cornell University Press, 2013) : 102–117 を参照。

(27) US Department of Energy, *Advisory Committee on Human Radiation Experiments (ACHRE) Final Report* (Washington, DC : Government Printing Office, 1995), chap. 11 : https://ehss.energy.gov/ohre/roadmap/achre/chap11_4.html (2019 年 9 月 4 日アクセス). 実際，1986 年に米国原子力規制委員会がハンフォードの操業に関する文書をジャーナリストや訴訟関係者に公開するまで，一般市民はこの出来事や被曝について知らされていなかった。Trisha T. Pritikin, *The Hanford Plaintiffs : Voices from the Fight for Atomic Justice* (Lawrence : University Press of Kansas, 2020) : 204 参照。

(28) Robert Jacobs, "Born Violent : The Origins of Nuclear Power," *Asian Journal of Peacebuilding* 7:1 (2019) : 9–29 を参照。Lester Machta, "Finding the Site of the First Soviet Nuclear Test in 1949," *Bulletin of the American Meteorological Society* 73 : 11 (1992) : 1797–1806 も参照。

(29) D. E. Jenne and J. W. Healy, *Dissolving of Twenty Day Metal at Hanford,* HW-17381-DEL (Richland, WA : General Electric Company, 1950) : 60–32.

(30) Thomas E. Marceau et al., *History of the Plutonium Production Facilities as the Hanford Site Historic District, 1943–1990* (Richland, WA : US Department of Energy, 2002) : 2–7.11. 強調は引用者による。

(31) この事故を最初に報じたのは，カレン・ドーン・スティールである。Karen Dorn Steele, "In 1949 Study Hanford Allowed Radioactive Iodine into Area Air," *Spokesman-Review*, 6 March 1986 : 6. Karen Dorn Steele, "Hanford's Bitter Legacy," *Bulletin of the Atomic Scientists* 44 : 1 (1988) : 17–23 も参照。

(32) The Technical Steering Panel, *The Green Run* (Richland WA : Hanford Environmental Dose

Reconstruction Project, 1992）: 4.

(33) Kate Brown, *Plutopia : Nuclear Families, Atomic Cities, and the Great Soviet and American Plutonium Disasters*（Oxford : Oxford University Press, 2013）: 235.

(34) Serhii Plokhy, *Chernobyl : History of a Tragedy*（London : Allen Lane, 2018）: 174.

(35) Lorna Arnold, *Windscale 1957 : Anatomy of a Nuclear Accident*, 2nd ed.（London : Macmillan, 1995）: 48–49, 54.

(36) Steve Jones, "Health Effects of the Windscale Pile Fire," *Journal of Radiological Protection* 36（2016）: E23–E25.

(37) William Penney et al., *Report on the Accident at Windscale No. 1 Pile on 10 October 1957,* republished in the *Journal of Radiological Protection* 37（2017）: 780.

(38) Ray McGrath and Paul Nolan, "Revisiting the 1957 Windscale Nuclear Accident Using Atmospheric Reanalysis Data," Irish Centre for High-End Computing, 24 November 2017 : https://www.ichec.ie/news/revisiting-1957-windscale-nuclear-accident-using-atmospheric-reanalysis-data（2020年5月16日アクセス）.

(39) Arnfinn Tønnessen, Bertil Mårdberg, and Lars Weisæth, "Silent Disaster : A European Perspective on Threat Perception from Chernobyl Far Field Fallout," *Journal of Traumatic Stress* 15 : 6（2002）: 453.

(40) Kristin Shrader-Frechette, "Rights to Know and the Fukushima, Chernobyl, and Three Mile Island Accidents," in Behnam Taebi and Sabine Roeser, eds., *The Ethics of Nuclear Energy : Risk, Justice, and Democracy in the Post-Fukushima Era*（Cambridge : Cambridge University Press, 2015）: 53. Yuki Shimada, "Truth and Truth-Telling in Dietrich Bonhoeffer : Reconsidered After 3.11 and 'Fukushima,'" *Theology Today* 71 : 1（2014）: 121–131 も参照。

(41) Olga Kuchinskaya, *The Politics of Invisibility : Public Knowledge about Radiation Health Effects after Chernobyl*（Cambridge, MA : MIT Press, 2014）: 2.

(42) 2019年2月26日，ウクライナ・キーウでのリュドミラ・ディアトロヴァへのインタビュー。

(43) Edward Geist, "Political Fallout : The Failure of Emergency Management at Chernobyl," *Slavic Review* 74 : 1（2015）: 106, 124.

(44) Kate Brown, *Manual for Survival : An Environmental History of the Chernobyl Disaster*（New York : W. W. Norton, 2019）: 1–2.

(45) David Lochbaum, Edwin Lyman, and Susan Q. Stranahan, *Fukushima : The Story of a Nuclear Disaster*（New York : The New Press, 2014）: 109. Jinbong Choi and Seohyeon Lee, "Managing a Crisis : A Framing Analysis of Press Releases Dealing with the Fukushima Nuclear Power Station Crisis," *Public Relations Review* 43 : 5（2017）: 1016–1024 も参照。

(46) "Cold Shutdown," US NRC, 2020 : https://www.nrc.gov/reading-rm/basic-ref/glossary/cold-shutdown.html（2020年6月13日アクセス）.

(47) Shrader-Frechette, "Rights to Know and the Fukushima, Chernobyl, and Three Mile Island Accidents" : 56. Geoff Brumfiel, "Fukushima Reaches Cold Shutdown : But Milestone Is More Symbolic than Real," *Nature*, 16 December 2011 : https://www.nature.com/news/fukushima-reaches-cold-shutdown-1.9674（2020年6月13日アクセス）も参照。

(48) Ryoko Ando, "Trust ? What Connects Science to Daily Life," *Health Physics* 115 : 5（2018）: 581, 588.

(49)“Japanese Prosecutor Suspends Contempt Proceedings Against Journalist,” *Reporters Without Borders*, 30 May 2014 : https://rsf.org/en/news/japanese-prosecutor-suspends-contempt-proceedings-against-journalist（2019 年 9 月 3 日アクセス）.

(50) Sezin Topçu, “Chernobyl Empowerment ? Exporting ‘Participatory Governance’ to Contaminated Territories,” in Sevin Boudia and Nathalie Jas, eds., *Toxicants, Health and Regulation since 1945*（London : Pickering & Chatto, 2013）: 136, 144.

(51) Maxime Polleri, “Being Clear-Eyed about Citizen Science in the Age of COVID-19,” *Sapiens*, 15 July 2020 : https://www.sapiens.org/culture/fukushima-citizen-science/（2020 年 7 月 22 日アクセス）.

(52) Maxime Polleri, “Indeterminate Life : Dealing with Radioactive Contamination as a Voluntary Evacuee Mother,” in Alys Einion and Jen Rinaldi, eds., *Bearing the Weight of the World : Exploring Maternal Embodiment*（Ontario : Demeter Press, 2018）: 165.

(53) Aya Hirata Kimura, *Radiation Brain Moms and Citizen Scientists*（Durham, NC : Duke University Press, 2016）: 1. Sasha Davis and Jessica Hayes-Conroy, “Living with Contamination : Alternative Lessons and Perspectives from the Marshall Islands,” in Mitsuo Yamakawa and Daisaku Yamamoto, eds., *Unravelling the Fukushima Disaster*（London : Routledge, 2017）: 118–135 も参照。

(54)“Is Radiation Safe ?” World Nuclear Association : https://world-nuclear.org/nuclear-essentials/is-radiation-safe.aspx（2020 年 6 月 13 日アクセス）.

(55) Jim Green, “The Banana Equivalent Dose of Catastrophic Nuclear Accidents,” *Nuclear Monitor* 855 : 4694（2017）: https://www.wiseinternational.org/nuclear-monitor/855/banana-equivalent-dose-catastrophic-nuclear-accidents（2020 年 6 月 13 日アクセス）を参照。

(56) Polleri, “Being Clear-Eyed About Citizen Science in the Age of COVID-19.”

(57) Sven Ove Hansson, “Nuclear Energy and the Ethics of Radiation Protection,” in Taebi and Roeser, *The Ethics of Nuclear Energy* : 31.

(58) Maria Varenikova, “Chernobyl Wildfires Reignite, Stirring Up Radiation,” *New York Times*, 11 April 2020 : A19.

(59) Andrew Roth, “Ukraine : Wildfires Draw Dangerously Close to Chernobyl Site,” *The Guardian*, 13 April 2020 : https://www.theguardian.com/environment/2020/apr/13/ukraine-wildfires-close-chernobyl-nuclear-site（2020 年 5 月 10 日アクセス）.

(60) François Murphy, “Fires Near Chernobyl Pose ‘No Risk to Human Health,’ IAEA Says,” Reuters, 25 April 2020 : https://www.reuters.com/article/us-ukraine-chernobyl-fire-iaea/fires-near-chernobyl-pose-no-risk-to-human-health-iaea-says-idUSKCN2262YU（2020 年 5 月 12 日アクセス）.

(61) Klaas Buijs et al., “The Dispersion of Radioactive Aerosols in Fires,” *Journal of Nuclear Materials* 166（1989）: 199–207. 以下も参照。Nikolaos Evangeliou and Sabine Eckhardt, “Uncovering Transport, Deposition and Impact of Radionuclides Released after the Early Spring 2020 Wildfires in the Chernobyl Exclusion Zone,” *Scientific Reports* 10 : 10655（2020）: https://doi.org/10.1038/s41598-020-67620-3（2021 年 1 月 9 日アクセス）; E. Evangeliou et al., “Fire Evolution in the Radioactive Forests of Ukraine and Belarus : Future Risks for the Population and the Environment,” *Ecological Monographs* 85 : 1（2015）: 49–72 ; Fernando P. Carvalho, Joao M. Oliviera, and Margarida Malta, “Forest Fires and Resuspension of Radio-

nuclides into the Atmosphere," *American Journal of Environmental Sciences* 8 : 1（2012）: 1–4.

（62）Richard Knox and Andrew Price, "Early Radiation Data from Near Plant Ease Health Fears," NPR, 18 March 2011 : https://www.npr.org/sections/health-shots/2011/03/20/134658088/radiation-data-near-nuclear-plant-offers-little-cause-for-concern（2019 年 9 月 18 日アクセス）.

（63）Denise Grady, "Radiation Is Everywhere, but How to Rate Harm ?" *New York Times*, 4 April 2011 : https://www.nytimes.com/2011/04/05/health/05radiation.html#story-continues-2（2019 年 9 月 18 日アクセス）.

（64）Beate Ritz et al., "The Effects of Internal Radiation Exposure on Cancer Mortality in Nuclear Workers at Rocketdyne/Atomics International," *Environmental Health Perspectives* 108 : 8（2000）: 743, 749.

（65）Magdalena E. Stawkowski, "Radiophobia Had to Be Reinvented," *Culture, Theory and Critique* 58 : 4（2017）: 361. ブラウンは「国連機関のコンサルタントがウクライナとベラルーシの科学者の調査結果を否定した」のも，同様の理由か，あるいはこうした研究が悪い結果を是正したものと見なしたためだと指摘している。Brown, *Manual for Survival* : 308 を参照。

（66）Susan Thaul et al., *Mortality of Military Personnel Present at Atmospheric Tests of Nuclear Weapons*（Washington, DC : National Academies Press, 2000）: 1, 3, 8. 強調は引用者による。

（67）J. Goetz et al., *Analysis of Radiation Exposure for Troop Observers, Exercise Desert Rock V, Operation Upshot-Knothole,* DNA5247F（McLean, VA : Science Applications, 1981）: 80–81. 多くの兵士は，自分たちが仕え，自分たちを守るべき政府によって放射線を浴びせられたことで裏切られたと感じていた。Betty Garcia, "Social-Psychological Dilemmas and Coping of Atomic Veterans," *American Journal of Orthopsychiatry* 64 : 4（1994）: 651–655 を参照。

（68）Gayle Green, "Science with a Skew : The Nuclear Power Industry after Chernobyl and Fukushima," *Asia-Pacific Journal* 10 : 1（2 January 2012）: https://apjjf.org/-Gayle-Greene/3672/article.pdf（2019 年 9 月 18 日アクセス）.

（69）Kate Brown, "The Last Sink : The Human Body as the Ultimate Radioactive Storage Site," *RCC Perspectives* 1（2016）: 44.

（70）Peter Stegnar and Tony Wrixon, "Semipalatinsk Revisited : Radiological Evaluation of the Former Test Site," *IAEA Bulletin* 40 : 4（1988）: 14.

（71）Tami Freeman, "Job-Exposure Matrix Sheds Light on Plutonium Workers' Radiation Exposure," *Physics World*, 22 May 2019 : https://physicsworld.com/a/job-exposure-matrix-sheds-light-on-plutonium-workers-radiation-exposure/（2020 年 5 月 14 日アクセス）.

（72）クルーパーはこうした見解を，以下の文献でさらに展開している。Shiloh R. Krupar, *Hot Spotter's Report : Military Fables of Toxic Waste*（Minneapolis : University of Minnesota Press, 2013）.

（73）Keith B. Noble, "U.S., for Decades, Let Uranium Leak at Weapon Plant," *New York Times*, 15 October 1988 : 1.

（74）一方，進行中の汚染に対する責任は，米国エネルギー省とその前身組織にあった。"Transition to Cleanup : A New Beginning," Fernald Closure Project website, US DOE : https://www.lm.doe.gov/land/sites/oh/fernald_orig/50th/clean.htm（2020 年 5 月 18 日アクセス）.

（75）*Fernald Preserve, Ohio, Site Fact Sheet*（Washington, DC : US DOE Legacy Management, 2018）: 1.

(76) Brown, *Manual for Survival* : 10.

(77) Jenny Wohlfarth, “What Lies Beneath the Fernald Preserve,” *Cincinnati Magazine*, 7 June 2019 : https://www.cincinnatimagazine.com/citywiseblog/what-lies-beneath-the-fernald-preserve/ (2020年5月18日アクセス). 強調は引用者による。

(78) Krupar, *Hot Spotter's Report* : 6.

(79) “2020 National Federal Facility Excellence in Site Reuse Awards,” US EPA, 2020 : https://www.epa.gov/fedfac/2020-national-federal-facility-excellence-site-reuse-awards (2020年6月16日アクセス).

(80) *Weldon Spring Site Disposal Facility* (*Cell*) *Fact Sheet*, US DOE Legacy Management, 12 December 2011 : https://firstsecretcity.files.wordpress.com/2015/09/disposal_cell.pdf (2020年5月25日アクセス).

(81) *Historical Land Use at the Weldon Spring Site*, US DOE Legacy Management brochure, August 2015.

(82) “Koeberg Nature Reserve,” West Coast Way : https://www.westcoastway.co.za/koeberg-nature-reserve/ (2020年5月24日アクセス).

(83) Lei Yuan et al., “Wild Camels in the Lop Nur Nature Reserve,” *Journal of Camel Practice and Research* 21 : 2 (2014) : 137–144.

(84) Thomas Nilsen, “From Nuclear Tests to Polar Bears Reserve,” *Barents Observer*, 16 June 2009 : https://barentsobserver.com/en/node/18542 (2020年5月18日アクセス). 2019年，ホッキョクグマが半島にある立入制限された軍事都市を「侵略」した。Isaac Stanley-Becker, “A ‘Mass Invasion’ of Polar Bears Is Terrorizing an Island Town. Climate Change Is to Blame,” *Washington Post*, 11 February 2019 : https://www.washingtonpost.com/nation/2019/02/11/mass-invasion-polar-bears-is-terrorizing-an-island-town-climate-change-is-blame/ (2020年5月18日アクセス)；Eugenio Luciano, “The Bears' Famous Invasion of Novaya Zemlya,” *Arcadia* 41 (2019) : http://www.environmentandsociety.org/node/8924 (2020年6月21日アクセス) を参照。

(85) Inna V. Molchanova et al., “Radioactive Inventories Within the East-Ural Radioactive State Reserve on the Southern Urals,” *Radioprotection* 44 : 5 (2009) : 747–757.

(86) Douglas D. Kautz et al., “The Pit Production Story,” *Los Alamos Science* 28 (2003) : 58 ; David E. Hunter et al., *Independent Assessment of the Two-Site Pit Production Decision : Executive Summary* (Alexandria, VA : Institute for Defense Analysis, 2019).

(87) Len Ackland, “Rocky Flats : Expect a Fire, but Produce,” *Montana : The Magazine of Western History* 50 : 2 (2000) : 36.

(88) Len Ackland, “Rocky Flats : Closing in on Closure,” *Bulletin of the Atomic Scientists* 57 : 6 (2001) : 55.

(89) この報告書は以下のウェブサイトで読むことができる。*Colorado Federal District Court Report of the Federal District Special Grand Jury 89-2 January 24, 1992* : https://constitution.org/jury/gj/rocky_flats/rocky-flats-grand-jury-report.htm (2020年6月13日アクセス). Wes Mc Kinley and Caron Balkany, *The Ambushed Grand Jury : How the Justice Department Covered Up Government Nuclear Crimes and How We Caught Them Red Handed* (New York : The Apex Press, 2004) も参照。

(90) *Rocky Flats Fact Sheet* (Westminster, CO : US DOE, 2018) : 2.

(91) "Rocky Flats : Facts at a Glance," Colorado Department of Public Health & Environment, 2019 : https://www.colorado.gov/pacific/cdphe/rocky-flats-facts-glance (2020年5月20日アクセス).

(92) John Aguilar, "Nearly 300,000 Colorado Public School Students Now Barred from Making Field Trips to Rocky Flats," *Denver Post*, 29 April 2018 : https://www.denverpost.com/2018/04/29/rocky-flats-school-field-trips-ban/ (2020年5月20日アクセス).

(93) John Aguilar, "Potential Plutonium Hot Spot Found on Eastern Edge of Rocky Flats," *Denver Post*, 16 August 2019 : https://www.denverpost.com/2019/08/16/rocky-flats-plutonium-hot-spot-jefferson-parkway/ (2020年5月20日アクセス).

(94) Michael Ketterer and Scott Szechenyi, "Interim Report : PuO2 Particles in the Indiana St. Corridor," 10 September 2019 : https://4500b39c-9ca0-4e86-aee9-0ef1f6556788.filesusr.com/ugd/76432a_63a1809d88e6458caa043fbd65e53aeb.pdf (2020年5月20日アクセス). M. P. Johansen et al., "Plutonium in Wildlife and Soils at the Maralinga Legacy Site : Persistence over Decadal Time Scales," *Journal of Environmental Radioactivity* 131 (2014) : 72–80 も参照。

(95) Shannon Cram, "Wild and Scenic Wasteland : Conservation Politics in the Nuclear Wilderness," *Environmental Humanities* 7 (2015) : 89, 103.

(96) Nikolaus Evangeliou et al., "Resuspension and Atmospheric Transport of Radionuclides Due to Wildfires Near the Chernobyl Nuclear Power Plant in 2015 : An Impact Assessment," *Nature : Scientific Reports* 6 : 26062 (2016) : 2.

(97) Georgia Paliouris et al., "Fire as an Agent in Redistributing Fallout ^{137}Cs in the Canadian Boreal Forest," *Science of the Total Environment* 160–161 (1995) : 153–166.

(98) Nikolaos Evangeliou et al., "Wildfires in Chernobyl-Contaminated Forests and Risks to the Population and the Environment : A New Nuclear Disaster About to Happen ?" *Environment International* 73 (2014) : 346.

(99) Department of Energy, *Type B Accident Investigation, Response to the 24 Command Wildland Fire on the Hanford Site, June 27–July 1, 2000*, 23 October 2000, DOE/RL-2000-63 : 3–24.

(100) Eliot Marshall, "Hanford's Radioactive Tumbleweed," *Science* 236 (1987) : 1616.

(101) "Lightning Strikes Ignite 9,000-Acre Fire on Hanford Nuclear Reservation Mountain," *Tri-City Herald*, 1 June 2020 : https://www.tri-cityherald.com/news/local/hanford/article243170681.html (2021年2月14日アクセス).

(102) John E. McCoy II, *The Department of Energy's Wildland Fire Prevention Efforts at the Los Alamos National Laboratory* (Washington, DC : Department of Energy, 2021) ; John M. Volkerding, "Comparison of the Radiological Dose from the Cerro Grande Fire to a Natural Wildfire," *Environment International* 29 (2003) : 987–993 を参照。

(103) Magdalena E. Stawkowski, " 'I Am a Radioactive Mutant' : Emergent Biological Subjectivities at Kazakhstan's Semipalatinsk Nuclear Test Site," *American Ethnologist* 43 : 1 (2016) : 147.

(104) Fred Pearce, "Rocky Flats : A Wildlife Refuge Confronts Its Radioactive Past," *Yale Environment 360*, 16 August 2016 : https://e360.yale.edu/features/rocky_flats_wildlife_refuge_confronts_radioactive_past (2020年5月21日アクセス).

(105) Robert A. Jacobs, *The Dragon's Tail : Americans Face the Atomic Age* (Amherst : University of Massachusetts Press, 2010) : 23–28〔ロバート・A・ジェイコブズ『ドラゴン・テール――核の安全神話とアメリカの大衆文化』高橋博子監訳，新田準訳，凱風社，2013

年〕.

(106) このことは2006年にチェルノブイリ・フォーラムのグループによって詳しく述べられている。Chernobyl Forum Expert Group "Environment," *Environmental Consequences of the Chernobyl Accident and Their Remediation : Twenty Years of Experience*（Vienna : IAEA, 2006）: 137を参照。

(107) Nicholas A. Beresford and David Copplestone, "Effects of Ionizing Radiation on Wildlife : What Knowledge Have We Gained Between the Chernobyl and Fukushima Accidents ?" *Integrated Environmental Assessment and Management* 7 : 3（2011）: 371–373を参照。この論文は2011年3月11日の東日本大震災当日に同誌に投稿された。Tatiyana G. Derbyabina et al., "Long-Term Census Data Reveal Abundant Wildlife Populations at Chernobyl," *Current Biology* 25（2015）: R824–R826 ; Mike Wood and Nicholas A. Beresford, "The Wildlife of Chernobyl : 30 Years Without Man," *The Biologist* 63 : 2（2016）: 16–19. このような記事は，福島の事故後にも出版された。Shaena Montinari, "In the Wake of the Fukushima Nuclear Disaster, Some Animals are Thriving," *The Hill*, 23 January 2020 : https://thehill.com/changing-america/sustainability/environment/479544-in-the-wake-of-the-fukushima-nuclear-disaster（2020年2月22日アクセス）を参照。

(108) Laura Helmuth, "Chernobyl's Wildlife Survivors : The Radioactive Fallout Zone has Turned into a Refuge," *Slate*, 21 January 2013 : https://slate.com/technology/2013/01/chernobyl-wildlife-the-radioactive-fallout-zone-is-a-wildlife-refuge-photos.html（2020年5月21日アクセス).

(109) Barry Starr, "The Benefits of Radioactive Fallout," KQED, 9 January 2012 : https://www.kqed.org/quest/29086/the-benefits-of-radioactive-fallout（2021年6月8日アクセス）; Tania Rabesandratana, "Humans Are Worse Than Radiation for Chernobyl Animals : Study Finds," *Science*, 5 October 2015 : https://www.sciencemag.org/news/2015/10/humans-are-worse-radiation-chernobyl-animals-study-finds（2020年5月23日アクセス).

(110) Timothy Mousseau, "Ecology in Fukushima : What Does a Decade Tell Us ?"（presented to the International Physicians for the Prevention of Nuclear War-Symposium, 10 Years Living with Fukushima, 27 February 2021）: https://www.youtube.com/watch?v=3nDKJdkq39o（2021年3月27日アクセス). ムソーは，「ウェブ・オブ・サイエンス」のウェブサイトに掲載された福島原発関連論文の上位500件のうち，実際の生物学的影響に関連するものはわずか10件しかないことを発見した。

(111) Karine Beaugelin-Seiller et al., "Dose Reconstruction Supports the Interpretation of Decreased Abundance of Mammals in the Chernobyl Exclusion Zone," *Scientific Reports* 10 : 14083（2020）: 1.

(112) Mayumi Itoh, *Animals and the Fukushima Nuclear Disaster*（London : Palgrave Macmillan, 2018）: 178–179. ドキュメンタリー映画『被曝したオオカミ（*Radioactive Wolves*)』は，2011年10月18日にPBSの番組「ネイチャー」内で放送された。

(113) Michael E. Byrne et al., "Evidence of Long-Distance Dispersal of a Gray Wolf from the Chernobyl Exclusion Zone," *European Journal of Wildlife Research* 64 : 4（2018）: https://link.springer.com/article/10.1007/s10344-018-1201-2（2020年7月24日アクセス).

(114) Timothy A. Mousseau and Anders P. Møller, "Genetic and Ecological Studies of Animals in Chernobyl and Fukushima," *Journal of Heredity* 105 : 5（2014）: 704. 以下も参照。 Anders P. Møller and Timothy A. Mousseau, "Are Organisms Adapting to Ionizing Radiation at

Chernobyl ?" *Trends in Ecology & Evolution* 31 : 4（2016）: 281–289 ; Beaugelin-Seiller, "Dose Reconstruction" ; Jacqueline Garnier-Laplace et al., "Radiological Dose Reconstruction for Birds Reconciles Outcomes of Fukushima with Knowledge of Dose-Effect Relationships," *Scientific Reports* 5:16594（2015）: https://doi.org/10.1038/srep16594（2020 年 11 月 19 日アクセス）.

(115)『被曝したオオカミ』のナレーションより。

(116) Volodymyr Tykhyy, "Solving the Social Problems Caused by the Chernobyl Catastrophe : 20 Years Is Not Enough," in Testsuji Imanaka, ed., *Multi-side Approach to the Realities of the Chernobyl NPP Accident : Summing-up of the Consequences of the Accident Twenty Years After*（*II*）（Tokyo : Toyota Foundation, 2008）: 199.

(117) Hiroyuki Kaneko, "Radioactive Contamination of Forest Commons : Impairment of Minor Subsistence Practices as an Overlooked Obstacle to Recovery in the Evacuated Areas," in Mitsuo Yamakawa and Daisaku Yamamoto, eds., *Unravelling the Fukushima Disaster*（London : Routledge, 2017）: 139, 146.

(118) Masaharu Tsubokura et al., "Reduction of High Levels of Internal Radio-Contamination by Dietary Intervention in Residents of Areas Affected by the Fukushima Daiichi Nuclear Plant Disaster : A Case Series," *PLOS ONE* 9 : 6（2014）: https://journals.plos.org/plosone/article/file?id=10.1371/journal.pone.0100302&type=printable（2020 年 5 月 1 日アクセス）.

(119) Sharon Stephens, "Physical and Cultural Reproduction in a Post-Chernobyl Norwegian Sami Community," in Faye D. Ginsburg and Rayna Rap, eds., *Conceiving the New World Order : The Global Politics of Reproduction*（Berkeley : University of California Press, 1995）: 272, 278.

(120) ヤード・パージョン（Gerd Persson）の言葉。Stephens, "Physical and Cultural Reproduction" : 277 からの引用。

(121) Stephens, "Physical and Cultural Reproduction" : 272.

(122) Bruno Latour, *On the Modern Cult of the Factish Gods*（Durham, NC : Duke University Press, 2010）: 110–113〔ブリュノ・ラトゥール『近代の「物神事実」崇拝について——ならびに「聖像衝突」』荒金直人訳，以文社，2017 年〕.

(123) Stephens, "Physical and Cultural Reproduction" : 271.

(124) Stephens, "Physical and Cultural Reproduction" : 276.

(125) Douglas Almond, Lena Edlund, and Mårten Palme, "Chernobyl's Subclinical Legacy : Prenatal Exposure to Radioactive Fallout and School Outcomes in Sweden"（Working Paper 13347, Cambridge, MA : National Bureau of Economic Research, 2007）: 2.

(126) Masanori Otake, Hiroshi Yoshimaru, and Willam Schull, "Prenatal Exposure to Atomic Radiation and Brain Damage," *Congenital Anomalies* 29（1989）: 309–320 ; William Schull and Masanori Otake, "Learning Disabilities in Individuals Exposed Prenatally to Ionizing Radiation : The Hiroshima and Nagasaki Experiences," *Advances in Space Research* 6 : 11（1986）: 223–232 ; William Schull and Masanori Otake, "Cognitive Functioning and Prenatal Exposure to Ionising Radiation," *Teratology* 59（1999）: 222–226 ; and Masanori Otake, "Review : Radiation-Related Brain Damage and Growth Retardation among the Prenatally Exposed Atomic Bomb Survivors," *International Journal of Radiation Biology* 74（1998）: 159–171 を参照。

(127) 2017 年 2 月 16 日，仏領ポリネシアのパペーテでのローラン・オルダムへのインタビュー。

(128) Holly M. Barker and Barbara Rose Johnston, "Seeking Compensation for Radiation Survivors

in the Marshall Islands : The Contributions of Anthropology," *Cultural Survival* 24 : 1 (March 2000) : 48–50.

(129) Mary X. Mitchell, "Offshoring American Environmental Law : Land, Culture, and Marshall Islanders' Struggles for Self-Determination During the 1970s," *Environmental History* 22 (2017) : 215.

(130) Jane Diblin, *Day of Two Suns : U.S. Nuclear Testing and the Pacific Islanders* (New York : New Amsterdam Books, 1988) : 23. Martha Smith-Norris, "American Cold War Policies and the Enewetaks," *Journal of the Canadian Historical Association* 22 : 2 (2011) : 195–236 も参照。

(131) *Marshall Islands, a Chronology 1944–1981*, 2nd ed. (Honolulu : Micronesia Support Committee, 1981) : 11 より引用。

(132) Sasha Davis, *The Empires' Edge : Militarization, Resistance, and Transcending Hegemony in the Pacific* (Athens : University of Georgia Press, 2015) : 40–41. Lauren Hirshberg, "Nuclear Families : (Re) producing 1950s Suburban America in the Marshall Islands," *OAH Magazine of History* 26 : 4 (2012) : 39–43 も参照。

(133) Seiji Yamada, "Cancer, Reproductive Abnormalities, and Diabetes in Micronesia : The Effect of Nuclear Testing," *Pacific Health Dialogue* 11 : 2 (2004) : 218–219.

(134) Magdalena E. Stawkowski, "Everyday Radioactive Goods ? Economic Development at Semipalatinsk, Kazakhstan," *Journal of Asian Studies* 76 : 2 (2017) : 432–433.

(135) Stawkowski, " 'I am a Radioactive Mutant' " : 145, 155. Joseph Masco, "Mutant Ecologies : Radioactive Life in Post-Cold War New Mexico," *Cultural Anthropology* 19 : 4 (2004) : 517–550 も参照。

(136) Stawkowski, " 'I am a Radioactive Mutant' " : 149–150.

(137) Lamine Chikhi, "French Nuclear Tests in Algeria Leave Toxic Legacy," Reuters, 4 March 2010 : https://uk.reuters.com/article/algeria-france-nuclear/french-nuclear-tests-in-algeria-leave-toxic-legacy-idUKCHI23393320100304 (2020 年 5 月 5 日アクセス). Pier R. Danesi, "Residual Radionuclide Concentrations and Estimated Radiation Doses at the Former French Nuclear Weapons Test Sites in Algeria," *Applied Radiation and Isotopes* 66 (2008) : 1671–1674 も参照。

(138) Johnny Magdaleno, "Algerians Suffering from French Atomic Legacy, 55 Years After Nuke Tests," Al Jazeera America, 1 March 2015 : http://america.aljazeera.com/articles/2015/3/1/algerians-suffering-from-french-atomic-legacy-55-years-after-nuclear-tests.html (2020 年 5 月 5 日アクセス) より引用。IAEA, *Radiological Conditions at the Former French Nuclear Test Sites in Algeria : Preliminary Assessment and Recommendations* (Vienna : International Atomic Energy Association, 2005) : 32 も参照。

(139) Sarah Elizabeth Fox, *Downwind : A People's History of the Nuclear West* (Lincoln : University of Nebraska Press, 2014) : 150.

(140) Harvey Wasserman and Norman Solomon, *Killing Our Own : The Disaster of America's Experience with Atomic Radiation* (New York : Dell, 1982) : 56.

(141) Fox, *Downwind* : 149.

(142) Lois Gibbs, *Love Canal : My Story* (Albany : State University of New York Press, 1982) : 66 〔ロイス・マリー・ギブス『ラブキャナル――産廃処分場跡地に住んで』山本節子訳，せせらぎ出版，2009 年，124 頁，訳文は邦訳書による〕. Richard S. Newman, *Love Canal : A Toxic History from Colonial Times to the Present* (Oxford : Oxford University Press, 2016) : 151–

160 も参照。疾病発生のマップ作成は，疫学者の間でも古くから行われている。例えば，1854 年にロンドンでコレラが流行した際，ジョン・スノー博士が犠牲者の位置を地図に示した。Tom Koch, *Cartographies of Disease : Maps, Mapping, and Medicine*（Redlands, CA : Esri Press, 2005）; Sandra Hempel, *The Atlas of Disease : Mapping Deadly Epidemics and Contagion from the Plague to the Zika Virus*（London : White Lion, 2018）を参照。

(143) Karen Dorn Steele, "Introduction," in Trisha T. Pritikin, *The Hanford Plaintiffs : Voices from the Fight for Atomic Justice*（Lawrence : University Press of Kansas, 2020）: 4.

(144) Marco Kaltofen, Robert Alvarez, and Lucas W. Hixson, "Forensic Microanalysis of Manhattan Project Legacy Radioactive Wastes in St. Louis," *Applied Radiation and Isotopes* 136（2018）: 143-149. Lisa Martino-Taylor, *Behind the Fog : How the U.S. Cold War Radiological Weapons Program Exposed Innocent Americans*（New York : Routledge, 2018）; Agencies for Toxic Substances and Disease Registry, *Evaluation of Community Exposures Related to Coldwater Creek*（Atlanta : US Department of Health and Human Services, 2019）も参照。

(145) Marko P. J. Kaltofen et al., "Tracking Legacy Radionuclides in St. Louis, Missouri, Via Unsupported 210Pb," *Journal of Environmental Radioactivity* 153（2016）: 105.

(146) Bridjes O'Neil, "Documents Sought on Radioactive Landfill Fire," *St. Louis American*, 23 October 2013 : http://www.stlamerican.com/news/local_news/article_8b8dbf58-3c49-11e3-bd9b-001a4bcf887a.html（2020 年 7 月 23 日アクセス）.

(147) Robert Alvarez, *The Westlake Landfill : A Radioactive Legacy of the Nuclear Arms Race*（Washington, DC : Institute for Policy Studies, 2013）: 4. アルバレスはトリウムとウラン元素の比較において，粒子から放射されるエネルギー量に言及している。

(148) *Atomic Homefront*, directed by Rebecca Cammisa（2017 ; New York : HBO Documentary Films）からの引用。

(149) サイバーパンクの第一人者であるギブスンは，こうした考えをいつ思いついたのかを思い出せないという。この言葉が別のところで使われている例としては，"The Future Has Arrived ? It's Just Not Evenly Distributed Yet," Quote Investigator, 2012 : https://quoteinvestigator.com/2012/01/24/future-has-arrived/（2020 年 6 月 13 日アクセス）を参照。

(150) *Declaration of the Indigenous World Uranium Summit Window Rock, Navajo Nation, USA*, The Indigenous World Uranium Summit, 2 December 2006 : http://swuraniumimpacts.org/wp-content/uploads/2010/06/IWUS-Declaration-Final-2.pdf（2018 年 10 月 25 日アクセス）.

第 5 章　汚染対象の選定

(1) Jonathan M. Weisgall, *Operation Crossroads : The Atomic Tests at Bikini Atoll*（Annapolis, MD : Naval Institute Press, 1994）: 32.

(2) Jane Dibblin, *Day of Two Suns : U.S. Nuclear Testing and the Pacific Islanders*（New York : New Amsterdam Books, 1988）: 20.

(3) Office of the Historian, Joint Task Force One, *Operation Crossroads : The Official Pictorial Record*（New York : Wm. H. Wise, 1946）: 12.

(4) Weisgall, *Operation Crossroads* : 31.

(5) *Marshall Islands : A Chronology, 1944-1981*, vol. 2（Honolulu : Micronesia Support Committee, 1981）: 5.

(6) Dorothy E. Richard, *United States Naval Administration of the Trust Territories of the Pacific*

Islands, vol. 3 (Washington, DC : Government Printing Office, 1957) : 510.

(7) Jack Neidenthal, *For the Good of Mankind : A History of the People of Bikini and Their Islands* (Majuro, Marshall Islands : Bravo Publishers, 2001) : 2.

(8) Robert C. Kiste, *The Bikinians : A Study in Forced Migration* (Menlo Park, CA : Cummings, 1974) : 28.

(9) Steve Brown, "Poetics and Politics : Bikini Atoll and World Heritage Listing," in Sally Brockwell, Sue O'Connor, and Denis Byrne, eds., *Transcending the Culture—Nature Divide in Cultural Heritage : Views from the Asia-Pacific Region* (Canberra : Australian National University E Press, 2013) : 38-39.

(10) Weisgall, *Operation Crossroads* : 114 からの引用。

(11) *Bikini—The Atom Island : A Carey Wilson Special Miniature* (1946 ; Beverly Hill, CA : MGM Studios). この短編映画は 1946 年 6 月 15 日に公開された。

(12) Jeffrey Sasha Davis, "Representing Place : 'Deserted Isles' and the Reproduction of Bikini Atoll," *Annals of the Association of American Geographers* 95 : 3 (2005) : 607-625.

(13) Gabrielle Hecht, *Being Nuclear : Africans and the Global Uranium Trade* (Cambridge : MIT Press, 2012) : 4-5. Gregory Hooks and Chad L. Smith, "The Treadmill of Destruction : National Sacrifice Areas and Native Americans," *American Sociological Review* 69 : 4 (2004) : 558-575 も参照。

(14) Achille Mbembe, "Necropolitics," *Public Culture* 15 : 1 (2003) : 11-12.

(15) Barbara Rose Johnston, "Half-Lives, Half-Truths, and Other Radioactive Legacies of the Cold War," in Barbara Rose Johnston, ed., *Half-Lives & Half-Truths : Confronting the Radioactive Legacies of the Cold War* (Santa Fe, NM : School for Advanced Research Press, 2007) : 6.

(16) Barbara Rose Johnston, " 'More Like Us Than Mice' : Radiation Experiments with Indigenous Peoples," Johnston, *Half-Lives & Half-Truths* : 25 からの引用。

(17) *Bikini : Radiobiological Laboratory* (AEC, Lookout Mountain Laboratory, 1949).

(18) 例えば, Susan C. Schultz and Vincent Schultz, "Bikini and Enewetak Marshallese : Their Atolls and Nuclear Weapons Testing," *Critical Reviews in Environmental Science and Technology* 24 : 1 (1994) : 33-118 を参照。

(19) *Enewetak Radiological Support Project. Final Report* (Las Vegas, NV : Department of Energy, 1982) : 5.

(20) "Marshall Islands Nuclear Claims Tribunal : In the Matter of the People of Enewetak," *International Legal Materials* 39 : 5 (2000) : 1214.

(21) M. Lee Davisson, Terry F. Hamilton, and Andrew F. B. Tompson, "Radioactive Waste Buried Beneath Runit Dome on Enewetak Atoll, Marshall Islands," *International Journal of Environment and Pollution* 49 : 3-4 (2012) : 161.

(22) Ken Buesseler et al., "Lingering Radioactivity at the Bikini and Enewetak Atolls," *Science of the Total Environment* 621 (2018) : 1185-1198.

(23) Ken Buesseler, "The Isotopic Signature of Fallout Plutonium in the North Pacific," *Journal of Environmental Radioactivity* 36 : 1 (1997) : 70.

(24) Thomas B. Cochran, Robert S. Norris, and Oleg A. Bukharin, *Making the Russian Bomb : From Stalin to Yeltsin* (Boulder, CO : Westview Press, 1995).

(25) Jerome Taylor, "The World's Worst Radiation Hotspot," *The Independent*, 10 September 2009 :

http://www.independent.co.uk/news/world/europe/the-worlds-worst-radiation-hotspot-1784502.html（2019 年 3 月 14 日アクセス）.

（26） David Holloway, *Stalin and the Bomb : The Soviet Union and Atomic Energy, 1939–1956*（New Haven, CT : Yale University Press, 1994）: 213 ; Cochran, Norris, and Bukharin, *Making the Russian Bomb* : 11–12.

（27） Bernd Grosche, “Semipalatinsk Test Site : Introduction,” *Radiation and Environmental Biophysics* 41（2002）: 53.

（28） Cynthia Werner and Kathleen Purvis-Roberts, “Unraveling the Secrets of the Past : Contested Versions of Nuclear Testing in the Soviet Republic of Kazakhstan,” in Barbara Rose Johnston, ed., *Half-Lives & Half-Truths* : 277–298.

（29） UNESCO, *International Memory of the World Register : Documents on Closure of Semipalatinsk Test Site*（*Kazakhstan*）: http://www.unesco.org/new/fileadmin/MULTIMEDIA/HQ/CI/CI/pdf/mow/nomination_forms/kazakhstan_semipalatinskonline.pdf（2019 年 3 月 13 日アクセス）.

（30） Togzhan Kassenova, “The Lasting Toll of Semipalatinsk’s Nuclear Testing,” *The Bulletin of the Atomic Scientists*, 28 September 2009 : http://www.thebulletin.org/web-edition/features/the-lasting-toll-of-semipalatinsks-nuclear-testing（2019 年 3 月 14 日アクセス）.

（31） Susanne Bauer et al., “Radiation Due to Local Fallout from Soviet Atmospheric Nuclear Weapon Testing in Kazakhstan : Solid Cancer Mortality in the Semipalatinsk Historical Cohort, 1960–1999,” *Radiation Research* 164 : 4（2004）: 409–419.

（32） Vitaly I. Khalturin et al., “A Review of Nuclear Testing by the Soviet Union at Novaya Zemlya, 1955–1990,” *Science and Global Security* 13（2005）: 10.

（33） Leonid Serebryanny, “The Colonization and People of Novaya Zemlya Then and Now,” *Nationalities Papers* 25 : 2（1997）: 305–306.

（34） The Division of Nuclear Safety and Security, *Nuclear Explosions in the USSR : The North Test Site*（Vienna : IAEA, 2004）: 4–5.

（35） Khalturin et al., “A Review of Nuclear Testing by the Soviet Union” : 18–19.

（36） Roger Took, *Running With Reindeer : Encounters In Russian Lapland*（London : Westview Press, 2004）: 271.

（37） Salve Dahle et al., “A Return to the Nuclear Waste Dumping Sites in the Bays of Novaya Zemlya,” *Radioprotection* 44 : 5（2009）: 281. Thomas Nilsen, Igor Kudrik, and Alexandr Nikitin, “The Russian Northern Fleet : Sources of Radioactive Contamination,” *Belona Report 2*, 28 August 1996 : http://spb.org.ru/bellona/ehome/russia/nfl/index.htm（2020 年 8 月 27 日アクセス）や，Justin P. Gwyn et al., “Main Results of the 2012 Joint Norwegian-Russian Expedition to the Dumping Sites of the Nuclear Submarine K-27 and Solid Radioactive Waste in Stepovogo Fjord, Novaya Zemlya,” *Journal of Environmental Radioactivity* 151（2016）: 417–426 も参照。

（38） Thomas Nilsen, “Melting Glaciers at Novaya Zemlya Contain Radiation from Nuclear Bomb Tests,” *Barents Observer*, 9 October 2018 : https://thebarentsobserver.com/en/ecology/2018/10/melting-glaciers-novaya-zemlya-contain-radiation-nuclear-bomb-tests（2020 年 7 月 5 日アクセス）.

（39） ネバダ核実験場で大気中核実験が行われた年代についての米国エネルギー省の歴史記録集はそのタイトルで，まさにこの場所を「冷戦の戦場」と呼んでいる。Thomas R. Fehner and F. G. Gosling, *Battlefields of the Cold War, Nevada Test Site : Atmospheric Nuclear Weap-*

ons Testing, 1951–1963, vol. 1（Washington, DC : US DOE, 2006）を参照。

（40）International Physicians for the Prevention of Nuclear War, *Radioactive Heaven and Earth : The Health and Environmental Effects of Nuclear Weapons Testing in, on, and Above the Earth*（New York : Apex Press, 1991）: 56.

（41）Constandina Titus, *Bombs in the Backyard : Atomic Testing and American Politics*（Reno : University of Nevada Press, 1986）.

（42）Eltona Henderson, testimony before the Senate Judiciary Committee, hearing on “Examining the Eligibility Requirements for the Radiation Exposure Compensation Program to Ensure all Downwinders Receive Coverage,” 27 June 2018 : https://www.judiciary.senate.gov/imo/media/doc/06-27-18%20Henderson%20Testimony.pdf（2020 年 6 月 21 日アクセス）. 以下も参照。Sarah Alisabeth Fox, *Downwind : A People's History of the Nuclear West*（Lincoln : University of Nebraska Press, 2014）: 174 ; Carole Gallagher, “Nuclear Photography : Making the Invisible Visible,” *Bulletin of the Atomic Scientists* 69 : 6（2013）: 43.

（43）Richard L. Miller, *Under the Cloud : The Decades of Nuclear Testing*（The Woodlands, TX : Two-Sixty Press, 1991）.

（44）例えば，Eric Frohmberg et al., “The Assessment of Radiation Exposures in Native American Communities from Nuclear Weapons Testing in Nevada,” *Risk Analysis* 20 : 1（2000）: 101–111 を参照。

（45）Harvey Wasserman and Norman Solomon, *Killing Our Own : The Disaster of America's Experience with Atomic Radiation*（New York : Dell Publishing, 1982）: 89–90.

（46）United States Atomic Energy Commission, *Assuring Public Safety in Continental Weapons Tests*（Washington, DC : Government Printing Office, 1953）: 81.

（47）United States Atomic Energy Commission, *Atomic Test Effects in the Nevada Test Site Region*（Washington, DC : Government Printing Office, 1955）: 3.

（48）Thomas H. Saffer, “Interview with Tom Saffer, U.S. Marine Corps,” *People's Century : Fallout*, PBS, 15 June 1999 : https://www.pbs.org/wgbh/peoplescentury/episodes/fallout/saffertranscript.html（2020 年 7 月 22 日アクセス）; Mary Jo Viscuso et al., *Shot Priscilla : A Test of the Plumbbob Series*（Washington, DC : Defense Nuclear Agency, 1981）: 20.

（49）United States Department of Energy, *United States Nuclear Tests : July 1945 through September 1992*（Las Vegas, NV : US DOE, 1993）: viii.

（50）Centers for Disease Control, “Leukemia Among Persons Present at an Atmospheric Nuclear Test（SMOKY）,” *Morbidity and Mortality Weekly Report* 28 : 31（1979）: 361–362 ; Ethel S. Gilbert et al., “Thyroid Cancer Rates and 131I Doses from Nevada Atmospheric Nuclear Bomb Tests : An Update,” *Journal of the National Cancer Institute* 90 : 21（1999）: 1654–1660 ; L. E. Peterson and R. L. Miller, “Association Between Radioactive Fallout from 1951–1962 US Nuclear Tests at the Nevada Test Site and Cancer Mortality in Midwest US populations,” *Russian Journal of Ecology* 39 : 7（2008）: 495–509.

（51）Congressional Research Service, *The Radiation Exposure Compensation Act（RECA）: Compensation Related to Exposure to Radiation from Atomic Weapons Testing and Uranium Mining*（Washington, DC : Congressional Research Service, 2019）: 2.

（52）Lorna Arnold and Mark Smith, *Britain, Australia and the Bomb : The Nuclear Tests and Their Aftermath*, 2nd ed.（London : Palgrave Macmillan, 2006）: 1–16.

(53) Arnold and Smith, *Britain, Australia and the Bomb* : 17–20.

(54) "Key Events in the UK Atmospheric Nuclear Test Programme," UK Ministry of Defense, 14 February 2013 : https://www.gov.uk/government/publications/key-events-in-the-uk-atmospheric-nuclear-test-programme (2020 年 6 月 21 日アクセス).

(55) Kingsley Palmer, "Dealing with the Legacy of the Past : Aborigines and Atomic Testing in South Australia," *Aboriginal History* 14 : 2 (1990) : 199.

(56) James Robert McClelland, *The Report of the Royal Commission into British Nuclear Tests in Australia*, vol. 1 (Canberra : Australian Government Publishing Service, 1985) : 308–309.

(57) Tom Gara, "Walter MacDougall and the Emu and Maralinga Nuclear Tests," 1 May 2008 : http://www.history.sa.gov.au/history/conference/Tom_Gara2.pdf (2019 年 4 月 5 日アクセス).

(58) The Maralinga Rehabilitation Technical Advisory Committee, *Rehabilitation of Former Nuclear Test Sites at Emu and Maralinga* (Canberra : Commonwealth of Australia, 2002) : 351–379. グレン・ミッチェルはこれらの実験に関して，放射能問題に関する軍事教義を英兵らに習得させる過程を検証している。Glen Mitchell, "See an Atomic Blast and Spread the Word : Indoctrination at Ground Zero," in Jordan Goodman, Anthony McElligott, and Lara Marks, eds., *Useful Bodies : Humans in the Service of Medical Science in the Twentieth Century* (Baltimore, MD : Johns Hopkins University Press, 2003) : 133–161 を参照。

(59) Roger Cross, "British Nuclear Tests and the Indigenous People of Australia," in David Holdstock and Frank Barnaby, eds., *The British Nuclear Weapons Programme, 1952–2002* (London : Frank Cass, 2003) : 85–86.

(60) Arnold and Smith, *Britain, Australia and the Bomb* : 109–110.

(61) Lorna Arnold, *Britain and the H-Bomb* (Baskingstoke, UK : Palgrave Macmillan, 2001) : 95–107.

(62) Anita Smith, "Colonialism and the Bomb in the Pacific," in John Schofield and Wayne Cockroft, eds., *Fearsome Heritage : Diverse Legacies of the Cold War* (Walnut Creek, CA : Left Coast Press, 2007) : 58–59.

(63) International Physicians for the Prevention of Nuclear War, *Radioactive Heaven and Earth* : 124 からの引用。

(64) Nic Maclellan, "The Nuclear Age in the Pacific Islands," *Contemporary Pacific* 17 : 2 (2005) : 363.

(65) Nic Maclellan, *Grappling with the Bomb : Britain's Pacific H-Bomb Tests* (Canberra : Australian National University Press, 2017) : xxiv, 174, 254.

(66) 2017 年 1 月 17 日，フィジー・スバでのフィジー核退役軍人協会会長，ポール・アーポイへのインタビュー。

(67) 2007 年 1 月 16 日，キリバス・クリスマス島でのミック・ブロデリックによるテエウア・テトアへのインタビュー。

(68) "Glossary," Comprehensive Nuclear-Test-Ban Treaty Organization : https://www.ctbto.org/index.php?id=280&no_cache=1&letter=u#uk-us-mutual-defense-agreement (2020 年 6 月 22 日アクセス).

(69) 例えば，William E. Ogle, *An Account of the Return to Nuclear Weapons Testing by the United States After the Test Moratorium 1958–1961* (Las Vegas, NV : US DOE, 1985) を参照。

(70) Tariq Rauf, "French Nuclear Testing : A Fool's Errand," *Nonproliferation Review* 3 : 1 (1995) :

50.

（71）Jean-Marc Regnault, “France’s Search for Nuclear Test Sites, 1957–1963,” *Journal of Military History* 67 : 4 (2003) : 1223–1248.

（72）Regnault, “France’s Search for Nuclear Test Sites, 1957–1963” : 1229–1230.

（73）Ramesh Thakur, “The Last Bang Before a Total Ban : French Nuclear Testing in the Pacific,” *International Journal* 51 : 3 (1996) : 466–486.

（74）Regnault, “France’s Search for Nuclear Test Site, 1957–1963,” 1223–1248.

（75）例えば，Mervyn O’Driscoll, “Explosive Challenge : Diplomatic Triangles, the United Nations, and the Problem of French Nuclear Testing, 1959–1960,” *Journal of Cold War Studies* 11 : 1 (2009) : 28–56 を参照。

（76）風によって運ばれた放射性危険物が国民に及ぼす影響を把握しようとした風下の諸国による努力についての分析に関しては，Abena Dove Osseo-Asare, *Atomic Junction : Nuclear Power in Africa After Independence* (Cambridge : Cambridge University Press, 2019) : 28–39 を参照。

（77）Johnny Magdaleno, “Algerians Suffering from French Atomic Legacy, 55 Years After Nuke Tests,” Al Jazeera America, 1 March 2015 : http://america.aljazeera.com/articles/2015/3/1/algerians-suffering-from-french-atomic-legacy-55-years-after-nuclear-tests.html（2020 年 5 月 5 日アクセス）.

（78）フランス核兵器計画の問題についての概略は，例えば Benoît Pelopidas and Sébastien Phillipe, “Unfit for Purpose : Reassessing the Development and Deployment of French Nuclear Weapons (1956–1974),” *Cold War History*, 20 December 2020 : https://doi.org/10.1080/14682745.2020.1832472（2021 年 2 月 19 日アクセス）を参照。

（79）Elizabeth Bryant, “Algeria : 60 Years On, French Nuclear Tests Leave Bitter Fallout,” Deutsche Welle, 13 February 2020 : https://www.dw.com/en/algeria-60-years-on-french-nuclear-tests-leave-bitter-fallout/a-52354351 (2020 年 5 月 5 日アクセス).

（80）Lamine Chikhi, “French Nuclear Test in Algeria Leave Toxic Legacy,” Reuters, 4 March 2010 : http://in.reuters.com/article/2010/03/04/idINIndia-46657120100304（2019 年 3 月 13 日アクセス）.

（81）Martin Evans, *Algeria : France’s Undeclared War* (Oxford : Oxford University Press, 2012) : 311. Vincent Crapanzano, “The Wound That Never Heals,” *Alif : Journal of Comparative Poetics* 30 (2010) : 57–84 も参照。

（82）ムハンマド・ゼングイの言葉は，映画 *Sandstorm : Sahara of Nuclear Testing*, directed by Larbi Benchiha (2008 ; Rennes, France : France 3 Corse) の DVD からの引用。P. R. Danesi et al., “Residual Radionuclide Concentrations and Estimated Radiation Doses at the Former French Nuclear Weapons Test Sites in Algeria,” *Applied Radiation and Isotopes* 66 (2008) : 1671–1674 を参照。

（83）Regnault, “France’s Search for Nuclear Test Sites, 1957–1963” : 1234.

（84）Regnault, “France’s Search for Nuclear Test Sites, 1957–1963” : 1241.

（85）James W. Davidson, “French Polynesia and the French Nuclear Tests : The Submission of John Teariki,” *Journal of Pacific History* 2 : 1 (1967) : 149–154.

（86）Stewart Firth, *Nuclear Playground* (Honolulu : University of Hawai‘i Press, 1987) : 95.

（87）Bengt Danielsson, “Poisoned Pacific : The Legacy of French Nuclear Testing,” *Bulletin of the*

Atomic Scientists 46 : 2（1990）: 24.

(88) Tilden Durden, "De Gaulle Sees French Nuclear Test in Pacific," *New York Times*, 12 September 1966 : 1.

(89) Danielsson, "Poisoned Pacific" : 25.

(90) Bengt Danielsson and Marie-Thérèse Danielsson, *Poisoned Reign : French Nuclear Colonialism in the Pacific*（New York : Penguin Books, 1977）: 169.

(91) Bengt Danielsson, "Under a Cloud of Secrecy : The French Nuclear Tests in the Southeast Pacific," *Ambio* 13 : 5/6（1984）: 338.

(92) 2013 年 7 月 22 日，フランス・ボルドーでのヤン・カンボンへのインタビュー。

(93) 2017 年 2 月 14 日，仏領ポリネシア・パペーテでのタネマルアトゥア・ミシェル・アラキノへのインタビュー。

(94) 例えば，Elizabeth Willis, "French Nuclear Tests in Polynesia," *Medicine, Conflict and Survival* 22 : 2（2006）: 159–165 を参照。

(95) 本書の執筆過程では，福島第一原発事故から 10 年のタイミングで明るみに出た暴露文書群については，十分に検討評価する時間がなかった。例えば，Sébastien Philippe and Tomas Statius, *Toxique : Enquête sur les essais nucléaires français en polynésie*（Paris : Presses Universitaires de France, 2021）; "Moruroa Files : Investigation into French Nuclear Tests in the Pacific," Moruroa Files, 10 March 2021 : https://moruroa-files.org/en/investigation/moruroa-files（2021 年 3 月 11 日アクセス）を参照。

(96) "Study Finds Cancer Prevalent among NZ Veterans Who Witnessed French Nuclear Explosions in 1973," 1 News, 22 May 2020 : https://www.tvnz.co.nz/one-news/new-zealand/study-finds-cancer-prevalent-among-nz-veterans-witnessed-french-nuclear-explosions-in-1973（2020 年 5 月 25 日アクセス）. オタゴ号は 11 キロトンのウーテルプ実験を，カンタベリー号は 50 トンのメルポメーヌ実験を監視していた。

(97) "Moruroa Nuclear Site Could Collapse, MP Warns UN," Radio New Zealand, 10 October 2019 : https://www.rnz.co.nz/international/pacific-news/400637/moruroa-nuclear-site-could-collapse-mp-warns-un（2020 年 6 月 22 日アクセス）.

(98) Laurence Cordonnery, "The Legacy of French Nuclear Testing in the Pacific," in David D. Caron and Harry N. Scheiber, eds., *Oceans in the Nuclear Age : Legacies and Risks*（Leiden : Brill / Nijhoff, 2014）: 72.

(99) Leo Yueh-Yun Liu, *China as a Nuclear Power in World Politics*（London : Palgrave Macmillan, 1972）: 33–34. Liu Yanqiong and Liu Jifeng, "Analysis of Soviet Technology Transfer in the Development of China's Nuclear Weapons," *Comparative Technological Transfer and Society* 7 : 1（2009）: 66–110 も参照。

(100) Robert Guillain, "Ten Years of Secrecy," *Bulletin of the Atomic Scientists* 21 : 2（1965）: 24.

(101) John Wilson Lewis and Xue Litai, *China Builds the Bomb*（Stanford, CA : Stanford University Press, 1988）: 111–112. 各種施設の詳細な説明については，Hui Zhang, "The History of Fissile Material Production in China," *Nonproliferation Review* 25 : 5–6（2018）: 477–499 を参照。

(102) William Burr and Jeffrey T. Richelson, "A Chinese Puzzle," *Bulletin of the Atomic Scientists* 53 : 4（1997）: 42.

(103) Chris Buckley and Adam Wu, "Where China Built its Bomb, Dark Memories Haunt the Ruins," *New York Times*, 20 January 2018 : 6. Yin Shusheng, "The Pain of Jinyintan," *Yan Huang Chunqiu,*

2012 : http://www.yhcqw.com/30/8715.html（2019 年 12 月 11 日アクセス）も参照。

（104） Lewis and Xue, *China Builds the Bomb* : 176–177. この実験場を建設した何万人もの労働者の中に多数の受刑者がいたことを，ロバート・ノリスが指摘している。Robert S. Norris, “French and Chinese Nuclear Weapon Testing,” *Security Dialogue* 27 : 1（1996）: 48 を参照。

（105） Kassym Zhumadilov et al., “The Influence of the Lop Nor Nuclear Weapons Test Base to the Population of the Republic of Kazakhstan,” *Radiation Measurements* 46（2011）: 425. John R. Matzko, “Geology of the Chinese Nuclear Test Site Near Lop Nor, Xinjiang Uygur Autonomous Region, China,” *Engineering Geology* 36（1994）: 73–181 も参照。

（106） Zhihua Shen and Yafeng Xia, “Between Aid and Restriction : The Soviet Union’s Changing Policies on China’s Nuclear Weapon Program, 1954–1960,” *Asian Perspectives* 36（2012）: 112.

（107） Lewis and Xue, *China Builds the Bomb* : 190–218. “China’s Third Nuclear Test,” *Survival : Global Politics and Strategy* 8 : 7（1966）: 229 も参照。

（108） Justin V. Hastings, “Charting the Course of Uyghur Unrest,” *China Quarterly* 208（2011）: 893–912. Gardner Bovingdon, *The Uyghurs : Strangers in Their Own Land*（New York : Columbia University Press, 2010）: 123 も参照。

（109） Lawrence S. Wittner, *Confronting the Bomb : A Short History of the World Nuclear Disarmament Movement*（Stanford, CA : Stanford University Press, 2009）: 206.

（110） *China : “Where Are They ?” Time for Answers About Mass Detentions in the Xinjiang Uighur Autonomous Region*（London : Amnesty International, 2018）: https://www.amnesty.org/download/Documents/ASA1791132018ENGLISH.PDF（2020 年 7 月 31 日アクセス）.

（111） David Lague, “China Now Pays Troops Involved in Nuclear Tests,” *New York Times*, 28 January 2008 : http://www.nytimes.com/2008/01/28/world/asia/28china.html（2019 年 4 月 7 日アクセス）.

（112） Zeeya Merali, “Blasts from the Past,” *Scientific American* 301（2009）: 16–20.

（113） Wenting Bu et al., “Pu Isotopes in Soils Collected Downwind from Lop Nor : Regional Fallout vs. Global Fallout,” *Scientific Reports* 5 : 12262（17 July 2015）: https://www.nature.com/articles/srep12262（2020 年 6 月 23 日アクセス）.

（114） Center for Nonproliferation Studies, “China’s Nuclear Tests : Dates, Yields, Types, Methods, and Comments,” 2002 : https://archive.vn/20131205083146/http://cns.miis.edu/archive/country_china/coxrep/testlist.htm（2020 年 7 月 31 日アクセス）.

（115） ヘンリー・キッシンジャーのマーシャル島民についての発言は，Walter J. Hickel, *Who Owns America ?*（Englewood Cliffs, NJ : Prentice Hall, 1971）: 208 からの引用。

（116） Hecht, *Being Nuclear* : ix. Nelta Edwards, “Nuclear Colonialism and the Social Construction of Landscape in Alaska,” *Environmental Justice* 4 : 2（2011）: 109–114 も参照。

（117） 最近の研究によって，核燃料の生産についても，核実験と同様の力学があてはまることが示されている。ガブリエル・ヘクトは，アフリカでのウラン鉱山にみる植民地主義について著した。Gabrielle Hecht, ed., *Entangled Geographies : Empire and Technopolitics in the Global Cold War*（Cambridge, MA : MIT Press, 2012）. ピーター・ファン・ウィックはカナダ先住民のコミュニティでのウラン採掘の爪痕について紹介している。Peter van Wyck, *The Highway of the Atom*（Montreal : McGill-Queen’s University Press, 2010）. 米国南西部の先住民コミュニティでのウラン採掘の影響については以下のような複数の著作がある。Stephanie A. Malin, *The Price of Nuclear Power : Uranium Communities and Environmental* Jus-

tice (New Brunswick, NJ : Rutgers University Press, 2015) ; Doug Brugge and Rob Goble, “The History of Uranium Mining and the Navaho People,” *Public Health Then and Now* 92 : 9 (September 2002) 1410–1419 ; Michael A. Amundson, *Yellowcake Towns : Uranium Mining Communities in the American West* (Boulder : University of Colorado Press, 2002).

(118) Robert Bauman, “Jim Crow in the Tri-Cities, 1943–1950,” *Pacific Northwest Quarterly* 96 : 3 (2005) : 124–131.

(119) 放射性廃棄物処分場に先住民の土地が選ばれる傾向については多くの研究がある。例えば，Danielle Enders, “The Rhetoric of Nuclear Colonialism : Rhetorical Exclusion of American Indian Arguments in the Yucca Mountain Nuclear Waste Siting Decision,” *Communication and Critical/Cultural Studies* 6 : 1 (2009) : 39–60 ; Anne Sisson Runyan, “Disposable Waste, Lands and Bodies Under Canada’s Gendered Nuclear Colonialism,” *International Feminist Journal of Politics* 20 : 1 (2018) : 24–38.

第 6 章　限定核戦争としての冷戦

(1) John F. Kennedy, “An Urgent Letter to All Americans from President Kennedy,” *Life* 51 : 11 (15 September 1961) : 95.

(2) “A New Urgency, Big Things to Do—and What You Must Learn,” *Life* 51 : 11 (15 September 1961) : 96.

(3) John F. Kennedy, “Letter to the Members of the Committee on Civil Defense of the Governors’ Conference,” 6 October 1961 : https://www.presidency.ucsb.edu/documents/letter-the-members-the-committee-civil-defense-the-governors-conference (2021 年 2 月 13 日アクセス).

(4) Terrence R. Fehner and F. G. Gosling, *Origins of the Nevada Test Site* (Washington, DC : US Department of Energy, 2002) : 198–202.

(5) Matthew Grant and Benjamin Ziemann, “Introduction : The Cold War as an Imaginary War,” in Matthew Grant and Benjamin Ziemann, eds., *Understanding the Imaginary War : Culture, Thought and Nuclear Conflict, 1945–90* (Manchester, UK : Manchester University Press, 2016) : 2. 強調は引用者による。

(6) Jonathan Schell, *The Fate of the Earth* (New York : Alfred A. Knopf, 1982) : 1.

(7) 例えば，Barbara Rose Johnston, “Environmental Disaster and Resilience : The Marshall Islands Experience Continues to Unfold,” *Cultural Survival,* September 2016 : https://www.culturalsurvival.org/publications/cultural-survival-quarterly/environmental-disaster-and-resilience-marshall-islands-0 (2020 年 7 月 1 日アクセス) ; Martha Smith-Norris, “American Cold War Policies and the Enewetakese : Community Displacement, Environmental Degradation, and Indigenous Resistance in the Marshall Islands,” *Journal of the Canadian Historical Association* 22:2 (2011) : 195–236 ; Elizabeth DeLoughrey, Jill Didur, and Anthony Carrigan, “Introduction : A Postcolonial Environmental Humanities,” in Elizabeth DeLoughrey, Jill Didur, and Anthony Carrigan, eds., *Introduction to Global Ecologies and the Environment : Postcolonial Approaches* (New York : Routledge, 2016) : 1–32 ; Jessie Boylan, “Grievability and Nuclear Memory,” *American Quarterly* 71 : 2 (2019) : 379–388 ; Mick Broderick and Robert Jacobs, “The Global Hibakusha Project : Nuclear Post-colonialism and Its Intergenerational Legacy,” *Unlikely : Journal for the Creative Arts* 5, 2018 : http://unlikely.net.au/issue-05/the-global-hibakusha-project (2020 年 7 月 4 日アクセス) ; Satoe Nakahara, “Overcoming Nuclear Tragedy : The Case of the

Rongelap People in the Marshall Islands Suffered from H-Bomb Test," *Japanese Review of Cultural Anthropology* 14 (2013) : 73–93.

(8) "Nuclear Testing Tally, 1945–2017," Arms Control Association : https://www.armscontrol.org/factsheets/nucleartesttally (2020 年 8 月 14 日アクセス).

(9) この段階は，カーンが示したエスカレーションの梯子のうちの最上段「第 44 段階」に相当する。Herman Kahn, *On Escalation : Metaphors and Scenarios* (New York : Fredrick A. Praeger, 1965) : 194–195 を参照。

(10) Michael Howard, *The Franco-Prussian War : The German Invasion of France, 1870–1871* (London : Routledge Books, 1979) : 301 からの引用。

(11) Mark Duffield, "Total War as Environmental Terror : Linking Liberalism, Resilience, and the Bunker," *South Atlantic Quarterly* 110 : 3 (2011) : 757. エマニュエル・クレイクは，米国はアメリカ先住民の諸部族に対して，バッファローの群れを殺戮し，彼らの社会から食物と住居を奪うことをねらった冬季の攻撃を加えることで環境戦争を引き起こしていたと論じている。Emmanuel Kreike, *Scorched Earth : Environmental Warfare as a Crime Against Humanity and Nature* (Princeton, NJ : Princeton University Press, 2021) : 137–172 を参照。

(12) David Alan Rosenberg, "The Origins of Overkill : Nuclear Weapons and American Strategy, 1945–1960," *International Security* 7 : 4 (Spring 1983) : 3–71.

(13) 核の冬という概念を一般向けに最初に広めた書は，Paul R. Ehrlich et al., *The Cold and the Dark : The World after Nuclear War* (New York : W. W. Norton, 1985). ほかに Lawrence Badash, *A Nuclear Winter's Tale : Science and Politics in the 1980s* (Cambridge, MA : MIT Press, 2009) も参照。

(14) Alan Robock, Luke Oman, and Georgiy L. Stenchikov, "Nuclear Winter Revisited with a Modern Climate Model and Current Nuclear Arsenals : Still Catastrophic Consequences," 112 : D13107 *Journal of Geophysical Research : Atmospheres* (July 2007) : 1–14 ; Owen B. Toon et al., "Atmospheric Effects and Societal Consequences of Regional Scale Nuclear Conflicts and Acts of Individual Nuclear Terrorism," *Atmospheric Chemistry and Physics* 7 (2007) : 1973–2002 ; Michael J. Mills, Owen B. Toon, Julia Lee-Taylor, and Alan Robock, "Multidecadal Global Cooling and Unprecedented Ozone Loss Following a Regional Nuclear Conflict," *Earth's Future* 2 : 4 (2014) : 161–176.

(15) 南アジアで限定核戦争が起きた場合に米国での農産物生産に及ぶ影響については，David Pimentel and Michael Burgess, "Nuclear War Investigation Related to a Limited Nuclear Battle with Emphasis on Agricultural Impacts in the United States," *Ambio* 41 (2012) : 894–899 を参照。

(16)「ビザロ・ワールド」は，スーパーマンから派生したコミックスのシリーズで，あらゆる事象が，我々が住む「通常の」世界の真逆になっている。Leonard Finkelman, "Superman and Man : What a Kryptonian Can Teach Us About Humanity," in Mark D. White, ed., *Superman and Philosophy : What Would the Man of Steel Do ?* (Malden, MA : Wiley-Blackwell, 2013) : 171–173 を参照。

(17) Thomas Rabl, "The Nuclear Disaster of Kyshtym 1957 and the Politics of the Cold War," Environment & Society Portal, *Arcadia* 20 (2012), Rachel Carson Center for Environment and Society : http://www.environmentandsociety.org/arcadia/nuclear-disaster-kyshtym-1957-and-politics-cold-war (2019 年 2 月 2 日アクセス).

（18）例えば，Kate Brown, *Plutopia : Nuclear Families, Atomic Cities, and the Great Soviet and American Plutonium Disasters*（Oxford : Oxford University Press, 2013）: 189–196〔ケイト・ブラウン『プルートピア——原子力村が生みだす悲劇の連鎖』高山祥子訳，講談社，2016 年〕.

（19）A. A. Romanyukha et al., “The Distance Effect on Individual Exposures Evaluated from the Soviet Nuclear Bomb Test at Totskoye Test Site in 1954,” *Radiation Protection Dosimetry* 86 : 1（1999）: 53–58.

（20）Kate Brown, *Manual for Survival : A Chernobyl Guide to the Future*（London : Allen Lane, 2019）: 42.

（21）例えば，Pavel Palazhchenko, George P. Schultz, and Kiron K. Skinner, *Turning Points in Ending the Cold War*（Stanford, CA : Hoover Institution Press, 2007）.

（22）Stephen Schwartz, ed., *Atomic Audit : The Costs and Consequences of U.S. Nuclear Weapons since 1940*（Washington, DC : Brookings Institution Press, 1998）: 3（強調は原著による）. 付言すれば，社会保障制度はそもそも政府予算の歳出項目というよりも，米国の労働者らが払っている信託基金とみるべきだろう。

（23）そうした論争の言説についての分析としては，例えば，Atsuko Shigesawa, *Demystifying the Atomic Bomb : The U.S. Strategic Bombing Survey Goes to Hiroshima and Nagasaki*（PhD diss., Hiroshima City University, 2019）を参照。

（24）United States Department of Energy, *United States Nuclear Tests : July 1945 through September 1992*（Oak Ridge, TN : Office of Scientific and Technical Information, 1993）.

（25）Jai Prakash Agrawal and Robert D. Hodgson, *Organic Chemistry of Explosives*（Chichester : John Wiley and Sons, 2007）: xxv–xxvii.

（26）“The Evaluation of the Atomic Bomb as a Military Weapon,” *The Final Report of the Joint Chiefs of Staff Evaluation Board for Operation Crossroads*, Enclosure “A,” JCS 1691/3（30 June 1947）: 57–89. 第 3 章でも部分的に引用した。

（27）RAND Corporation, “Conference on Methods for Studying the Psychological Effects of Unconventional Weapons,” *Research Memorandum 120*（26–28 January 1949）: 10.

（28）Viktor P. Maslov and Vladimir S. Shpinel, “Claim for an Invention from V. Maslov and V. Shpinel, ‘About Using of Uranium as an Explosive and Toxic Agent,’ ” 17 October 1940, doc. no. 75, *Atomic Project of USSR : Documents and Materials*, vol. 1, pt. 1 : History and Public Policy Program Digital Archive : 193–196, https://digitalarchive.wilsoncenter.org/document/12163（2021 年 2 月 15 日アクセス）. Samuel Meyer, Sarah Bidgood, and William C. Potter, “Death Dust : The Little-Known Story of U.S. and Soviet Pursuit of Radiological Weapons,” *International Security* 45 : 2（2020）: 78–82 も参照。

（29）David Alan Rosenberg, “ ‘A Smoking, Radiating Ruin at the End of Two Hours’ : Documents on American Plans for Nuclear War with the Soviet Union, 1954–1955,” *International Security* 6 : 3（Winter 1981/1982）: 11.

（30）Richard G. Hewlett and Jack M. Holl, *Atoms for Peace and War, 1953–1961*（Berkeley : University of California Press, 1989）: 182.

（31）Letter dated 1 July 1954 to Senator John W. Bricker, Chairman, Military Applications Subcommittee, Joint Committee on Atomic Energy, from Lewis L. Strauss, Chairman, US AEC. Chuck Hansen, *Swords of Armageddon*, version 2, vol. 4（Sunnyvale, CA : Chukelea Publications,

2007) : 1 からの引用。

(32) *Report on Atomic Energy—1949-1954,* "Growth of Military Atomic Knowledge, Robert LeBaron, Chairman, Department of Defense Military Liaison Committee to the Atomic Energy Commission, Attachment to Memorandum for the Secretary of Defense and the Chairman, U.S. Atomic Energy Commission Dated 31 July 1954. Robert LeBaron, Chairman, MLC." *Swords of Armageddon*, 21 からの引用。

(33) Letter dated 17 September 1954 to Lewis L. Strauss, Chairman, US AEC, from Donald A. Quarles, Assistant Secretary of Defense for Research and Development, Department of Defense. *Swords of Armageddon*, 22 からの引用。

(34) 放射性降下物の生態系への影響が政治的な対応を要する政治問題であることと，なかでもそうした政策を管理した「原子放射線の影響に関する国連科学委員会」(UNSCEAR) の歴史に関しては，Toshihiro Higuchi, *Political Fallout : Nuclear Weapons Testing and the Making of a Global Environmental Crisis* (Stanford, CA : Stanford University Press, 2020) : 109-135 を参照。

(35) Nils-Olov Bergkvist and Ragnhild Ferm, *Nuclear Explosions 1945-1998* (Stockholm : Stockholm International Peace Research Institute, 2000).

(36) George C. Reinhardt, *Nuclear Weapons and Limited Warfare : A Sketchbook History* (Santa Monica, CA : RAND Corporation, 1964) : 10.

(37) これらの諸国は国連安全保障理事会常任理事国 (P5) でもある。

(38) John Lewis Gaddis, "The Long Peace : Elements of Stability in the Postwar International System," *International Security* 10 : 4 (1986) : 99-142. John Lewis Gaddis, *The Long Peace : Inquiry into the History of the Cold War* (Oxford : Oxford University Press, 1987) も参照。

(39) Nina Tannenwald, *The Nuclear Taboo : The United States and the Non-Use of Nuclear Weapons since 1945* (Cambridge : Cambridge University Press, 2007) : 1-2.

(40) Odd Arne Wested, *The Global Cold War : Third World Interventions and the Making of our Times* (Cambridge : Cambridge University Press, 2007)〔O・A・ウェスタッド『グローバル冷戦史――第三世界への介入と現代世界の形成』佐々木雄太監訳，小川浩之他訳，名古屋大学出版会，2010 年〕. Paul Thomas Chamberlin, *The Cold War's Killing Fields : Rethinking the Long Peace* (New York : HarperCollins, 2018) も参照。

(41) Gaddis, "The Long Peace : Elements" : 101.

(42) Jacques Derrida, "No Apocalypse, Not Now (Full Speed Ahead, Seven Missiles, Seven Missives)," *Diacritics* 14 : 2 (Summer 1984) : 23.

(43) Robert Jacobs, "Nuclear Conquistadors : Military Colonialism in Nuclear Test Site Selection during the Cold War," *Asian Journal of Peacebuilding* 1 : 2 (2013) : 157-177 : http://tongil.snu.ac.kr/ajp_pdf/201311/02_Robert%20Jacobs.pdf (2020 年 8 月 21 日アクセス). Aliya Sartbayeva Peleo, "The Rights of the Wronged : Norms of Nuclearism, the Polygon and the Making of Waste-Life," *Contemporary Chinese Political Economy and Strategic Relations : An International Journal* 3 : 1 (2017) : 285-330 も参照。

(44) Gaddis, *The Long Peace : Inquiry* : 216.

(45) Robert Jacobs, "Imagining a Nuclear World War Two in Europe : Preparing U.S. Troops for the Battlefield Use of Nuclear Weapons," *Estonian Yearbook of Military History* 7 : 13 (2018) : 166-186.

(46) Lawrence Freedman, *The Evolution of Nuclear Strategy*, 3rd ed.（London : Palgrave Macmillan, 2003）; Sharon Ghamari-Tabrizi, *The Worlds of Herman Kahn : The Intuitive Science of Thermonuclear War*（Cambridge, MA : Harvard University Press, 2005）を参照。

(47) Robert E. Osgood, *Limited War : The Challenge to American Society*（Chicago : University of Chicago Press, 1957）: 1–2.

(48) Robert E. Osgood, *Limited War Revisited*（Boulder, CO : Westview Press, 1979）: 11.

(49) Jan Zalasiewicz et al., "When Did the Anthropocene Begin ? A Mid-Twentieth Century Boundary Level is Stratigraphically Optimal," *Quaternary International* 383（2015）: 196.

(50) "Nuclear Testing Tally, 1945–2017."

(51) Hans M. Kristensen and Matt Korda, "Status of World Nuclear Forces," Federation of American Scientists : https://fas.org/issues/nuclear-weapons/status-world-nuclear-forces/（2020 年 8 月 14 日アクセス）.

(52) Christopher E. Paine, Thomas B. Cochrane, and Robert S. Norris, *The Arsenals of Nuclear Weapon Powers : An Overview*（Washington, DC : Natural Resources Defense Council, 1996）: 6.

(53) Frans de Waal, "What Animals Can Teach Us About Politics," *The Guardian*, 12 March 2019 : https://www.theguardian.com/science/2019/mar/12/what-animals-can-teach-us-about-politics（2019 年 3 月 27 日アクセス）.

(54) B. H. Liddell Hart, *The Strategy of Indirect Approach*（London : Faber and Faber, 1941）: 190. ハートに代表される戦略家は，英国の「段階的抑止」学派を形成した。Lawrence Freedman and Jeffrey Michaels, *The Evolution of Nuclear Strategy*, 4th ed.（London : Palgrave Macmillan, 2019）: 138–139 を参照。

(55) Brian Holden Reid, "The Legacy of Liddell Hart : The Contrasting Responses of Michael Howard and Andre Beaufre," *British Journal of Military History* 1 : 1（October 2014）: 68. 強調は原著による。

(56) Anthony Buzzard, "The H-Bomb : Massive Retaliation or Graduated Deterrence ?" *International Affairs* 32 : 2（1956）: 154.

(57) Amy Fass Emery, "The Zombie in/as the Text : Zora Neale Hurston's 'Tell My Horse,' " *African American Review* 39 : 3（Fall 2005）: 332.

(58) Anne Harrington de Santana, "Nuclear Weapons as Currency of Power : Deconstructing the Fetishism of Force," *Nonproliferation Review* 16 : 3（2009）: 330.

(59) この引用箇所が言及しているのは，ブラボー実験でのフォールアウトの放射能によって被曝したマーシャル諸島民のことである。Roy D. Maxwell et al., *Evaluation of Radioactive Fallout*（Washington, DC : Armed Forces Special Weapons Project, 1955）: 88.

(60) Kreike, *Scorched Earth* : 2–3.

第 7 章　スローモーションの核戦争

(1) George F. Kennan, "The Nuclear Deterrent and the Principle of 'First Use,' " *The Nuclear Delusion : Early Reflections on the Atomic Bomb*（New York : Pantheon Books, 1983）: 6. Andrew M. Johnston, *Hegemony and Culture in the Origins of NATO Nuclear First-Use, 1945–1955*（New York : Palgrave Macmillan, 2005）も参照。

(2) Congressional Research Service, *U.S. Strategic Nuclear Forces : Background, Developments, and Issues*（Washington, DC : Government Printing Office, 2018）: 2–3.

（3）Andrew Brown and Lorna Arnold, "The Quirks of Nuclear Deterrence," *International Relations* 24 : 3 (2020) : 296.

（4）Carl von Clausewitz, *On War*, trans. Col. J. J. Graham, new and rev. ed.（London : Kegan Paul, Trench, Trubner, 1918）: 28〔カール・フォン・クラウゼヴィッツ『全訳 戦争論（上・下)』加藤秀治郎訳，日経 BP 日本経済新聞出版，2024 年，56 頁，訳文は邦訳書による〕.

（5）Barry Nalebuff, "Brinkmanship and Nuclear Deterrence : The Neutrality of Escalation," *Conflict Management and Peace Science* 9 : 2（Spring 1986）: 19. 冷戦直後には，核兵器を国際管理することで安全文化を樹立しようというささやかな試みがあった。Igor Khripunov, Nikolay Ischenko, and James Holmes, eds., *Nuclear Security Culture : From National Best Practices to International Standards*（Amsterdam : IOS Press, 2007）を参照。

（6）今日でも，核の「いたちごっこ」の黙示録的なゲームが，米国とロシアによって行われている。2020 年の後半，ロシア軍のハッカーが米国の核生産・配備システムに大規模なハッキング攻撃を行った。このことは，この技術の安全性はその所有者の良識と同程度であり，また多数の技術システムの最新アップデートと同じ程度にのみ保護されているにすぎないことを示した。Natasha Bertrand and Eric Wolff, "Nuclear Weapons Agency Breached Amid Massive Cyber Onslaught," *Politico*, 17 December 2020 : https://www.politico.com/news/2020/12/17/nuclear-agency-hacked-officials-inform-congress-447855（2020 年 12 月 30 日アクセス）を参照。

（7）こうした事件の多くについては，Eric Schlosser, *Command and Control : Nuclear Weapons, the Damascus Incident, and the Illusion of Safety*（New York : Penguin Press, 2013）に詳述されている。

（8）International Atomic Energy Agency, *Safety Culture in Maintenance of Nuclear Power Plants*（Vienna : IAEA, 2005）: 2.

（9）IAEA's PRIS database : https://pris.iaea.org/PRIS/home.aspx（2019 年 5 月 3 日アクセス）.

（10）IAEA, *Safety Culture in Maintenance of Nuclear Power Plants* を参照。

（11）John Downer and M. V. Ramana, "Empires Built on Sand : On the Fundamental Implausibility of Reactor Safety Assessments and the Implications for Nuclear Regulation," *Regulation and Governance*, 2020 : doi :10.1111/rego.12300. キャロリン・ミラーは，1975 年に米国原子力規制委員会の委託を受けて実施された原子炉の安全性調査が，公共の安全を保障するための統計データがない中で，いかに「専門家の意見」に依存しているかを分析している。Carolyn R. Miller, "The Presumptions of Expertise : The Role of Ethos in Risk Analysis," *Configurations* 11 : 2（2003）: 163–202 を参照。

（12）Annie Makhijami and Arjun Makhijami, "Radioactive Rivers and Rain : Routine Releases of Tritiated Water from Nuclear Power Plants," *Science for Democratic Action* 16 : 1（August 2009）: 1–10. "Backgrounder on Tritium, Radiation Protection Limits, and Drinking Water Standards," US Nuclear Regulatory Commission : https://www.nrc.gov/reading-rm/doc-collections/fact-sheets/tritium-radiation-fs.html（2019 年 5 月 3 日アクセス）も参照。1961 年から 62 年にかけて，南極のマクマード基地に PM-3A という米国製の原子炉があった。原子炉は〔放射性物質を〕漏らす傾向があったため，「核のうんち」というニックネームで呼ばれていた。使用済み核燃料（および 1 万 2200 トンの汚染土壌）は，1976 年までにサイトからすべて除去された。Owen Wilkes and Robert Mann, "The Story of Nukey Poo," *Bulletin of the Atomic Scientists* 34 : 8（1978）: 32–36 を参照。

（13）James Rice, “Downwind of the Atomic State : US Continental Atmospheric Testing, Radioactive Fallout, and Organizational Deviance, 1951–1962,” *Social Science History* 39（Winter 2015）: 656.

（14）Harvey Wasserman and Norman Solomon, *Killing Our Own : The Disaster of America’s Experience with Atomic Radiation*（New York : Dell Publishing, 1982）: 89 からの引用。

（15）Kate Brown, *Manual for Survival : A Chernobyl Guide to the Future*（London : Allen Lane, 2019）: 42.

（16）Dwight D. Eisenhower, *Public Papers of the Presidents of the United States, Dwight David Eisenhower, 1954*（Washington, DC : Government Printing Office, 1960）: 346.

（17）Jan Zalasiewicz et al., “When Did the Anthropocene Begin ? A Mid-Twentieth Century Boun dary Level is Stratigraphically Optimal,” *Quaternary International* 383（2015）: 196–203. 兵器の使用から地球物理学的な構造がどのように浮かび上がるかに関する興味深い研究に関しては，Joseph P. Hupy and Randall J. Schaetzl, “Introducing ‘Bombturbation,’ a Singular Type of Soil Disturbance and Mixing,” *Soil Science* 171 : 11（2006）: 823–826 を参照。

（18）Caroline Clason et al., “The Widespread Presence of Fallout Radionuclides in Cryoconite : An Anthropogenic Legacy and Emerging Issue,” *Proceedings from the European Geosciences Union Conference,* April 2019. Giovani Baccolo et al., “Cryoconite as a Temporary Sink for Anthropogenic Species Stored in Glaciers,” *Nature : Scientific Reports* 7 : 9623（2017）: https://www.ncbi.nlm.nih.gov/pmc/articles/PMC5575069/pdf/41598_2017_Article_10220.pdf（2020 年 6 月 15 日アクセス）も参照。

（19）W. M. Place, F. C. Cobb, and C. G. Defferding, *Palomares Summary Report*（Washington, DC : Defense Nuclear Agency, 1975）. 以下も参照。Teresa Vilarós, “The Lightness of Terror : Palomares, 1966,” *Journal of Spanish Cultural Studies* 5 : 2（2004）: 165–186 ; Barbara Moran, “The Aftermath of the Palomares Nuclear Accident,” *Bulletin of the Atomic Scientists* 65 : 3（2009）: 48–54.

（20）J. Magill et al., “Consequences of a Radiological Dispersal Event with Nuclear and Radioactive Sources,” *Science & Global Security* 15（2007）: 125–126. この出来事の放射線学上の遺産に関しては，Carlos Sancho and R. Garcia-Tenorio, “Radiological Evaluation of the Transuranic Remaining Contamination in Palomares（Spain）: A Historical Review,” *Journal of Environmental Radioactivity* 203（2019）: 55–70 を参照。

（21）冷戦中に核戦争が起きる可能性を扱った大衆文化の中でも，映画『博士の異常な愛情』がその公開以来長い間反響を呼び続け，冷戦下における非論理性の試金石であり続けている理由は，この構造的無能さにある。『博士の異常な愛情』における双方の核兵器と戦争管理に関する未熟な無能さは，「地政学」にどっぷり浸かった現代の映画よりも世代を超えて観客に力強く訴えかけてくる。Mick Broderick, *Reconstructing Strangelove : Inside Stanley Kubrick’s “Nightmare Comedy”*（New York : Columbia University Press, 2017）を参照。

（22）詳細な分析については，Nate Jones, *Able Archer 83 : The Secret History of the NATO Exercise That Almost Triggered Nuclear War*（New York : The New Press, 2016）を参照。“Able Archer War Scare ‘Potentially Disastrous,’ ” National Security Archive, 17 February 2021 : https://nsarchive.gwu.edu/briefing-book/aa83/2021-02-17/able-archer-war-scare-potentially-disastrous?eType=EmailBlastContent&eId=53ea5247-117a-4861-8bfc-7acff0660ebe（2021 年 2 月 18 日 ア

クセス）内の文書も参照。

（23）Eric Schlosser, *Command and Control : Nuclear Weapons, the Damascus Accident, and the Illusion of Safety*（New York : Penguin Books, 2014）〔エリック・シュローサー『核は暴走する——アメリカ核開発と安全性をめぐる闘い（上・下）』布施由紀子訳，河出書房新社，2018 年〕を参照。

（24）ペトロフは 2004 年に世界市民協会から世界市民賞を受賞した。Anastasiya Lebedev, "The Man Who Saved the World Finally Recognized," 21 May 2004, archived at : https://web.archive.org/web/20110721000030/http://www.worldcitizens.org/petrov2.html（2021 年 2 月 18 日アクセス）を参照。Len Scott, "Intelligence and the Risk of Nuclear War : Able Archer-83 Revisited," *Intelligence and National Security* 26 : 6（2011）: 759–777 も参照。

（25）Robert Jacobs, "Born Violent : The Birth of Nuclear Power," *Asian Journal of Peacebuilding* 7 : 1（July 2019）: 9–29.

（26）ハンフォードのプルトニウム製造炉 9 基のうち 8 基が 1955 年までに稼働し，サバンナ・リバーのプルトニウム製造炉全 5 基が 1955 年までに稼働した。米国初の商用原発は 1957 年にシッピングポートで稼働した。Murray W. Rosenthal, *An Account of Oak Ridge National Laboratory's Thirteen Nuclear Reactors*（Oak Ridge, TN : Oak Ridge National Laboratory, 2009）も参照。アルゴンヌ国立研究所とアイダホ国立研究所では，1957 年以前に実験炉も稼働していた。

（27）この事故は旧ソ連国内では秘密にされていたが，反体制派の科学者ジョレス・メドヴェージェフが 1976 年にこの事故について『ニュー・サイエンティスト』誌に論文を発表し，のちに本を出版したことで西側諸国で知られるようになった。Zhores Medvedev, "Two Decades of Dissidence," *New Scientist*, 4 November 1976 : 264–267 ; Zhores Medvedev, *Nuclear Disaster in the Urals*（New York : W. W. Norton, 1980）〔ジョレス・メドヴェージェフ『ウラルの核惨事』名越陽子訳，現代思潮新社，2017 年〕を参照。

（28）William J. Broad, "Disasters with Nuclear Subs in Moscow's Fleet Detailed," *New York Times*, 26 February 1993 : https://www.nytimes.com/1993/02/26/world/disasters-with-nuclear-subs-in-moscow-s-fleet-detailed.html（2019 年 5 月 1 日アクセス）.

（29）Joseph Lelieveld, D. Kunkel, and M. G. Lawrence, "Global Risk of Radioactive Fallout After Major Nuclear Reactor Accidents," *Atmospheric Chemistry and Physics* 12（2012）: 4245–4258.

（30）"Nuclear Power Plant Accidents : Listed and Ranked Since 1952," DATABlog, *The Guardian*, 2016 : https://www.theguardian.com/news/datablog/2011/mar/14/nuclear-power-plant-accidents-list-rank（2020 年 1 月 29 日アクセス）. Downer and Ramana, "Empires Built on Sand" も参照。

（31）Dean Wilkie, "Fukushima Daiichi Decay Heat & Corium Status Report," SimplyInfo.org, 2016 : http://www.simplyinfo.org/?page_id=15924（2020 年 7 月 5 日アクセス）.

（32）Suvrat Raju, "Estimating the Frequency of Nuclear Accidents," *Science & Global Security* 24（2016）: 40.

（33）Charles Perrow, *Normal Accidents : Living with High-Risk Technologies*（New York : Basic Books, 1984）: 5. 古典的研究である Ulrich Beck, *Risk Society : Towards a New Modernity*（London : Sage Publications, 1992）〔ウルリヒ・ベック『危険社会——新しい近代への道』東廉・伊藤美登里訳，法政大学出版局，1998 年〕も参照。

（34）S. Islam and K. Lindgren, "How Many Reactor Accidents Will There Be ?" *Nature* 322（1986）: 691–692. US Nuclear Regulatory Commission, *Reactor Safety Study : An Assessment of Accident*

Risks in U.S. Commercial Nuclear Power Plants. Executive summary : main report［PWR and BWR］（NUREG-75/014）, 1975 : https://www.osti.gov/servlets/purl/7134131（2019 年 5 月 1 日アクセス）; US Nuclear Regulatory Commission, Severe Accident Risks : An Assessment for Five US Nuclear Power Plants（NUREG-1150）, 1990 : https://www.nrc.gov/reading-rm/doc-collections/nuregs/staff/sr1150/v3/sr1150v3.pdf（2019 年 5 月 1 日アクセス）も参照。

（35）Airi Ryu and Najmedin Meshkati, "Onagawa : The Japanese Nuclear Power Plant That Didn't Melt Down on 3/11," *Bulletin of Atomic Scientists*, 10 March 2014 : https://thebulletin.org/2014/03/onagawa-the-japanese-nuclear-power-plant-that-didnt-melt-down-on-3-11/（2020 年 7 月 12 日アクセス）. 福島第一原発は東京電力，女川原発は東北電力が所有・運営している。

（36）John W. Johnson, "Nuclear Power and the Price-Anderson Act : An Overview of a Policy in Transition," *Journal of Policy History* 2 : 2（1990）: 214.

（37）George T. Mazuzan and J. Samuel Walker, *Controlling the Atom : Nuclear Regulation 1946–1962*（Washington, DC : Nuclear Regulatory Commission, 1997）: 93–121 ; Harold P. Green, "Nuclear Power : Risk, Liability, and Indemnity," *Michigan Law Review* 71 : 3（1973）: 479–510 ; Jeffrey A. Dubin and Geoffrey S. Rothwell, "Subsidy to Nuclear Power Through Price-Anderson Liability Limit," *Contemporary Policy Issues* 8 : 3（1990）: 73–79 を参照。デュビンとロスウェルは，1982 年の改定まで，補助金の額を原子炉 1 基・1 炉年あたり 6000 万ドルと評価していた。

（38）Peter Custers, *Questioning Globalized Militarism : Nuclear and Military Production and Critical Economic Theory*（Monmouth, UK : Merlin Press, 2008）: 26. 強調は原著による。

（39）International Atomic Energy Agency, *Status and Trends in Spent Fuel and Radioactive Waste Management*（Vienna : IAEA, 2018）: 35 を参照。

（40）Office of Scientific and Technical Information, *Categorization of Used Nuclear Fuel Inventory in Support of a Comprehensive National Nuclear Fuel Cycle Strategy*（Oak Ridge, TN : Oak Ridge National Laboratory, 2012）.

（41）Alvin M. Weinberg, "Social Institutions and Nuclear Energy," *Science* 177 : 4043（7 July 1972）: 33–34.

（42）地質学的時間《ディープタイム》におけるサイトでのウラン崩壊についての大変興味深い分析については，Gabrielle Hecht, "Interscalar Vehicles for an African Anthropocene : On Waste, Temporality, and Violence," *Cultural Anthropology* 33 : 1（2018）: 109–141 を参照。

（43）Harry H. Hess et al., *The Disposal of Radioactive Waste on Land*（Washington, DC : National Academy of Sciences / National Research Council, 1957）: 3（原著では強調部分に下線が付されている）. この出版物は，1955 年にプリンストン大学で開催された会議に基づいており，主にハンフォードのプルトニウム生産施設のタンクに貯蔵された液体廃棄物に関するものであった。

（44）United States Atomic Energy Commission, *Handling Radioactive Wastes in the Atomic Energy Program*（Washington, DC : Government Printing Office, 1949）: 7. 同書では，「放射性廃棄物の安全な取り扱いのためのプログラムを実施する上で，委員会は元請け業者の個々のプログラムに大きく依存する」（v 頁）と忠告されている。

（45）放射性粒子が崩壊すると，別の同位体，つまり「娘核種」に変化する可能性がある。プルトニウムは，ウラン 238 が崩壊することで生成される娘核種である。Don Lincoln, "What Is Subatomic Decay," Fermilab at Work, 24 August 2012 : https://news.fnal.gov/2012/08/

what-is-subatomic-decay/（2020 年 6 月 12 日アクセス）を参照。「娘」という性差のある用語を使用することについては論争もある。現在では「子孫〔核種〕」と表されることもある。

(46) "Mixed Oxide Fuel," World Nuclear Association, October 2017 : http://www.world-nuclear.org/information-library/nuclear-fuel-cycle/fuel-recycling/mixed-oxide-fuel-mox.aspx（2019 年 5 月 17 日アクセス）.

(47) 燃料は封入されているため，一般的にこの水には放射性核種は含まれていないが，熱水を川，湖，海に投棄すると，地域の水界生態系に影響を与える。

(48) "Gulls Contaminated with Radiation Culled at Sellafield," BBC News, 25 February 2010 : http://news.bbc.co.uk/2/hi/uk_news/england/cumbria/8536094.stm（2020 年 8 月 21 日アクセス）. セラフィールドは，本章前半で言及した 1957 年のウィンズケール火災が起きた現場である。Ian Burrell, "Sellafield Scare over Radioactive Pigeons," *The Independent*, 11 February 1998 : https://www.independent.co.uk/news/sellafield-scare-over-radioactive-pigeons-1144082.html（2020 年 8 月 21 日アクセス）も参照。

(49) General Accounting Office, *Spent Nuclear Fuel Management : Outreach Needed to Help Gain Public Acceptance for Federal Activities That Address Liability*（Washington, DC : Government Printing Office, 2014）: 7, 14. Per Högselius, "The Decay of Communism : Managing Spent Nuclear Fuel in the Soviet Union," *Risk, Hazards & Crisis in Public Policy* 1 : 4（2010）: 83–109 も参照。

(50) GAO, *Spent Nuclear Fuel Management* : 12.

(51) Fluor Hanford, *FY 1999 Annual Report*（Richland, WA : Department of Energy, 1999）: 6.

(52) William S. Burroughs, *Naked Lunch*（New York : Grove Press, 1959）: 39〔ウィリアム・バロウズ『裸のランチ』鮎川信夫訳，河出書房新社，1992 年，59 頁，訳文は邦訳書による〕.

(53) Achim Brunnengräber and Christoph Görg, "Nuclear Waste in the Anthropocene : Uncertainties and Unforeseeable Timescales in the Disposal of Nuclear Waste," *Gaia* 26 : 2（2017）: 96–99 を参照。

(54) Office of Civilian Radioactive Waste Management, *A Monitored Retrievable Storage Facility : Technical Background Information*（Washington, DC : Government Printing Office, 1991）. また，民間企業が使用済み核燃料をさまざまな環境で一時的に保管する計画もある。Jeff Brady, "As Nuclear Waste Piles Up, Private Companies Pitch New Ways to Store It," NPR, 30 April 2019 : https://www.npr.org/2019/04/30/716837443/as-nuclear-waste-piles-up-private-companies-pitch-new-ways-to-store-it（2020 年 6 月 11 日アクセス）を参照。

(55) Svensk Kärnbränslehantering AB, "Spent Nuclear Fuel for Disposal in the KBS-3 Repository," December 2010 : http://www.skb.se/upload/publications/pdf/TR-10-13.pdf（2019 年 5 月 16 日アクセス）.

(56) Jin-Seop Kim et al., "Geological Storage of High Level Nuclear Waste," *KSCE Journal of Civil Engineering* 15 : 4（2011）: 721–737.

(57) Waste Technology Section, *The Use of Scientific and Technical Results from Underground Research Laboratory Investigations for the Geological Disposal of Radioactive Waste*（Vienna : IAEA, 2001）: 56.

(58) Posiva Oy, *The Final Disposal Facility for Spent Nuclear Fuel : Environmental Impact Assess-*

ment Report (Helsinki : Posiva Oy, 1999).

(59) Claire Corkhill and Neil Hyatt, *Nuclear Waste Management* (Bristol, UK : Institute of Physics Publishing, 2018) : 9.

(60) マリカ・ヒエタラは，このフィンランドの保管システムを「自然」で「安全」に見せるための言説的戦略に関する大変興味深い文章を執筆している。Marika Hietala, "Safer-than : Making Nuclear Waste Disposal More Familiar," *Science as Culture* 30 : 2 (2021) : doi :10.1080/09505431.2021.1872520（2021 年 1 月 22 日アクセス）を参照。

(61) Kristin Shrader-Frechette, *Environmental Justice : Creating Equity, Reclaiming Democracy* (Oxford : Oxford University Press, 2002) : 105〔K・シュレーダー＝フレチェット『環境正義——平等とデモクラシーの倫理学』奥田太郎他監訳，勁草書房，2022 年〕.

(62) International Association of Scientific Hydrology, *Bulletin* 3 : 2 (1958) : 8.

(63) Karl Philberth, "The Disposal of Radioactive Waste in Ice Sheets," *Journal of Glaciology* 19 : 81 (1977) : 607. フィルベルト兄弟はともにカトリックの聖職者だった。

(64) 米軍は 1959 年以来，地下施設キャンプ・センチュリーで「氷床内に弾道ミサイルを配備する可能性」を研究していたが，そこが放棄された後，実際に放射性廃棄物は 1967 年に米国によりグリーンランドの氷床の下に埋められた。廃棄物サイトの状況に関して 2016 年に発表された研究では，「〔氷河の〕減少により，サイトに廃棄された物理的・化学的・生物的廃棄物，および放射性廃棄物が最終的に再び問題となるだろう」と判断している。William Colgan et al., "The Abandoned Ice Sheet Base at Camp Century, Greenland, in a Warming Climate," *Geophysical Research Letters* 43 (2016) : doi :10.1002/2016GL069688（2020 年 12 月 22 日アクセス）を参照。

(65) Terrence R. Fehner and F. G. Gosling, *Origins of the Nevada Test Site* (Washington, DC : US Department of Energy, 2002) : 20.

(66) Leo Kinlin, "Childhood Leukaemia and Ordnance Factories in West Cumbria During the Second World War," *British Journal of Cancer* 95 (2006) : 102–103.

(67) Robert Chaplow, "The Geology and Hydrogeology of Sellafield : An Overview," *Quarterly Journal of Engineering Geology and Hydrogeology* 29 (1996) : 1–12.

(68) Posiva Oy, *The Final Disposal Facility for Spent Nuclear Fuel.*

(69) 2016 年 10 月 13 日に筆者が参加した，オンカロ・サイトでのポジヴァ社広報担当によるプレゼンテーションによる。

(70) Helen Gordon, "Journey Deep into the Finnish Caverns Where Nuclear Waste Will Be Buried for Millennia," *Wired*, 24 April 2017 : https://www.wired.co.uk/article/olkiluoto-island-finland-nuclear-waste-onkalo（2019 年 6 月 17 日アクセス）.

(71) これは，最終処分場「オンカロ」の設計に従事している人々の仕事を退けることではない。ヴィンセント・イアレンティが「私は，彼らの長年の仕事ぶりが，同様のことをしなかった人たちよりも，未来のありうる世界についてより洗練された理解を彼らにもたらしたのだと，いくらか警戒心をもちつつも信頼せざるを得なかった」と述べているのと同様である。この仕事が真剣で洗練された取り組みでもってなされていることに疑いはないものの，それは私たちの能力を超えるものかもしれない。我々は最善を尽くさなければならないが，おそらくそれしかできない。Vincent Ialenti, *Deep Time Reckoning : How Future Thinking Can Help Earth Now* (Cambridge, MA : MIT Press, 2020) : 5 を参照。

(72) Maxime Polleri, "Post-Political Uncertainties : Governing Nuclear Controversies in Post-

Fukushima Japan," *Social Studies of Science* 50 : 4（2019）: https://journals.sagepub.com/doi/10.1177/0306312719889405（2020年1月10日アクセス）.

（73）"METI Maps Out Suitable Nuclear Waste Disposal Sites," *Japan Times*, 28 July 2017 : https://www.japantimes.co.jp/news/2017/07/28/national/meti-posts-map-potential-nuclear-waste-disposal-sites/（2019年5月7日アクセス）.

（74）Polleri, "Post-Political Uncertainties" からの引用。

（75）使用済み核燃料は，日本の原子力産業により生じた放射性廃棄物2万6820トンの一部にすぎない。日本が使用済み核燃料の再処理のために貯蔵している47トンのプルトニウムはここに含まれていない（現在，再処理施設は稼働していない）。"Where to Put All the Radioactive Waste Is Now the Burning Issue," *Asahi Shimbun*, 20 April 2017 : http://www.asahi.com/ajw/articles/AJ201704200039.html（2017年4月20日アクセス）; Kazunari Hanawa and Takashi Tsuji, "Japan's Plutonium Glut Casts a Shadow on Renewed Nuclear Deal," *Nikkei Asian Review*, 14 February 2018 : https://asia.nikkei.com/Politics-Economy/International-Relations/Japan-s-plutonium-glut-casts-a-shadow-on-renewed-nuclear-deal（2019年5月19日アクセス）を参照。

（76）同様に，（現在のところ）頓挫している米国のユッカマウンテンのDGR計画が進められていたときには，時間の経過とともに将来の世代ごとに異なる放射線被曝量が予測され，容認されていた。「放射能漏れは時間とともに増加するため，米国環境保護庁は近い将来（今後1万年）の被曝限度を提案し，遠い将来（1万年を超える期間）にはそれとは異なる，2300％高い被曝限度を提案している。近い将来の年間基準は15ミリレム，遠い未来は350ミリレムである」。このように，「期間ごとに異なる被曝限度を設定することで，米国環境保護庁の最初の提案は，すべての市民に平等な保護を与えることができていない」。21世紀の人間が，未来の一千世代のために裁定者として行動しているのだ。Kristin Shrader-Frechette, "Mortgaging the Future : Dumping Ethics with Nuclear Waste," *Science and Engineering Ethics* 11 : 4（2005）: 519を参照。Ethan T. Wilding, "Framing Ethical Acceptability : A Problem with Nuclear Waste in Canada," *Science and Engineering Ethics* 18 : 2（2012）: 301–313も参照。

（77）Joseph Masco, *The Nuclear Borderlands : The Manhattan Project in Post-Cold War New Mexico*（Princeton, NJ : Princeton University Press, 2006）: 11–12.

（78）Thomas Kuhn, *The Structure of Scientific Revolutions*（Chicago : University of Chicago Press, 1965）〔トマス・S・クーン『科学革命の構造』青木薫訳，みすず書房，2023年〕.

（79）"High-Level Nuclear Waste Storage Materials Will Likely Degrade Faster Than Previously Thought," *SciTechDaily*, 27 January 2020 : https://scitechdaily.com/high-level-nuclear-waste-storage-materials-will-likely-degrade-faster-than-previously-thought/（2020年1月28日アクセス）; Xiaolei Guo et al., "Self-Accelerated Corrosion of Nuclear Waste Forms at Material Interfaces," *Nature Materials* 19（2020）: 310–316.

（80）Luke T. Townsend et al., "Formation of a U（VI）—Persulfide Complex During Environmentally Relevant Sulfidation of Iron（Oxyhydr）oxides," *Environmental Science and Technology* 54 : 1（2020）: 129–136.

（81）Anna Demming, "New Form of Uranium Found That Could Affect Waste Disposal Plans," *The Guardian*, 20 December 2019 : https://www.theguardian.com/environment/2019/dec/20/new-form-of-uranium-found-that-could-affect-nuclear-waste-disposal-plans（2020年1月9日アクセ

ス).

(82) Frank von Hippel, Masafumi Takubo, and Jungmin Kang, *Plutonium : How Nuclear Power's Dream Fuel Became a Nightmare* (Singapore : Springer, 2019) : 127〔フランク・フォンヒッペル，田窪雅文，カン・ジョンミン『プルトニウム――原子力の夢の燃料が悪夢に』緑風出版，2021年〕; SKB, *Long-Term Safety for the Final Repository for Spent Nuclear Fuel at Forsmark : Main Report of the SR-Site Project*, vol. 3 (Stockholm : Svensk Karnbranslehantering, 2011).

(83) Beck, *Risk Society* ; Dexter Masters, *The Accident* (New York : Alfred A. Knopf, 1955) ; Nassim Nicholas Taleb, *The Black Swan : The Impact of the Highly Improbable* (New York : Random House, 2007)〔ナシーム・ニコラス・タレブ『ブラック・スワン――不確実性とリスクの本質（上・下）』望月衛訳，ダイヤモンド社，2009年〕を参照。

(84) Peter van Wyck, *Signs of Danger : Waste, Trauma, and the Nuclear Threat* (Minneapolis : University of Minnesota Press, 2005) : 45.

(85) Kathleen M. Trauth, Stephen C. Horal, and Robert V. Guzowski, *Expert Judgment on Markers to Deter Inadvertent Human Intrusion to Waste Isolation Pilot Plant* (Albuquerque, NM : Sandia National Laboratory, 1993) : i.

(86) Trauth, Horal, and Guzowski, *Expert Judgement on Markers to Deter Inadvertent Human Intrusion :* F-12.

(87) Trauth, Horal, and Guzowski, *Expert Judgement on Markers to Deter Inadvertent Human Intrusion :* F-149.

(88) Trauth, Horal, and Guzowski, *Expert Judgement on Markers to Deter Inadvertent Human Intrusion :* G-9, 10.

(89) *Permanent Markers Implementation Plan*, US Department of Energy, DOE/WIPP 04-3302, 19 August 2004 : 16, 19.

(90) Van Wyck, *Signs of Danger* : 46.

(91) Françoise Bastide and Paolo Fabbri, "Lebende Detektoren und komplementäre Zeichen : Katzen, Augen und Sirenen," Und in alle Ewigkeit : Kommunikation über 10000 Jahre : Wie sagen wir unsern Kindeskindern wo der Atommüll liegt? : https://www.semiotik.tu-berlin.de/menue/zeitschrift_fuer_semiotik/zs_hefte/bd_6_hft_3/#c185968（2019年6月12日アクセス）. この「放射能猫による解決法」は現在，モントリオールにあるオープンラボを自称するブリコビオ（Bricobio）によって開発が進められている。

(92) Stephen C. Hora, Detlof von Winterfeldt, and Kathleen M. Trauth, *Expert Judgment on Inadvertent Human Intrusion into the Waste Isolation Pilot Plant* (Albuquerque, NM : Sandia National Laboratory, 1991) : C-57.

(93) Thomas A. Sebeok, *Communication Measures to Bridge Ten Millennia* (Columbus, OH : Battelle Memorial Institute, 1984) : 24.

(94) Human Interference Task Force, *Reducing the Likelihood of Future Human Activities That Could Affect Geologic High-Level Waste Repositories* (Columbus, OH : Battelle Memorial Institute, Office of Nuclear Waste Isolation, 1984) : 11.

(95) "Conserver et transmettre la mémoire," Andra website : https://www.andra.fr/nos-expertises/conserver-et-transmettre-la-memoire (2019年6月17日アクセス).

(96) このことは，マイケル・マドセン監督のドキュメンタリー映画『100,000年後の安全

(*Into Eternity*)』(2011 年，Atmo Medi Network) において詳細に議論されている。

(97) Posiva Oy, *The Final Disposal Facility for Spent Nuclear Fuel* : 136–137.

(98) Human Interference Task Force, *Reducing the Likelihood of Future Human Activities* : 6, 9.

(99) Van Wyck, *Signs of Danger* : 46.

(100) フィンランドにおける深地層処分の仕事を課された人々についての大変興味深い分析に関しては，Vincent F. Ialenti, “When Deep Time Becomes Shallow : Knowing Nuclear Waste Risk Ethnographically,” Discard Studies, 9 March 2017 : https://discardstudies.com/2017/03/09/when-deep-time-becomes-shallow-knowing-nuclear-waste-risk-ethnographically/ (2019 年 6 月 11 日アクセス) を参照。Sophie Poirot-Delpech and Laurence Raineau, “Nuclear Waste Facing the Test of Time : The Case of the French Deep Geological Repository Project,” *Science and Engineering Ethics* 22 : 6 (2015) : doi :101007/s11948-015-9739-9 (2020 年 5 月 15 日アクセス) も参照。

(101) Martin Fackler, “Tsunami Warnings for the Ages, Carved in Stone,” *New York Time*, 20 April 2011 : A6. Danny Lewis, “These Century-Old Stone ‘Tsunami Stones’ Dot Japan’s Coastline,” *Smithsonian Magazine*, 31 August 2015 : https://www.smithsonianmag.com/smart-news/century-old-warnings-against-tsunamis-dot-japans-coastline-180956448/ (2020 年 6 月 23 日アクセス) も参照。

(102) International Nuclear and Radiological Event Scale (INES), IAEA website : https://www.iaea.org/topics/emergency-preparedness-and-response-epr/international-nuclear-radiological-event-scale-ines (2019 年 6 月 12 日アクセス).

(103) National Research Council, *The Hanford Tanks : Environmental Impacts and Policy Choices* (Washington, DC : National Academies Press, 1996).

(104) Rob Nixon, *Slow Violence and the Environmentalism of the Poor* (Cambridge, MA : Harvard University Press, 2011) : 2.

(105) ジョン・マクニールは，チェルノブイリからの放射性降下物について，「最も永続きする 20 世紀の人間の印であり，人類の各世代がこれまで賦課してきたものの中で最長の抵当権である」と述べている。John R. McNeil, *Something New Under the Sun : An Environmental History of the Twentieth-Century World* (New York : W. W. Norton, 2000) : 313〔J・R・マクニール『20 世紀環境史』海津正倫・溝口常俊監訳，名古屋大学出版会，2011 年，248 頁，訳文は邦訳書による〕を参照。

(106) Ialenti, *Deep Time Reckoning* : xv.

(107) Los Alamos National Laboratory, “Periodic Table of the Elements : Plutonium,” August 2013 : https://periodic.lanl.gov/94.shtml (2021 年 6 月 18 日アクセス).

(108) 米国政府は，1962 年にネバダ核実験場で「原子炉級」プルトニウムで製造された核兵器を爆発させることに成功し，この仮説を検証した。US Department of Energy, “Additional Information Concerning Underground Nuclear Weapon Test of Reactor-Grade Plutonium,” June 1994 : https://permanent.access.gpo.gov/websites/osti.gov/www.osti.gov/html/osti/opennet/document/press/pc29.html (2021 年 6 月 18 日アクセス) を参照。Gregory S. Jones, *Reactor-Grade Plutonium and Nuclear Weapons : Exploding the Myths* (Arlington, VA : Nonproliferation Policy Education Center, 2018) : 87–100 も参照。

(109) ニューメキシコ州の廃棄物隔離試験施設における核の標識のためのある提案から抜粋した文章。Trauth, Horal, and Guzowski, *Expert Judgment on Markers to Deter Inadvertent Hu-*

man Intrusion to Waste Isolation Pilot Plant : F-49 を参照。

(110) Van Wyck, *Signs of Danger* : 4. 強調は原著による。

(111) "Scenarios for a Nuclear Exchange," from A. Barrie Pittcock et al., *Environmental Consequences of Nuclear War*, SCOPE 28 (New York : John Wiley & Sons, 1985) : 25–37.

(112) David Allan Rosenberg, " 'A Smoking Radiating Ruin at the End of Two Hours' : Documents on American Plans for Nuclear War with the Soviet Union, 1954–1955," *International Security* 6 : 3 (Winter 1981/1982) : 3–38.

おわりに

(1) Arkady and Boris Strugatsky, *Roadside Picnic*, trans. Antonina W. Bouis (New York : MacMillan, 1977)〔アルカジイ・ストルガツキー，ボリス・ストルガツキー『ストーカー』深見弾訳，ハヤカワ文庫，2014 年〕. この小説はアンドレイ・タルコフスキー監督の 1979 年の映画『ストーカー』の原作である。

(2) Colin N. Waters et al., "Can Nuclear Weapons Fallout Mark the Beginning of the Anthropocene Epoch ?" *Bulletin of the Atomic Scientists* 71 : 3 (2015) : 46–57.

(3) 核の負の遺産の後見人という概念については，ジョアンナ・メイシーのすぐれた研究がある。Joanna Macy, *World as Lover, World as Self : A Guide to Living Fully in Turbulent Times* (Berkeley, CA : Parallax Press, 2003) : 216–217, 220–234.